国家出版基金项目
NATIONAL PUBLICATION FOUNDATION

国家电网公司
电力科技著作出版项目

电力
碳达峰碳中和
路径研究

舒印彪　主编

Study on the Pathways of Carbon Peaking and
Carbon Neutrality in Electric Power Sector

中国电力出版社
CHINA ELECTRIC POWER PRESS

内 容 提 要

实现碳达峰碳中和，是以习近平同志为核心的党中央统筹国内国际两个大局作出的重大战略决策。2024 年，是习近平总书记提出"四个革命、一个合作"能源安全新战略 10 周年。十年来，我国能源转型取得了举世瞩目的成就。在"双碳"目标指引下，我国推进新型能源体系和新型电力系统建设步伐将进一步加快，电力行业碳减排路径的顶层设计更加清晰，保障措施更为有力，将为世界范围能源电力绿色低碳发展提供中国方案，贡献中国智慧。

本书共分为 12 章，主要内容包括："双碳"目标下电力发展现状；新型电力系统构建；先进电网技术及发展趋势；新能源高效开发与利用；煤电气电清洁低碳发展；水电开发与利用；核电发展及功能定位；储能发展及应用；氢能发展及应用；终端电气化与智慧高效用能；电力市场与碳市场建设；电力低碳转型路径与碳减排基础能力建设。

本书对我国电力行业如何实现碳达峰碳中和进行了深入研究，提出了合理且可行的路径，必将对我国电力行业在保障国家能源安全和经济社会高质量发展的前提下顺利实现"双碳"目标提供重要的参考和指导。

图书在版编目（CIP）数据

电力碳达峰碳中和路径研究/舒印彪主编 . -- 北京：中国电力出版社，2024. 9.
ISBN 978-7-5198-9275-3

Ⅰ．F426.61；X511

中国国家版本馆 CIP 数据核字第 2024SE4266 号

出版发行：中国电力出版社
地　　址：北京市东城区北京站西街 19 号（邮政编码 100005）
网　　址：http://www.cepp.sgcc.com.cn
责任编辑：姜　萍　安小丹（010-63412367）
责任校对：黄　蓓　常燕昆
装帧设计：赵姗姗
责任印制：吴　迪

印　　刷：三河市万龙印装有限公司
版　　次：2024 年 9 月第一版
印　　次：2024 年 9 月北京第一次印刷
开　　本：710 毫米×1000 毫米　16 开本
印　　张：31
字　　数：373 千字
印　　数：0001—1000 册
定　　价：198.00 元

编　写　组

主　　　编　舒印彪

执　行　主　编　陈国平　张丽英

顾　　　问　周孝信　杨奇逊　韩英铎　薛禹胜　黄其励
　　　　　　邱爱慈　江　亿　李立涅　岳光溪　郭剑波
　　　　　　刘吉臻　陈维江　汤广福

主要编写人员　张运洲　杜忠明　许世森　苏立新　孙华东
　　　　　　赵　勇　赵　鹏　高克利　谢　开　张正陵
　　　　　　曾卫东　申彦红　王耀华　李　政　康重庆
　　　　　　许　涛　周朝阳　单葆国　高昆仑　马　莉
　　　　　　梁法光　鲁　刚　赵　良　李武峰　贺静波
　　　　　　李　竹　刘　硕　元　博　何永君　丛　琳
　　　　　　杨　健　范高锋　黎　岚　王雅婷　姚明宇
　　　　　　张一帆　杨永江　王立涛　刘　玮　李　凯
　　　　　　褚晓杰　张　放　谢　典　邱　波　苗　博
　　　　　　于万水　武泽辰　张　高　全　慧　徐桂芝
　　　　　　夏　鹏　徐志成　陈俊杰　崔　阳　曹敏健
　　　　　　高亚静　梁慧琛　熊麒麟　宋　洁　魏林君
　　　　　　刘铠诚　王昊晴　董家伟　杜劲超　张旭伟

参与编写人员　周勤勇　易　俊　惠　东　蒲天骄　严剑峰
汪　洋　迟永宁　赵　兵　徐英辉　郭经红
周　飞　卢卫疆　安　宁　赵红嘎　吴俊玲
乔永强　张晓萱　陆　超　杜尔顺　徐式蕴
王松岑　穆居易　韩　笑　牛　萌　康俊杰
梁丹曦　宋小云　陈羽飞　马增辉　田晓鹏
马　超　田鹏飞　芦新波　赵　铮　刘　超
尹　婷　沙广林　段　青　吴云召　王新迎
赵日晓　李　强　张晋芳　李栌苏　汤兰西
马会萌　渠展展　王上行　李相俊　邱丽君
张玉天　张　楠

前　言

2020 年 9 月 22 日，习近平主席在第七十五届联合国大会一般性辩论上宣布：“中国将提高国家自主贡献力度，采取更加有力的政策和措施，二氧化碳排放力争于 2030 年前达到峰值，努力争取 2060 年前实现碳中和”。2020 年 12 月 12 日，习近平主席在气候雄心峰会上进一步宣布：“到 2030 年，中国单位国内生产总值二氧化碳排放将比 2005 年下降 65% 以上，非化石能源占一次能源消费比重将达到 25% 左右，森林蓄积量将比 2005 年增加 60 亿 m^3，风电、太阳能发电总装机容量将达到 12 亿 kW 以上”。2021 年 3 月 15 日，中央财经委员会第九次会议上提出：“要构建清洁低碳安全高效的能源体系，控制化石能源总量，着力提高利用效能，实施可再生能源替代行动，深化电力体制改革，构建以新能源为主体的新型电力系统”。2023 年 7 月，习近平总书记在中央全面深化改革委员会第二次会议上强调：“要深化电力体制改革，加快构建清洁低碳、安全充裕、经济高效、供需协同、灵活智能的新型电力系统，更好推动能源生产和消费革命，保障国家能源安全”。实现碳达峰碳中和，是以习近平同志为核心的党中央统筹国内国际两个大局作出的重大战略决策。在"双碳"目标指引下，我国推进新型能源体系和新型电力系统建设步伐将进一步加快，电力行业碳减排路径的顶层设计更加清晰，保障措施更为有力，将为世界范围能源电力绿色低碳发展提供中国方案，贡献中国智慧。

为全面落实习近平总书记重要讲话精神和党中央、国务院关于"双碳"工作有关部署，中国电机工程学会牵头组织专家编写《电力碳达峰碳中和路径研究》。全书共分 12 章。第一章阐述"双碳"目标下电力发展现状，提出电力系统在生产侧、消费侧和运行方面面临的新挑战，以及对电力系统发展趋势的展望。第二章阐述新型电力系统构建，提出了新型电力系统的内涵与形态特征，总结了新型电力系统的发展阶段和构建原则，并对新型电力系统科技创新的关键技术领域发展趋势进行了展望。第三章阐述先进电网技术及发展趋势，包括大电网支撑技术、输变电技术、先进配电网技术等。第四~七章阐述电源开发与利用方面的发展现状和趋势。其中，第四章阐述新能源高效开发与利用；第五章介绍煤电气电清洁低碳发展；第六章介绍水电开发与利用；第七章介绍核电发展及功能定位。第八章阐述储能发展及应用，围绕储能电站安全防护、储能参与电力市场交易、多元化储能发展路径等方面展开研究论述。第九章介绍氢能发展及应用，分析了氢能在能源低碳转型中丰富的应用场景，总结了氢能技术的发展现状、发展趋势和氢能技术的重点突破方向。第十章关注终端电气化与智慧高效用能，从电气化发展现状与趋势、重点领域电气化技术、综合能源系统与虚拟电厂等方面做了介绍。第十一章介绍了全国统一电力市场建设和碳市场建设。第十二章介绍了电力低碳转型路径情景设计，进行了案例测算与分析，对实施电力低碳路径的要点开展了分析与总结，提出了碳排放双控基础能力建设的建议和电力低碳转型的保障措施。

本书编写组由中国电机工程学会、国网能源研究院、清华大学、电力规划设计总院、西安热工研究院、国家电网有限公司国家电力调度控制中心、中国电力科学研究院、中国华能集团有限公司能源研究院、中国核能行业协会、中国水力发电工程学会、水电水利规划设计总院、北京电力交易中心等单位的专家组成。本书编写过程中，行业内诸多院士专家也提出了许多宝贵意见，在此一并表示衷心感谢！

由于笔者水平有限，书中难免有局限和不足之处，欢迎广大专家和读者不吝指正。

舒印彪

2024 年 9 月

目　录

第一章 "双碳"目标下电力发展现状

实现碳达峰碳中和，是以习近平同志为核心的党中央统筹国内国际两个大局作出的重大战略决策。电力行业是我国碳排放的主要领域之一，而工业、建筑、交通其他行业也需要通过电气化实施碳减排。习近平总书记强调规划建设新型能源体系、建设新型电力系统，全面勾画了能源电力未来发展蓝图，"双碳"目标下电力行业发展需要从战略层面开展转型路径研究。

第一节 "双碳"目标及其对能源电力发展的要求

一、"双碳"目标

温室气体是指大气中自然或人为产生的能够吸收和释放地球表面、大气和云发出的热红外辐射中特定波长辐射的气体成分。根据《联合国气候变化框架公约》的相关决定和我国的具体国情，《中华人民共和国气候变化第三次两年更新报告》提出我国国家温室气体清单包含能源活动、工业生产过程、农业活动、土地利用/土地利用变化和林业、废弃物处理等 5 个领域中的 6 种温室气体：二氧化碳（CO_2）、甲烷（CH_4）、氧化亚氮（N_2O）、氢氟碳化合物（HFCS）、全氟碳化合物（PFCS）、六氟化硫（SF_6）。其中，二氧化碳是最主要的温室气体，约占全部温室气体排放量的80%以上。

我国先后三次提出明确的碳减排目标。2009年提出"2020年单位国内生产总值二氧化碳排放比2005年下降40%～45%"，该目标已于2019年提前一年完成；2015年提出"二氧化碳排放2030年左右达到峰值并争取尽早达峰，单位国内生产总值二氧化碳排放比2005年下降60%～65%"；2020年9月22日，习近平主席在第七十五届联合国大会一般性辩论上发表重要讲话时指出"二氧化碳排放力争于2030年前达到峰值，努力争取2060年前实现碳中和"，并在气候雄心峰会上进一步宣布"到2030年，中国单位国内生产总值二氧化碳排放将比2005年下降65%以上，非化石能源占一次能源消费比重将达到25%左右，森林蓄积量将比2005年增加60亿 m^3，风电、太阳能发电总装机容量将达到12亿kW以上"。这反映了我国强化应对气候变化减排承诺的雄心，也体现了我国推动全球绿色低碳转型、构建人类命运共同体的责任担当。

"碳中和"的概念有狭义和广义之分。狭义的碳中和是指二氧化碳人为排放源（如化石燃料燃烧等）与吸收汇（如森林、海洋的碳吸收活动及人为的碳捕捉等）的平衡；广义的碳中和是指温室气体（单位为二氧化碳当量）人为排放源与吸收汇的平衡。当前，全球已有超过一百个国家提出了要实现碳中和的目标或愿景，且以发达国家为主。从排放控制范围看，多数国家将碳中和范围锁定在温室气体，如表1-1所示，欧盟、英国、法国、德国均明确提出到2050年实现温室气体净零排放。本研究预测部分主要以温室气体中和为目标展开分析。

表 1-1　　　　　　国际上主要国家/地区排放现状

与碳中和目标年份

国家/地区	2019 年能源活动碳排放占全球的比重（%）	目标年份	性质
加拿大	1.70	2050	法律规定
欧盟	9.00	2050	法律草案
英国	1.00	2050	法律规定
法国	0.90	2050	法律规定
德国	1.90	2050	法律规定
日本	3.10	2050	政策宣示
韩国	1.90	2050	政策宣示
瑞典	0.10	2045	法律规定
奥地利	0.19	2040	政策宣示
芬兰	0.12	2035	政策宣示
南非	1.20	2050	政策宣示

二、"双碳"目标对能源电力发展要求

实现碳达峰碳中和是一场广泛而深刻的经济社会系统性变革，从国家层面看，在能源电力发展战略方面中央提出了一系列重要论断。2014 年 6 月，以习近平同志为核心的党中央统筹国内和国际两个大局、统筹发展和安全两件大事，创造性地提出了"四个革命、一个合作"能源安全新战略。即推动能源消费革命，抑制不合理能源消费；推动能源供给革命，建立多元供应体系；推动能源技术革命，带动产业升级；推动能源体制革命，打通能源发展快车道；全方位加强国际合作，实现开放条件下能源安全。"四个革命、一个合

作"能源安全新战略是一个完整的理论体系，既为能源高质量发展指明了方向，又提供了推动能源改革创新向纵深推进的科学方法论。在此之后，习近平总书记对能源发展与安全又作出一系列重要论述，2021 年 10 月，习近平总书记考察调研胜利油田时强调"能源的饭碗必须端在自己手里"。2022 年 10 月，党的二十大报告提出规划建设新型能源体系，指出"立足我国能源资源禀赋，坚持先立后破，有计划分步骤实施碳达峰行动"。2021 年 3 月，中央财经委员会第九次会议首次提出构建新型电力系统，2023 年 7 月，中央全面深化改革委员会第二次会议进一步强调，要加快构建清洁低碳、安全充裕、经济高效、供需协同、灵活智能的新型电力系统。构建新型电力系统是党中央从"两个大局"出发，着眼加强生态文明建设、保障国家能源安全、实现可持续发展，在新的历史起点作出的战略部署，为"双碳"目标下我国电力系统高质量发展提供中国路径和中国方案。2024 年 2 月，习近平总书记在中共中央政治局第十二次集体学习时强调"我们要顺势而为、乘势而上，以更大力度推动我国新能源高质量发展，为中国式现代化建设提供安全可靠的能源保障，为共建清洁美丽的世界作出更大贡献"。这一系列科学论断引领我国能源高质量发展和高水平安全良性互动取得显著成效，为推动我国能源转型指明了前进方向、提供了根本遵循，开辟了中国特色能源发展新道路。

电力是能源转型的中心环节，也是减排的关键领域。2023 年，我国能源消费总量 57.2 亿 t 标准煤，其中，化石能源合计 42.1 亿 t 标准煤，占比 73.6%。电力行业是推动"双碳"转型的核心枢纽，构建新型电力系统一定程度上决定"双碳"转型的效果及成败。电力行业不仅是减排"先锋军"，还需承担收尾重任。电力行业不仅需对存量化石能源电源进行清洁替代，统筹推进自身减碳，还需承接其他行业转移的能源消耗和排放。同时，以低碳技术为代表的新型电力系统产业存在巨大的产业链衍生价值、技术引领价值和创新驱动发展价值，可能成为支撑经济高质量发展的关键，转型发展势在必行且正当其时。电力低碳转型是能源生产绿色化、能源消费低碳化、能源产业高端化的平台枢纽，"双碳"目标也对电力高质量发展提出了一系列新的要求：

（1）电力发展要实现清洁低碳，这是高质量发展的核心目标。我国资源禀赋决定电力行业必须面对更多的减排与转型责任，要逐步形成清洁主导、电为中心的能源供应体系。电力行业将成为能源脱碳及新能源大规模发展利用的核心载体，新型电力系统需要减少对传统化石燃料的依赖，逐步形成清洁主导、电为中心的能源供应体系，推动清洁能源发电逐渐成为装机和电量主体，实现多元化、清洁化、低碳化，关键是加快发展非化石能源。

（2）电力发展要实现安全充裕，这是高质量发展的底线要求和第一要务。要坚持先立后破，按照电力先行要求，在新能源安全可靠替代的基础上，有计划、分步骤逐步降低传统能源比重，确保电力供应安全性、可靠性和韧性。新能源资源具有随机性、波动性、低密度、分散性，使其发电出力时空分布极度不均衡且"高装机、低电量"，带来充裕性挑战，充裕性的内涵从单纯电力平衡向灵活调节、惯量支撑的充裕性延伸，而且具有时空差异性。从战略层面看，新能源和传统能源的关系尤为重要，既要保障基础用能，又要逐步替代传统能源，两者的关系需要统筹协调，平稳过渡。从规划层面看，需转变电力安全观，合理认识电力安全目标韧性化，电力系统规划要重视弹性和韧性建设，加强对极端气候、新能源连续低出力、惯量不足等事件的预防、抵御、响应，增强快速恢复供电的能力。从技术层面看，要加强新能源自身主动支撑能力，提升传统电源常态化灵活调节功能下运行效率，构建坚强智能大电网并提升微电网自平衡能力，挖掘需求侧资源潜力，构建安全防御体系，增强系统韧性、弹性和自愈能力。从机制层面看，电力系统的不确定性、开放性、复杂性增加，所要应对的极端事件增多，运行风险增大，需要建立风险管控机制，建立电力系统与社会系统、电力行业与其他行业的协防、协控机制。

（3）电力发展要实现经济高效，这是高质量发展的关键特征，要在满足能源需求的同时，提高能源利用效率，推动有效市场同有为政府更好结合，合理调控、疏导用能成本。当前可预见的技术条件下，新能源比重提升将不可避免地带来电力供应成本提高。为此，新型电力系统建设需要大力推动科技创新和产业升级，发挥好科技创新引领和战略支撑作用，加快电力产业数字化和智能化升级，推动系统效率大幅提高，降低电力供应成本。同时，一方面应发挥好政府引导作用，强化政策协同保障，综合考虑社会承受能力、产业扶持政策和技术进步，合理调整转型发展节奏；另一方面要通过市场化高效配置资源，充分反映电力系统内各类资源的绿色价值、安全保障价值、灵活调节价值，实现平稳可持续转型。

（4）电力发展要实现供需协同，这是高质量发展的基本要求。三个方面的协同包括：

1）实现源网荷储高水平互动。电源、电网、负荷和储能之间通过源源互补、源网协调、网荷互动、网储互动和源荷互动等多种交互形式，更经济、高效和安全地提高电力系统功率动态平衡能力，实现能源资源最大化利用。

2）多区域送受端跨区互动协同。完善电力跨区跨省协调互济机制，加强跨区、跨省余缺互济，持续提升输电通道利用率，形成大电网、微电网多种电网形态相融并存的格局。

3）实施供给侧结构性改革，推动产业结构、生产生活方式与能源供应互动协同。综合考虑资源供给、市场需求、资源潜力、碳排放和环境容量等因素，推动产业布局与新型电力系统资源条件和供应能力相协同，强化生产生活方式及生产工艺流程与供应能力互动性，推动全产业链、全供应链、全价值链跨入绿色低碳发展新循环。

（5）电力发展要实现灵活智能，这是高质量发展的重要支撑。

1）要加快提高系统灵活性。优先挖掘存量灵活资源潜力，加快推动火电灵活性改造、需求侧响应、新能源合理弃电、通道灵活运行等见效快、成本低、影响范围广的措施；对增量灵活调节电源，应注重统筹规划，实现规模、结构和布局的综合优化，并建立完善、反映灵活性资源价值的市场机制。

2）要实现高度数字化、智能化，实现对海量发供用对象的智能协调控制，实现源网荷储各要素友好协同，解决未来海量主体泛在、多维时空平衡、实时双向互动等带来的巨大难题。促进能源技术创新与能源业态模式创新。通过数据和机理驱动的人工智能技术，充分挖掘海量数据中蕴含的丰富价值，促进能源系统效益和效率的进一步提升。

第二节 "双碳"目标下电力发展面临的挑战

一、电力生产侧面临的问题与挑战

构建新型电力系统，是中央财经委员会第九次会议提出的实现碳达峰碳中和的重要举措。在新型电力系统体系下，新能源将成为电力生产侧的主体电源，新能源装机容量和发电量占比将不断提升。整体而言，电力生产侧面临的问题与挑战主要包括以下几方面：

1. 新能源大规模并网对电力系统的安全稳定运行带来挑战

新能源发电设备与电力系统中稳定、可控且抗扰动性强的火电等常规发电机组在并网运行特性上具有较大差异，抗扰动能力较低。随着新能源装机占比的不断增长，大规模新能源通过电力电子器件接入电网，将极大改变传统电力系统的运行规律和特性，对电力系统安全稳定运行的影响日益显著。主要表现在如下几方面：

（1）新能源发电设备依赖电力电子器件接入电网，其输出功率主要取决于自身控制策略，有效转动惯量很小，同时常规火电机组减少，导致大规模新能源并网之后系统总体惯量不断减小。随着新能源占比不断增加，系统频率调节能力持续下降，大功率缺失情况下，易诱发全网频率问题。

（2）新能源发电设备由于电压耐受水平低于常规机组，在事故情况下容易发生大规模脱网问题。当前我国新能源集群并网呈现出特高压交直流混联、电力大规模跨区输送的特点。当大容量特高压输电线路发生故障时，容易导致电网电压大幅波动，存在新能源发电设备因电压保护动作而导致大规模脱网的风险。

（3）新能源发电设备经电力电子器件并网会引起电力系统的低频、次/超同步振荡问题，其振荡机理十分复杂。电力系统的传统振荡问题，在机理研究、特征分析、振荡抑制等方面都有比较成熟的理论和方法。在"双高"电力系统中，电力电子设备引起的宽频振荡表现出新现象、新特征，如形态多样化、宽频特征、时变特性及广域传播特征等。因此，如何抑制和消除新能源大规模并网诱发的宽频振荡问题面临诸多挑战。

总之，大规模高比例新能源接入的电力系统，将面临系统频率调节能力降低、系统转动惯量减小、电网电压崩溃风险加大、新能源脱网风险增加、新能源引发宽频振荡等一系列问题，对电力系统的安全稳定运行带来挑战。

2. 新能源大规模并网对系统调峰需求增加

在"双碳"目标下，新能源大规模并网为电力系统调峰带来两方面需求：①新能源消纳调峰，当系统处于负荷低谷时段时，需要在运发电机组降低出力、通过跨省跨区输电通道向外输送盈余电力或通过需求侧响应增加负荷需求；②顶峰供电调峰，当系统处在负荷高峰时段且系统开机容量不足时，需要投入正常运行以外的发电机组以满足系统调峰需求，或通过需求侧响应降低系统负荷需求。

（1）新能源消纳调峰需求增加。新能源发电具有间歇性、随机性、波动性等特征，随着新能源装机规模的不断上升，为确保功率实时平衡，需要常规发电机组降低出力，以消纳更多的新能源电量，尤其是在系统低谷负荷风电大发时段或光伏大发的正午时段。同时，随着新能源装机占比不断提升，调峰需求以负荷波动为主导变为负荷波动、风电出力波动、光伏发电出力波动叠加，系统调峰需求变得复杂化差异化。风电出力随机性较大，增加了每日调峰需求的预测难度。光伏发电出力总体规律性强，在光伏装机规模占比较高、调峰控制时段可能会由夜间低谷变为午间，等效负荷曲线呈现"鸭子曲线"形状。但在负荷较大、峰谷差也较大，光伏装机规模占比较小的地区，等效负荷低谷依然在夜间。多样的调峰需求导致各地区调峰控制时段不同，也带来了一定的互补性。因此，需要根据各省不同的调峰需求分布，加强省间互济，进一步优化调峰资源。

（2）顶峰供电调峰需求增加。与火电等常规电源不同，新能源出力特性与风能资源和太阳能资源强相关，新能源发电的间歇性和波动性较强。新能源大规模并网后，火电等具有较强调节能力的常规电源装机占比下降，电力系统可能在部分时段面临间歇性电力供应紧张的问题。如果在负荷高峰时段新能源出力处于较低水平，新能源发电设备功率无法提升，且电力系统中常规电源出力已处于满负荷运行状态，也无法提升功率。若新能源和常规电源出力低于系统负荷，此时需要限制部分负荷用电，避免出现功率不平衡问题。即新能源低出力、高负荷情况下，系统可能发生拉闸限电的问题。为解决上述问题，系统需要增加顶峰供电电源。

新能源消纳调峰和系统顶峰供电问题的解决路径之一是新能源发电配套储能设备，通过新能源和储能的联合调度运行，建设系统友好型绿色电站。储能在新能源消纳存在困难的时段提前充电解决消纳调峰问题，在负荷高峰时段放电满足顶峰供电的需求。

3. 新能源消纳面临的压力增大，消纳和接网成本增加，全社会用电成本抬升

新能源消纳是新能源发展面临的动态性、长期性问题，我国新能源发电消纳利用不充分、区域发展不均衡的问题预计将持续存在。当前阶段主要面临系统日内调峰能力不足、主网架输电通道受阻的问题。未来高比例新能源电力系统还将面临跨月、跨季调节能力不足等问题。新能源消纳面临的问题和挑战主要包括以下几个方面：

（1）新能源高效消纳利用对系统调峰电源建设的需求增加，引起消纳成本增加。为保证新能源消纳利用率维持在合理水平，同时提高跨省跨区输电通道利用率和可再生能源电量比例，需要提升电力系统的灵活调节能力，具体措施包括新建抽水蓄能、调峰气电、储能等调峰电源和火电灵活性改造。为实现火电深度参与系统调峰，可对存量火电机组开展灵活性改造，要求自备电厂履行调峰义务。同时，新能源配套储能解决消纳问题也是行之有效的手段。存量火电的灵活性改造和新建调峰电源都将引起新能源消纳成本的增加。

（2）新能源消纳的长效保障机制有待完善。新能源消纳涉及规划协调、调节能力、配套政策、市场机制等多方因素，需要持续加以重视过程。现有消纳措施存在局部、单一品种多，全局、长效机制少的问题，消纳成果尚不稳固。一方面，电源侧、电网侧、负荷侧的消纳调节能力尚未充分挖掘，未能形成协调一体化的统筹消纳机制。另一方面，尚未充分发挥市场资源优化配置作用，新能源难以发挥边际成本低的优势，新能源消纳商业模式也有待进一步创新。

新能源的大规模并网消纳需要增加系统灵活调节能力的建设，同时，随着新能源开发逐渐向偏远地区（深海）延伸，也将引起接

网工程费用的提升，导致全社会用电成本的抬升。

4. 新能源发展与生态环保土地等方面约束的矛盾日益凸显，新能源开发布局需要进一步优化

未来一段时间，影响新能源发展的因素将更加复杂，新能源开发面临的来自国土空间、生态红线、环境保护、林业草原等方面的要求将不断提高，土地使用限制将在一定程度上影响新能源的大规模发展。此外，海上风电项目开发还额外涉及海洋、气象、海事、渔业、军事等因素。如果不加强新能源开发与相关部门出台规划及管理政策的统筹和衔接，新能源大规模发展的速度将受到影响。我国能源供需逆向分布特征明显。以胡焕庸线为界，东部能源消费量占全国的 71%，但能源生产量仅占 26%。虽然分布式新能源、沿海核电、海上风电的发展有利于提高中东部地区能源自给能力，但不能完全满足自身新用能需求。需要进一步优化新能源发展布局，科学制定跨省区输电通道计划，推动资源在全国范围的优化配置。

5. 传统煤电运营面临一定困难，配套政策机制有待完善

随着新能源的大规模快速发展，煤电将由传统的提供电力、电量的主体性电源，逐步转变为向电力系统提供可靠容量、调峰调频等辅助服务的调节性电源。随着清洁能源发电量占比的逐渐提升，煤电的利用小时数将大幅下降。在现有煤电价格机制下，如果没有足够的容量补偿等相关政策支持，煤电企业的正常生产运营将难以保障。面临这一必然转变，有必要研究相关配套的政策机制，包括深化电力辅助服务市场、探索建设容量补偿机制或容量市场等，为煤电深度调峰、容量支撑等服务提供合理价格水平补偿，确保电力行业的健康发展。

二、电力消费侧面临的问题与挑战

（一）主要问题

我国电力消费量持续增长，2020 年，全社会用电量 75110 亿 kWh，同比增长 3.1%。分产业看，第一产业用电量 859 亿 kWh，同比增长 10.2%；第二产业用电量 51215 亿 kWh，同比增长 2.5%；第三产业用电量 12087 亿 kWh，同比增长 1.9%；城乡居民生活用电量 10949 亿 kWh，同比增长 6.9%。人均来看，我国人均用电量已超过 5300kWh，人均生活用电量接近 800kWh。总体而言，我国电力消费侧发展瞩目，但仍存在用电能效和电能占比偏低、需求侧资源挖掘不足等问题。

1. 用电能效水平偏低

从产业结构看，我国产业结构依然偏重，用电主要集中于第二产业，2020 年用电占比达 68%，居民用电和第三产业用电占比分别为 15% 和 16%，占比偏低。第二产业中，电力消费主要以钢铁、有色、石油石化、化工、建材、纺织、造纸等重点耗能行业为主，其用电占整个工业用电的 60% 以上，但单位能耗平均却比国外先进水平高出 40%。高端制造业和服务业发展水平不足、中低端制造业为主的产业结构，造成我国能源利用效率不足，能源强度偏高。

从节能节电技术看，我国能效水平仍然偏低。在钢铁、化工、建材等重工业中，尚有相当部分落后生产工艺，产品产量和质量也相对很低，单位产品能耗和电耗大。此外，较多工业企业存在配电系统运行效率低、变压器和线路损耗大、设备配置不合理、运行时效率低、耗电多、浪费非常大等问题。如占我国工业用电总量 60%～

70%的电机，通常的使用效率不到75%，"大马拉小车"与低负荷运行的情况相当普遍。在第三产业和居民生活的建筑用电中，也存在设备效率低、建筑不节能等问题。此外，还普遍存在能源管理方式粗放现象，未能从使用效率、生产成本和设备使用寿命等角度，对电能进行精益管理，比如能源计量、检测管理制度不健全，能源管理岗位不到位等。

2．电能占终端消费比重有待提升

"十三五"以来，我国大力实施电能替代，通过推广冶金电炉、建材电窑炉、电锅炉、轨道交通等应用，替代电量超过9000亿kWh，2020年，我国电能占终端能源消费比重已达27%，高于全球平均水平的20%和OECD❶国家的22%，仅次于法国、日本等国家，但从碳排放控制的视角看，终端电能占比仍然偏低，有待于进一步提升。

我国终端化石能源消费中，以煤炭为主，其次是石油，天然气占比较低，终端碳排放量占全国总碳排放超过一半，其中主要是工业排放，提升电能消费比重，以电能替代煤炭、石油、天然气消费是重要的终端减碳手段。在工业、建筑、交通三大领域，2020年电能消费比重分别达到26%、40%和4%，建筑领域当前电气化率最高，但也不超过一半，北方取暖尚有近2亿t的散烧煤，电能替代空间还较大；工业除了用电外，最主要的化石能源消费为煤炭，尤其是在钢铁、水泥、化工等行业，推广工业电炉应用成为必然趋势；交通领域电气化率最低，道路交通电气化率还不足1%，以电动汽车为主的新能源汽车取代传统燃油车，成为未来交通领域重要发展方

---

❶　OECD（Organization for Economic Co-operation and Development），经济合作与发展组织，简称经合组织。

向。综合来看，我国电能占终端能源消费比重还具有巨大提升潜力，尚需持续推进电能替代工作。

3. 需求侧资源挖掘不足

"十三五"以来，我国电力形势发生显著变化，局部地区电力负荷峰谷差持续加大，夏季和冬季日负荷特征愈加明显。与此同时，我国需求侧管理尚显不足，需求侧响应资源未得到充分挖掘利用。电力需求响应是用户根据电价或激励信号作出的主动响应，即根据电价高低或激励大小，临时改变用电行为调节电力负荷，包括削峰、移峰和填谷等。电力需求侧发展已进入新阶段，但目前仍受制于缺少合理科学的方法测量和挖掘需求侧资源、投资者对其作用价值不甚了解、缺乏商业模式和市场机制，以及数据技术短板等多重掣肘。

目前我国 3%～5% 的尖峰负荷均在 50h 之内，未来"缺电力"成为比"缺电量"更突出的问题，在经济发达地区尤其突出，能否用需求侧资源来代替部分化石能源调峰资源，是需要重点关注研究的问题。未来要想充分发挥需求侧资源的作用，需要破解商业模式和数据挖掘两大难题。电能量市场、辅助服务市场、容量市场都是需求侧资源重要的参与方，但其商业模式还没建立起来，也就不能充分发挥市场潜力。数据挖掘方面，电能替代和需求响应资源如何分布、其潜力如何测算等问题均需要进一步探讨。

（二）面临挑战

随着实现碳达峰碳中和工作的推进，在终端领域还需要继续推进电能替代，减少直接的化石能源消费量，实现终端集中控碳脱碳与精细化用能控制，未来电力消费侧将呈现出电力需求持续增长、负荷随机性增强等特点，也将给电力行业带来更多挑战。

1．电力需求持续增长

我国已进入高质量新发展阶段，宏观经济仍将继续增长，预计"十四五""十五五""十六五"期间仍能分别达到 5.5%、4.6% 和 4.0% 左右的增速，2035 年经济总量将比 2020 年翻一番；此后增速将进一步放缓，降到 4%以下。在尚未实现能源、电力与经济脱钩的阶段，经济总量的增长将持续带来电力需求的增长。

我国产业结构不断调整，将加快发展现代产业体系，推动传统产业高端化、智能化、绿色化，加快发展新一代信息技术、新材料、高端装备等战略性产业以及现代服务业，而钢铁、水泥等传统高耗能产业预计将持续淘汰落后产能、压减过剩产能、提高产品效率、降低产业规模。此外，居民生活进入高质量发展阶段，用能占比将不断提升。产业结构的调整将使得化石能源消费需求降低，电能消费需求增长。

随着能源结构的调整，在终端工业、建筑、交通等领域将持续推进电能替代，包括推广工业电炉设备使用，加快应用高效热泵等技术用于建筑供暖、生活热水，大力发展电动汽车、港口岸电、轨道交通等产业。终端各部门电能替代将助推电力需求快速上升，对供电能力和供电质量提出更高要求，同时在终端用电设备技术水平、能效管理水平等方面也带来了更大挑战。

2．负荷多元化、随机性特性增强

未来终端用能结构中，电气化水平持续提升，电能逐步成为最主要的能源消费品种，电动汽车、清洁供暖、屋顶光伏、家用储能设备及智能家居的广泛应用使用电负荷朝着多元化方向发展。同时，电能在终端将发挥能量枢纽的作用，实现电、热、冷、气多能协调供应和灵活转换，微电网与分布式电源取得长足进展，终端用户既是消费者又是生产者的全新模式改变着能源电力服务形态。

工业园区与公共建筑成为开展综合能源服务的重点对象，建筑领域还将打造光伏建筑一体化、可再生能源建筑，交通领域形态发生根本性变化，车桩网和电力系统融合互动模式普及。需求侧响应、虚拟电厂及分布式交易越来越多成为用户的新选择，电力服务方面，绿色电力、定制化服务、优质供电、精准计量、电力大数据增值服务成为用户的新需求。

高度电气化下负荷结构多元化，电动汽车充电与电供暖等用电行为的时空随机分布，以及用户侧的有源化特征凸显，都会加剧负荷的不可预见性，负荷端将具有强不确定性，电网负荷峰谷差将逐渐加大。主要发展方向是实现高度电气化负荷多元互动，并且挖掘用户侧潜力，应用数字技术，通过互联网聚合下的用户互动与需求响应，提升系统效率。

3．价格机制亟待完善

终端消费领域要实现脱碳，主要途径为以清洁电力替代煤炭、石油、天然气等化石能源，需要不断扩大电能消费范围。影响电能应用的主要因素包括技术水平和经济性两方面，从技术角度看，终端电能应用潜力较大，在经济性层面，目前电能在终端应用的成本总体较高，尚不具备价格优势。从等效热值的成本看，当前电能成本（考虑峰谷电价）为燃煤的 2.4～4.8 倍，是天然气的 1.1～2.2 倍。

需要不断完善价格机制，提升清洁电力的综合竞争力。在用户侧电价机制方面，需要通过市场激发负荷侧灵活调节潜力，构建发用电双方共同参与、双向互动的电力市场机制，完善需求响应的市场机制，并在市场中反映可再生能源电力的绿色属性，现有的超额消纳量交易和绿证交易协调不够，绿色电力的环境价值体现尚不充分。在全国碳市场建设的完善方面，将更多的行业和企业纳入到碳市场中，通过碳价、碳税的调节作用，反映绿色电力的经济价值，促进各行业、各用户减少化石能源消费，提高电能消费比重。

三、电力系统运行面临的问题与挑战

电力系统实现"双碳"目标的过程同时是传统电力系统向新型电力系统转型升级的过程，电力系统的物质基础和技术基础持续深刻变化。

（1）一次能源特性变化。电力系统的一次能源主体由可存储、可运输的化石能源转向不可存储或运输、与气象环境相关的风光资源，一次能源供应面临高度不确定性。

（2）电源布局与功能变化。风光资源只能就地转换，未来将根据资源分布采用集中与分散式开发并举，电源总体接入位置越加偏远、越加深入低电压等级。未来新能源作为主体电源，不仅是电力电量的主要提供者，还将具备相当程度的主动支撑、调节和故障穿越等"构网"能力，常规电源功能逐步转向调节与支撑。

（3）网络规模与形态变化。西部、北部大型清洁能源基地向东中部负荷中心输电的整体格局不变,近期电网规模仍将进一步扩大。电网形态从交直流混联大电网向微电网、柔性直流电网等多种形态电网并存转变。

（4）负荷结构与特性变化。能源消费高度电气化，用电需求持续增长。配电网有源化，多能灵活转换，"产消者"广泛存在，负荷从单一用电向发用电一体化方向转变，调节支撑能力增强。

（5）电网平衡模式变化。新型电力系统供需双侧均面临较大不确定性，电力平衡模式由"源随荷动"的发用电实时平衡转向储能和多能转换参与缓冲的更大空间和更大时间尺度范围内的平衡。

（6）电力系统技术基础变化。电源并网技术由交流同步向电力电子转变，交流电力系统同步运行机理由物理特性主导转向人为控制算法主导。电力电子器件引入微秒级开关过程，分析认知由机电暂态向电磁暂态转变。运行控制由大容量同质化机组的集中连续控制向广域海量异构资源的离散控制转变。故障防御由独立"三道防线"向广泛调动源网荷储可控资源的主动综合防御体系转变。

随着电力系统物质基础与技术基础发生快速而深刻的变化，电力可靠供应、新能源消纳、电网安全运行等问题更加突出，未来电力系统将面临巨大挑战。

（一）电力供应保障方面

（1）保障供应充裕的基础理论面临挑战。全球气候变化及可再生能源大规模开发背景下，可再生能源资源禀赋在长期演化过程中会发生显著变化。电源和电网规划决策面临资源禀赋和运行双重不确定性问题，并具有明显的路径依赖性。新型电力系统的上述特征给传统资源禀赋评估理论和规划理论带来重大挑战。

（2）新能源小发时保障供应难度大。电力系统发用电必须实时平衡，目前主要通过调节可控电源出力跟踪负荷变化实现。随着新能源发电快速发展，可控电源占比下降，新能源"大装机、小电量"特性更加突出，风光小发时保障电力供应难度大。在碳中和阶段，火电占比将进一步下降，新能源装机规模继续提升，负荷仍将保持一定增长，实时电力供应和中长期电量供应保障难度进一步加大。

（3）罕见天象、极端天气下保障供应难度更大。日食等罕见天文现象将显著影响新能源出力。随着全球变暖和气候异常加剧，飓风、暴雪冰冻、极热无风等极端天气事件不断增多增强，超出现有认知。罕见天象与极端天气具有概率小、风险高、危害大的特征，在新能源高占比情景下影响极大，供电保障成本高。

（二）系统平衡调节方面

（1）供需平衡基础理论面临挑战。随着新能源占比持续提高，供需双侧与系统调节资源均呈现高度不确定性，系统平衡机制由"确定性发电跟踪不确定负荷"转变为"不确定发电与不确定负荷双向匹配"，供需双侧运行特性对气候等外部条件产生显著的依赖性，面向传统电力系统建立的供需平衡理论面临重大挑战。

（2）日内调节面临较大困难。新能源出力随机波动性需要可控电源的深度调节能力予以抵消，电力系统现有调节能力已基本挖掘殆尽，近期仍需要更大的系统调节能力以满足新能源消纳需求。远期新能源成为主力电源后，2060 年瞬时出力可能远超负荷，依靠占比不断下降的常规电源及有限的负荷侧调节能力难以满足日内消纳需求。

（3）远期季节性调节需求增大。新能源发电与用电存在季节性不匹配，夏冬季用电高峰期新能源出力低于平均水平，春秋季新能源大发时用电水平处于全年低谷，新能源高占比情景下季节性消纳矛盾将更加突出。

（三）安全稳定运行方面

（1）稳定基础理论面临挑战。新能源时变出力导致系统工作点快速迁移，基于"给定平衡点"的传统 Lyapunov 稳定性理论陷入困境。新能源发电区别于传统机组的同步机制和动态特性使得经典暂态功角稳定性定义难以适用。高比例电力电子设备导致系统动态呈现出多时间尺度交织、控制策略主导、切换性和离散性显著等特征，尚缺乏过渡过程分析的完整理论以及适用于非工频稳定性分析的基础理论。

（2）控制基础理论亟待创新。传统电力系统的控制资源主要为同步发电机等同质化、大容量设备，新型电力系统中高比例新能源和电力设备从各个电压等级接入，控制资源海量化、碎片化、异质化、黑箱化、时变化，导致传统基于模型驱动的集中式控制难以对其进行有效的聚纳和调控，需要新的控制基础理论。

（3）传统安全问题长期存在。未来相当长的时间内，电力系统仍以交流同步电网形态为主，但随着新能源大量替代常规电源，维持交流电力系统安全稳定的物理基础被不断削弱。旋转设备被静止设备替代，系统惯量不再随规模增长，甚至呈下降趋势，频率控制更加困难，抵御故障能力下降。电压调节能力下降，高比例新能源接入地区电压控制困难，高比例受电地区动态无功支撑能力不足。电力电子设备的电磁暂态过程对同步电机转子运动产生深刻影响，功角稳定问题更为复杂。

（4）高比例电力电子、高比例新能源的"双高"电力系统面临新的问题。近期新能源机组具有电力电子设备普遍存在的脆弱性，面对频率、电压波动容易脱网，故障演变过程更加复杂，叠加进一步扩大的远距离输电规模，大面积停电风险显著增加。同步电源占比下降、电力电子设备支撑能力不足导致宽频振荡等新形态稳定问题，电力系统呈现多失稳模式耦合的复杂特性。远期更高比例新能源甚至全电力电子系统将带来全新稳定问题。

（四）整体供电成本方面

新能源平价上网不等于平价利用，除新能源场站本体成本外，新能源利用成本还包括灵活性电源等投资、系统调节运行成本、大电网扩展及补强投资、接网及配网投资等系统成本。近期随着新能源发电量渗透率逐步增加，系统成本显著增加。国内外研究经验表明，电量渗透率超过 10%～15%后系统成本进入快速增长临界点，未来新能源场站成本下降很难完全对冲消纳新能源付出的系统成本上升。远期新能源持续大规模发展，度电系统成本进一步提升且疏导困难，影响全社会供电成本。

第三节 我国电力行业发展现状与趋势

一、我国能源电力碳排放现状

我国能源活动二氧化碳排放经历了平稳增长、快速增长、波动增长三个阶段。改革开放以来，随着我国经济的腾飞，粗放式的发展消耗了大量的化石能源，也导致了碳排放快速增长。如图 1-1 所示，1980—2019 年，我国能源活动二氧化碳排放量从 14 亿 t 增至 98 亿 t❶，增长了 6.2 倍，年均增长 4.9%。分阶段看，1980—2000 年为二氧化碳排放的平稳增长期，此阶段年均增速为 3.8%；2001—2013 年为二氧化碳排放的快速增长期，此阶段年均增速高达 8.7%；2014—2019 年为二氧化碳排放的波动增长期，受经济增

---

❶ 本部分碳排放数据来源于国际能源署。

速放缓、能源结构调整加快等因素影响，2014—2016 年间二氧化碳排放量有所下降，2017—2022 年二氧化碳排放量再次增长。

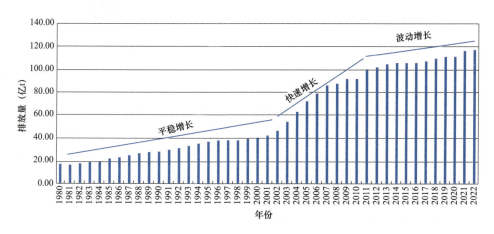

图 1-1　1980—2022 年我国能源活动二氧化碳排放增长

能源燃烧是我国主要的二氧化碳排放源，其中，电力行业排放（不含供热）约占能源燃烧二氧化碳排放的 39%，占二氧化碳总排放的 34%。如图 1-2 所示，据估算，2022 年我国二氧化碳排放总量约 117.5 亿 t，其中，能源燃烧的二氧化碳排放约为 103 亿 t，发电碳排放约 40.3 亿 t，热电联供的供热碳排放约 5.8 亿 t（可计入工业、建筑等终端用热行业）。

电力部门通过电能替代煤炭、油气等化石能源的直接使用，减少了终端用能部门的直接碳排放，支撑了终端用能碳排放的下降，承担了更大的减排责任。未来电力系统将扮演越来越重要的角色，将为实现碳中和目标作出更加重要的贡献。除电力部门外，工业、交通、建筑部门二氧化碳排放占比分别约为 31%、10%、6%，供热、农业等其他部门二氧化碳排放占比约为 13%，均具有很大的减排潜力。

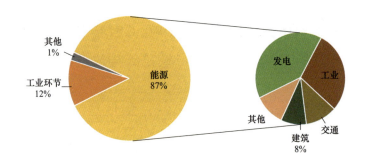

图 1-2 我国能源电力二氧化碳排放情况

二、我国电力供需双侧发展现状

（一）电力生产侧发展现状

截至 2023 年底，全国发电装机总容量为 29.5 亿 kW，其中，全国可再生能源发电累计装机容量 15.5 亿 kW，占全部电力装机容量的 52.5%。水电、风电、光伏发电、核电、气电、煤电、生物质及其他的装机容量分别为 4.2 亿（常规水电 3.7 亿 kW、抽水蓄能 0.5 亿 kW）、4.4 亿、6.1 亿、0.6 亿、1.3 亿、11.6 亿、1 亿 kW（生物质发电 0.4 亿 kW）。水电、风电、太阳能发电、核电、气电、煤电、生物质及其他的装机容量占比分别为 14.3%、15%、20.7%、1.9%、4.3%、39.5%、3.4%。

2023 年，全国各类电源总发电量为 9.29 万亿 kWh，其中，全国可再生能源发电量达 2.95 万亿 kWh，约占全部发电量 31.8%。水电、风电、光伏发电、核电、气电、煤电、生物质及其他的发电量分别为 1.28 万亿、0.89 万亿、0.58 万亿、0.43 万亿、0.30 万亿、5.38 万亿、0.42 万亿 kWh（生物质发电 0.20 万亿 kWh）。水电、风电、光伏发电、核电、气电、煤电、生物质及其他的发电量占比分别为

13.8%、9.5%、6.3%、4.7%、3.2%、57.9%、4.5%。

（二）电力消费侧发展现状

1. 能源消费现状

我国能源消费总量持续提升。2023年，我国能源消费总量57.2亿t标准煤，同比增长5.7%，"十三五"年均增长2.6%，较"十二五"降低1个百分点。

我国非化石能源消费比重稳步提高，但能源消费结构仍以化石能源为主。2023年，我国非化石能源消费约9.7亿t标准煤，占一次能源消费的17.9%，较2020年提升2个百分点。2023年，我国化石能源消费47亿t标准煤，占一次能源消费的82.1%，其中，煤炭消费31.6亿t标准煤，占一次能源消费的55.3%。

2. 电力消费现状

全社会用电需求持续增加。2023年全社会用电量9.2万亿kWh，同比增长6.7%，"十三五"时期全社会用电量年均增长5.7%。

三、我国电网发展现状

（一）输电网发展现状

2023年，我国电网跨区输电能力进一步提升，随着驻马店—武汉、福州—厦门特高压交流工程以及白鹤滩—浙江特高压直流工程双极高端等重点工程顺利投运，网架结构进一步增强，形成以东北、西北、华中（川渝电网）、南方（云贵电网）为送端，华北、华东、华中、南方区域为受端的交直流混联电网格局。

截至2023年底，全国220kV及以上变电设备容量达到544675万kVA，220kV及以上输电线路回路长度达到88.54万km。

截至 2023 年底，我国共建成投运"19 交 20 直"39 回特高压线路，跨区输电能力达 1.7 亿 kW。其中，国家电网共有 35 回特高压，分为 19 回交流特高压和 16 回直流特高压；南方电网有 4 回直流特高压。

（二）配电网发展现状

我国配电网跨越 220V 到 220kV 电压等级，体量巨大、分布广泛、节点众多、结构复杂，是超大规模复杂系统，服务居民用户、工商业用户和重要用户等多种用电需求。从 1998 年的城乡电网建设开始，经历了"十二五"智能配电网建设、"十三五"分布式电源并网和"十四五"现代智慧配电网建设，目前已经建成了配电生产管理系统、营销管理系统、供电服务指挥平台、分布式光伏云平台、车联网平台以及综合能源服务平台。

截至 2023 年底，全国分布式新能源装机规模已超过 2.5 亿 kW，新能源汽车保有量达到 2041 万辆、充电基础设施累计达到 859 万台。我国配电网已拥有 1.8 万座终端变电站、34 万条 10kV 馈线和 775 万台中压开关、588 万台公用配电变压器、服务电力用户 5.4 亿户。

四、我国电力行业低碳化技术发展形势

（一）煤电气电低碳化发展形势

燃煤发电和燃气发电的发展，一方面取决于我国经济发展水平、资源禀赋、环境保护、碳减排等对电力行业的整体需求，另一方面取决于燃煤发电和燃气发电的技术特点、技术成熟度、经济性等。因此，要深入研究燃煤发电和燃气发电的发展趋势，获得"碳达峰、碳中和"背景下的煤电气电合理占比和结构，就必须从电力需求和

发电技术发展两方面综合考量，进行动态、全面的分析。

燃煤发电和燃气发电是火力发电最主要的两种形式。综合来看，火力发电，尤其是燃煤发电仍然是综合经济性最好的发电技术，也是技术成熟度最高的发电形式。目前最先进的燃煤发电机组发电效率已突破48%，燃气蒸汽联合循环机组发电效率已突破62%，远高于其他形式的发电技术。

理论上讲，相对于核电、水电、风电等，火力发电受资源制约较小，布局更加灵活，装机容量可以根据实际需求决定。燃煤发电机组通常布局在煤炭资源丰富的地区或电力需求较大的地区，燃气发电机组则更多布置在电力需求较大、环保压力较大的经济发达地区。我国多煤少气的资源特点也决定了我国长期以来以燃煤发电为主导的电力行业格局。经过近几十年的技术发展，燃煤发电和燃气发电污染物排放均得到有效控制，截至2020年底，我国煤电机组几乎全部达到超低排放水平，新建气电机组也普遍同步建设SCR或预留SCR安装空间，进一步降低NO_x排放。

但是，火力发电机组在碳排放方面劣势明显。目前，我国燃煤机组单位发电碳排放量（CO_2）高达879g/kWh，即使最先进煤电机组，单位发电量碳排放量也达到756g/kWh。燃气—蒸汽联合循环机组单位发电量碳排放虽然相对较低，大约为：E级364～378g/kWh，F级337～351g/kWh，H级312～327g/kWh，但是仍然远高于实现碳中和所需的近零排放标准（单位发电量 CO_2 排放量低于100g/kWh），所以，燃煤发电和燃气发电是我国电力行业减碳的主要领域。

火力发电，尤其是燃煤发电，在我国能源电力安全层面，扮演着"压舱石"的角色，是兜底保障电源。一方面，适当比例的燃煤发电和燃气发电可为电力系统的稳定运行提供足够的转动惯量，平抑大比例新能源发电并网带来的波动，保障电网系统的安全。另一方面，热电联产的燃煤发电机组和燃气发电机组是满足我国居民采暖需求的重要保障，尽管目前热电联产机组已占火电机组比重的41%，仍不能满足我国日益增长的热力需求。在大规模低成本储能技术成熟应用之前，燃煤发电机组和燃气发电机组将承担着大量的调峰任务，将是未来相当长一段时间内新能源电力消纳的重要保障。

基于燃煤发电和燃气发电的上述特点，在我国不同的历史发展时期、不同的电力需求条件下，燃煤发电和燃气发电承担着不同的历史使命，发挥着不同的作用。

中华人民共和国成立70余年以来，我国电力工业快速发展，实现了从小到大、从弱到强、从追赶到引领的巨大飞跃，为我国经济社会发展作出了突出贡献。在此背景下，煤电快速发展，在国家持续投入和支持下，煤电技术取得了长足进步，单机容量、机组参数、机组数量、能效指标均跃居世界前列。长期以来，燃煤发电呈现出占比高、体量大的特点，实际承担我国主力电源和基础电源的角色。而由于我国天然气资源相对匮乏，气电相关技术较为薄弱，发展显著落后。尽管近十年来我国燃气轮机相关技术有所突破，但与国外先进水平相比仍然差距较大。燃气发电无论是装机容量占比还是发电量占比均较低，尚未充分发挥高效、清洁和灵活的技术优势。

近年来我国对能源利用多元化、清洁化、低碳化的需求日益迫切，尤其是习近平总书记提出了"30·60碳达峰碳中和"的目标后，能源行业尤其是电力行业的转型势在必行。未来燃煤发电和燃气发电必将担负新的历史使命。

首先，在大规模低成本储能技术成熟应用之前，为应对新能源电力波动大、间歇性强等问题，电力系统仍需要火力发电尤其是燃煤发电充分发挥兜底保障的重要作用。

其次，煤电要积极转变角色，由传统提供电力、电量的主体性电源，向提供可靠电力、调峰调频能力的基础性电源转变，积极参与调峰、调频、调压、备用等辅助服务，提升电力系统对新能源的消纳能力，将更多的电量市场让给低碳电力；燃气发电要努力打破技术瓶颈，在高效重型燃机方面取得突破，并将燃气发电的装机占比提升至合理范围，充分发挥高效、清洁和灵活的技术优势。

最后，低成本的燃煤发电是全社会低成本用电、用热的基础，是我国保障民生和社会经济活动用能的重要支撑，对促进经济社会发展、提升人民幸福感具有重要意义。

（二）新型储能技术发展形势

近年来储能技术发展迅速。截至2020年底，全球已投运储能项目累计装机规模191.1GW，同比增长3.4%。截至2020年底，中国已投运储能项目累计装机规模35.6GW，占全球市场总规模的18.6%，同比增长9.8%，其中，抽水蓄能装机容量约为3.2GW，占比89.30%。新型储能中，电化学储能累计装机规模3.28GW，占比9.2%，压缩空气储能等其他储能装机容量0.53GW，约占1.5%。2020年底，我国突破电化学储能百兆瓦集成技术，全功率响应时间约百毫秒级，效率达88%，具备参与电力系统运行调控与安全稳定控制的能力，处于国际领先水平，为我国新型电力系统构建夯实了基础。

此外，压缩空气储能十兆瓦集成、飞轮储能兆瓦级集成以及相变储热兆瓦级集成技术也相继突破，紧随国际先进水平。

现阶段电化学储能关键技术经济指标已能初步支撑其开展规模化应用。近年来，以锂离子电池为代表的电化学储能技术进步显著，电池循环寿命大幅提升至 6000 次以上，运行寿命 10～15 年，储能系统装机成本快速下降至 1500～2000 元/kWh，等效度电成本达到 0.4～0.5 元/（kWh·次），现有集成方式也有效增强了应用安全性，技术成熟度已能初步支撑其规模化应用，并在发输配用各环节的众多场景得到规模化示范。

未来储能的技术成熟度和技术经济性仍将大幅度提升。由于电化学储能技术发展空间巨大，适用场景广泛，许多国家制定的储能战略发展规划中，均将电化学储能低成本化、高安全化、高效率化作为未来突破的重点。电化学储能装机成本预计 2025 年左右与抽水蓄能相当，达到 900～1100 元/kWh，到 2030 年将低于抽水蓄能，达到 500～700 元/kWh，等效度电成本接近 0.1 元/（kWh·次），大规模光＋储联合发电成本将低于标杆机组电价。

目前新型储能产业仍处于起步阶段，还存在产品安全性、经济性和使用寿命需进一步突破，相关标准应用和项目质量监管需进一步加强等问题，通过产业内上下游协同保证储能技术发展创新及应用质量，才能在外部具有良好的产业政策环境后高效规模化发展。

（三）CCUS 技术发展形势

碳捕集利用和封存（carbon capture, utilization and storage, CCUS）技术是一项新兴的、具有较大潜力减排 CO_2 的技术，有望实现化石能源的低碳利用甚至负排放，被认为是应对全球气候变化、控制温室气体排放的重要技术之一。其通过提高原油采收率（EOR）、提高煤层气采收率（ECBM）等 CO_2 利用方式促进其他相关行业发展，作为一种发展中的很有前途的新技术，CO_2 的工业利用也极具前景。2060 年碳中和目标的提出，对以 CCUS 为代表的 CO_2 减排技术的发展带来了机遇。CCUS 技术涉及整个技术链条，包括 CO_2 捕集技术、CO_2 运输技术和 CO_2 埋存/利用技术。

当前常用的 CO_2 捕集技术可分为三大类：燃烧后捕集技术、富氧燃烧技术和燃烧前捕集技术。自 2007 年 12 月华能北京热电厂建成我国第一个燃煤电厂燃后捕集示范项目以来，我国已经建成多个示范工程项目。2017 年我国神华国华锦界电厂 1.5×10^5 t/年 CCS 全流程项目完成设计工作，开始建设。富氧燃烧技术已在世界范围内成为研究和发展的主题，中国、美国和英国等国家均在积极开展示范工程，但到目前为止，还没有一家大规模全流程的富氧燃烧 CCS 示范电站建成。目前，制约富氧燃烧技术发展最大瓶颈在于制氧设备投资和成本太高，而近期出现的一些新的制氧技术，可望大幅度地降低制氧成本，但这些新技术尚未成熟，没有大规模的商业应用。燃烧前捕集技术应用的典型案例是整体煤气化联合循环系统（IGCC）。我国现已具有多套 300MW 级容量 IGCC 机组的气化炉设计及建设经验，以及 200MW 级及以下容量 IGCC 机组气化炉设计、建设、运行等业绩。

CO_2 运输技术包括罐车运输技术、船舶运输技术和管道运输技术。我国 CO_2 输送以陆路低温储罐运输为主，尚无商业运营的 CO_2 输送管道，只有几条短距离试验用管道。目前，我国有关 CO_2 运输技术的研究刚刚起步。与国外相比，主要技术差距在 CO_2 源汇匹配的管网规划与优化设计技术、大排量压缩机等管道输送关键设备、安全控制与监测技术等方面。

在 CO_2 封存和应用方面，以 EOR 为例，全国约 130 亿 t 原油地质储量适合使用 EOR，可提高原油采收率 15%，预计可增加采储量 19.2 亿 t，同时封存 CO_2 47 亿～55 亿 t。

CCUS 技术研发起源于欧美等发达国家，但通过国际合作和交流，近年来我国 CCUS 技术的发展速度较快。我国在燃煤电厂烟气的 CO_2 后捕集、煤制油和 IGCC 的 CO_2 前捕集，均有工业规模的示范工程在运行。因此，我国在捕集技术研发和应用上落后并不多，甚至有些方面在工程应用上还处于领先地位。但在 CO_2 的运输管道建设、化学链燃烧等前沿技术、CO_2 利用等方面，与美国等发达国家相比还比较落后。整体来看，CCUS 技术还处于研发和示范的初级阶段，存在着经济、技术和环境等方面的困难和问题，要实现规模化发展还存在很多阻力和挑战。现有技术条件下，安装碳捕集装置，将产生额外的资本投入和运行维护成本等，以火电厂安装为例，将额外增加 140～600 元/t 的运行成本，直接导致发电成本大幅增加。除此之外，目前 CO_2 输送主要以罐车为主，运输成本高，而 CO_2 管网建设投入高、风险大，这也影响着 CCUS 技术的推广。CCUS 技术能耗较高，在部署时将使一次能耗增加 10%～20%甚至更多，效率损失很大，这严重阻碍着 CCUS 技术的推广和应用。CCUS 捕集的是高浓度和高压下的液态 CO_2，如果在运输、注入和封存过程中发生泄漏，将对事故附近的生态环境造成影响，严重时甚至危害到人身安全。所以，CCUS 技术需要进一步研究，并从政府层面制定发展规划，加强国际合作，推动 CCUS 技术朝着低成本、低能耗、安全可靠的方向发展，走向成熟。

（四）氢能技术发展形势

氢能产业链较长，涵盖氢气制备、储运加氢基础设施、燃料电池及其应用等诸多环节。中国氢能应用市场潜力巨大，氢气需求量正持续增加。据中国氢能联盟预计，到 2030 年，中国氢气需求量将达 3500 万 t，在终端能源体系中占 5%；2050 年氢能将在能源体系中至少占 10%，需求量接近 6000 万 t。中国高度关注氢能及燃料电池产业发展，已出台多项顶层规划。目前，氢能研究向实际应用发展方面取得了重要的突破，氢能产业链已初具雏形，各环节都将分阶段逐步发展满足商业化需求；但与发达国家相比，中国在氢能自主技术研发、装备制造、基础设施建设等方面仍存在一定差距，核心产业链对外依存度高，亟须大力发展可再生能源制绿氢、氢能储输及氢能利用技术，确保氢能领域核心技术自主可控，使我国氢能技术成为实现碳达峰碳中和的重要途径。

第二章 新型电力系统构建

第一节 新型电力系统的内涵与形态特征

电力系统是由发输变配用各领域、源网荷储各环节、技术体制各层面紧密耦合形成的有机整体，构建新型电力系统是一项复杂的系统工程，必须遵循电力系统的技术特点和发展规律，充分利用成熟技术、存量系统并深入挖掘其潜力，同时以开放包容的心态支持新技术的发展，积极稳妥、循序渐进实现转型。

一、新型电力系统的内涵

新型电力系统是以清洁低碳、安全充裕、经济高效、供需协同、灵活智能为主要特征的电力系统，能够满足不断增长的清洁用电需求，具有高度安全性、开放性和适应性。

清洁低碳，就是要形成清洁主导、电为中心的能源供给和消费体系，能源供给侧实现多元化、清洁化和低碳化，能源消费侧实现高效化、减量化和电气化。

安全充裕，就是要支撑性电源和调节性资源占比合理，各级电网协调发展、结构坚强可靠，系统承载能力强、资源配置水平高、要素交互效果好。

经济高效，就是要以科学供给满足合理能源电力需求，转型成本公平分担、及时传导，系统整体运行效率高。

供需协同，就是要源网荷储多要素协调互动，多形态电网并存，多层次系统共营，多能源系统互联，实现高质量供需动态平衡。

灵活智能，就是要融合应用新型数字化技术、先进信息通信技术、先进控制技术，实现能量流和信息流的深度融合，数字化、网络化、智能化特征更加显著。

二、新型电力系统的形态特征

基于以上内涵，研判未来新型电力系统技术特征，塑造适应全新电力生产结构的网络和平衡形态，在空间和时间上匹配电力供给与需求。

（一）技术形态

当前全国电力系统资产规模超过 16 万亿元，90%的在运煤电装机容量投产不满 20 年，庞大的存量系统仍以交流电技术为基础。同时，未来火电、水电、核电等交流同步电源装机和电量占比不断下降，但仍然占据相当比例。到 2060 年，同步电源仍占据装机容量的 37%、总发电量的 52%，考虑到同步电源的功能转向调节与支撑，未来同步电源将以大开机、小出力方式运行，实际开机容量占比更加可观。据测算，2060 年同步电源出力占比大于 40%的累计时段达到全年时长的 84%，出力占比大于 50%的累计时段达到全年时长的 53%，如图 2-1 所示。考虑上述因素，在未来相当长的时间内，仍将以交流电技术为基础，电力系统的基本原理、技术要求不会发生根本性改变，但是需要新的手段保障交流电力系统必要的稳定要素。

同时，为长远考虑，应当积极支持纯直流组网等支撑更高比例非同步电源的电力技术。

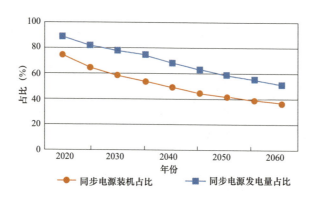

图 2-1　同步电源装机及发电量占比变化趋势

（二）网络形态（电能供需的空间匹配）

电网是连接电能生产与消费的基础平台，是电力系统的中枢环节，网络形态将随着电源、负荷结构的变化，在物理形态和技术特征上呈现新的特征。

（1）以交直流互联为大电网主干。电能是极为优质的能源传输媒介，同时非化石能源主要转换成电能加以利用，输电仍将是未来在空间上匹配能源生产与需求的主要方式。由于我国能源资源与需求逆向分布的特征未发生根本性变化，远距离大规模输电的需求将长期存在。初步测算，到 2060 年，风、光资源禀赋突出的西北、东北地区装机容量、发电量将分别达到 13 亿 kW、2 万亿 kWh 和 5.6 亿 kW、7800 亿 kWh，除本区域消纳外，分别约 1/3、1/4 的新能源发电量需要通过互联大电网外送。从电力供应保障的角度看，大电网互联有助于充分利用自然资源的时差和互补性，有效提升新能源发电的最小出力水平。据测算，2060 年国家电网公司经营区内各区域电网的风电最小日均出力水平为 2%～5%，但整个国家电网公司经营区的风电最小日均出力水平可提升至约 10.5%。此外，西部的大库容水电是全国性的长时间尺度调节资源，是新型电力系统突破电量日调节，实现周、月乃至季调节的重要保障，需要通过大电网互联实现其电力电量的优化配置。

（2）多种组网形式并存。交流电力系统需要同步电源支撑，在极高比例新能源集中开发、海上风电、大量分布式新能源接入等局部场景下，同步电源最低需求难以满足。因此，必须以包容的心态，大力提升存量电力系统的开放性、适应性，积极支持分布式微电网、纯直流电力系统等多种组网技术，根据资源禀赋因地制宜选择合适的技术路线。配电网从接受并分配电能的形态，逐步演进为分布式电源与负荷部分平衡、交直流混合供电、以分布式消纳为主的自治形态，当分布式电源渗透率极高时，局部配电网将进一步演进为以电源密集为场景、大量电能送至上级电网的上送型为主的新形态。微电网将呈现分散式布局、集群化管控、交直流混联、多能流耦合的形态特征，并网型与离网型微电网协调发展，电网、微网和用户间柔性交互，为高比例分布式新能源接入电网提供有效的技术缓冲。新能源汇集组网从工频交流汇集组网逐步演进为工频、低频交流汇集组网和直流汇集组网并存，考虑到直流变压器及直流电网技术的成熟，可在送端形成广域大规模集中式新能源通过直流汇集外送的直流电网，如东北、西北和深远海风电送出系统等。

（三）平衡形态（电能供需的时间匹配）

能源系统的根本任务是匹配能源供给与需求，二者在空间和时间上都不匹配，而运输能力可以解决能源的空间错配，存储能力可以解决能源的时间错配。电能是极为优质的能源运输媒介，成为电力系统发展壮大的技术经济基础，但电能具有难以大规模存储的物理特性，决定了电力系统实时平衡的本质特征。当前电力系统通过调节常规电源发电出力跟踪负荷实现实时平衡，根本原因在于常规电源的一次能源能够存储且其出力可以调节。新型电力系统将以出力不可调节的新能源发电为主体，发电侧调节能力显著下降，传统的实时调节模式难以为继。因此，必须通过需求响应、多能互补等方式大力挖掘负荷侧调节能力，同时开发能够与电能高效双向转换且能够大量长期存储的二次能源（储能），使"发—用"实时平衡变为"发—储—用"实时平衡，以储能为媒介实现发用电逐步解耦。现有储能技术在容量、效率、成本等方面尚不能满足需求，先进大规模储能技术的突破和广泛应用势在必行，将成为新型电力系统构建的关键。

第二节　新型电力系统的构建原则与发展阶段

电力系统是由发输变配用各领域、源网荷储各环节、技术体制各层面紧密耦合形成的有机整体，构建新型电力系统是一项复杂的系统工程，必须遵循电力系统的技术特点和发展规律，充分利用成熟技术、存量系统并深入挖掘其潜力，同时以开放包容的心态支持新技术的发展，积极稳妥、循序渐进实现转型。

一、新型电力系统的构建原则

构建新型电力系统是一项复杂的系统工程，同时也是重要政治任务。构建新型电力系统必须坚持问题导向、目标导向与科学发展原则，积极稳妥推进转型。

问题导向，即抓住新能源发展过程中的主要矛盾，兼顾当前困难与长远问题，通过系统重构、技术创新与体制机制创新突破新能源发展瓶颈。

目标导向，即以按期实现"双碳"目标为终极使命，选择合适的技术路线倒排发展路径。转型过程中需要始终满足经济社会发展用电需求的目标，把保障能源电力安全作为底线，发展转型决不能以牺牲安全为代价。

科学发展，即充分考虑能源行业资产资金技术密集、路径依赖较强的特点，遵循电力系统的技术特点和发展规律，实现渐进过渡式转型发展。在增量上要提高投入产出，在存量上要加大改造再利用，坚决避免推倒重来和重复建设。

二、新型电力系统的发展阶段

从电力系统发展的技术特点和新能源的发展阶段，可将新型电力系统构建过程总体分为三个阶段：加速转型期、总体形成期与巩固完善期。

（一）加速转型期

新型电力系统加速转型期内，电源侧，新能源逐步成为发电量增量主体，煤电仍是电力安全保障的"压舱石"。在坚持生态优先、确保安全的前提下，结合资源潜力持续积极建设陆上和海上风电、光伏发电、重点流域水电、沿海核电等非化石能源。新能源坚持集中式开发与分布式开发并举，通过提升功率预测水平、配置调节性电源、储能等手段提升新能源可调可控能力，进一步通过智慧化调度有效提升可靠替代能力，推动新能源成为发电量增量主体，装机占比超过 40%，发电量占比超过 20%。煤电作为电力安全保障的"压舱石"，向基础保障性和系统调节性电源并重转型。我国以煤为主的能源资源禀赋决定了较长时间内煤炭在能源供给结构中仍将占较高比例，煤电作为煤炭清洁高效利用的途径之一，仍是电力系统中的基础保障性电源。2030 年前煤电装机容量和发电量仍将适度增长，并重点围绕送端大型新能源基地、主要负荷中心、电网重要节点等区域统筹优化布局。为支撑"双碳"目标和系统稳定运行，煤电机组通过节能降碳改造、供热改造和灵活性改造"三改联动"，实现向清洁、高效、灵活转型。

电网侧，以"西电东送"为代表的大电网形体进一步扩大，分布式智能电网支撑作用越发凸显。电网格局进一步优化巩固，电力资源配置能力进一步提升。跨省跨区电力资源配置层面，加快推进以沙漠、戈壁、荒漠地区为重点的大型风电光伏基地建设，充分发挥电网资源优化配置平台作用，进一步扩大以"西电东送"为代表的跨省跨区通道规模。骨干网架层面，电力系统仍将以交流电技术为基础，保持交流同步电网实时平衡的技术形态，全国电网将维持以区域同步电网为主体、区域间异步互联的电网格局。配电网层面，为促进新能源的就近就地开发利用，满足分布式电源和各类新型负荷高比例接入需求，配电网有源化特征日益显著，分布式智能电网快速发展，促进新能源就地就近开发利用。

用户侧，电力消费新模式不断涌现，终端用能领域电气化水平逐步提升，灵活调节和响应能力提升。储能侧，储能多应用场景多技术路线规模化发展，满足系统日内平衡调节需求。作为提升系统调节能力的重要举措，抽水蓄能结合系统实际需求科学布局，2030年抽水蓄能装机规模达到 1.2 亿 kW 以上。以压缩空气储能、电化学储能、热（冷）储能、火电机组抽汽蓄能等日内调节为主的多种新型储能技术路线并存，重点依托系统友好型"新能源 + 储能"电站、基地化新能源配建储能、电网侧独立储能、用户侧储能削峰填谷、共享储能等模式，在源、网、荷各侧开展布局应用，满足系统日内调节需求。

（二）总体形成期

新型电力系统总体形成期内，电源侧，新能源逐步成为装机主体电源，煤电加速清洁低碳转型。水电等传统非化石能源受站址资源约束，增速放缓，核电装机规模和应用领域进一步拓展，新能源发展进一步提速，以新能源为主的非化石能源发电逐步替代化石能源发电，全社会各领域形成新能源可靠替代新局面，新能源成为系统装机主体电源。依托燃煤耦合生物质发电、CCUS 和提质降碳燃烧等清洁低碳技术的创新突破，加快煤电清洁低碳转型步伐。

电网侧，电网逐步向柔性化、智能化、数字化转型，大电网、分布式多种新型电网技术形态融合发展。跨省跨区电力流达到或接近峰值水平，支撑高比例新能源并网消纳，电网全面柔性化发展，常规直流柔性化改造、柔性交直流输电、直流组网等新型输电技术广泛应用，支撑"大电网"与"分布式智能电网"的多种电网形态兼容并蓄。同时，智能化、数字化技术广泛应用，基于大数据、云计算、5G、数字孪生、人工智能等新兴技术，智慧化调控运行体系加快升级，满足分布式发电、储能、多元化负荷发展需求。

用户侧，低碳化、电气化、灵活化、智能化变革，全社会各领域电能替代广泛普及。储能侧，规模化长时储能技术取得突破，满足日以上时间尺度平衡调节需求。新型储能技术路线多元化发展，满足系统电力供应保障和大规模新能源消纳需求，提高安全稳定运行水平。以机械储能、热储能、氢能等为代表的 10h 以上长时储能技术攻关取得突破，实现日以上时间尺度的平衡调节，推动局部系统平衡模式向动态平衡过渡。

（三）巩固完善期

新型电力系统巩固完善期，电源侧，新能源逐步成为发电量结构主体电源，电能与氢能等二次能源深度融合利用。依托储能、构网控制、虚拟同步机、长时间尺度新能源资源评估和功率预测、智慧集控等技术的创新突破，新能源普遍具备可靠电力支撑、系统调节等重要功能，逐渐成为发电量结构主体电源和基础保障性电源。煤电等传统电源转型为系统调节性电源，提供应急保障和备用容量，支撑电网安全稳定运行。新一代先进核电技术实现规模化应用，形成热堆—快堆匹配发展局面。增强型干热岩发电、可控核聚变等颠覆性技术有望实现突破并逐步商业化推广应用，为电力系统提供长期稳定安全的清洁能源输出，助力碳中和目标实现电网侧，新型输电组网技术创新突破，电力与能源输送深度耦合协同。低频输电、超导直流输电等新型技术实现规模化发展，支撑网架薄弱地区的新能源开发需求。交直流互联的大电网与主动平衡区域电力供需、支撑能源综合利用的分布式智能电网等多种电网形态广泛并存，共同保障电力安全可靠供应，电力系统的灵活性、可控性和韧性显著提升。能源与电力输送协同发展，依托技术革新与进步，有望打造出输电—输气一体化的"超导能源管道"，促使能源与电力输送格局实现变革。

用户侧，电力生产和消费关系深刻变革，用户侧与电力系统高度灵活互动。储能侧，覆盖全周期的多类型储能协同运行，能源系统运行灵活性大幅提升。储电、储热、储气和储氢等多种类储能设施有机结合，基于液氢和液氨的化学储能、压缩空气储能等长时储能技术在容量、成本、效率等多方面取得重大突破，从不同时间和空间尺度上满足大规模可再生能源调节和存储需求。多种类储能在电力系统中有机结合、协同运行，共同解决新能源季节出力不均衡情况下系统长时间尺度平衡调节问题，支撑电力系统实现跨季节的动态平衡，能源系统运行的灵活性和效率大幅提升。

第三节　新型电力系统技术发展趋势

电力碳达峰碳中和实现路径下，必须依靠科技创新，依托新理论、新方法、新材料和新设备，加快重大前沿科学技术难题攻关，为新型电力系统建设提供理论指导和技术支撑。

一、新能源发电主动支撑技术

目前，我国新能源发电普遍采用电流源控制模式实现并网，缺乏对电网频率、电压变化的快速响应及主动支撑能力，无法满足高比例新能源并网下系统安全稳定运行需要。未来，新能源发电具备与煤电等常规电源相近的性能，能够建立并维护系统频率、电压。稳态情况下，攻克新能源发电频率、电压自主建立技术难题，实现控制参数在线可调、运行工况主动调整；暂态情况下，突破新能源发电电压、频率快速恢复技术，能够实现扰动快速响应，提升系统稳定性。

二、大规模远海风电技术

目前，我国远海风电技术处于快速发展阶段，机组容量小、直流换流平台尺寸重量大、调控系统集成化程度不高、技术经济性与国外存在较大差距。未来，大规模、直流化、数字化是远海风电的发展趋势。需加快现有交流风机向直流风机拓展，努力提升单机容量至20MW及以上；加快大容量、远距离直流输送系统关键技术研究与突破，实现我国海上专属经济区输电距离全面覆盖，加快攻克换流平台无人值守及智能数字化监测技术难题。

三、新型清洁能源发电技术

目前，我国光伏发电效率不高，可控核聚变、海洋能发电等新型清洁能源发电技术仍处于研究探索阶段。未来，"更高效率、更低成本、规模化应用"是清洁能源发电技术重点发展方向。加快高性能晶硅、钙钛矿、有机薄膜等光伏发电技术突破，重点攻关可控核聚变等技术，加快海洋能等新型清洁能源发电技术产业化发展。改技术突破将大幅降低光伏发电成本，广泛应用于集中式和分布式光伏发电，实现对化石能源的大规模清洁化替代。

四、低成本高效率碳捕集利用和封存（CCUS）技术

CCUS技术的成熟和广泛应用是碳中和阶段煤电存续的前提条件。我国CCUS技术起步晚，示范项目场景少、规模小，存在成本高、效率低、能耗大等问题，尚未规模化应用。未来，更低成本、更高效率是CCUS技术未来发展方向。具体的，需加快探

索低成本、高效率生物质耦合 CCUS 技术（BECCS）等负排放技术，攻克大型 CO_2 增压技术及管道运输技术，攻克咸水层封存技术难题，突破 CO_2 驱油利用技术、CO_2 化工利用技术和部分生物利用技术瓶颈。该项技术若取得突破，未来跨系统循环碳经济获得极大发展，化石能源电源退出的必要性和紧迫性下降，可有力支撑交流电力系统安全运行。

五、新型电力系统调度运行控制技术

目前，我国调度运行控制技术已达到国际领先水平，但在感知、计算、分析、控制等方面，难以适应新型电力系统发展需求。未来，调度运行控制技术将深度融合智能传感、数字孪生和人工智能等技术，有效提升电力系统对高比例新能源的承载能力。仿真分析方面，突破传统机械电磁稳定基础理论，建立以电力电子特性为主的新型电力系统安全稳定理论体系；完善不同时间尺度的机电—电磁暂态建模和仿真方法，突破大规模全电磁暂态仿真技术。调控运行方面，攻克全景态势感知技术，实现源网荷储海量资源的可控、在控；融合物理信息系统仿真和平行决策等先进技术，建立事前预警、事中防御和事后快速恢复的防御体系。

六、基于新一代大功率电力电子器件的柔性输电技术

目前，我国柔性输电装备存在体积大、过载能力差、开关频率低等突出问题，其灵活支撑特性难以充分发挥。未来，"高功率密度、高过载能力、高频化"是柔性输电技术的发展方向。需加快突破以碳化硅为代表的新一代宽禁带大功率电力电子器件技术，实现柔性输电技术功率密度突破 $200kW/m^3$、过载能力提升 1.5 倍、开关频率提升到 1000Hz 以上。

七、大容量低损耗输电技术

目前，超导输电技术成本高、可靠性低，海上风电送出等特殊场景下低频输电技术处于试验阶段，节能导电材料性能与国外先进水平差距较大。未来，需加快超导输电向着功能复合化和集成应用方向发展；加快低频输电技术向更高效、更灵活、更经济方向发展；推动节能导电材料成为未来导线材料发展的热门方向。若改技术实现突破，可广泛应用于中远海风电汇集送出、城市与海岛低频组网与柔性调控、陆上新能源大范围汇集和边远地区供电、特高压直流落点区域的环网潮流疏散及调控等场景，为构建新型电力系统提供重要技术支撑。

八、先进配电技术

目前，传统针对辐射状无源配电网的相关调控、传感与装备技术已无法满足多类型、海量分布式资源即插即用接入的多向潮流与灵活转化功率控制、实时运行状态监视与多层级调度通信要求。未来，需突破区域—馈线—台区多层级协调优化方法与源—网—荷—储自趋优协同运行技术，研制面向异质资源安全接入与灵活组网的先进配电装备，攻克电网—用户资源协同互操作技术，提高配电网的清洁能源消纳能力、供电可靠性和实现供用电资源高效协同与互动。

九、灵活高效智能的多能转换与综合利用技术

目前，我国各能源系统之间相互独立，工业领域电热转换核心技术不足，电氢双向耦合技术、多能互补系统智慧运维技术仍亟待突破。未来，多能互补综合能源系统将向网络化、数字化、

智能化方向发展。突破基于数字孪生的能源系统精细化建模与生产运行技术，提升综合能源利用效率至 80%，突破网络化、智能化、模组化电冷热气氢转换技术，突破面向多种能源设备的故障快速识别与智能维护技术，大幅提升未来能源系统的经济性与灵活性。

十、大容量电化学储能技术

目前，电化学储能规模化应用仍面临安全风险大、制造成本高等问题，储能系统运行控制与应用场景的适配性和协同性也有待提升。未来，电化学储能技术需重点突破材料、安全工艺、系统集成、运行控制和循环利用等关键技术，向"高安全、低成本、长寿命"等方向发展。预期电化学储能装备循环寿命将达万次以上，安全运行 25 年以上，等效度电成本低于 0.1 元/（kWh·次），光储联合发电成本具有较强竞争力，吉瓦级储能电站单位造价低于抽水蓄能电站。

十一、氢能绿色制取与高效利用技术

目前，国内氢能绿色制取与高效利用技术尚处于起步阶段，单体装备功率小、寿命短、关键部件/材料对外依存度高，基础设施和标准规范不完善、氢—电双向转化程度不高、绿氢制取成本高。未来，"长寿命、大功率、低成本"是氢能绿色制取与利用技术发展方向。需加快核心材料/部件制备技术、系统集成技术、电网互动技术突破，加快突破十兆瓦级制氢设备单体设计、制造技术。加快突破大规模低能耗液氢技术和长距离绿氢储运技术瓶颈，突破低成本、高效率、高灵活性、高可靠性电—氢—碳转换利用及与制氢/氢利用系统与电网协调互动技术。

十二、电力数字化技术

目前，电力数字化、智能化技术正在得到迅速应用发展，但仍存在一些共性问题，如部分采集数据质量较差、多源数据融合困难，数字化技术标准和规范尚不完善，不同系统间的互操作性较差，这进一步限制了电力大数据分析和人工智能推广应用，实际生产环境中的智能化程度和自动化水平仍需进一步提升。未来，电力数字化技术需要加强数据基础质量管理及信息化系统标准化建设，结合新型电力系统的实际业务需求，打造电力专用智算平台及专用大模型底座，构建物理电网的全景映射空间，应用科学计算范式，通过大小模型协同决策，最终实现智慧能源系统。

第三章 先进电网技术及发展趋势

我国能源资源和负荷分布不均，跨区域配置需求突出，高质量电网建设是解决远距离、大容量能量输送的重要一环。坚强的特高压和主网架是电网高质量发展的基础，配电网是电网高质量发展的关键，各级电网需要协调发展，大电网支撑能力需要不断深化，才能够切实提升电网安全运行水平。

第一节 大电网支撑技术及发展趋势

一、大电网支撑技术在能源电力低碳转型中的应用场景

（一）支撑电力供应安全

"双碳"目标背景下，我国能源电力将加快向清洁低碳转型，电力生产结构将在短时间内发生重大变化，新能源将持续大规模接入电网，新能源装机容量和发电量占比将不断提升，预计到2060年，全国新能源装机占比将超过 60%，全国新能源发电量占比将超过50%。未来随着新能源发电快速发展，可控电源占比下降，新能源"大装机、小电量"特性更加突出，出力的随机波动性对电力电量平衡影响更大。高比例新能源情景下，风光小发时保障电力供应的难度极大。罕见天象与极端天气具有概率小、风险高、危害大的显著

特征，在新能源高占比情景下影响极大，供电保障成本极高。

传统电力系统中由于传统电源发电的可控性强，且负荷具有较好规律性，平衡管控模式以源随荷动为主，电力供应充裕性主要是通过在用电需求预测的基础上合理规划建设常规机组来保障，电力供应充裕性问题在相当长一段时间内得到了较好解决。未来新型电力系统中，需要坚持"就地平衡、就近平衡为要，跨区平衡互济"的原则，支撑沙漠、戈壁、荒漠地区大型新能源基地开发送出，实现全网大范围资源优化配置，支持分布式电源和各类负荷灵活接入。

（二）支撑电网安全稳定运行

随着大规模新能源持续接入电网，传统的稳定基础理论面临困境。高比例电力电子装备引入更宽时间尺度间的交互影响，电磁动态时间尺度稳定性问题已经凸显，尚缺乏类似电机暂态过渡过程分析的完整理论，以及适用于非工频稳定性分析的基础理论。高比例新能源和电力动态设备从各个电压等级接入系统，可控资源海量化、异质化、碎片化、时变化，传统基于模型驱动的集中式控制难以对其进行有效的聚纳和调控，需要发展适应新型电力系统的控制基础理论。

新能源机组、直流输电系统均不具备常规电源的转动惯量特性，系统的转动惯量和等效规模不断减小，频率鲁棒性下降。此外，现有标准对新能源机组一次调频能力未做要求，随着新能源出力占比不断增加，对电网频率稳定性造成的影响正日益显现。大功率缺失情况下，极易诱发全网频率问题。特高压直流密集投运，大量替代受端常规火电机组，受端电网电压支撑能力下降，直流表现出来的无功电压调节特性与常规机组相反，直流集中馈入使系统电压调节性能下降。此外，直流故障过程中需吸收大量无功，导致动态电压稳定问题突出。近期新能源机组面对频率、电压波动容易脱网，故障演变过程更加复杂，同步电源占比下降、电力电子设备支撑能力不足导致宽频振荡等新形态稳定问题，呈现多失稳模式耦合的复杂特性。远期更高比例新能源甚至全电力电子系统将带来全新稳定问题。因此，需要深化电网态势感知，实现多源信息的充分融合和高效处理，提高系统特性认知能力，提升新形势下大电网运行决策和控制水平，构建源网荷储等各要素的协调优化新模式，缓解电力供需的紧张形势，实现包括新能源在内的各类能源与电网友好互动。

二、大电网支撑技术发展趋势

未来，特高压交直流互联电网规模将持续扩大、大容量新能源集中接入以及分布式发电仍将持续发展和广泛应用，电源、电网和负荷格局将发生深刻变化，影响系统安全的因素更加多元化，稳定特性日趋复杂，电网调控运行难度大幅提升。大电网支撑技术也将与时俱进，持续创新。

1. 强化新型电力系统基础理论研究

以参数实测、仿真建模、系统试验方法为基本手段，准确把握新型电力系统并网技术基础向电力电子转变、电源主体向新能源转变特性，攻克"双高"电力系统稳定基础理论，做好主体电源转变过程中的建模与仿真。聚焦"双高"电力系统过渡过程及稳定性认知、分析理论，厘清系统扰动后的过渡过程并建立完整的分析理论，明确新型稳定形态，建立科学的稳定分类体系，提出针对不同稳定分类的建模准则和分析方法。

2．强化运行控制体系技术支撑

坚持以预防控制为核心，以快速控、有效控为手段，以维持交流系统的功角、频率、电压稳定为目标，聚焦新型电力系统全球极端天气频发和宽频振荡等新问题、强不确定性环境下电网运行方式多变问题、可控资源海量广泛分布且高度异质化问题，依托先进信息通信技术，充分利用广域海量源网荷储可控资源，提升电力系统可观、可测和可控能力。

3．强化故障防御体系技术支撑

未来将继续坚持"三道防线"基本理念与划分原则、以安控装置可靠稳定运行为基础保障，聚焦"双高"电力系统电力电子化不断深入、高度依赖安控系统、极端事件增多增强趋势等问题，不断巩固发展"三道防线"，提升电网应对极端事件韧性，确保电网安全稳定运行。

三、大电网支撑技术重点突破方向

（一）新型电力系统基础理论

1．稳定机理

大规模电力电子设备接入改变了传统电网的构成基础，新型电力系统的安全稳定特性由机电过程主导转变为电磁—机电耦合过程主导，支撑电网可靠运行的基础条件逐步恶化，动态调节能力被严重削弱，传统稳定量化评价指标难以适用，亟须突破受电力电子多时间尺度控制制约的大电网安全稳定分析理论。

2．供需平衡分析方法

生产模拟是电力系统供需平衡分析的重要手段，时序生产模拟能够考虑新能源发电出力的时序特性和机组运行的相关约束，精细化模拟电力电量平衡过程，已成为新型电力系统的重要仿真分析工具，目前通常建模为混合整数规划进行求解，由于其求解困难，大量提高时序生产模拟计算效率的求解技术被提出，并在实际应用中发挥了重要作用。未来随着新型电力系统建设的推进，将呈现海量异构设备接入与跨能源部门耦合的特点，伴随着系统不确定性因素的进一步提高与低惯量化的特征，时序生产模拟也需要适应这些新变化。

3．未来电网形态

随着新能源的大规模发展，可为特高压交直流输电网络节点提供稳定可靠电压支撑的火电机组不断减少，系统稳定运行风险增大，最终可能导致传统特高压电网的输电能力严重下降，从而需要将其重构。需要开展未来电源组成变化对特高压电网结构变化的影响研究，新型特高压电网将面临的系统安全问题研究，未来新技术发展对电网形态的技术路线选择的研究。

（二）新型电力系统关键技术

1．中长期负荷预测技术

在能源经济转型和能源革命的背景下，未来新型电力系统的中长期负荷预测将呈现智能性的发展特点。新型电力系统会涌现大量的储能和电动汽车等新型负荷，电力负荷的组成越来越复杂，随着大数据和人工智能技术的发展，需要采用更加智能的方法进行电力系统的负荷分析和预测。电力系统是能源和经济系统的有机组成部分，未来负荷预测更需要加强综合考虑电力、能源和经济的关联关系。随着能源革命的深入，负荷预测方法也会进一步创新，综合考虑源网荷储、能源服务和新一代电力系统的特点。

2. 新能源及电网直流承载规模评估技术

大规模开发利用新能源带来新能源消纳困难的难题和电力系统结构及特性的重大改变。由于新能源的反调峰特性，系统需要应对的等效负荷峰谷差变大，面临调峰困难的难题；常规机组被大规模替代，导致系统整体惯量减小，抗扰动能力下降，当出现故障导致的大规模功率波动时，容易引发稳定问题。新能源消纳及承载规模将成为新能源合理规划的一个重要边界，研究电网承载新能源规模的影响因素、评估方法和提升技术，开发能适应于实际大电网的新能源承载力软件工具是一个研究热点。

随着大量跨区直流的相继投运，电网结构和演化呈现出非常复杂的现象与特性，直流从"隔绝"故障逐步演变到"传递"故障，大规模交直流混联电网面临系统安全稳定风险上升的难题。评价未来电网直流承载规模的"天花板"有助于提升系统安全性。直流承载规模的机理、送/受端电网承载直流规模的制约因素、评估方法及提升技术是研究的热点。

3. 电力系统仿真分析技术

突破复杂大电网仿真技术瓶颈，研制新一代高精度、高效率仿真软件和平台，加快推进以全电磁暂态仿真为核心的多时间尺度智能分析仿真平台建设，具备海量微小电力电子化设备和多领域融合广义电力系统的仿真能力，提高电网仿真分析能力，准确把握新型电力系统运行特性变化，支撑对电网特性的深度认知。面向大电网分析，电磁暂态仿真核心算法和数值计算稳定性技术亟须进一步提升。

4．新能源基地开发和外送技术

沙漠戈壁荒漠新能源基地远离送端交流主网架，系统调节和稳定支撑能力较弱，同时，受沙漠戈壁自然地理及资源环境限制，新能源基地汇集形态较常规新能源基地更为复杂多样，沙漠戈壁荒漠新能源基地大规模开发面临新能源基地仿真建模、安全稳定运行、规划技术原则等多项技术难题。突破西部地区新能源汇集、组网、外送关键技术瓶颈，围绕风沙干旱极端环境下的电气物理特性、规模化新能源汇集送出协同、弱支撑系统安全防御与控制优化、直流新装备与新拓扑四个方面开展技术攻关，能支撑新能源基地开发与外送工程建设。

5．电力系统安全稳定性控制技术

新能源机组主动支撑、调节能力不足，新能源大规模消纳更加依赖常规电源的自动调节能力以应对电网不同扰动冲击，对各类电源的涉网性能提出了更高要求。需完善电力系统安全防御体系框架，为新型电力系统应对高复杂性、高波动性和高风险性挑战提供可靠运行技术方案。电力系统源—网—荷的动态过程与各种稳定形态的变化趋势高度耦合，传统预案式控制失效风险日益凸显，不依赖预想故障集的控制措施实时定量决策亟待突破。

（三）新/热点技术

1．新型发电技术

新型电力系统建设中涌现大量新型发电技术，大大提高了电力系统的灵活性和适应性，包括常规机组的深度/启停调峰运行技术、抽水蓄能先进技术、新型调相机配置运行技术、系统友好型新能源电站技术、新能源构网型技术、分布式发电协调优化技术、分

布式电源并网及电压协调控制技术等。

2．非常规安全技术

气候变化背景下，极寒、极热等极端天气事件呈现多发强发趋势，严重影响电力系统供需平衡，从而导致严重的电力短缺事件。在规划时，需要考虑极端场景的低发生概率、高影响程度的特征。在运行时，需要考虑连锁故障引起系统大停电事故的风险应对及阻断技术。在非常规状态下，需要保住系统的安全防御应急技术。

第二节　输变电技术及发展趋势

我国能源资源和负荷分布不均，跨区域配置需求突出。输变电线路及装备是优化资源配置、支撑能源转型、保障供电安全的关键支撑，是实现电力资源跨区、跨省、跨市区配置的物理基础。我国在特高压输电技术领先、自主化程度高，在特高压输电领域具备完整的技术标准体系，是世界上唯一掌握大规模推广建设特高压输电全套关键设备的国家。2023年底，国家电网累计建成"19交16直"35项特高压工程，成为世界上输电能力最强、规模最大的电网，跨区跨省输电能力超过3亿kW。

一、输变电在能源电力低碳转型中的应用场景

输变电线路及装备是满足全国跨区电力流向需求和清洁电力跨区消纳的载体，是推动我国能源转型的关键环节，也是新型电力系统和新型能源体系建设顺利推进的坚强后盾。

（一）实现新能源大规模远距离输送

立足我国国情与资源禀赋，"西电东送、北电南供"的电力流分布持续强化，新能源开发呈现集中式和分布式并举格局，提高特高压和超高压为骨干网络的安全韧性，满足大型新能源基地安全运行及远距离大规模电力外送需求，是构建新型电力系统的本质需求。国家发展改革委、国家能源局等九部门联合印发《"十四五"可再生能源发展规划》，明确在青藏高原地区推动大型可再生能源基地建设，通过特高压输电线路实现藏东南、沙戈荒、深远海等地区新能源大规模、远距离外送。特高压输送具备容量大、传输距离远、运行效率高和输电损耗低等显著优势。特高压输电指交流电压等级在1000kV 及以上、直流电压在±800kV 及以上的输电技术，具有输送容量大、传输距离远、运行效率高和输电损耗低等技术优势，是目前全球最先进的输电技术。相较于传统高压输电，特高压输电技术的输电容量将提升 2 倍以上，可将电力送达超过 2500km 的输送距离，输电损耗可降低约 60%，单位容量造价降低约 28%，单位线路走廊宽度输送容量增加 30%。持续完善特高压及各级电网网架，确保能源电力资源大规模广域优化配置，是助力加强能源产供储销体系建设的关键支撑。

（二）实现跨区电能互济、备用共享

新能源电量分布与负荷需求存在季节性不匹配，亟须加强跨省跨区互联，支撑沙漠、戈壁、荒漠大型风光基地开发，打造大范围资源优化配置平台，转向电、氢、热、气跨能源平衡。构建新型电力系统需要坚持"就地平衡、就近平衡为要，跨区平衡互济"，持续提升本地自平衡能力。随着新能源技术的发展和电网与数字技术的融合，电网将接入数以万计甚至亿计的各类电源和大量的新型交互式用能设备，电动汽车、分布式储能、需求响应在需求侧不断普及，将使得电力系统源荷界线模糊，形成电力产消者，部分配电网会发生潮流反转，向主网倒送功率。输电网不仅承担电能传输的作用，还将承担电能互济、备用共享等职能。

电网形态由"输配用"单向逐级输电网络向多元双向混合层次结构网络转变。电网作为连接能源电力生产和消费的枢纽平台，在实现资源优化配置的同时，面临着支撑新能源规模化开发、高比例消纳和新型负荷广泛接入的挑战，构建适应高比例新能源广域输送和深度利用的电力网络体系，是电网功能形态从电力资源优化配置平台向能源转换枢纽转变的关键。

（三）推进电力装备低碳绿色发展，提升高端装备制造产业技术价值

推进电力装备低碳节能转型，是输变电技术在能源电力低碳转型中的重要内容。在输变电装备中，变压器、断路器是电网中最重要的电力设备，电力电缆、复合绝缘子等是输配电线路的重要组成部分，应全力加快推进其低碳绿色发展进程。断路器等设备普遍采用的 SF_6 气体绝缘的全球增温潜势（GWP）是 CO_2 的 23500 倍，在国际上已被禁排和限用。变压器用矿物绝缘油、电力电缆用交联聚乙烯材料、线路复合绝缘子用硅橡胶材料均不同程度存在难回收、难降解、难重复利用等问题，绿色环保替代需求迫切。

沙戈荒、高海拔、深远海等大型能源基地高比例新能源并网送出对输变电装备的参数、特性等提出了新的更高要求，复杂系统工况、特殊地理条件下部分装备尚无成熟方案和运行经验。新能源面

广量大，汇集传输换流装备功能难以匹配。单回新能源外送直流容量达 8GW 以上，现有柔性直流装备及器件难以满足更大通流及过载要求。沙戈荒、深远海大面积新能源汇集稳定性不足，受端多馈入直流换相失败加剧故障连锁反应，现有装备形态功能难以满足应用需求。

通过产学研联合，贯通技术研发、标准互认、成果应用到装备制造的创新链条，推动科研单位、高校科技创新成果向实际生产力转化，带动我国电工装备持续升级，占领高端电工装备国内外市场，为我国加速打造链条完备、自主可控、具有世界先进水平的能源现代产业集群注入强大动力。依托我国制造业优势，形成全球范围内开放的创新联合体新格局，充分吸引和利用全球创新资源，研发设计输变电装备制造等环节形成以我为主、全球嵌入的布局模式，并基于共建绿色"一带一路"推动国际合作，助力不同国家和地区电力基础设施互联互通。

二、输变电技术发展趋势

未来，远距离输电规模将持续扩大，新能源发电基地与负荷中心呈远距离逆向分布，还需要电网公司在特高压交直流、特高压跨区直流、海上风电输电等领域加强攻关，提高清洁能源输送能力。预计到 2035 年，我国跨区输电通道容量将增长至 4 亿 kW 左右，"西电东送""北电南送"规模呈逐步扩大趋势，能源输送将以清洁能源为主。预计能源互联网基础理论、运行控制技术取得重要突破，广泛应用电源灵活调节技术、柔性输电技术、需求响应技术等，源网荷储协调性能大幅提升，实现各类能源的灵活消纳和高效配置。

应加强对接入电力系统新设备、新工程的工艺、材料和施工质量提升，切实保障电力系统安全稳定运行和电力可靠供应，以高水平安全保障能源电力高质量发展，为防范应对电网各类风险储备"锦囊技"与"工具箱"，为经济社会发展提供安全、可靠、清洁、经济、可持续的电力供应，为中国式现代化赋动能作贡献。

支撑新型输电技术发展，为电网提供节能环保、安全高效输变电设备，高端输变电装备领域应重点突破核心技术"卡脖子"难题，巩固扩大领先优势、加大核心技术自主创新力度，同时践行绿色发展、节能环保理念，推动输变电装备器件及其组部件的高可靠、环保型、模块化、智能化设计制造及工程应用，实现主要输变电设备自主化率 100%，促进能源电力产业链上下游企业快速提升创新能力，带动能源技术装备自主创新和产业发展。

新型电力系统具有安全可控、灵活高效、智能友好等基本特征，在电网发展上推动设备智能化、业务数字化是支撑新型电力系统建设的关键，也是应对电力设备安全稳定运行风险、实现智能运检的最佳手段。以设备信息互联互通的电力物联网为基础，实现电力设备的智能化转型升级，并将数字化技术与设备运检业务深度融合，是新型电力系统背景下设备智能运检技术体系发展的必然趋势。

三、输变电技术重点突破方向

围绕构建新型电力系统、支撑大规模可再生能源环境友好型电力送出的国家战略需求，提升输变电工程可靠性、研发关键直流装备、低碳电力装备及材料、实现输变电工程与主设备智能巡检及设备故障仿真，是亟须解决的重大科技问题。

（1）复杂极端环境下特高压规划设计韧性提升。特高压工程已进入建设无人区、技术创新区、施工空白区，工程设备运行面临低气压、强紫外、大温差、地形地貌复杂等一系列极端、复杂的环境挑战。针对极端自然灾害电网主动防御能力不足问题，明确覆冰舞动、强对流洪涝、干旱山火、地震地质灾害等链式极端自然灾害发生发展演进规律，掌握输变电设备链式灾害故障机理，提升极端自然灾害认知水平；建立极端自然灾害下输变电设备主动防御策略，实现输变电设备由被动式灾害防治向主动式灾害防御转变。对于高比例电力电子系统电磁兼容技术，研究电磁干扰源特性、传播方式及耦合机制，掌握电磁干扰溯源技术，提出电网和邻近系统间的干扰防护措施。以科研为引领，从设计提升着手，针对性地提高特高压工程关键设备韧性，最终提高特高压工程抵御风险的能力，提高特高压工程的本质安全。

（2）高端输变电装备研制与性能提升。持续推进高端输变电装备核心技术自主创新，建成世界领先的能源互联网装备体系。针对现有输变电装备在沙戈荒、深远海、高海拔等新型场景下面临的支撑特性、调节能力、容量等级不足问题，提升换流装备容量等级、电能转换传输效率与集约化水平，提升经济性；突破电力电子装备构网控制、过载水平，增强核心装备对系统的支撑能力，升级高端换流装备拓扑与功能，提高电网运行调节支撑能力；提升开关、直流 GIL/电缆等设备的关键性能参数，满足特殊工况大容量电力传输应用需求。实现特高压及柔直装备核心部件的自主成套化，突破高速大容量开断技术、变压器防火防爆技术，突破特高压柔直换流阀技术，掌握适应远海风电的柔直和低频交流并网接入技术、实现降本提效，解决换相失败问题；突破面向能源互联的潮流控制、次同步振荡抑制、电压主动支撑及负荷调控的装备技术。

（3）高端电工材料研发及应用。突破高端电工材料源端设计及多物理性能协同提升方法，开发耐高压、耐高温、高强度、环保型等先进电工材料，掌握电工材料复配调控及批量制备工艺，实现先进电工材料在电缆、气体开关、换流阀等高端输变电装备应用验证。突破高压大电流芯片设计及制造工艺技术，支撑高端电力电子装备安全高效运行。研制环保型电工装备，构建复杂工况下低碳绝缘介质多相界面相容性评价、绝缘特性评估指标体系，突破低碳绝缘介质工业制备及高电压等级电力装备关键技术，支撑电网六氟化硫增量替代。

（4）输变电工程及主设备智能运检技术。随着新型电力系统的建设与发展，电力电子变换装置等新型电力设备将获得广泛的应用，但新型电力设备状态感知与运行维护的基础问题，如设备故障机理、状态特征参量获取以及评估诊断方法等，都还需要深入研究，提升电网设备智能化水平，推动物联网、5G 技术与先进实用智能传感技术融合应用，实现输变电设备状态全面感知、在线监测、主动预警和智能管控。建立输变电设备全场景仿真平台，开展考虑实际运行工况、多种暂态过程和材料、部件级缺陷的设备数字化、精细化动态仿真研究，从本质源头上有效提升设备运行可靠性。提出高风险和复杂环境下设备运检自主作业技术体系，研制面向设备运检全业务的具身智能系列化装备并示范应用，实现设备一体化智能巡视、精准决策、检修作业和应急处置。

（5）新型直流输电系统。在传统直流输电基础上发展随着直流技术的发展，很多新技术将为电网性能提升带来新的技术手段，如多端直流输电系统、混合直流输电系统、柔性直流电网。多端直流输电系统是指 3 个及以上换流站通过一定联结方式构成的输电系统。柔性直流构建的多端系统，采用定直流电压控制且潮流反向不需改变极性，可实现功率灵活转换与相互调配，当其中的 1 个换流站退出运行，并不会像两端柔性直流输电系统必须停运。混合直流输电系统。混合直流输电系统是指同时包含 LCC 和柔直换流器的直流输电系统，融合 LCC 容量大、成熟、成本低和 VSC 无换相失败、可动态无功支撑等技术优势。柔性直流电网是将多个换流站在直流侧通过一定联结方式构成具有网孔结构的直流系统。直流电网具有线路通道冗余、换流站数量少、换流站可以单独传输功率、可灵活切换传输状态和高可靠性的优势。

（6）柔性低频输电技术。柔性低频输电技术通过柔性交交变频站将工频电力转换为低频传输，或是由可再生能源直接发出低频电力进行传输，从而实现降低线路电抗、提升输电距离与传输容量的目的。柔性低频交流输电技术可通过交交换流器构成两相、三相交流输电系统，构建单端、双端以及多端等典型系统拓扑，满足不同场景需求。单端系统拓扑可用于风电、光伏等低频电源并网与送出，电源侧并网逆变器可直接输出低频交流电能，只需在工频并网点建设一座交交换流站，即可实现电能大容量、远距离的传输。双端系统拓扑可实现异步工频电网互联，满足潮流跨区域互济需求。多端系统拓扑可实现不同形式的源、荷、储互联互补。采用高压大容量电压源型换流器构成柔性低频交流输电系统，具有类似柔性直流输电的电网灵活调控能力，并且可沿用交流变压器与断路器技术，具备交流易实现电压等级变化、故障易开断、易于组网的优势，是值得深入研究的新型输电技术。

第三节　先进配电网技术及发展趋势

一、先进配电在能源电力低碳转型中的应用场景

（一）高比例新能源安全高效接入

在分布式光伏、风电等高比例新能源接入地区，作为配电网关键节点设备，实现新能源发电安全并网与高效转换，提升配电网承载能力和运行灵活性。为促进新能源的就近就地开发利用，满足分布式电源和各类新型负荷高比例接入需求，配电网有源化特征日益显著，当前被动控制配电装备已无法满足多类型、海量分布式资源即插即用接入的多向潮流与灵活转化功率控制、实时运行状态监视与多层级调度通信要求，持续增加电能质量补偿装置、信息采集及二次控制设备等电网改造投资，无法本质上提升异质资源即插即用接入与多层级自适应组网能力。新型配电装备可实现海量分散新能源的便捷接入与安全并网，全面提升配电网对分布式电源、新型储能、多元负荷等灵活资源的柔性可调可控能力，有力促进高比例新能源的就地就近消纳利用。以高渗透率光伏接入低压台区场景为例，新型配电装备可实现分布式光伏 100% 监测，具备可观、可测、可控、可调等管理功能，并有效提升分布式光伏并网电能质量，公共连接点电压幅值变化不超过 3%，并网侧电流总谐波失真

不高于 2%，同时具备高低压故障穿越能力（当电压小于 $0.8U_n$ 或大于 $1.15U_n$）与过欠压保护功能（公共连接点电压超出 $0.8U_n$～$1.15U_n$）。

（二）有源配电网安全运行控制

在高比例分布式电源接入配电网中，通过配电网安全运行控制技术，促进高比例新能源消纳，提高有源配电网运行的灵活性和安全性。大规模分布式电源接入配电网，改变了配网结构和负荷特性，增加了电压控制难度，降低了电能质量水平，对传统配电网运行控制模式产生颠覆性影响。依赖风光水等自然资源的清洁能源出力具有较强的时序波动性与空间相关性，清洁能源出力的时空不确定性给配电网安全运行带来主变压器正反向过载、系统有功功率失衡、节点线路电压越限、线路载流量超载等安全运行风险，清洁能源的规模化并网可能频繁触发配电网安全保障措施，如网源分界开关、自动调压装置、变压器分接头、可中断负荷控制装置的频繁动作，严重影响系统安全稳定运行。高比例分布式电源接入的配电网需要通过系统层控制策略来实现区域间协调互济、区域内多要素协同互动，实现系统的安全性和运行效率提升。通过有源配电网安全运行控制技术可以显著提高大规模分布式电源接入下系统时空尺度范围内的高效灵活调控，充分发掘源网荷储各要素参与调控的潜力，解决源荷高度不确定性下有源配电网协调控制与安全、经济运行问题，从而提高有源配电网运行的灵活性和安全性，实现大规模分布式电源接入配电网安全运行和高效消纳。

（三）新型配电系统全面感知

大规模分布式电源、充电桩等用户侧设备接入配电网，从根本上打破了传统电网单向、确定、封闭的系统结构和运行方式，实现电网和用户互动协同，这既有客观需求，又有内在复杂性。国际上普遍认为，突破电网和用户的资源协同与互操作技术是关键。对政府而言，配用电资源互操作能促进关键基础设施升级，实现电、热、冷、气等多种能源协同互济，保障能源电力安全稳定优质供应，不断提升能源系统的整体利用效率，支撑经济社会高质量发展。对电网而言，通过电网物理系统与数字基础设施融合发展，可以提升配电网的弹性韧性，不断开放电网资源平台，支持多元化源荷灵活接入，促进高渗透率分布式清洁能源就地消纳，实现电网价值挖掘、平台业务拓展和品牌信誉提升。对用户而言，依托数字化技术形成电网和用户的双向互动平台，可以拓展微电网、储能、虚拟电厂等开放共享的市场化新业态，提供优质的综合能源服务、电动汽车服务，有效提升民生供电保障能力，满足多元化、互动化、个性化用能需求。

二、先进配电技术发展趋势

（一）配电网安全运行控制技术

1. 配电网区域—馈线—台区多层级协调优化技术

配电网网络规模巨大，节点众多，配电网安全运行控制首先需解决分层分区的问题，从而实现配电网网络动态解耦，并进一步实现群调群控。目前国内外机构对配电网多层级协调优化的研究主要集中在配电网多区域间协同调度，对区域层、馈线层和台区层间协调优化仍需深入研究。当前配电网分层分区划分对配电网安全运行的考虑尚不充分，区域—馈线—台区的多层级协调优化技术的研究仍然较少。通过对配电网分层分区管理及区域—馈线—台区多层级协调优化，可以提高配电网的清洁能源消纳能力，保障配电网安全运行，是配电网安全运行控制技术的重点研究内容。

2. 源—网—荷—储自趋优运行技术

配电网安全运行控制需解决区域配电网源—网—荷—储不协同的问题。目前对配电网源—网—荷—储自趋优系统运行方面的研究主要针对配电网稳态运行，对结合态势感知信息的动态跟踪运行控制方法研究较少，针对多电压等级间多类型调节资源协同运行的研究也较少。通过对配电网内源—网—荷—储多要素的态势感知、动态聚合和动态预测跟踪实现自趋优协同运行，可以减少区域内电压越限，功率反送等问题，提高区域配电网电能质量，进一步提高供电可靠性，是配电网安全运行控制技术的主要研究方向。

3. 高比例分布式电源配电网分层协调控制技术及平台

高比例分布式电源配电网分层协调控制技术及平台是实现配电网安全运行控制的核心技术。目前对于中低压配电网有功功率分层协调控制方法，并未考虑到配电网馈线容量、电压稳定约束等因素影响。对于考虑清洁能源承载极限，如何协调配电网的调节手段，兼顾配电网的供电能力和安全裕度进行有功功率分层协调控制仍待深入研究。当前集中式优化调度平台主要针对 10kV 或 35kV 以上电压等级，对于中、低压配电网中点多分散的高密度分布式电源缺乏优化控制能力；同时，配电自动化技术尚未实现对横跨多个空间尺度和电压等级复杂配电系统的可观、可测、可控，无法充分发挥分布式资源的响应能力。因此，针对大规模、高比例分布式电源接入的中低压配电网协调优化控制技术和平台亟须进一步研究。

（二）先进配电装备技术

1. 自治自愈型智能配电装备

高比例分布式新能源与柔性负荷接入下，配电系统将呈现多电源、多向潮流、交直流混合供电、各种电能形式灵活可控、用电负荷和分布式能源即插即用等灵活配电的特征，不仅具备能量分配的功能，还应满足能量转换、存储、路径选择及信息资源传输的需要。传统配电装备由于功能过于单一，在本已复杂的电力系统上加装各种调节器、稳定器、控制器、补偿器进行调节，使得配电系统变得更加复杂、成本昂贵，对传统配电技术和配电装备进行变革以及研究面向满足第三代配电网的应用装备的要求日渐紧迫。利用先进的电力电子技术、智能控制技术和信息处理技术对现有传统配电装备的机械式或机电式系统结构和传统配电技术进行变革，使得智能配电装备具有计算、通信、精确控制、远程协调和自治功能，以及即插即用的接入适用性等，是研制配电系统关键装备的发展方向。

2. 配电网异质资源接入与灵活组网技术

随着大规模的新能源、分布式电源、新型储能、电动汽车等接入，系统形态逐步由"源网荷"三要素向"源网荷储"四要素转变，可控对象从以源为主扩展到源网荷储各环节，控制规模呈指数级增长，当前配电网的调控技术手段无法做到全面可观、可测、可控，新能源发电随机性、波动性、季节不均衡性带来的系统平衡问题亟待解决。为提升新能源消纳能力和源网荷储灵活互动调节能力，亟须构建新型交直流无缝混合、源荷对等、闭环运行的全柔性配电系统，充分利用电力电子变换装备灵活可控优势，实现分布式新能源和电力电子设备的高比例接入与灵活分区组网，提升配电网区域自平衡能力，实现有源化全柔性配电网的灵活可靠运行。

3．交直流故障快速智慧处置技术

面对光储充等分布式资源以交直流混合形式规模化接入配网，当前分布式光伏并网设备对工频耐压、涉网保护、防孤岛保护等相关功能缺乏可靠验证，造成部分设备"带病接网"；同时分布式光伏直流汇流模式下，直流侧故障电流幅值和上升率较高，以往的保护原理和设备配置不再适用；柔性互联等新型网架形态，也使得交流故障特征和潮流方向发生变化，某些情况下仅依靠单电流幅值将无法实现故障定位；故障区段的隔离过程，也可能同时切除该区段的分布式电源和柔性互联装置，导致局部源荷产生新的不匹配。新型交直流配电网控保协同适配性不足，难以支撑交直流故障快速智慧处置。

（三）智能感知与互操作技术

1．透明感知配电网

"双碳"目标下，大规模分布式电源、充电桩等用户侧设备将接入配电网，尤其是随着新型电力系统加快建设，我国配电网将在形态上呈现出分布式电源、脉冲型负荷、电力电子设备高比例接入的特点，在数理上呈现出电源、负荷、时空状态不确定性的特点。在系统层面，由于大量分布式资源接入，配电网将由单一的电能配送网络演化为多能互补配置平台，呈现出网络结构复杂、运行工况复杂、运营环境复杂的特点。作为电力供应、能源转型、资源配置的关键平台，配电网数字化转型成为必然，实现配电网透明感知有助于夯实配电网数字化能力基础。

2．配电设备智能运维

配电智能运维是一项综合复杂的技术领域，既涉及电力系统和设备的可靠性，又与规划运行、故障诊断、数字化技术和资产全寿命周期管理等有关。配电智能运维必将以物联网技术体系为基础、深入挖掘数据价值、科学诊断健康评价并实现与业务管理的闭环。因此，配电运维的数智化既依赖物联网技术、移动互联技术、云平台技术、大数据挖掘技术、通信技术、传感技术、机器人技术等通用工业技术的提升，也依赖于配电设备劣化机理、配电设备健康评价算法等专用技术的发展和完善，其建设发展过程应满足基层易用、管理便捷、决策智能、服务高效等基本要求。

3．电网—用户资源协同互操作

随着能源转型深化推进，高比例集中式、分布式新能源和规模化充电汽车成为电力系统供给侧、需求侧发展变化的鲜明标志，构建电网—用户双向互动、友好共生的供需协同体系上升为国家战略需求，成为新型电力系统的重点建设方向。然而，现有电网单向、封闭的系统结构和运行调控方法，难以实现海量用户侧资源的高效协同。美国国家标准与技术研究院最新发布的《NIST智能电网互操作性标准框架和路线图（第4.0版）》指出，实现电力系统信息互操作是解决问题的关键，但该技术尚未得到充分发展。如何破解电网—用户信息互操作难题，包括用户侧设备之间、用户侧设备与电网侧设备间的灵活互联互通与安全高效操作，从而实现供需信息贯通、能源价值增值，需求迫切，亟待研究。

（四）微电网技术

1．十兆瓦级离网型微电网

现有的"高海无边"微电网示范项目很多，主要为千瓦级容量，其与工矿企业等建设的十兆瓦级的离网型微电网，大多为了维持系统的安全稳定运行，大量配置储能、柴机等电源，复制大电网的组网、保护和安全稳定建设方案，增加了投资，经济性差、运行可靠性低，二次系统定制化、建设调试周期长、系统运维困难等问题突出，不适用于偏远地区的大范围微电网建设推广。

2．能源自治并网型村镇微电网

能源自治并网型村镇微电网主要依赖主网的备用容量，适用于乡镇居民生产用能场景的微电网清洁能源利用率不高，以往研究的是微电网并网后大量与主网交换功率的情况下对主网的影响。还需突破"三微"协同的能源自治村镇组网方式、并网装备、智能控制技术。

3．能源"（半）自给自足"县域有源配电网

能源"（半）自给自足"县域有源配电网存在运行承载力不明确、调度控制边界不清晰、资源就地与区域消纳难、配微间运行调度与管控能力不充分、安全稳定运行风险提升等问题。同时，还需突破分布式交易市场机制、运营方式尚不明确，无法发挥市场机制下，公司的引领与服务赋能作用技术。

三、先进配电技术重点突破方向

（一）配电网安全运行控制

高比例分布式电源接入配电网需要通过系统层控制策略来实现

区域间协调互济、区域内多要素协同互动，实现系统的安全性和运行效率提升。然而现有系统调控体系难以协同接入源—网—荷—储多要素资源，存在响应时间长、调控精度差、资源挖掘不充分的问题。因此，配电网安全运行控制技术的重点突破方向如下：

（1）研究配电网全局优化—就地自治管控的分层分区划分方法，提出考虑电网与用户资源协同的区域—馈线—台区多层级协调优化方法。计及配电网内各类分布式电源运行特性、接入方式、网架拓扑，并挖掘台区内可参与电网调度的源荷资源调节潜力，研究台区运行特性评估方法；研究基于电压等级和配电网安全域约束的配电网分层分区划分方法，将配电网划分为区域—馈线—台区多个层级和多个自治区域，并研究不同分布式电源占比及分布特征的配电网分区动态更新方法；设计"区域—馈线—台区"多层级协调优化调度框架，研究各层级内部有功—无功协同优化、多层级间纵向协调优化方法，利用各层级可调资源跨层跨区互济，提高配电网清洁能源消纳能力，保障配电网安全运行。

（2）研究台区、线路、供电网格接入分布式电源的态势感知、动态聚合、基于动态预测跟踪的源—网—荷—储自趋优协同运行技术。分析配电网中台区、线路、供电网格接入分布式电源的功率倒送、电压越限、线路过载等场景下的动态特性，基于海量量测数据分析关键特征变量关联关系，筛选关键特征变量，研究运行数据与预测数据结合的风险感知方法；考虑分布式电源及柔性负荷接入方式差异，分析分布式电源输出功率波动及负荷用电量对关键线路及聚合功率的影响，结合态势感知信息，分别建立台区内源—荷功率动态聚合模型；考虑多要素的调节能力，分别以新能源就地消纳和节点电压不越限为目标，研究基于"中压集中—低压分布"式控制架构的源网荷储协同运行技术，并根据响应特性对多要素调节能力及源—荷功率动态聚合结果进行修正，实现多要素的"预测—跟踪—校正"自趋优协同运行。

（3）分析配电网对清洁能源的承载力极限，研究兼顾供电能力和安全裕度的协调控制技术及平台。考虑配电网源荷同步增长和清洁能源占比上升场景，结合各类型分布式电源不同并网方式的运行范围、可调能力与出力特性，综合网架潮流约束、电压稳定约束，评估不同极端场景下配电网的清洁能源承载力极限；针对各极端场景，以清洁能源承载力、线路潮流承载力、电压安全等指标的安全裕度作为约束条件，以配电网清洁能源供电能力提升作为优化目标，研究考虑中压侧主动重构、交直流互联互济与低压用户侧充电负荷功率控制等手段协同配合的配电网供电能力和安全裕度协调控制策略，形成面向极端场景的协调控制策略库；提取各极端场景承载力极限与安全裕度特征变量，构建场景特征指纹库，研究不同极端场景与协调控制策略库的"精准匹配—实时校正"。

（二）配电网灵活组网技术

高比例新能源发展引起源、网、荷环节发生巨大变化，为了对高比例间歇性新能源的不稳定和不确定性进行平衡，电网需要大幅度增强灵活性调节能力，传统"合环设计、开环运行"逐步转变为"合环设计、柔性合环运行"，现有配电网的拓扑及运行方式不灵活，互联互供困难。当前配电网装备在灵活互动与主动支撑方面存在不足，且存在体积大、成本高等问题，随着配电网分布式电源建设规模及充电负荷数量的迅速增长，迫切需要配电装备在多种应用场景下实现分布式资源安全高效接入与灵活组网。目前配电网灵活组网技术需要重点突破的方向具体如下：

（1）研究自治自愈型智能配电装备技术，实现配电网装备智能化。研究光储充等分布式资源自适应接入与柔性功率变换拓扑设计方法；研究快时变交直流双向变换稳定控制策略；研究海量异质资源自治运行与高质量并网技术；研制光储充等分布式资源自适应接入的中低压系列新型配电装备，具备分布式、集中式两种设备形态，功率密度不低于 $60kW/m^3$，具备嵌入式能量管理系统，具备交直流混合组网、区域自治、一/二次保护、故障自愈与自修复能力，可实现对光伏逆变器、储能变流器、充电桩等设备进行柔性调控，实现公共连接点电压幅值变化不能超过 3%，并网侧电流总谐波失真不高于 2%；开发针对中低压系列新型配电装备的试验检测平台，实现对各类新型配电装备的功能验证、性能测试与认证。

（2）研究配电网异质资源接入与灵活组网技术，提升配电网系统灵活性。研究满足网侧应用目标的分布式资源优化配置与弹性聚合潜力评估技术；研究海量分布式资源对电网的需求响应与供电质量主动支撑技术；研究多时空信息物理融合的对等能源局域网与能源子网自组网模型；研究支撑灵活资源接入的功率柔性变换与主动组网技术；面向主动支撑的分布式资源涉网性能提升技术；提出分布式异质资源安全接入与灵活组网控制策略，研发嵌入式能量管理系统，实现台区—园区—区域多层级自治与电能质量主动治理。

（3）研究交直流故障快速智慧处置技术，保障配电网系统安全性。研究计及柔性互联与配微协同的交直流混合配电网故障演变机理与传播规律；研究融合多源特征信息交互的交直流混合配电网故障快速定位技术；研究考虑不同故障类型下穿越特性与控制策略的交直流混合配电网快速限流型功率主动隔离技术；研究基于熔断器的经济型组合式交直流开断方法与装备。

（三）智能感知与互操作技术

1．透明感知配电网

按照"最小化精准采集+数字系统计算推演"的技术路线，推进配网透明化升级；在分段、分支、联络等关键位置开展"三遥"配置研究；在涉及分布式光伏监控、电动汽车有序充电、重要站房智能监控（智能控制水泵、排风等）等台区，开展差异化"四可"配置。

2．配电设备智能运维

推进设备状态传感器与本体一体化融合设计制造，提升设备自感知、自诊断能力，实现设备状态全面可知、可控；应用无人机、巡检机器人等智能装备，构建全方位、多角度的线路、设备的立体巡检体系；发展大数据分析的评价诊断辅助决策技术，融合海量视频、图像、设备信息、运检业务、通道环境信息、电网运行等多源数据，在数据挖掘基础上，建立动态评价、预测预警、故障研判等分析模型，实现数据驱动的设备状态主动推送，提高设备状态评价诊断的智能化和自动化水平。

3．电网—用户资源协同互操作

突破电网和用户的资源协同与互操作技术是关键。亟须围绕数据互操作、设备灵活接入、业务高效协同三大技术开展攻关，主要包括：突破源、网、荷数据共享机制与安全交互方法，实现跨业务、跨应用、跨角色的数据互操作；突破终端设备统一信息模型及安全接入机制，实现设备即插即用；突破多业务资源并发优化调控与安全防护关键技术，实现供用电资源高效协同与互动。

（四）微电网技术

微电网是由分布式发电、用电负荷、监控、保护和自动化装置等组成（必要时含储能装置），是一个能够实现内部电力电量基本平衡的小型供用电系统。作为具备"自平衡、自管理、自调节"能力的系统，微电网可以作为就近消纳快速增长的分布式新能源、延缓局部地区电网建设投资的有效手段。微电网包括并网型和离网型两种类型。新能源占比不高、主要依赖上级电网支撑的并网型微电网，其建设和运行控制技术与广泛研究的分布式电源接入并网和控制技术同源相似；新能源占比极高的离网型微电网，主要依靠组网构建、运行控制等技术形成"能源自治"的安全稳定运行，可在广大偏远山区、海岛、分布式新能源快速发展的农村大范围推广。

1. 十兆瓦级离网型微电网

大规模十兆瓦级离网型微电网的协同规划及运行控制存在规划设计考虑不全面、控制和保护方法适用场景有限等问题，亟须开展研究。十兆瓦级离网型微电网设备类型和场景多样化的问题，目前主要通过对关键设备和软件的定制化开发来解决，调试周期长、可拓展性差，亟须开展标准化、模块化技术研究。

2. 能源自治并网型村镇微电网

目前农村能源自治并网型微电网的风—光—储（车）—荷各要素协同配置和组网优化问题尚待解决，亟须开展相关研究。传统电力电子并网装置难以满足村镇微电网规模化接入需求，亟须开展移动式微网组网装置等核心装备的研制。现有并网型村级微电网自平衡控制、主动支撑与软件兼容性等方面均存在不足，亟须构建村级微电网智能控制技术体系。

3．能源"（半）自给自足"县域有源配电网

现有县域有源配电网分布式交易机制研究存在多方面不足，亟须建立契合面向能源自治型微电网（群）规模化接入的县域有源配电网分布式交易机制。现有县域配微协同运行管控技术在体系化调度优化运行、分层协同调度、微电网大规模接入的协同控制等方面研究不足，亟须开展相关研究。

第四章　新能源高效开发与利用

本章在回顾"十三五"以来全国新能源开发及利用现状的基础上，分析了以风电、光伏、光热等为代表的新能源技术及其综合利用技术的发展趋势，选取 2025 年和 2030 年作为规划水平年，分析各类新能源发展前景，结合新能源发展规模分析结果，研究各类新能源布局方案。

第一节　新能源开发与利用现状

一、新能源开发现状

"十三五"以来，我国以风电和光伏发电为主的新能源并网装机和发电量持续快速增长。风电并网装机容量从 2016 年的 1.47 亿 kW 增加至 2023 年的 4.41 亿 kW，光伏发电并网装机容量从 2016 年的 7631 万 kW 快速上升至 2023 年的 6.09 亿 kW，新能源发电在电源结构中的占比已从 2016 年的 13.7%提升至 2023 年的 36.0%；新能源发电量占比由 2016 年的 5.1%提升至 2023 年的 15.8%。2023 年新能源迎来跨越式增长，新增新能源规模共计约 2.9 亿 kW。2023 年全国分地区并网风电和光伏装机容量分别如图 4-1 和图 4-2 所示。

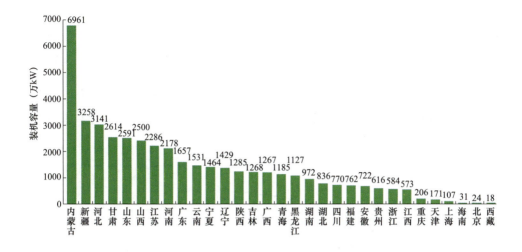

图 4-1　2023 年全国分地区并网风电装机容量

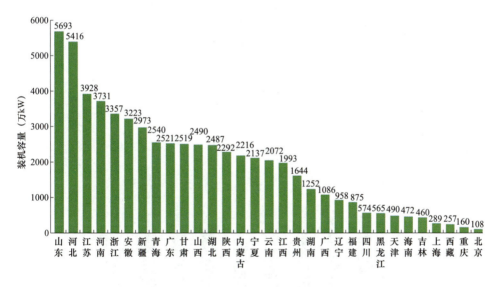

图 4-2　2023 年全国分地区并网光伏装机容量

二、新能源利用现状

在装机规模发展取得显著成绩的同时，新能源发电整体消纳形势改善，利用率水平均有不同程度提升。其中，风电弃电量从 2016

年的 501 亿 kWh 下降至 2023 年的 233 亿 kWh，风电利用率从 82%
提升至 97%；光伏发电弃光电量由 2016 年的 74 亿 kWh 变为 2023
年的 120 亿 kWh，光伏消纳率从 90%提升至 98%。风电、光伏发电
利用率经历大幅上升后，整体维持在较高水平。2016—2023 年全国
新能源弃电量和新能源利用情况如图 4-3 和图 4-4 所示。

图 4-3　2016—2023 年全国风电利用率及弃风电量

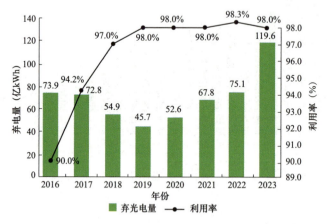

图 4-4　2016—2023 年全国光伏发电利用率及弃光电量

　　分地区来看，截至 2023 年 12 月底，东北地区风电利用率同比
大幅上升、光伏发电利用率同比略有下降；西北地区风电利用情况

同比略有好转、光伏发电利用率同比有下降较为明显；华北地区风电利用率同比略有下降，光伏利用率同比基本持平；华中地区受分布式光伏大规模接入影响，光伏利用率下降明显、风电利用率同比略有下降；华东和南方地区新能源利用率保持较高水平。2023 年全国部分地区风电和光伏发电利用情况分别如图 4-5 和图 4-6 所示。

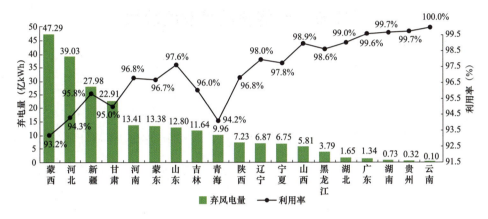

图 4-5　2023 年全国风电未全额消纳地区风电利用率及弃风电量

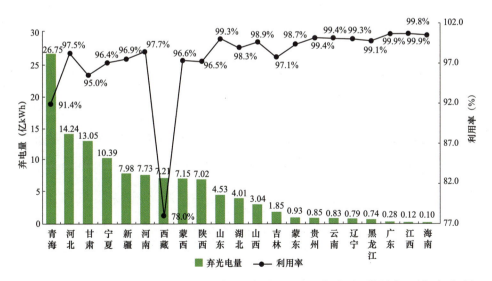

图 4-6　2023 年全国光伏发电未全额消纳地区光伏发电利用率及弃光电量

分省区来看，由于光伏爆发式增长造成午间消纳压力大，部分地区、部分时段消纳问题逐步显现。光伏午间出力较大，导致部分省区已由负荷午间高峰变为午间低谷，河南、山东、河北等地区在春节等负荷较低、传统电源开机较少的特殊时段已经采取分布式光伏限电措施。

第二节　新能源技术发展趋势

为实现"双碳"目标，在水电增速放缓、核电逐步向新一代核电技术过渡的情况下，新能源将逐步成为绿色电力供应的主力军。通过提升相应支撑能力，新能源将逐步向系统主体电源转变。新能源发电技术的发展包含两个方面：①关注新能源发电本体技术的升级，提升新能源发电效率与运行可靠性；②在构建新型电力系统的进程中，积极推动新能源安全可靠替代。

一、新能源发电技术

（一）风力发电技术

风力发电技术相对较为成熟，该项技术已得到广泛应用。我国风力发电已经建立起了一条包括原材料加工、零部件制造、整机制造、开发建设、技术研发、标准和检测与认证系统等在内的比较完善的、有竞争力的产业链。风力发电装备已基本实现了系列化、标准化、型谱化。"大容量，轻量化，高可靠，智能化"是风力发电技术的发展方向。

1. 陆上风力发电技术

陆上风电设施主要建设在平原、丘陵、山区及沿海狭窄的陆地地带，以及处于平均涨潮水位之上的地区。根据机型的不同主要可以分为双馈异步式、全直驱式、半直驱式三类，其结构特点、运行原理及技术优势如表 4-1 所示。

表 4-1　　　　　　　　　陆上风电机型情况比较

项目	双馈异步式	全直驱式	半直驱式
结构特点	一种由定子、转子、轴承系统组成的绕线式感应电机。其中，定子绕组与电网连接，转子绕组经变流器与电网连接，转子绕组电源电压、频率、幅值和相位可通过变频器自动调节或在不同转速下恒频发电	发电机由一个转子和一组固定的电磁线圈组成。是一种经风力直接驱动的发电机。该种发电机通过多级电机和叶轮直接连接方式驱动，省去了齿轮箱	半直驱式风机兼具了直驱式风机和双馈风机的特性。在结构上，半直驱式风机类似于双馈风机，目前研究中的无主轴结构相似于直驱式风机
运行原理	由于采用交流励磁技术，发电机和电力系统柔性连接，其励磁电流可以通过电网电压、电流和发电机转速调节，控制发电机输出电流，满足运行要求	转子为永磁体或通过电流激励的电磁体。风力带动转子，通过电磁感应效应产生感应电流。为保证稳定电力输出，直驱式风机需要配置控制系统调节风轮转速，保证电流在可控范围	在风机叶片作用下，风机内部发电机转动，通过转子强磁体在发电机中产生电流，将电能转化为机械能
优缺点	整体经济性较好，运维成本较高	效率高、寿命长、运维费用低，成本较高	维护成本低于全直驱式，效率较高。齿轮箱维护难，存在退磁隐患等

发电能力方面，直驱式风机无转速下限限制，其风机的切入风速相较双馈异步式风机可以更低。其中，全直驱式风机没有齿轮箱，减少了传动环节损耗，机械效率提升。但是，由于直驱式风机采用全功率变频器，运行功率损耗约为双馈风机中变频器的 3 倍左右，所以，变频器功率器件及设备损耗也会更大。

整机可靠性方面，在运风电机组中主要还是以带齿轮箱的机型为主，双馈和半直驱是未来主流趋势。全直驱式机组虽然去掉了主齿轮箱，但发电机和变流器的可靠性相对较低。一方面，直驱式发电机转速低，磁极对数较多，体积、重量较大对机组轴承传动零部件要求较高，且永磁材料环境适应性一般，存在退磁风险；另一方面，对于容量相同的风电机组，永磁直驱式机组变流器的重量是双馈机组的 3 倍左右，变流系统更加复杂，电气系统故障风险增加。

机组可维护性方面，全直驱式机组机械维护量相对较小，但电气维护较多，维护难度较大。一方面，全直驱式中的永磁直驱机组所采用的永磁材料故障无法在现场检修，需吊装至地面或返厂维修，且轮毂维护难度较大；另一方面，永磁直驱机组变流器容量更大，电气系统维护量远高于双馈机组。

在陆上风力发电技术领域，大兆瓦、高可靠性和高经济性的风力发电工程得到了广泛的认同，具备大兆瓦级风力发电设备的企业将在今后的产业竞争中具有更大的优势。风电机组装机规模的提升可以提高风电资源的利用率，降低发电费用，为规模化发展提供有利条件。

2. 海上风力发电技术

海洋风场的特点是风速大，静风期短，紊动强度低，节省场地。由于近海风电一般靠近用电负荷中心，因此具有更好的输电和消纳能力，不会产生明显的弃风现象。海上风电是一种清洁、安全、可持续的开发方式，是促进世界各国实现绿色、安全、可持续发展的一项重大举措，具有广阔的发展前景。

现阶段，我国海上风电的开发逐步从沿海和潮间带走向深海。海上风电系统中，各种类型风机的建造费用随着水深的增大而急剧上升。现阶段，海上风电场在深海、远海的投资运行经济性并不理想。因此，海上风电技术革新需要考虑兼顾适用于海洋环境下的高效性与可靠性。

海上风电电机技术方面，目前海上风力发电主要采用全直驱与半直驱式。半直驱式机组由于设置了一阶和二阶升速箱，降低了机组故障概率、减小了电动机体积，具有较好的性能。未来的电机设计技术中将主要针对电动机电磁性能和电动机绕组形状、磁极和槽道结构进行优化，降低启动风速，减小谐波含量，减小机组振动。大容量全直驱和半直驱机组是今后发展的重要趋势。

海上风力发电开发方面，按基础结构是否接触到海底可以分为固定式和漂浮式。固定式机组主要应用在浅海区域，根据基础的不同分为重力式、单桩基础和套管式三类。目前，单桩基础实现了产业化发展，建设成本相对较低，而套管式虽可应用在深海区域且具备较高的稳定性，其建设成本也相对较高。整体而言，随着海上风电开发的深海、远海化，固定式风电机组无法满足未来使用需求。漂浮式机组可运用在深海区域，根据漂浮体的不同，分为半潜型、立柱型和张力腿型。漂浮式目前为海上风电的新技术，未来具备巨大的发展潜力。

海上风电运行维护方面，充分利用"云大物移智链边"等先进的数字信息技术突破海上风电监测及预警技术，可以实现海上风电场机组的运行状态监测及故障预警；结合历史数据信息，搭建考虑海上运维安全及成本要素的海上风电基地运维平台，可以实现对于海上风电场的状态检修和精准运维。

（二）太阳能发电技术

太阳能发电技术是助力全球实现能源清洁转型的关键技术之

一，主要包括光伏发电技术和光热发电技术两类。未来，将以新结构、新材料和新工艺为抓手，推进光伏电池向着高效率低成本方向发展。光热发电技术方面，目前处于发展初期，规模较小。光热发电技术将着眼于高温集热/储热技术的研究，以期推动光热发电朝着高运行参数、大容量方向发展。

1. 光伏发电技术

为提升光伏发电转换效率，降低光伏电池成本，推广太阳能的开发利用，光伏发电技术不断更新与发展，太阳能电池材料的品类越来越多。现阶段，太阳能电池技术可以分为晶体硅太阳能电池、薄膜太阳能电池和新型太阳能电池等三类，主要技术特点比较如表4-2所示。

表4-2 太阳能电池情况比较

项目	晶体硅太阳能电池	薄膜太阳能电池	新型太阳能电池
主要特点	可分为晶体硅太阳能电池和薄膜硅太阳能电池两种。单晶硅在硅基太阳能电池中转化效率高，但成本较高；多晶硅光伏电池转化效率低于单晶硅，但在成本方面有较大优势	可以使用价格低廉的陶瓷、石墨、金属片等不同材料当基板来制造，形成可产生电压的薄膜厚度在几微米至几百微米	目前处于实验研究阶段，具有薄膜化、理论转化效率高、原料丰富、无毒性等特点
应用情况	现阶段占据了主要的市场份额	占全球3%～4%，与晶体硅太阳能电池相比体量很小	第三代太阳能电池还处于实验研究阶段，尚未大规模地投入生产
优缺点	技术最为成熟，具有吸收光谱范围大、可靠性高、光电转换效率高等优点	随着未来规模化生产，与传统晶体硅太阳能电池相比具备成本优势，轻薄适用于光伏建筑上	具有制备工艺流程简单、原料毒性低、原料储备丰富、理论效率可观等特点

高效低成本光伏电池技术的研发将会成为太阳能电池重要的发

展方向。在材料方面，着重研究隧道氧化层钝化接触（TOPCon）、异质结（HJT）、背电极接触（IBC）等新型晶体硅电池的工业化制备工艺；突破硅颗粒料制备、N 型与掺镓 P 型硅棒制备、超薄硅片切割等低成本规模化应用技术。在装备方面，升级太阳能电池成套装备制造技术，突破太阳能电池规模化量产。在应用方面，通过对新型太阳能电池与建材相融合的研究，开发出具有高阻燃性能、高强度、模块化、重量轻的太阳能电池模块，并实现光伏建筑一体化应用。

2. 光热发电技术

光热发电利用太阳能集热器将太阳能转换为热能，再经过热交换设备产生的超高温蒸汽，推动涡轮产生电能。集成热能存储的光热发电技术是未来新能源发电领域最具前景的发电技术之一，该项技术可以高效利用太阳能，提供可稳定调度且成本低廉的电力。

按照聚焦方式及结构的不同，光热发电技术可以分为塔式、槽式、碟式、菲涅尔式等四种。各种类型的光热发电技术特点比较如表 4-3 所示。

表 4-3 四种光热发电技术比较

特征	塔式	槽式	碟式	菲涅尔式
对光资源要求	高	高	高	低
聚光比	300～1000	50～80	1000～3000	25～100
运行温度（℃）	500～1400	350～550	700～900	270～550
传热介质	水、合成油、熔融盐、空气	水、合成油、熔融盐	空气	水、合成油、熔融盐
储能	可储热	可储热	否	可储热
机组类型	蒸汽轮机、燃气轮机	蒸汽轮机	斯特林机	蒸汽轮机

特征	塔式	槽式	碟式	菲涅尔式
动力循环模式	朗肯循环、布雷顿循环	朗肯循环	斯特林循环	朗肯循环
联合运行	可	可	视具体情况	可
峰值系统效率（%）	23	21	31	20
系统年平均效率（%）	10～16	10～15	16～18	9～12
适宜规模（MW）	30～400	30～200	0.005～0.5	30～150
用地（hm²/MW）	2～2.5	2.5～3	2	2.5～3.5
水耗（m³/MWh）	水冷 1.89～2.84，空冷 0.34	水冷 3.03，空冷 0.30	基本不需要	水冷 3.8
应用程度	已商业化、规模化	已商业化、规模化	已商业化，尚未规模化	已商业化，尚未规模化

四种光热发电技术中，菲涅尔式和槽式为线性聚焦系统，而塔式和碟式为点聚焦系统。相较于线性聚焦系统而言，点聚焦系统具有更高的聚光率，因此可以产生更高温度的热能，实现更高热电转化效率。目前，槽式光热发电技术发展相对较为成熟，其建造和维护成本相对较低。另外，塔式光热发电技术由于光热效率最高，且技术发展速度最快，大多数在建的光热电站采用这种技术。菲涅尔式光热发电技术研究和商业化运行起步较晚，因其建设成本较低，已逐渐成为具有竞争力的光热发电形式。

未来光热发电技术主要关注于储热/导热技术（温度高于 565℃），研究方向包括以新型熔盐作为储热/导热材料，以固体颗粒作为储热/导热材料，利用气体（如氢气）导热，使用其他固体或相变材料间接储热，将液态金属作为导热材料，使用液态金属本身或其他固体及相变材料储热等方面。

二、新能源系统友好性提升技术

随着碳达峰碳中和进程的推进，大规模新能源陆续接入系统，电力系统将呈现出高比例可再生能源和高比例电力电子设备的"双高"特性。然而，以风光为主的新能源发电资源本身由于其出力的不确定性及波动性，相较同步发电机而言，对电网支撑能力较弱、抗干扰能力较差。通过合理配置各类新能源电源及储能装机规模及布局，可以充分降低新能源自身出力随机性、波动性影响，支撑新能源逐步形成与主体电源地位相适应的系统支撑和调控能力，提升系统友好特性。

具体来说，新能源系统友好性提升技术主要包括：多时间尺度新能源功率预测技术、系统友好型新能源电站可靠替代技术、新能源并网网源协调控制技术。

（一）多时间尺度新能源功率预测技术

受天气、昼夜变化等多种因素的共同作用，风电、光伏发电等新能源出力具有很强的周期性、波动性、间歇性、随机性。伴随大规模高比例新能源接入系统，电力系统调度运行与新能源功率预测、气象条件等外界因素结合更加紧密，调度模型将由源随荷动向源荷双向互动转变。新能源出力预测是实现源荷双向互动的基础。因此，需要开展具有更高时空分辨率、更小时间间隔、更高精度的新能源发电功率预测方法，引导电网调度机构科学、合理地安排电网运行，提升新能源消纳水平，提高新能源接入系统的稳定性与可靠性。

多时间尺度新能源功率预测技术以地区历史多维气象预测及实

测数据为基础，采用时间序列分析、深度学习和人工智能等技术手段预测未来一段时间（中长期、一周、日前、日内、超短期）气象数据。以此数据为输入，结合计及风机尾流效应、考虑风场复杂环境的风电场出力模型和光伏电站出力模型，预测新能源场站在不同时段的出力情况。相应预测结果反馈至电网调度机构，用以优化电源发电计划，实现满足系统安全运行约束条件下，系统运行综合效益最优的目的。

据统计，全国各省区风电的平均预测误差介于 2.1%～13.6%，太阳能的预测误差整体上低于风电，误差范围为 3.9%～10.0%。场站级新能源出力预测误差一般相较地区高出 3～5 个百分点。随着多时间尺度新能源功率预测技术的进步，新能源出力预测误差有望进一步下降。

（二）系统友好型新能源电站可靠替代技术

在以常规水电和化石能源为主体的传统电力系统中，交流电网的频率及电压的建立与维持主要通过同步电源调节实现。相较同步电源而言，含高比例可再生能源和高比例电力电子设备的"双高"系统呈现低惯量、低阻尼、弱电压支撑等特征，难以保证电网的频率及电压稳定。随着新能源占比的提升，电力系统对新能源的要求逐渐从"被动适应"向"主动支撑调节"转变，提升新能源主动支撑控制能力，使其具有与同步电源相似的控制特性，以支撑系统电压及频率稳定，为系统提供备用容量。

系统友好型新能源电站构成如图 4-7 所示，其可靠替代技术主要体现在两个方面：①有功频率支撑技术，该技术中通过配置储能、预留备用等方式，提升系统友好型新能源电站的频率主动支撑能力；

②无功电压支撑技术,该技术中通过配置调相机维持系统电压稳定,并为系统提供短路容量。

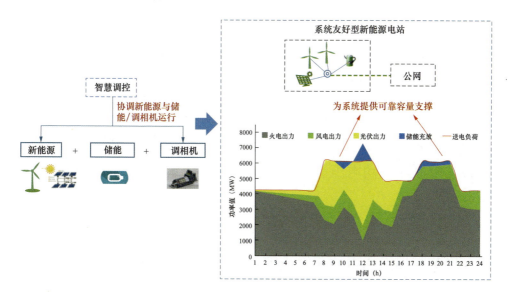

图 4-7　系统友好型新能源电站

有功频率支撑方面,在主动感知电网运行状态的基础上,研究系统友好型新能源电站的主动支撑电网调峰、提升新能源消纳、支撑电网一次调频等关键技术,通过合理安排储能充放电,提升系统友好型新能源电站的容量支撑能力,减少弃风弃光,有效解决电网运行安全、新能源消纳、系统电力电量平衡等多方面中存在的突出问题。

无功电压支撑方面,充分挖掘新能源发电单元、储能设备和调相机的无功—电压支撑调节能力,研究系统友好型新能源电站无功动态支撑控制参数优化整定方法和优化控制技术,提升系统友好型新能源电站对于小区域电力系统电压支撑水平和对电网的安全保障能力。

（三）新能源并网网源协调控制技术

新能源的高效并网协调调度与控制是实现其高比例消纳和提升并网稳定性的基础。鉴于新能源出力具有随机性和波动性，对于传统火电、水电等确定性电源的调度方法难以满足高比例新能源的并网需求。为此，需针对风电场和光伏电站开展集中协调控制技术研究，响应上级调度中心发出的调节指令，协调调度各风电场、光伏电站及无功补偿单元等设备，配合大电网协同调度，提升新能源参与有功控制、无功电压调节、系统安全运行水平，保障电力系统的安全稳定运行。

在配电网层级，随着大规模分布式新能源接入配电网，配电网的调度及管理模式也会发生变化。由于分布式电源数目大、接入点分布广、输出功率呈现间歇性、波动性、监测调控难度较大等特点，采用"自下而上"的集中式调度模式已无法满足系统对于分布式新能源的调度需求。为提升分布式电源接入系统的安全性和分布式发电消纳水平，需要开展高渗透率分布式新能源发电集群协调控制技术。综合运用集中分散协同控制、配电网态势感知等手段，实现区域内分布式新能源的互补协调优化调度，提升分布式新能源对配电网无功调节支撑能力。

三、新能源并网送出支撑技术

在"双碳"目标背景和新型电力系统的新发展格局下，我国能源电力绿色低碳转型步伐加快，中东部地区作为我国主要负荷中心，绿电需求将快速增长。依托沙戈荒大型风电光伏外送技术和海上风电送出技术可以有效提升中东部地区的绿电比例，助力受端区域实现低碳转型。

（一）沙戈荒大型风电光伏外送技术

为助力我国如期实现"双碳"目标任务，推进清洁能源低碳转型、提升能源安全保障水平，我国计划在沙漠、戈壁和荒漠（统称为"沙戈荒"）区域开展大规模风电和光伏发电基地规划。从系统观念出发，统筹绿色与安全发展，以大型风电光伏基地为依托，以清洁高效煤电为支撑，以安全可靠的高压输电线路为载体，搭建新能源外送供给消纳体系，通过合理优化配置各类电源，实现风光火储输系统的高效协同集约式开发利用。

从国家已批复情况看，大型沙戈荒外送基地配套新能源规模均在 1000 万 kW 以上，煤电规模在 400 万 kW 左右，储能规模在 400 万～500 万 kWh。为支撑受端晚高峰用电需求，通道晚高峰时段对受端电力支撑能力不低于 500 万 kW。随着基地开发条件和输电技术进步，基地配套煤电等支撑性电源需求有望进一步下降，新能源规模与可再生能源电量占比将有所提升。

为支撑沙戈荒大型新能源高效可靠外送，需要开展大规模新能源外送评估指标体系、支撑新能源外送情境下源储优化配置和运行模式、外送通道运行风险控制等技术研究。其中，外送评估指标体系构建方面，结合沙戈荒大型新能源外送安全运行、消纳利用和综合效益等实际需求，科学建立多维度外送系统评估指标体系。源储优化配置方面，结合所建立的指标体系，在分析各类电源出力特性和受端电网运行特性的基础上，提出外送系统源储优化配置最优方案。运行调度方面，从电网实际需求出发，针对不同高压输电技术优化通道曲线，提出源储与通道联合优化运行模式。风险控制方面，分析影响外送系统安全运行的潜在因素和风险点，并针对性地提出源储协调控制策略，提升外送系统的安全稳定性。

（二）海上风电送出技术

我国海上风能资源丰富、开发潜力大、距离用电负荷中心近，推动海上风电的高质量发展，是保证沿海地区实现碳达峰碳中和的重要方向，对促进沿海地区能源供需结构改善和推动沿海地区绿色低碳转型发展具有十分重要的现实意义。在《"十四五"可再生能源规划》《能源碳达峰碳中和标准化提升行动》等一系列国家政策文件的支持下，我国海上风电装机规模不断扩大、产业体系日益健全、支持政策不断完备，海上风电的规模化发展已具备良好的基础。

海上风电场电能送出主要有交流输电和直流输电两种基本方式。在规模小和短距离的情况下，一般采用交流输电方式；随着海上风机大型化、风场区域扩大化和柔性直流输电技术的发展，面向深远海域的全直流型海上风电场将是主要发展方向。相关领域涉及的关键技术问题有风电场组网模式、风机功率变换及控制、升压及降压换流站并网控制、直流风场故障隔离及保护等方面。

柔性直流输电技术应用于海上风电有多种拓扑结构，目前应用于海上风电场海上输电系统中较为成熟的换流器通常采用两电平和三电平技术或者模块化多电平技术。柔性直流输电方式的优点主要包括：长距离输送容量更大，输电线路数量更少，海域资源占用较少；汇集输送具有灵活、可扩展性；体积小，便于施工和扩建；有功无功解耦，电压控制更为简单；潮流反转方便快捷；可提高现有系统的输电能力；事后可快速恢复供电和黑启动；可向无源电网供电。柔性直流输电方式的缺点主要包括：目前造价相比于交流输电偏高；高电压等级柔直的工程运行经验较少，可靠性和稳定性有待提高。

随着未来海上风电发展大幅提速，其开发势必将逐步向深远海延伸，深远海海上风电离岸距离更远，开发模式基地化、集群化特征显著，项目规模达到百万千瓦甚至千万千瓦级，并网、送出、消纳等问题将成为制约大规模海上风电高质量发展的关键因素，通过积极推动海上风电的集群化开发利用，一体化统筹海上风电的规划、建设、送出、并网与消纳，实现海上风电高效、低成本、多样化开发。

第三节 新能源开发规模及情景分析

一、新能源发展前景

（一）总体发展前景分析

近年来，我国风电、光伏等新能源发展显著，装机总规模居全球首位，发电量占比逐步提升。国家也同步出台了多项政策，大力推动新能源发展。

2022 年 5 月，国务院办公厅印发了《促进新时代新能源高质量发展实施方案的通知》（国办函〔2022〕39 号），为更好地发挥新能源在能源保供增供方面的作用，助力扎实做好碳达峰碳中和工作，提出了 7 方面 21 项具体政策举措。①创新新能源开发利用模式，加快推进以沙漠、戈壁、荒漠地区为重点的大型风电光伏基地建设，促进新能源开发利用与乡村振兴融合发展，推动新能源在工业和建筑领域应用，引导全社会消费新能源等绿色电力。②加快构建适应新能源占比逐渐提高的新型电力系统，全面提升电力系统调节能力和灵活性，着力提高配电网接纳分布式新能源的能力，稳妥推进新能源参与电力市场交易，完善可再生能源电力消纳责任权重制度。③深化新能源领域"放管服"改革，持续提高项目审批效率，优化新能源项目接网流程，健全新能源相关公共服务体系。④支持引导新能源产业健康有序发展，推进科技创新与产业升级，保障产业链供应链安全，提高新能源产业国际化水平。⑤保障新能源发展合理空间需求，完善新能源项目用地管制规则，提高国土空间资源利用效率。⑥充分发挥新能源的生态环境保护效益，科学评价新能源项目生态环境影响和效益，支持在石漠化、荒漠化土地以及采煤沉陷区等矿区开展具有生态环境保护和修复效益的新能源项目，促进农村清洁取暖、农业清洁生产，助力农村人居环境整治提升。⑦完善支持新能源发展的财政金融政策，优化财政资金使用，完善金融相关支持措施，丰富绿色金融产品服务。

2023 年 6 月，国家能源局组织发布了《新型电力系统发展蓝皮书》，明确了新型电力系统是以确保能源电力安全为基本前提，以满足经济社会高质量发展的电力需求为首要目标，以高比例新能源供给消纳体系建设为主线任务，以源网荷储多向协同、灵活互动为有力支撑，以坚强、智能、柔性电网为枢纽平台，以技术创新和体制机制创新为基础保障的新时代电力系统，是新型能源体系的重要组成部分和实现"双碳"目标的关键载体。新型电力系统具备安全高效、清洁低碳、柔性灵活、智慧融合四大重要特征。同年 7 月，中央全面深化改革委员会第二次会议审议通过了《关于深化电力体制改革加快构建新型电力系统的指导意见》，提出要深化电力体制改革，加快构建清洁低碳、安全充裕、经济高效、供需协同、灵活智能的新型电力系统。清洁低碳是新型电力系统的核心目标，新型电力系统中非化石能源发电将逐步转变为装机主体和电量主体，核、水、风、光、储等多种清洁能源协同互补发展，绿电消费激励约束机制逐步完善，绿电、绿证交易规模持续扩大，以市场化方式发现绿色电力的环境价值。

2023 年 7 月，国家发展改革委、财政部、国家能源局印发了《关于做好可再生能源绿色电力证书全覆盖工作　促进可再生能源电力消费的通知》（发改能源〔2023〕1044 号），明确绿证适用范围，规范绿证核发，健全绿证交易机制，鼓励绿色电力消费，完善绿证应用，推动实现绿证对可再生能源电力的全覆盖，进一步发挥绿证在构建可再生能源电力绿色低碳环境价值体系、促进可再生能源开发利用、引导全社会绿色消费等方面的作用，为保障能源安全可靠供应、实现"双碳"目标、推动经济社会绿色低碳转型和高质量发展提供有力支撑。

2024 年 1 月，国家发展改革委、国家能源局印发了《关于加强电网调峰储能和智能化调度能力建设的指导意见》，从加强调峰能力建设、推进储能能力建设、推动智能化调度能力建设、强化市场机制和政策支持保障等方面明确未来一段时期提升系统调节能力的重点任务，为保障电力安全稳定供应和新能源大规模高比例发展提供重要指导，为推动新型电力系统构建和能源电力清洁低碳转型提供重要支撑。

2024 年 2 月，国家发展改革委、国家能源局印发了《关于新形势下配电网高质量发展的指导意见》（发改能源〔2024〕187 号），提出打造安全高效、清洁低碳、柔性灵活、智慧融合的新型配电系统，在电力保供、转型发展、全程管理、改革创新方面提出 4 项重点任务。其中，在转型发展方面重点提升配电网承载能力，有针对性地加强配电网建设，评估配电网承载能力，引导分布式新能源科学布局、有序开发、就近接入、就地消纳。

现阶段处于"十四五"中后期，2024 年全国能源工作会议提出，预计全年全国风电光伏新增装机容量 2 亿 kW 左右。结合全国能源工作会议安排和相关省份发布的新能源建设及规划情况，预计 2025 年新能源累计装机规模超过 14 亿 kW。"十五五"阶段，考虑远期潜在目标要求，对标中美"阳光之乡声明"支持全球可再生能源装机达到 2020 年 3 倍的目标，预计 2030 年新能源累计装机规模为 20 亿～22 亿 kW。考虑新能源发展进程加速趋势，2030 年新能源累计装机规模可能会进一步增加。

依托储能、构网控制、先进的新能源资源评估及功率预测手段、智慧调控等技术的突破，新能源将普遍具备可靠的电力支撑和系统调节能力。到 2060 年，新能源将成为发电量结构主体电源和基础保障电源。综合考虑非化石能源消费占比及各类电源的发展潜力，预计新能源累计装机规模可达到 40 亿～55 亿 kW。

（二）海上风电发展前景

我国海上风能资源丰富，根据相关机构的统计数据，5～25m 水深、50m 高度海上风电具备 2 亿 kW 的开发潜力，5～50m 水深、70m 高度具备 5 亿 kW 的开发潜力。

"十三五"期间全国新增海上风电并网约 800 万 kW，主要集中在江苏、广东、福建等东部和南方沿海省区。截至 2023 年底，全国海上风电累计并网容量为 3729 万 kW，各省区海上风电装机规模如图 4-8 所示。江苏省海上风电装机容量最大，为 1183 万 kW。

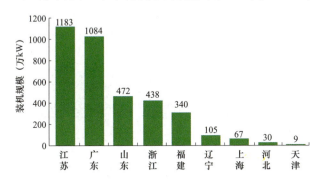

图 4-8   2023 年全国各省区海上风电装机规模

"十四五"及"十五五"时期，促进海上风电发展的主要因素包括以下几个方面：

（1）海上风电单位千瓦造价下降。"十二五"及"十三五"时期，海上风电单位千瓦造价从 2010 年的 23700 元/kW 左右降至目前 15700 元/kW 左右。预计未来海上风电单位千瓦造价整体将继续呈现下降态势。

（2）《中华人民共和国国民经济和社会发展第十四个五年规划和 2035 年远景目标纲要》提出有序发展海上风电。部分沿海省份出台文件鼓励海上风电建设。以山东为例，《山东省能源发展"十四五"规划》提出，以海上风电为主战场，积极推进风电开发。按照统一规划、分步实施的总体思路，坚持能建尽建原则，以渤中、半岛南、半岛北三大片区为重点，充分利用海上风电资源，打造千万千瓦级海上风电基地。推进海上风电与海洋牧场融合发展试点示范，加快启动平价海上风电项目建设，推动海上风电规模化发展。

（3）地方财政补贴。广东省《促进海上风电有序开发和相关产业可持续发展的实施方案》提出，2022 年起，省财政对省管海域未能享受国家补贴的项目进行投资补贴，项目并网价格执行我省燃煤发电基准价（平价），推动项目开发由补贴向平价平稳过渡。其中：补贴范围为 2018 年底前已完成核准、在 2022—2024 年全容量并网的省管海域项目，对 2025 年起并网的项目不再补贴；补贴标准为 2022、2023、2024 年全容量并网项目每千瓦分别补贴 1500、1000、500 元。

"十四五"及"十五五"时期，海上风电发展制约性因素主要包括以下几个方面：

（1）中央财政补贴取消。《国家发展改革委关于 2021 年新能源上网电价政策有关事项的通知》（发改价格〔2021〕833 号）提出，2021 年起，新核准（备案）海上风电项目上网电价由当地省级价格主管部门制定，具备条件的可通过竞争性配置方式形成，上网电价高于当地燃煤发电基准价的，基准价以内的部分由电网企业结算。

（2）海上风电用海区域受到生态红线、军事、渔业等限制。

（3）设备制造与施工安装能力不足，影响海上风电建设工期。

综合分析可开发资源量、沿海各省区核准在建和规划项目规模、建设成本与财政补贴退坡、设备制造与施工安装能力等因素，预计海上风电发展稳步提速，"十四五"期间全国新增并网 4000 万～6000 万 kW，"十五五"期间全国新增并网 5000 万～7000 万 kW，新增项目主要位于江苏、广东、福建、山东等重点省区。

（三）陆上风电发展前景

截至 2023 年底，全国陆上风电逐年新增规模如图 4-9 所示。自

2016 年起，全国陆上风电年均新增规模约为 3470 万 kW，累计新增并网约 2.78 亿 kW。

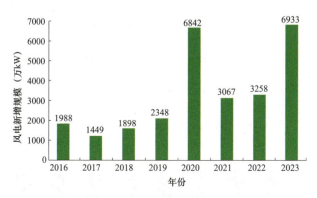

图 4-9　全国陆上风电逐年新增规模

综合考虑可开发资源量、建设成本下降、可再生能源消纳责任权重考核等因素，预计"十四五""十五五"期间陆上风电开发进一步提速，全国年均新增并网 3400 万～5000 万 kW，5 年累计新增并网预计可达到 1.7 亿～3.0 亿 kW。

（四）分布式光伏发展前景

"十三五"时期，全国集中式光伏电站和分布式光伏的新增装机比例平均分别为 66% 和 34%。其中，三北地区集中式光伏电站和分布式光伏新增装机比例平均分别为 71% 和 29%，中东部和南方地区比例平均分别为 60% 和 40%。截至 2023 年，集中式光伏电站和分布式光伏逐年新增装机比例如图 4-10 所示。

截至 2023 年底，全国集中式光伏电站和分布式光伏的累计装机比例分别为 58% 和 42%。其中，三北地区集中式光伏电站和分布式光伏的比例分别为 71% 和 29%，中东部和南方地区的比例分别为 45% 和 55%。

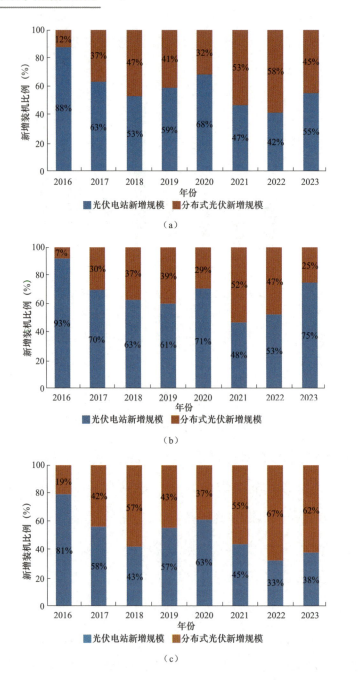

图 4-10　集中式光伏电站和分布式光伏逐年新增装机比例

（a）全国；（b）三北地区；（c）中东部和南方地区

截至 2023 年末，各省区集中式光伏电站和分布式光伏的累计装机规模及比例如图 4-11 所示。其中，三北地区分布式光伏已开发规模占可开发潜力（3 亿 kW）的 30%。中东部和南方地区已开发规模占可开发潜力（6.5 亿 kW）的 25%。

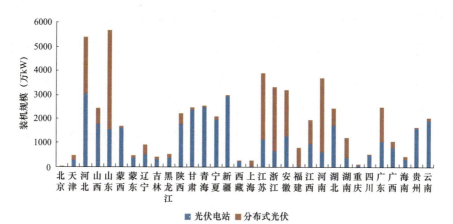

（a）

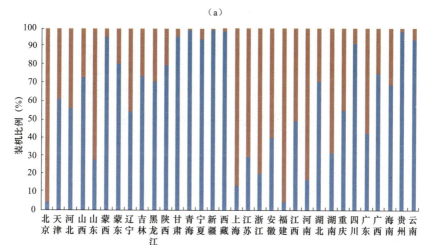

（b）

图 4-11　各省区光伏累计装机情况

（a）光伏装机规模；（b）光伏装机比例

三北地区中，北京、天津、河北、山东、辽宁的分布式光伏占比高于三北地区平均水平，上述省区光伏总装机规模约占三北地区的 41%。中东部和南方地区中，江西、湖北、重庆、四川、广西、海南、贵州、云南分布式光伏占比低于中东部和南方地区平均水平，上述省区光伏总装机规模占中东部和南方地区的 35%。

整体来看，内蒙古、甘肃、青海、宁夏、新疆等新能源送端省区，光伏开发模式以集中式光伏电站为主。山东、江苏、浙江、广东等用电量较高的受端省区，光伏开发模式以分布式光伏为主。

截至 2023 年底，全国分布式光伏逐年新增规模如图 4-12 所示。自 2016 年起，全国分布式光伏年均新增规模约为 3120 万 kW，累计新增并网约 2.49 亿 kW。

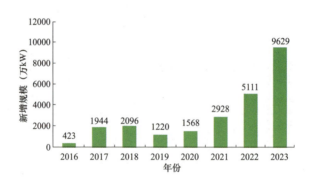

图 4-12　全国分布式光伏逐年新增规模

"十四五"及"十五五"时期，促进分布式光伏发展的主要因素包括以下几个方面：

（1）地方财政补贴或鼓励建设政策。《山东省能源发展"十四五"规划》提出，大力发展分布式光伏。开展整县（市、区）分布式光伏规模化开发试点，建成"百乡千村"低碳发展示范工程。推进工业厂房、商业楼宇、公共建筑、居民住宅等屋顶光伏建设，优先发展"自发自用"分布式光伏。《北京市发展和改革委员会、北京市财政局、北京市住房和城乡建设委员会关于进一步支持光伏发电系统推广应用的通知》提出，在补贴额度上，适用一般工商业电价、大工业电价或农业生产电价的项目补贴标准为 0.3 元/kWh（含税）。个人利用自有产权住宅建设的户用光伏发电项目补贴标准为 0.3 元/kWh（含税）。学校、社会福利场所以及全部实现光伏建筑一体化应用（光伏组件作为建筑构件）的项目等补贴标准为 0.4 元/kWh（含税）。

（2）企业为减少碳排放考核，建设自发自用分布式光伏，提高清洁电量比例。

（3）整县（市、区）屋顶分布式光伏开发。

"十四五"及"十五五"时期，分布式光伏发展制约性因素主要包括以下几个方面：

（1）工商业分布式光伏中央财政补贴取消。《国家发展改革委关于 2021 年新能源上网电价政策有关事项的通知》（发改价格〔2021〕833 号）提出，2021 年起，对新备案工商业分布式光伏项目，中央财政不再补贴，实行平价上网。

（2）分布式光伏大规模接入后，对配电网的安全稳定运行造成影响。

综合分析可开发资源量、建设成本与财政补贴退坡、可再生能源消纳责任权重考核、整县（市、区）屋顶分布式光伏开发等因素，预计"十四五"时期，全国新增并网分布式光伏在 2.9 亿～3.8 亿 kW，"十五五"时期，在 1.4 亿～2.0 亿 kW，主要集中在江苏、浙江、安徽、河南等中东部和南方省区，以及河北、山东等北方省份。

（五）集中式光伏电站发展前景

截至 2023 年底，全国集中式光伏电站逐年新增规模如图 4-13 所示。自 2016 年起，全国集中式光伏电站年均新增规模约为 4000 万 kW，累计新增并网约 3.20 亿 kW。

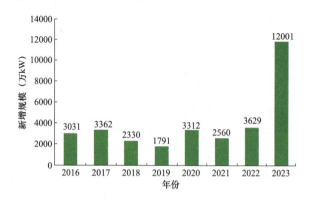

图 4-13　全国集中式光伏电站逐年新增规模

综合考虑可开发资源量、建设成本下降、可再生能源消纳责任权重考核等因素，预计"十四五"期间，全国年均新增并网集中式光伏 5000 万～7200 万 kW，5 年累计新增并网预计可达到 2.5 亿～3.6 亿 kW。预计"十五五"期间，全国年均新增并网集中式光伏 3400 万～4500 万 kW，5 年累计新增并网预计可达到 1.7 亿～2.3 亿 kW。

二、新能源发展规模情景分析

在分析海上风电、陆上风电、分布式光伏和集中式光伏电站发展前景的基础上，基于 2025 年及 2030 年的能源消费总量和水电、核电、生物质发电装机规模，结合 2025 年及 2030 年非化石能源一次消费占比目标，全面平价（低价）上网新形势下风电、光伏发电开发成本下降的相对速度，研究提出新能源发展规模的 3 种不同情景，如表 4-4 所示。

表 4-4　　　　　　　　新能源发展规模情景　　　　　单位：亿 kW

项目	"十四五"时期 新增规模			"十五五"时期 新增规模		
	情景 1	情景 2	情景 3	情景 1	情景 2	情景 3
海上风电	0.4	0.5	0.6	0.5	0.6	0.7
陆上风电	2.2	2.8	3.0	1.7	1.9	2.1
分布式光伏	3.8	3.2	2.9	2.0	1.8	1.4
光伏电站	3.6	2.9	2.5	2.3	1.9	1.7
合计	10.0	9.4	9.0	6.5	6.2	5.9
累计规模	15.3	14.7	14.3	21.8	20.9	20.2

情景 1：考虑光伏发电的开发成本持续快速下降，"十四五"及"十五五"时期新增规模较大。其中，"十四五"时期陆上风电新增 2.2 亿 kW，海上风电新增 0.4 亿 kW，集中式光伏新增 3.6 亿 kW，分布式光伏新增 3.8 亿 kW，占比分别为 22.0%、4.0%、36.0%、38.0%；"十五五"时期陆上风电新增 1.7 亿 kW，海上风电新增 0.5 亿 kW，集中式光伏新增 2.3 亿 kW，分布式光伏新增 2.0 亿 kW，占比分别为 26.1%、7.7%、35.4%、30.8%。

情景 2：考虑风电和光伏发电的度电成本下降速度相当，"十四五"及"十五五"时期同步发展。其中，"十四五"时期陆上风电新增 2.8 亿 kW，海上风电新增 0.5 亿 kW，集中式光伏新增 2.9 亿 kW，分布式光伏新增 3.2 亿 kW，占比分别为 29.8%、5.3%、30.9%、34.0%；

"十五五"时期陆上风电新增 1.9 亿 kW,海上风电新增 0.6 亿 kW,集中式光伏新增 1.9 亿 kW,分布式光伏新增 1.8 亿 kW,占比分别为 30.6%、9.7%、30.6%、29.1%。

情景 3:考虑风电的开发成本持续快速下降,"十四五"及"十五五"时期新增规模较大。其中,"十四五"时期陆上风电新增 3.0 亿 kW,海上风电新增 0.6 亿 kW,集中式光伏新增 2.5 亿 kW,分布式光伏新增 2.9 亿 kW,占比分别为 33.3%、6.7%、27.8%、32.2%;"十五五"时期陆上风电新增 2.1 亿 kW,海上风电新增 0.7 亿 kW,集中式光伏新增 1.7 亿 kW,分布式光伏新增 1.4 亿 kW,占比分别为 35.6%、11.9%、28.8%、23.7%。

第四节　新能源开发布局分析

一、新能源发展布局研究

（一）风电布局分析

1. 海上风电布局分析

基于海上风电发展前景的相关成果,预计"十四五"及"十五五"时期,海上风电发展以中东部和南方地区的沿海省区为主。因此,海上风电新增规模主要布局在中东部和南方地区,三北地区新增装机占比按 13%～27%考虑。

2. 陆上风电布局分析

"十三五"初期,中东部和南方地区陆上风电快速发展。"十三五"中后期,新增陆上风电布局以三北地区为主。"十三五"期间,

三北地区、中东部和南方地区累计新增陆上风电比例分别约为 59%
和 41%。"十三五"时期，三北地区、中东部和南方地区新增陆上
风电装机分布情况如图 4-14 所示。

图 4-14　"十三五"期间新增陆上风电装机分布情况

"十四五"及"十五五"时期，促进三北地区陆上风电发展的主
要因素包括以下几个方面：

（1）风光火（储）、风光储多能互补项目开发。

（2）源网荷储一体化项目开发。

（3）跨省跨区外送综合能源基地建设。

（4）推动三北地区火电机组灵活性改造。

（5）风光资源条件相对较好。

（6）土地和生态环保限制相对中东部和南方地区少。

"十四五"及"十五五"时期，三北地区陆上风电发展制约性因
素主要为新能源大规模并网导致系统消纳出现问题，新能源利用率
下降。

"十四五"及"十五五"时期，促进中东部和南方地区陆上风电
发展的主要因素包括以下几个方面：

（1）风光水（储）多能互补项目开发。

（2）系统消纳条件相对较好。

"十四五"及"十五五"时期，中东部和南方地区陆上风电发展制约性因素主要包括以下几个方面：

（1）资源条件好、地形相对平坦地区部分已被优先开发，导致后续项目开发非技术成本增加。

（2）部分地区土地、生态环保的限制导致可开发区域受限。

考虑"十三五"时期新增陆上风电装机布局发展趋势及上述影响因素后，预计"十四五"及"十五五"时期，三北地区新增陆上风电规模占 67%～81%。

（二）光伏发电布局分析

1. 分布式光伏布局分析

基于分布式光伏发展前景的相关成果，预计"十四五"及"十五五"时期，新增分布式光伏重点布局在中东部和南方的江苏、浙江、安徽、河南、广东等地区，以及河北、山东等北部地区，三北地区新增装机占比按 32%～67%考虑。

2. 集中式光伏电站布局分析

"十三五"初期，新增集中式光伏电站由三北地区向中东部和南方地区转移。"十三五"中后期，新增集中式光伏电站布局重回以三北地区为主。"十三五"期间，三北地区、中东部和南方地区累计新增集中式光伏电站比例分别约为 59%和 41%。"十三五"期间，三北地区、中东部和南方地区新增集中式光伏电站装机分布情况如图 4-15 所示。

"十四五"及"十五五"时期，三北地区及中东部和南方地区集中式光伏电站发展的主要影响因素与陆上风电类似。

图 4-15 "十三五"期间新增集中式光伏电站装机分布情况

考虑"十三五"时期新增集中式光伏电站布局发展趋势及上述影响因素后，预计"十四五"及"十五五"时期，三北地区新增装机占比按 61%～75%考虑。

二、新能源消纳及趋势分析

新能源开发利用综合成本，包括新能源本体开发成本、系统消纳措施成本、并网接入成本三部分。新能源合理开发布局研究，应以综合成本最小为目标。

（一）新能源消纳测算方法

全国新能源消纳能力测算研究依托全国新能源电力消纳监测预警平台开展，采用基于电规总院自主开发的连续时序多区域联合新能源电力消纳生产模拟程序进行消纳能力测算。

新能源消纳测算流程如图 4-16 所示。在建立新能源发电出力数据模型、电力系统数据模型和时序生产模拟优化计算模型的基础上，首先开展历史年内新能源电力消纳能力评估回算，用已发生的历史数据作为边界条件输入，通过比较仿真计算结果与实际运行情况的偏差，从而校准相关的模型参数，确保预测的准确性。

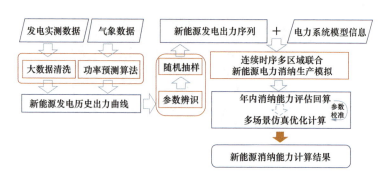

图 4-16　新能源消纳测算流程图

在此基础上，根据 2025 年及 2030 年核电、水电、抽水蓄能、火电等各类常规电源新投产规模、最大负荷、年用电量、负荷特性、跨省跨区通道输电能力、联络线功率交换等预测数据，以及预测构造来年的新能源出力序列，针对不同情形下的全国及各省（自治区、直辖市）的新能源利用率控制目标，研究测算各省（自治区、直辖市）风电、光伏发电消纳空间。

新能源消纳测算仿真优化算法流程如图 4-17 所示，具体包括 4 个步骤：

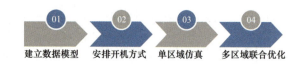

图 4-17　新能源消纳测算仿真优化算法流程图

（1）建立数据模型。常规电源、电网、负荷数据来自全国电力规划基础数据库。风电、光伏发电数据基于新能源场站样板风机、样板逆变器实测数据以及气象数据生成出力特性模型。

（2）安排系统开机方式。确保优化调度时段内最大负荷以及旋转备用率满足系统要求。风电、光伏发电按照功率预测的准确程度按一定容量计入电力平衡。

（3）单区域仿真计算。参考经典电力系统经济调度算法，构建优化模型，进行连续仿真优化计算。目标函数为全社会发电成本最小，约束条件包括电力平衡、发用电功率上下限、储能（水库）、机组出力变化速率，最小平均发电率等约束。

（4）多区域联合优化。在单区域仿真的结果上优化联络线曲线，实现类似于跨省跨区增量现货市场交易。目标函数为降低全社会发电成本最大化，约束条件包括区域电力平衡，调峰裕度约束，弃电量约束，联络线调整上下限约束，联络线变化速率约束等外部约束条件。

新能源消纳测算示意图如图 4-18 所示，新能源消纳分析计算的主要考虑因素包括：

（1）考虑合理的旋转备用率，一般取 3%～7%，一般不小于最大 1 台常规发电单机容量。

（2）充分发挥火电调峰能力，根据实际情况考虑供热机组的平均开机比例以及在供热期、非供热期的最小技术出力率。

（3）根据实际情况考虑自备机组的平均开机比例以及调峰比例。

（4）在确定火电开机容量时，考虑风电、光伏发电参与电力平衡的容量比例。

（5）根据实际情况考虑抽水蓄能等调峰机组的运行方式。

（6）当风电与光伏发电同时需要限电时（弃风弃光同时发生），结合地区实际调度规则，弃风、弃光按照权重进行分配。

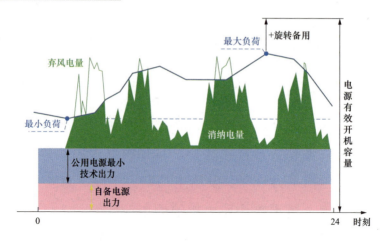

图 4-18　新能源消纳测算示意图

（二）新能源合理利用率研究

通过对新能源消纳问题的分析可知，新能源弃电主要由以下两种原因导致：①网架受阻，即新能源可发出力超出输电通道输送能力而引起的新能源弃电；②调峰受阻，即新能源出力超出系统最大可调节范围而引起的新能源弃电。虽然新能源发电的边际成本几乎为零，但各类解决新能源消纳问题的方案却都需要付出一定的经济性、安全性等方面的代价。

从新能源消纳的角度来看，为解决新能源的消纳问题，系统往往需要付出额外的成本：新能源输电通道的利用率会低于常规电源输电通道、火电深度调峰会增加发电煤耗和设备维护成本、系统调峰能力不足时需要额外建设储能设施或调峰气电、为适应新能源大规模并网需要额外建设电压频率支撑设备等。

从新能源弃电角度来看，新能源弃电也并非毫无意义的浪费，在欧洲等成熟电力市场中，新能源弃电被认为是一种和需求侧响应类似的辅助服务，新能源弃电通过向电网提供"下调"服务保障能源安全，美国、德国一些地区，通过将弃风相关条款纳入并网协议或购电合同等管理手段和市场规则，使得风电发电企业、电网公司等相关方接受透明条件下的一定合理弃风，弃风比例维持在1%～5%。

为促进新能源高质量发展，需要从全社会综合用能成本角度出发，确定既满足社会清洁能源发展需求，又满足电力系统安全经济运行要求的合理利用率水平。

从开发侧来看，当系统新能源消纳能力不增加的情况下，可通过增加系统新能源装机的形式增加新能源电量供给，其主要新增成本是增量新能源投资。从系统消纳侧角度而言，在新能源装机不变的情况下，可通过电网加强解决网架受阻、建设调峰电源和负荷侧响应解决调峰受阻等方式降低新能源弃电量，其主要新增成本为各类调峰手段投资及调峰手段运行成本等。

当计及电源开发侧成本和系统消纳侧成本的系统总成本最低时，对应系统的合理利用率。在合理利用率的左侧，新能源利用率较低，全社会购电成本因电源侧新能源开发成本过高而增加；在合理利用率的右侧，利用率较高，全社会增量购电成本因系统侧消纳成本过高而增加。

通过建立以新能源新建规模、灵活性改造规模、线路建设等为决策变量，综合考虑规划阶段约束与运行阶段约束，以系统总成本最低为优化目标的最优化模型，经过优化求解得到的得到满足条件的系统合理利用率。

综合考虑系统总成本最低时的合理利用率示意情况如图 4-19所示。具体而言，合理利用率优化计算模型中目标函数最小化系统总成本包括建设运行成本和运行成本，其中建设成本包括新增风电和光伏发电装机成本、火电机组灵活性改造成本、电网线路传输容量提升成本，运行成本主要包括火电机组的启停费用以及发电成本。

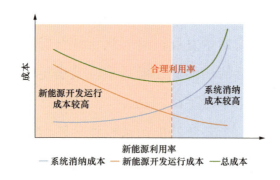

图 4-19　综合考虑系统总成本最低时的合理利用率示意图

合理利用率优化计算模型中约束条件包括规划阶段约束和运行阶段约束，其中规划阶段约束包括新能源装机容量规模、火电机组深度调峰改造规模、电网线路传输容量提升规模、系统新能源发电占比，运行阶段约束包括系统备用及节点电量平衡、火电机组开停机状态及出力范围、储能设备及水库调节能力、电网线路传输容量等。

综合考虑电源侧开发成本和系统侧消纳成本，布局方面，经初步优化求解测算三北地区"十五五"期间海上风电新增装机占比19%、陆上风电新增装机占比73%，分布式光伏新增装机占比47%、集中式光伏电站新增装机占比67%。

第五章 煤电气电清洁低碳发展

第一节 煤电气电发展特点

燃煤发电和燃气发电的发展，一方面取决于我国经济发展水平、资源禀赋、环境保护、碳减排等对电力行业的整体需求，另一方面取决于燃煤发电和燃气发电的技术特点、技术成熟度、经济性等。因此，要深入研究燃煤发电和燃气发电的发展趋势，获得"双碳"背景下的煤电气电合理占比和结构，就必须从电力需求和发电技术发展两方面综合考量，进行动态、全面地分析。

一、煤电气电的特点和作用

燃煤发电（煤电）和燃气发电（气电）是火力发电最主要的两种形式。综合来看，火力发电，尤其是燃煤发电仍然是综合经济性最好的发电技术，也是技术成熟度最高的发电形式。目前最先进的燃煤发电机组发电效率已突破 48%，燃气—蒸汽联合循环机组发电效率已突破 62%，远高于其他形式的发电技术。

理论上讲，相对于核电、水电、风电等，火力发电受资源制约较小，布局更加灵活，装机容量可以根据实际需求决定。燃煤发电机组通常布局在煤炭资源丰富的地区或电力需求较大的地区，燃气发电机组则更多布置在电力需求较大、环保压力较大的经济发达地区。我国多煤少气的资源特点也决定了我国长期以来以燃煤发电为主导的电力行业格局。经过近几十年的技术发展，燃煤发电和燃气发电污染物排放均得到有效控制，截至 2020 年底，我国煤电机组几乎全部达到超低排放水平，新建气电机组也普遍同步建设 SCR 或预留 SCR 安装空间，进一步降低 NO_x 排放。

但是，火力发电机组在碳排放方面劣势明显。目前，我国燃煤机组单位发电量碳排放量（CO_2）高达 879g/kWh，即使最先进煤电机组单位发电量碳排放量也达到 756g/kWh。燃气—蒸汽联合循环机组单位发电量碳排放量虽然相对较低，大约为：E 级 364～378g/kWh，F 级 337～351g/kWh，H 级 312～327g/kWh，但是仍然远高于实现碳中和所需的近零排放标准（单位发电量 CO_2 排放量低于 100g/kWh），所以燃煤发电和燃气发电是我国电力行业减碳的主要领域。

火力发电，尤其是燃煤发电，在我国能源电力安全层面，扮演着"压舱石"的角色，是兜底保障电源。一方面，适当比例的燃煤发电和燃气发电可为电力系统的稳定运行提供足够的转动惯量，平抑大比例新能源发电并网带来的波动，保障电网系统的安全。另一方面，热电联产的燃煤发电机组和燃气发电机组是满足我国居民采暖需求的重要保障，尽管目前热电联产机组已占火电机组的 41%，仍不能满足我国日益增长的热力需求。在大规模低成本储能技术成熟应用之前，燃煤发电机组和燃气发电机组将承担着大量的调峰任务，将是未来相当长一段时间内新能源电力消纳的重要保障。

基于燃煤发电和燃气发电的上述特点，在我国不同历史发展时期、不同电力需求条件下，燃煤发电和燃气发电承担着不同的历史使命，发挥着不同的作用。

中华人民共和国成立 70 余年以来，我国电力工业快速发展，实现了从小到大、从弱到强、从追赶到引领的巨大飞跃，为我国经济社会发展作出了突出贡献。在此背景下，燃煤发电快速发展，在国家持续投入和支持下，燃煤发电技术取得了长足进步，单机容量、机组参数、机组数量、能效指标均跃居世界前列。长期以来，燃煤发电呈现出占比高、体量大的特点，实际承担我国主力电源和基础电源的角色。而由于我国天然气资源相对匮乏，燃气发电相关技术较为薄弱，发展显著落后。尽管近十年来我国燃气轮机相关技术有所突破，但与国外先进水平相比仍然差距较大。燃气发电无论是装机占比还是发电量占比均较低，尚未充分发挥高效、清洁和灵活的技术优势。

近年来我国对能源利用多元化、清洁化、低碳化的需求日益迫切，尤其是习近平总书记提出了"30·60 碳达峰碳中和"的目标后，能源行业尤其是电力行业的转型势在必行。未来燃煤发电和燃气发电必将担负新的历史使命。

首先，在大规模低成本储能技术成熟应用之前，为应对新能源电力波动大、间歇性强等问题，电力系统仍需要火力发电尤其是燃煤发电充分发挥兜底保障的重要作用。

其次，燃煤发电要积极转变角色，由传统提供电力、电量的主体性电源，向提供可靠电力、调峰调频能力的基础性电源转变，积极参与调峰、调频、调压、备用等辅助服务，提升电力系统对新能源的消纳能力，将更多的电量市场让给低碳电力；燃气发电要努力打破技术瓶颈，在高效重型燃机方面取得突破，并将燃气发电的装机占比提升至合理范围，充分发挥高效、清洁和灵活的技术优势。

最后，低成本的燃煤发电是全社会低成本用电、用热的基础，是我国保障民生和社会经济活动用能的重要支撑，对促进经济社会发展、提升人民幸福感具有重要意义。

二、煤电气电的合理占比和结构

合理的电源结构和发电量组成，主要取决于各类发电机组的技术发展水平、技术特点和经济性等，同时也要与经济发展水平、资源禀赋、环保要求等整体需求相适应。

根据我国经济发展和全社会用电需求的预测，2030 年全国电源总装机容量约达 28.74 亿 kW，全年发电总量约为 8.94 万亿 kWh。根据碳达峰的需求，发电行业需在 2025—2030 年提前实现达峰，并于 2030 年开始下降，发电行业 2030 年全年碳排放总量控制在 38 亿 t 左右，单位发电量碳排放量降至 425g/kWh。燃煤发电技术发展方面，600℃超超临界发电技术得到较好推广，650℃超超临界发电技术、超临界 CO_2 循环发电技术已有商用机组，燃煤发电机组平均供电效率提升至 46%～47%。大型化低成本 CCS 技术已初步具备商用条件，但尚未大面积推广。燃气发电技术发展方面，基于 F 级燃机的燃气—蒸汽联合循环发电技术已得到较好普及，H 级燃机初步具备商用条件。

在此条件下测算：2030 年，燃煤发电装机容量为 12.13 亿 kW，占总装机容量的 42.20%，燃气发电装机容量 2.33 亿 kW，占总装机容量的 8.10%。燃煤发电的发电量为 4.85 万亿 kWh，占总发电量的 54.27%，燃气发电的发电量为 0.51 万亿 kWh，占总发电量的 5.73%。

燃煤发电的单位发电量碳排放量降至 750g/kWh 左右，燃气发电的单位发电量碳排放量降至 340g/kWh 左右，发电行业平均单位发电量碳排放量降至 425g/kWh 左右。燃煤发电碳排放量约为 36.3 亿 t，燃气发电碳排放量约为 1.73 亿 t，发电行业碳排放总量约为 38 亿 t。

2060 年，根据我国经济发展和全社会用电需求的预测，全国电源总装机容量约 70.92 亿 kW，全年发电总量约 16.5 万亿 kWh。单纯考虑碳中和的需求，发电行业需在 2055 年实现单位发电量碳排放量低于 100g/kWh，并于 2060 年将单位发电量碳排放量降至低于 50g/kWh 的水平，发电行业 2060 年全年碳排放总量控制在 8 亿～9 亿 t。但是，到 2060 年我国仍需维持 7 亿 kW 左右的燃煤发电机组，4 亿 kW 左右的燃气发电机组，以保障我国能源电力供应安全和调峰、供暖需求，发电行业 2060 年全年实际碳排放总量存在很大的不确定性。

可以预见，未来燃煤发电、燃气发电的装机占比及发电量将主要受到碳减排目标、电力供应安全的双重约束。从碳减排目标出发，煤电气电应不断缩减规模，增容减量是煤电气电缩减规模的一条重要路线。大容量机组的热效率高，污染物排放低，一方面，电力企业可以在小机组原有的厂址上淘汰小机组、新建大机组实现单台机组增容；另一方面，对现有的小容量机组通过技术改造提高机组参数，增大机组出力，以提高煤电气电机组的竞争性。但从电力供应安全角度出发，则需要煤电气电在较长时期内继续承担兜底保障/应急备用、调峰调频、消纳新能源乃至工业供热与采暖供热等作用。因此，煤电气电将在满足电力供应安全的前提下不断降低发电量，以实现更少的碳排放。而其装机容量和发电量下调的进度安排除应满足"30·60碳达峰碳中和"目标要求外，还受到供电经济性、环保要求、燃机装备自主化发展水平、天然气供应能力等的影响，并与灵活性提升水平、高效技术发展成熟度、碳捕集成本、碳运输及封存的经济性和安全性等因素密切相关。

总体上，发电是一个碳排放行业，能够实现2030年行业碳达峰，实现行业"零排放"却比较困难。但是，发电行业的技术进步，尤其是低碳化技术的突破是实现全社会"30·60碳达峰碳中和"目标的关键支撑。在煤电的低碳化发展方面，应重点研究高效煤电技术、煤电机组调峰技术；在天然气发电的低碳化发展方面，应重点研究高效天然气发电技术、天然气发电调峰技术、天然气掺氢燃烧技术；在碳捕集方面，应重点研究碳捕集在电力低碳中的作用、低能耗低成本碳捕集技术路线。

第二节　煤电气电调节能力建设

为了解决新能源消纳的问题，火电运行需要更加灵活，调峰能力更加突出可靠。火电机组调峰技术需要重点研究或突破的地方主要包括两方面：①调峰的深度；②调峰的速度。火电正由传统的提供电力、电量的主体电源，逐步转变为提供电力、电量的同时，向电力系统提供可靠容量、调峰调频等辅助服务的基础性、调节性电源。燃煤机组目前的负荷速率普遍水平在$2\%P_e$/min，对于循环流化床机组及褐煤机组，还要更低一点。随着新能源比例的增加，电网对于瞬间大幅甩负荷（新能源发电）的响应能力要大幅提升，火电机组负荷快速升降的能力迫切需要从技术上提高。

一、煤电机组调节能力提升技术

（一）锅炉低负荷稳燃技术

根据炉型、煤质、燃烧设备的不同，目前国内大部分燃煤锅炉低负荷稳燃能力在 40%～50%额定负荷，通过改造下探至 20%～30%额定负荷。提高锅炉低负荷稳燃能力的主要技术措施有：锅炉精细化运行调整，基于强化燃烧的锅炉燃烧器改造，锅炉制粉系统改造，掺烧高挥发分煤质改造，以及等离子体、微油、富氧等助燃改造等。

（二）提高低负荷 SCR 入口烟温技术

目前，绝大部分煤电机组脱硝装置的工作温度为 300～420℃。当机组深度调峰时，随着锅炉负荷的降低，脱硝装置入口烟温将降至 300℃以下，为避免脱硝催化剂失去活性，脱硝装置需要退出运行，导致氮氧化物排放超标，机组调峰中止。因此，针对深度调峰期间，脱硝装置无法投入的机组，需要进行提高脱硝装置入口烟温改造。主要的低负荷 SCR 入口烟温技术有省煤器烟气旁路、省煤器水侧旁路、省煤器分级布置、回热抽汽补充给水、热水再循环技术等。

（三）辅机和控制系统深度调峰适应性改造技术

当机组低负荷运行时，每台磨煤机的出力降低，一次风管粉量偏差严重会导致粉量偏低的一次风喷口煤粉浓度偏低，着火困难，火检闪烁，会增大投油量，严重时甚至会影响机组运行安全性。因此，需减小磨煤机出口一次风管粉量偏差。煤粉分配器可根据制粉系统管道的阻力特性分别将煤粉和空气分配调节均匀，能够从根本上解决直吹式制粉系统存在的煤粉分配不均匀性问题，为炉内实现优化燃烧包括低 NO_x 燃烧创造了良好的基础，有利于提高机组深度调峰的安全可靠性。

锅炉低负荷下一次风量和粉量分配均匀性差会影响燃烧的均衡性，个别一次风管风速过低，将会导致一次风管煤粉堆积堵管、局部的燃烧不稳定，影响低负荷时锅炉燃烧运行安全性。因此，有必要对一次风管风速与煤粉浓度进行在线测量与调节装置改造，以便运行人员能够对一次风速实现精准控制，提高锅炉低负荷运行安全性。

锅炉深度调峰过程中，排烟温度将进一步降低，当烟气进入空气预热器（空预器）温度较低的受热面区域时，经换热后烟气温度低于硫酸露点温度时，烟气中含有的硫酸蒸汽就会在受热面金属壁面上进行凝结，当硫酸的浓度达到一定的范围下就会对金属受热面产生腐蚀现象，即发生空预器受热面的低温腐蚀。燃煤电厂经过超低排放改造之后，普遍存在着脱硝系统运行管理及氨逃逸的问题，加之深度调峰之后，锅炉出口烟气温度进一步降低，为了满足低负荷下的脱硝要求，通常会增加喷氨量，由此而引起的低负荷下的空预器堵塞问题更为严重。

针对空预器堵塞的问题，主要采取两方面的手段来解决：①通过改造，使得设备具有更强的防堵能力；②提高空预器冷端温度，降低冷端积灰条件。

给水泵的运行核心目标为保证给水流量与蒸发量的匹配，小机汽源一般设有抽汽、辅汽、冷再或主汽，但由于低负荷段机组的抽汽参数更低，单纯采用开大低压调节阀开度的方式可能无法满足给水流量需求。因而，给水泵出力的提升就需要采用额外的控制手段。

深度调峰低负荷工况下，凝结水流量较小，一旦出现低于最小流量工况，凝泵再循环需要开启，容易出现流量波动引起除氧器水位波动等问题，除需要优化凝结水泵的入口流量闭环控制和再循环最小流量阀开环控制策略外，对于采用凝结水泵变频控制的机组，还要特别注意低负荷工况下变频器的控制范围。

我国火电机组在 $50\%P_e$ 负荷以下普遍以启停机过程控制为主，DCS 控制逻辑未能在 $50\%P_e$ 负荷以下进行连续运行甚至响应调峰调频的调试，需要针对深度调峰工况进行逻辑优化和调试。机组深度调峰运行时，大量设备接近极限工况运行，辅机跳闸、MFT 等保护和切除自动等功能回路如有误动或切手动都极易威胁整个系统的安全稳定运行。若要实现更进一步深度调峰，需要修改逻辑，进一步降低负荷范围低限。

目前我国火电机组深度调峰运行负荷范围一般目标为 30%～$100\%P_e$，这不仅是简单的运行负荷范围变宽，从自动调节和控制角度，汽动给水泵、变频泵、调节阀等大量对象的非线性特性随工况范围的变宽而变得不可忽视。更适合线性系统对象的 DCS 常规 PID+前馈的控制回路参数更难整定，很多控制回路希望匹配 30%～$100\%P_e$ 范围工况变得异常困难，导致机组常常表现在某些工况下自动控制运行的异常，依赖变工况过程运行人员的频繁干预，进一步提高变负荷速率指标给机组的安全稳定运行带来极大的挑战。

（四）热电解耦技术

1. 水罐储热热电解耦技术

对于以热定电的热电联产机组，可考虑建设储热水罐实现一定程度的热电解耦，当发电余热满足供热需求且仍有富余时，这部分富余的热量可以用储热罐存储起来；当调度要求降低发电负荷，机组供热能力下降时，机组的供热能力小于外部需求的供热量，此时，不足的供热功率由储热罐提供，从而避免为满足供热需求而在用电低谷时段产生强迫发电的情况，水罐储热系统改造后最主要的收益来自电网深度调峰期间的经济补偿收益。

水罐储热技术的单位投资成本为 1.2 万～1.5 万元/MWh。不同区域内的投资收益比受当地调峰补贴政策影响较为显著。

2. 汽轮机高、低压旁路热电解耦技术

汽轮机旁路的设计目的在于协调锅炉产汽量与汽轮机耗汽量之间的不平衡，实现一定程度的热电解耦，提高机组对负荷、供热的适应性以及运行灵活性。利用机组已有的旁路或者新建的旁路实现对外供热的技术。汽轮机高、低压旁路供热按其供热形式可以分为：①低压旁路单独对外供热；②高压旁路部分主蒸汽对外供热；③汽轮机高、低压旁路联合供热。目前应用较多的是低压旁路单独对外供热和汽轮机高、低压旁路联合供热两种方式。

3. 低压缸零出力热电解耦技术

供热机组一般受低压缸冷却蒸汽流量限值和以热定电运行方式的影响，电调峰能力有限，很难适应电网深度调峰需求，供热能力也受限制。为突破这一难题研发的低压缸零出力技术是在低压缸高真空运行条件下，关闭低压缸入口阀门，将原进入低压缸的蒸汽用于供热，实现汽轮机低压缸零出力运行。机组低压缸进汽量减少，大量蒸汽用于供热，相应冷源损失减少，供热季平均发电煤耗下降约 40g/kWh。

低压缸零出力改造技术突破传统供热机组运行理论，实现了机组低压缸零出力运行，从而大幅降低低压缸的冷却蒸汽消耗量，提高汽轮机电调峰能力和供热抽汽能力，并能够实现抽汽凝汽式运行方式与零出力运行方式的在线灵活切换，使机组同时具备高背压机组供热能力大、抽汽凝汽式供热机组运行方式灵活的特点，显著提升电调峰运行灵活性。

4. 电锅炉供热热电解耦技术

电锅炉可以在电网低谷时段消纳本厂无法上网的电力或下载弃风电转换为热能并存储，在其他时段供给热网，可以实现煤电机组在不降低出力的情况下，大幅减少上网电量，对缓解各地区电网系统调峰困难，提升冬季供热可靠性，促进风电、光伏等新能源消纳作用显著。电锅炉建设投资较大，不同区域内的投资收益比受当地调峰补贴政策影响较为显著。目前主要的方式有电极式热水锅炉和固体蓄热电锅炉两种技术流派。

（五）机组自身挖掘的负荷速率提升技术

煤电机组自身挖掘的负荷速率提升技术主要有：主蒸汽调节阀节流、凝结水节流、旁路给水调节等多种调节方式。当前国内绝大多数节流配汽汽轮机采用主蒸汽调节阀节流调节，降低经济性来保证机组低负荷调频能力。

凝结水节流是通过快速改变凝结水流量，实现低压加热器抽汽量相应改变，进而使得在汽轮机低压缸做功的蒸汽量发生变化，机组短时输出功率发生变化，其技术本质是利用除氧器蓄能实现机组负荷短时变化。

旁路给水调节与凝结水节流在基本原理上类似，通过快速改变流经高压加热器的给水量，实现高压加热器抽汽量相应变化，从而使在汽轮机高、中压缸做功的蒸汽量发生变化，使得机组短时输出功率发生变化，其本质是利用锅炉省煤器的蓄能。

调节抽汽是通过调整抽汽调节阀的开度来改变进入末级（组）加热器或热网加热器等的抽汽量，从而使在汽轮机做功的蒸汽量发生变化，机组短时输出功率变化。其技术本质也是利用汽水流程自蓄能来实现机组负荷短时变化。

变背压技术也可作为机组响应调频的技术手段。变背压调节的基本原理是改变进入凝汽器的冷却介质的流量，使得机组背压变化，进而达到快速响应负荷变化的目的，且这部分蓄能可持续调用。但考虑到机组背压与机组经济性和安全性存在强耦合关系，仍未见应用案例。

通过以上技术或者技术的组合实施，煤电机组是可以实现纯凝机组最小技术出力达到 30%～40%额定容量，热电联产机组最小技术出力达到 40%～50%额定容量；部分机组不投油稳燃时纯凝工况最小技术出力达到 20%～30%。同时机组提升负荷速率可达 2%～3.5%P_e/min。

（六）熔盐储热辅助燃煤机组灵活调峰技术

熔盐是一种熔融态无机盐，具有以下特点：①热导率大、比热容高、密度大，利于储放热过程中的热量传递；②大部分熔盐在高温下黏度低，流动损失小，适合作为载热工质在系统中运转；③使用温度范围 100～600℃，容易匹配不同场合的热源及需求温区。目前，熔盐储热技术储能密度高，储能周期长且成本较低，并且已经广泛应用于太阳能热发电领域，是一种较为成熟的储热技术。所以，该技术可以用于燃煤机组灵活调峰。

熔盐储热技术辅助燃煤机组灵活调峰的基本流程是：当机组向下调节出力时，锅炉产生的部分过热蒸汽和再热蒸汽通过储热功率模块对熔盐进行放热，从而减少汽轮机出力，低温罐中的冷熔盐获得热量温度升高，并储存在高温罐中；当机组需要增加出力时，高温罐中的高温熔盐通过放热功率模块进行放热，放热模块产生的蒸汽回到汽轮机做功发电，释热后的熔盐温度降低回到低温罐中储存。

熔盐储热技术可以大幅度增加燃煤机组的深度调峰能力，使汽轮机在 15%额定负荷下运行。如果进一步将所发电力用于电加热器加热熔盐，甚至可以实现机组零功率上网。该技术也可以显著提高燃煤机组的调峰速率，50%以上负荷可以实现 $5\%P_e$/min 以上的爬坡速率，50%以下负荷实现 $2\%\sim3\%P_e$/min 的爬坡速率。系统的主要技术特点如下：①原锅炉及其辅机系统运行在较高出力，煤耗低，经济性和安全性高，也不存在脱硝系统运行问题；②调峰幅度大，只需根据需要设置相应功率的换热装置即可；③调峰时间长，按需设置储热罐即可，可以实现单日 10h 以上的储热能力；④调峰速率快，能够满足电力系统负荷大幅度波动的调节要求；⑤储热参数高，系统综合效率高，熔盐储热温度可以达到 500℃以上，放热蒸汽参数可以达到亚临界参数；⑥储能系统功率模块和容量模块相互独立，储热过程和放热过程相互独立，系统运行灵活性高，可以根据各个电厂不同的调峰需求定制储热系统方案；⑦改善了整个机组的启停速度和变负荷能力，提高机组运行灵活性；⑧系统综合效率高，能耗损失小，经济效益好；⑨储热系统使用寿命长达 30 年、维护成本低，平准化发电成本低；⑩对原"锅炉—汽机"工艺系统改造小，除占地面积稍大以外，对建设条件要求不高，实施便利。

高温熔盐储热技术在火电机组灵活性改造中具有更广的机组适应性，改造后的机组具有更好的运行灵活性、更强的系统安全性、更高的运营经济性。

二、气电机组调节能力提升技术

高效、灵活的天然气发电调峰可帮助电网持续消纳以风力发电和光伏发电为主的间歇性新能源，并保障电网安全性，助力电力能源低碳化。我国天然气发电调峰机组以 F 级、G/H/J 级燃机及其联合循环机组为主，且根据不同的轴系配置方案，其调峰灵活性存在较大差异，主要体现在启停时间、负荷调节范围以及负荷调节速率等方面。

（一）启停时间

目前常规燃煤机组经过灵活性改造后热态启动时间为 120～240min。

对于分轴（燃机和汽轮机位于不同轴系，且各自带一台发电机）、单轴（燃机和汽轮机位于同一轴系，共同带一台发电机）配置（且装配有 3S 离合器）的燃机及其联合循环机组，在紧急情况下可采取简单循环（仅投运燃机，余热锅炉和汽轮机停运）的方式参与电网调峰，启动时间约为 30min（GE 9H 系列和西门子 SGT5-9000HL 可达到 12min）；常规情况下采取联合循环（燃机、余热锅炉和汽轮机均投运）的方式参与电网调峰，对于 F 级燃机及其联合循环机组，其热态启动时间为 60～80min、停机时间为 60min，对于 G/H/J 级燃机及其联合循环机组，其热态启动时间为 80～90min、停机时间为 60～90min。尽管燃机及其联合循环机组简单循环效率远低于联合循环效率，但随着储热技术的发展，利用先进储热技术对简单循环下燃机排烟余热进行深度利用，也可进一步提高简单循环效率。

对于单轴配置（且未装配有 3S 离合器）的燃机及其联合循环机组，仅能采取联合循环的方式参与电网调峰，其启停时间与分轴配置的燃机及其联合循环机组在联合循环方式下的启停时间基本一致。

（二）负荷调节范围

对于分轴、单轴配置（且装配有 3S 离合器）的燃机及其联合循环机组，如采取简单循环的方式参与电网调峰，其负荷调节范围为 0～100%额定负荷；如采取联合循环的方式参与电网调峰，其联合循环机组的负荷调节范围为 50%～100%甚至 30%～100%额定负荷。在具体实践中，很多机组通过启停调峰实现 0～100%额定负荷调节。

对于单轴配置（且未装配有 3S 离合器）的燃机及其联合循环机组，仅能采取联合循环的方式参与电网调峰，其负荷调节范围与分轴配置的燃机及其联合循环机组在联合循环方式下的负荷调节范围一致。

（三）负荷调节速率

对于分轴、单轴配置（且装配有 3S 离合器）的燃机及其联合循环机组，如采取简单循环的方式参与电网调峰，其 F 级燃机负荷调节速率最大可达约 45MW/min（约 12%P_e/min），G/H/J 级燃机负荷调节速率最大可达约 85MW/min（约 10%P_e/min）；如采取联合循环的方式参与电网调峰，对于 F 级燃机及其联合循环机组，其负荷调节速率为 21～24MW/min（约 4.5%P_e/min），通过技术改造可将负荷调节速率进一步提升至约 40MW/min（约 11%P_e/min）；对于 GE 9H

系列燃机及其联合循环机组，其负荷调节速率最大可达 88MW/min（约 $11\%P_e/min$）。

对于单轴配置（且未装配有 3S 离合器）的燃机及其联合循环机组，仅能采取联合循环的方式参与电网调峰，其负荷调节速率与分轴配置的燃机及其联合循环机组在联合循环方式下的负荷调节速率一致。

第三节　煤电气电低碳化路径

一、煤电低碳化应用路径

煤电机组降低供电煤耗，实现碳减排的驱动有三方面：①由于机组构成的变化，大量低效机组逐步淘汰，被高效机组替代，从而带来总体能耗水平的降低；②大量节能降耗技术的逐步推广，使得在役机组的能耗水平逐年降低；③为承担的供热负荷逐年增加，能源利用效率不断提升。

表 5-1 和表 5-2 分别展示了我国 300MW 及以上等级煤电机组占比和供电煤耗水平现状及预测。由表可以推测，当前我国 300MW 及以上等级煤电机组平均供电煤耗约为 305g/kWh。按照 2021 年燃煤机组发电量为 5.04 万亿 kWh，则全年消耗标准煤约 15.3 亿 t，CO_2 排放约为 44 亿 t。根据相关预测，到 2030 年，煤电发电量约为 4.85 万亿 kWh，按照平均供电煤耗下降 16.3g/kWh，则全年 CO_2 排放约为 40 亿 t，与目前水平接近，基本可实现本行业内的碳达峰（略有降低）。根据预测，若要实现整体碳达峰，发电行业碳排放总量约为

38 亿 t，煤电碳排放量约为 36.3 亿 t。因此，还有 4.0 亿 t 左右的缺口，这就需要进一步降低煤耗到 262g/kWh，或者进一步降低煤电发电量到 4.36 万亿 kWh。

2060 年，全年发电总量约为 16.5 万亿 kWh，煤电发电量约为 4.5 万亿 kWh，按照平均供电煤耗下降 36.3g/kWh，则全年 CO_2 排放约为 34.6 亿 t，即便所有的煤电机组效率都提高到 50%以上，煤耗降低到 250g/kWh，还有大约 32 亿 tCO_2 排放。根据预测，仅仅基于碳中和的需求,发电行业全年碳排放总量需要控制在 8 亿～9 亿 t，单位发电量碳排放量需要低于 50g/kWh。要实现这个目标，除非煤电发电量降低到 1.2 万亿 kWh 左右，或者全面实施 CCS。

表 5-1　　　　　我国 300MW 及以上等级煤电机组占

比现状及预测分析　　　　　单位：%

年份	300MW 等级		600MW 等级		1000MW 等级		装机规模
	现役	新建	现役	新建	现役	新建	
2020	44	0	43	0	13	0	11 亿 kW
2030	32	2	36	12	12	6	13 亿 kW
2060	0	10	0	60	10	20	10 亿 kW

表 5-2　　我国 300MW 及以上等级煤电机组供电煤耗

水平现状及预测　　　　单位：g/kWh

年份	300MW 等级		600MW 等级		1000MW 等级		供热对煤耗下降的贡献
	现役	新建	现役	新建	现役	新建	
2020	325	—	312	—	284	—	18
2030	319	310	308	295	280	270	6.3
2060	—	305	—	290	275	265	—

二、气电低碳化应用路径

在"30·60碳达峰碳中和"目标下，高效、灵活、低碳的天然气发电将持续为我国低碳化转型服务。并且随着氢能，特别是绿氢的发展，掺氢燃烧的天然气发电将作为未来氢能产业的重要组成部分，与新能源形成优势互补，共同构建低碳能源体系。

（一）常规天然气发电

根据"30·60碳达峰碳中和"目标下我国发电行业的碳排放总量及单位碳排放量的变化趋势、低碳化天然气发电技术的发展情况，预测如下：

预计到2030年天然气发电装机容量将达到约2.33亿kW，天然气发电量达到约0.51万亿kWh（年利用小时数约2190h）。根据天然气发电技术的发展和应用情况，预计届时在役天然气发电机组中将以高效F级燃机及其联合循环机组为主，天然气发电的单位碳排放量将降至约340g/kWh，天然气发电碳排放总量约为1.73亿t。2019—2030年，由于天然气发电机组效率的提升，天然气发电的单位碳排放量降低约50g/kWh，预计减少二氧化碳排量约0.26亿t；随着新能源的快速发展，天然气发电将承担更多的调峰作用，相比于2019年，天然气发电年利用小时数将下降约390h，预计将为新能源腾出发电量约0.09万亿kWh，减少二氧化碳排量约0.3亿t。综上，相比于2019年，通过天然气发电效率的提升以及天然气发电调峰作用，将使我国发电行业二氧化碳排放总量减少约0.56亿t。

2030—2060年，根据天然气发电技术的发展和应用情况，在役天然气发电机组中将逐渐以高效H级燃机及其联合循环机组为主。

由于天然气发电机组效率的提升，单位碳排放量预计降低约 30g/kWh，减少二氧化碳排量约 0.19 亿 t；在以新能源为主的电力体系下，天然气发电将作为主要的调峰电源助力电力能源低碳化，相比于 2030 年，天然气发电年利用小时将进一步下降约 300h，预计可为新能源进一步腾出发电量约 0.17 万亿 kWh，减少二氧化碳排量约 0.34 亿 t。综上，相比于 2030 年，通过天然气发电效率的提升以及天然气发电调峰作用，将使我国发电行业二氧化碳排放总量进一步减少约 0.53 亿 t。

（二）天然气掺氢发电

预计到 2030 年，我国氢能产业将初具规模，新投产天然气发电机组与通过一定技术改造的在役天然气发电机组均具备一定程度的掺氢燃烧的能力。保守估计，2.33 亿 kW 的天然气发电装机中将约有 1.2 亿 kW 的天然气发电装机实现掺氢 30%。与常规天然气发电技术低碳化应用路径相比，利用掺氢燃烧技术，天然气发电的单位碳排放量下降约 20g/kWh，达到约 320g/kWh；天然气发电碳排放总量将减小约 0.09 亿 t，达到约 1.64 亿 t。

第四节　煤电气电清洁低碳技术

一、煤电机组清洁低碳发电技术

（一）超高参数超超临界燃煤发电技术

超高参数超超临界燃煤发电是指将燃煤发电机组参数从现在的 600℃ 等级进一步提升至 650℃ 等级乃至 700℃ 等级，从而达到提升发电效率的目的。

过去的几十年里，煤电机组一直都在向大容量、高参数发展。目前，全世界煤电机组的蒸汽参数稳定在 600℃等级，部分机组提高到 620℃。机组容量基本上以 600MW 和 1000MW 为主。目前，我国已投产的 600MW 等级超临界和超超临界机组已超过 600 台，已投产的 1000MW 超超临界机组达到 137 台。2016 年，成功投运了最先进的 1000MW 等级 600℃/620℃/620℃二次再热机组，净效率已达 47%。在国家的持续投入和支持下，煤炭的先进清洁高效发电技术取得了显著进步，机组参数、数量、能效指标均跃居世界首位。

我国 700℃发电技术的研究也紧跟世界步伐。相关科研单位筛选和开发了一批高温合金材料，在华能南京电厂建成了 700℃部件验证平台，完成了 25000h 关键高温部件的验证。2015 年，国内骨干发电企业基于"700℃计划"的阶段性成果，启动了"650℃发电机组"的研发和工程可行性研究。

通过对比近年来国内外超高参数超超临界火力发电技术的发展历程和当前技术水平，可以发现，我国在高参数超超临界发电技术方面已经达到世界先进水平，600℃等级机组性能指标名列前茅。在700℃发电技术领域，尤其是高温镍基合金材料方面，国外已经开发出了几种适用于 700℃机组的镍基合金材料，完成了 700℃电厂的概念设计，基本为 700℃机组的建设做好了技术储备。我国该领域的研发起步较晚，但是也取得了阶段性成果。我国自主研发的锅炉管材料，已在国家 700℃机组关键高温部件验证试验平台完成长周期实炉验证（截至 2021 年 4 月 30 日，累计运行 35573h），运行情况良好，同时也取得了国家市场监督管理总局特设局的批复，获准在瑞金电厂二期开展试验性应用。另外，已开发了主蒸汽大管道、高中压转子合金，目前正在进行产业化试制和部件性能验证。

预计 2025 年实现 650℃ 等级超超临界燃煤发电机组的工程示范，净效率不低于 47%，2035 年实现 650℃ 等级超超临界燃煤发电机组的大规模商用；2035 年实现 700℃ 等级超超临界燃煤发电机组的工程示范，净效率不低于 50%，2045 年实现 700℃ 等级超超临界燃煤发电机组的大规模商用。

在 700℃ 超超临界蒸汽发电技术的基础上进一步提升温度参数，发电系统效率提升有限，即便温度到达 800℃，净效率也很难突破 55%。且随着温度的提升，高温合金材料的开发成本和制造成本均成倍增加，材料瓶颈问题凸显。在实现 700℃ 等级超超临界燃煤发电机组商用后，不建议向更高参数发展。

（二）超临界 CO_2 循环高效燃煤发电技术

超临界 CO_2 循环高效燃煤发电技术是通过采用超临界 CO_2 代替水作为循环工质，采用布雷顿循环代替朗肯循环作为动力循环的一种新型燃煤发电技术。在 600℃ 等级，超临界 CO_2 循环燃煤发电机组供电效率可比传统水循环发电机组提高 3～5 个百分点，700℃ 等级，超临界 CO_2 循环燃煤发电机组供电效率可比传统水循环发电机组提高 5～8 个百分点。

超临界 CO_2 循环逐渐成为学术界和工业界的研究热点。在早期核能和太阳能超临界 CO_2 循环研究的带动下，近年来，化石能源超临界 CO_2 循环的研究也显著增长，获得了大量的研究成果。

2004 年，美国能源部（DOE）开始超临界 CO_2 循环发电技术的研发，目标是为核电站、太阳能光热发电、余热利用等研发下一代动力设备。2011 年美国能源部（DOE）开始实施"Sunshot"计划，旨在将原型的超临界 CO_2 布雷顿循环付诸商业化。该研发项目主要进行 10MW 超临界 CO_2 发电机组项目研发和测试，实验测试在美国 Sandia 国家实验室下属的核能系统实验室（NESL）进行，其目标是为商业化运行进行示范测试和验证。2014 年起美国能源部（DOE）实施了化石燃料超临界 CO_2 循环发电研究计划，目标是闭式循环比高参数水工质朗肯循环效率高 5 个百分点以上，半闭式循环（ALLAM 循环）在高效的同时实现低成本碳捕集。美国能源部（DOE）在开展实施 10MW 示范项目时即讨论了市场应用和推进时间表。该计划主要分为以下进程：2015—2020 年，实现在工业余热利用领域应用，效率超过 ORC 循环机组的方式；2020—2025 年，实施光热发电领域的应用，在 10～100MW 功率等级内效率超过蒸汽轮机；2025 年以后研发实施化石燃料超临界 CO_2 电厂、第四代核电和直燃式超临界 CO_2 发电装置。

2005—2011 年，美国 Sandia 国家实验室在美国能源部（DOE）的资助下，首先搭建了热功率 1.0MW 的超临界 CO_2 布雷顿循环实验回路装置，设计压力为 15.2MPa，温度为 538℃，电功率为 125kW。基于该套实验装置对超临界 CO_2 布雷顿循环的系统特性进行了较为详细的研究，并对系统的关键部件进行了性能测试，包括涡轮机械的特性、换热器的运行、系统的控制等。为了推进超临界 CO_2 布雷顿循环的商业化进程，Sandia 国家实验室进行了单个组件级别的测试以及整体系统级别的实验和评估。

2016 年 10 月，美国能源部（DOE）资助 8000 万美元开始实施

超临界 CO_2 发电装置中试项目，发电功率 10MW，项目为期 6 年。目前已经完成第一阶段示范装置建设工作。合同方研究机构为气体技术研究院（GTI），西南研究院（SWRI）和 GE 公司。目前该计划正在快速推进中。2019 年 4 月，美国能源部（DOE）已陆续拨款 20 多个项目以支持西南研究院（SWRI）在超临界 CO_2 发电方向的研究。

此外，美国麻省理工学院（MIT）、佐治亚理工学院（GIT）和中佛罗里达大学（UCF）等高校针对新型循环开展了深入的基础研究。欧洲和日本也在加紧研究超临界 CO_2 循环。法国电力公司（EDF）开展了燃煤闭式超临界 CO_2 循环研究，东京工业大学、俄罗斯科学院、比利时列日大学也开展了半闭式超临界 CO_2 循环研究等。总体上看，对于煤基超临界 CO_2 循环的研究，国外仍处于起步阶段。

我国在该领域的研究与国外的研究基本同步，西安热工研究院有限公司、中国科学院、中国核动力研究院、清华大学、西安交通大学等单位相继开展了超临界 CO_2 循环的相关研究。国家科技部相继支持了"超临界 CO_2 太阳能热发电关键基础问题研究""超高参数高效 CO_2 燃煤发电基础理论研究与关键技术研究""兆瓦级高效紧凑新型海洋核动力装置基础理论及关键技术研究"等重点研发计划项目。经过不懈地努力，国内在超临界 CO_2 循环构建、超临界 CO_2 流动传热机理等方向上的部分成果达到了国际先进水平。

2014 年，中国华能集团依托西安热工研究院正式启动了 5MW、600℃、20MPa 等级试验机组研制工作，在与国内 30 余家高等院校、科研院所和龙头企业的共同努力下，成功攻克了循环系统构建、核心设备设计、机组制造安装、整套启动运行等多个关键环节的技术难题，于 2021 年 12 月正式投运了世界上容量最大、参数最高的超临界 CO_2 循环发电试验机组，领先美国同类型试验机组建设进度。

目前，随着 5MW 超临界 CO_2 发电平台的投运，关键技术和关键设备逐步得到验证和完善，该技术在核电和光热发电领域的工程应用研究已经全面展开，西安热工院和相关单位正在进行 50MW 超临界 CO_2 光热发电可行性研究和初步设计。国家科技部将在"十四五"期间推动 50MW 超临界 CO_2 煤电机组工程示范，预计在 2030 年左右，实现 300MW 超临界 CO_2 煤电机组工程示范，净效率不低于 50%。

预计 2040 年实现 600℃ 等级大型超临界 CO_2 燃煤发电机组的大规模商用；2040 年实现 700℃ 等级大型超临界 CO_2 燃煤发电机组的工程示范，净效率不低于 55%，2050 年实现 700℃ 等级大型超临界 CO_2 燃煤发电机组的大规模商用。

（三）煤电低碳化节能提效综合技术

影响我国大型煤电机组能耗特性的因素，既有运行负荷、燃料特性及环境温度等外部条件，也有机组本身的性能缺陷及运行管理水平等内部因素。为实现煤电机组全工况运行优化，需要对系统进行节能诊断，查清全工况下各热力设备的性能，获得热力系统的能耗特性。

节能诊断基于全面系统的能耗分析和诊断，针对机组所有的主、辅机系统，从设备选型、运行方式、存在问题等各个方面入手。结合煤质、环境边界条件、运行方式、运行参数等，对机组各项能耗指标进行详细地分析、核算，得出机组的能耗水平及节能潜力，并在此基础上，为发电企业指明节能改造方向，采用针对性强的综合节能提效技术，降低机组煤耗。

煤电低碳化节能提效综合改造技术是将煤电机组看作一个整体，在燃煤发电系统中采取技术上可行、经济上合理以及环境和社会可以承受的技术措施，以强化传热传质、热量梯级利用、能量合理利用、辅机提效及调速改造以及其他优化运行手段为技术导向，对火电机组进行整体节能提效改造。华能上都电厂2号机组开展了节能提效综合改造技术集成应用示范，实施了节能先进技术19项。通过节能提效综合改造技术的应用，机组厂用电率下降约3个百分点，平均供电煤耗下降约18.7g/kWh。

1. 主机及热力系统综合提效技术

（1）汽轮机通流改造及精细化大修。国内现役的300MW等级、600MW等级亚临界机组，大多数均属于20世纪80年代的设计技术水平，国产机组虽然经历了多次优化改进，但汽轮机的技术性能与亚临界汽轮机的先进水平相比还有不小差距，尤其是早期投运的国产300MW和600MW亚临界汽轮机差距更大。这些机组，普遍存在汽轮机缸效率低、热耗率高的问题。实施通流改造或精细化大修，可以有效地降低汽轮机热耗率和供电煤耗，实现节能减碳。

（2）锅炉受热面改造。由于锅炉实际运行煤种与设计煤种差异较大，锅炉在实际运行中过热器出口蒸汽温度低，影响机组运行能耗指标，或过热器出口蒸汽温度高且过热器减温水量大，过热器局部超温，影响机组安全可靠运行。同理，由于锅炉燃用煤种变化或锅炉受热面设计不合理，汽轮机高压缸效率低或高压缸夹层漏汽等，导致再热器出口蒸汽温度高且再热器减温水量大，影响机组安全可靠运行，或再热器出口蒸汽温度低，影响机组运行能耗指标。以上两种情况，可对过热器或再热器进行改造，有效提高锅炉运行效率。

（3）汽轮机热力及疏水系统优化。受限于传统设计理念，绝大部分机组都存在热力及疏水系统设计不合理、冗余系统多等问题，导致热能浪费较大。通过热力及疏水系统改进，可大大减少热力及疏水系统阀门数量，还可回收部分能量，通常可使机组发电煤耗降低 $2\sim3g/kWh$。

（4）烟气余热综合利用系统。我国现役火电机组普遍存在锅炉排烟温度高、排烟热损失大的问题，影响了机组的经济运行。可以在空气预热器之后、脱硫塔之前烟道加装烟气冷却器回收烟气余热，回收的热量可以用来加热流过暖风器的冷空气，也可用来加热凝结水和城市热网低温回水，提高机组经济性。

2．辅机系统综合提效技术

辅机系统综合提效技术主要是指针对辅机设备运行效率不达标的情况进行改造治理，对适应宽负荷运行的辅机设备进行调速改造。煤电机组在设计时，辅机选型往往都按最大负荷选择并留有一定的裕量。而在实际运行时，由于偏离设计工况点，辅机运行效率一般均较设计值低，造成电能损耗，尤其是当火电机组参与调峰后，由于辅机效率偏低产生的电能损耗严重。在条件允许的情况下，部分辅机采用调速运行，降低节流损失并提高其运行效率，往往可以产生比较好的节能效果。常见的方式有：循环水泵整体提效改造、抽真空系统节能改造、给水泵改小汽轮机驱动、送引一次风机调速改造、引风机与增压风机合并改造、辅机统调动力源改造等。

3．机组运行优化技术

（1）锅炉燃烧调整与运行控制。锅炉的燃烧调整是指在对设备运行状态进行诊断分析的基础上，通过调整燃烧系统的各种运行参数，在满足外界电负荷需要的蒸汽参数的前提下，保证锅炉安全、经济和环保运行，综合考虑各关键控制因素的特性，最终确定不同负荷下锅炉的最佳运行方式。

（2）锅炉环保设备运行优化调整。脱硝系统优化调整的目的是改善 SCR 系统流场均匀性程度，从而实现提高反应效率、降低氨逃逸的目的。此外，根据机组运行的实际运行情况优化脱硝系统控制策略也可实现 NO_x 压线控制运行，实现节能提效目的。电除尘系统运行优化调整在保证配置必备的供电控制方式的情况下可通过电除尘器运行方式优化调整来实现降低电除尘器耗电率的目的。脱硫系统运行优化是指机组在满足 SO_2 排放浓度的前提下，通过吸收系统运行优化、烟气系统运行优化、增压风机与引风机串联运行优化、公用系统（制浆、脱水等）运行优化等，确定优化运行控制方式。

（3）汽轮机运行优化调整。通过理论与试验相结合的方法，对大容量汽轮机配汽机构特性展开深入研究，在保证机组安全运行的情况下，给出在全工况范围内均具有最佳经济性和良好调节品质的高压调节阀管理方案，包括运行中各高压调节阀开启和切换的顺序、开度的大小以及初参数的最佳匹配方式等，以达到提高机组部分负荷下运行经济性的目的。

（4）冷端运行优化调整。机组存在最佳真空，在该真空下机组供电煤耗最低。可通过冷端系统运行优化调整，确定在不同负荷、环境温度下循环水泵的最佳运行方式，从而提高机组运行经济性。

（四）机组延寿综合提效技术

对于达到设计使用寿命，且锅炉、汽轮机大部分承压部件均出现不同程度的设备老化，进而影响到机组剩余寿命的机组而言，结合机组延寿改造来同步实施提升参数改造可大幅提升项目的经济性。

该技术重点针对的是亚临界机组，仅提升蒸汽温度，而主蒸汽压力基本保持不变，这样既可以降低机组煤耗水平、又可以有效减少改造工程量。蒸汽参数提升的幅度与方案的难易程度和投资规模成比例，根据国内目前的工程案例，蒸汽温度提升主要分为三种：

（1）小幅提温运行技术：充分利用主设备制造余量或小规模改造，小幅提升蒸汽温度运行（通常不超过 10℃）。

（2）"亚改超"技术：进行一般规模改造，机组蒸汽温度从亚临界等级提升至超临界等级。

（3）"亚改超超"技术：进行大规模改造，机组蒸汽温度从亚临界等级提升至超超临界等级。

根据国外煤电机组的运行经验，全球范围内煤电机组平均服役30 年以上的超过 24%。日本近 50%的煤电机组服役年限为 30～39年，25%的煤电机组服役年限超过 40 年。美国燃煤发电厂的平均使用年限为 42 年，有 11%的发电厂运行年限超过 60 年。我国煤电机组构成中，300MW 等级亚临界机组服役年限在 20 年以内的占比达到 82.8%，大部分机组在设计寿命中期水平。

我国"十四五"期间达设计期限的 20 万 kW 及以上煤电机组有87 台，合计容量约 0.26 亿 kW。2021—2030 年我国有 252 台容量 20万 kW 及以上煤电机组陆续达到设计期限，总容量约为 0.82 亿 kW，约占 2020 年底 10.8 亿 kW 煤电总容量的 7.6%。其中，300MW 亚临界及以上机组 205 台，占 2021—2030 年内设计期满机组容量的 88%。

煤电机组提升参数延寿技术是提高煤电机组整体能耗水平、节能减碳的重要手段，未来煤电机组 650℃升级改造技术及示范项目预计可降低供电煤耗 33g/kWh，有很好的推广价值。

二、气电机组清洁低碳发电技术

在"30·60 碳达峰碳中和"目标下，清洁低碳的天然气发电将持续为我国低碳化转型服务。并且随着氢能，特别是绿氢的发展，掺氢燃烧的天然气发电将作为未来氢能产业的重要组成部分，与新能源形成优势互补，共同构建低碳能源体系。

（一）高效天然气发电技术

提高发电效率能够减少化石燃料消耗，是减排二氧化碳的有效手段。而先进 F 级燃机简单循环额定效率超过 38%；联合循环额定效率超过 59%。先进 G/H/J 级燃机简单循环额定效率超过 42%；联合循环额定效率超过 62%。F 级、G/H/J 级燃机及其联合循环机组在 75%负荷、50%负荷下运行效率也依然超过 55%。目前国外燃机制造商正在开发适用于燃机的新型高温基体、涂层材料与先进冷却技术，以适应 1700℃的燃机透平前温，并使联合循环额定效率进一步提高至 65%。

此外，应用于小型天然气热电联产或分布式能源项目的小 F 级燃机简单循环的额定效率也超过 36%；联合循环额定效率超过 55%。

（二）掺氢燃烧技术

随着氢能产业的发展，采用掺氢燃料替代天然气可进一步推进天然气发电的减碳。当天然气中掺氢的体积比达到 30%、50%、70%、100%时，天然气发电的二氧化碳排放量分别可分别降低 10%、20%、40%、100%。

尽管掺氢具有减少碳排放的优势，但由于氢气燃烧的化学反应速率和火焰传播速度较天然气快，氢气燃烧所需的点火能量较天然气低，氢气燃烧火焰面温度较天然气高，掺氢燃烧燃机仍需攻克如燃烧器燃烧稳定性、燃烧器回火和自点燃、NO_x污染物排放等关键技术问题。

目前，三菱、西门子、GE、安萨尔多等国外燃机制造商在燃机掺氢燃烧技术上已取得一定进展：

（1）三菱已经制造了 29 台基于扩散燃烧器的小型掺氢燃机，燃料中氢含量在 30%～90%之间，其 F 级燃机计划在 2025 年实现燃烧100%的氢燃料。

（2）西门子已完成第四代燃烧系统掺氢燃烧技术试验，并于2019 年开展了 100%氢燃料燃机原型机试验，计划在 2030 年提供100%燃氢的燃机。

（3）GE 开发的 9HA 型燃机在实验室实现了掺烧 50%氢气的天然气燃料，开发的 7HA.02 型燃机计划在 2030 年之前逐步实现 100%氢燃料运行。

（4）安萨尔多最新研发的 H 级 GT36 燃机采用 SEV 顺序燃烧系统平台，已经可以燃烧含量高达 70%氢气的燃料，并且有望实现 100%纯氢燃料的燃烧。

三、碳捕集技术

（一）碳捕集在火电中的作用

随着碳中和目标的提出，未来可再生能源在我国能源结构中将占据主导地位，即便如此，根据已有研究的预测，到 2050 年，化石能源在我国能源体系中仍扮演重要角色，占我国能源消费的 10%～15%。

火电加装 CCUS（碳捕集、利用与封存）可以推动电力系统近零碳排放，提供稳定清洁电力，平衡可再生能源发电的波动性，在避免季节性或长期性的电力短缺方面发挥惯性支撑和频率控制等重要作用。因此，在充分考虑电力系统灵活性、可靠性和碳排放的情况下，CCUS 技术在电力系统中的竞争力将增加。

国际能源署（IEA）认为，解决现有燃煤电厂排放问题应基于三个方面：利用碳捕集改造电厂、利用燃煤电厂提供灵活性、在不可能进行碳捕集的地区淘汰燃煤电厂。CCUS 为现有和规划中的化石燃料电厂的碳排放提供了一个可行的解决方案，火电加装 CCUS 可以避免已经投产的机组提前退役，降低实现碳中和目标的经济成本。碳捕集改造对于一些附近可封存 CO_2 或利用 CO_2 的火电厂最具吸引力，利用捕集的二氧化碳进行驱油（$CO_□$-EOR）可以大幅提高 CCUS 技术的经济效益，同时考虑碳市场和碳税等激励政策，综合评估 CCUS 未来技术成本，有望实现商业化推广。

研究表明，到 2060 年，我国仍有部分无法减排的温室气体排放需要通过碳汇和负排放来抵消，应提前储备和部署生物质耦合 CCUS 技术（BECCS）和直接空气捕集（DAC）等负排放技术。

（二）碳捕集技术发展路线

未来 CCUS 发展的战略重点为：

（1）低能耗大规模 CO_2 捕集技术，包括燃烧后二氧化碳捕集技术、燃烧前二氧化碳捕集技术、富氧燃烧技术。

（2）CO_2 资源化利用技术，包括 CO_2 驱油利用与封存技术、CO_2

驱煤层气与封存技术、CO_2 矿物转化利用技术、CO_2 化学转化利用技术、CO_2 生物转化利用技术。

（3）安全可靠的 CO_2 输送、封存与监测技术，包括安全高效 CO_2 输送与监测工程技术、安全可靠的 CO_2 封存与监测技术。

我国半数以上的现役燃煤火电机组建成于 2005—2015 年间。按照 30～40 年的运行寿命计算，火电行业在 2035—2045 年间将迎来机组更新高峰。综合考虑火电行业的发展规律与捕集技术的发展趋势，2035 年前应以采用第一代捕集技术的存量火电机组改造为主，2035 年后应以采用二代捕集技术的新建火电机组为主，2035 年前后将是捕集技术实现代际升级的关键时期。

基于上述情景预期，第一代捕集技术应尽快降低能耗和成本并积极推进示范，以在 2030 左右具备产业化能力。随着燃烧前捕集、化学链燃烧和增压富氧燃烧等燃料源头捕集技术为代表的第二代低能耗捕集技术的不断成熟，至 2035 年前后，二代技术能耗和成本将明显低于一代技术，成为我国火电行业实现低碳排放的主力技术。

近年来 CO_2 利用技术发展较快，部分技术已进入规模化示范阶段，逐渐具备经济可行性。到 2030 年，部分 CO_2 驱油利用技术、CO_2 化工利用技术和部分生物利用技术在无碳收益情况下亦具备一定经济竞争力，应优先推进发展。2030—2035 年期间 CO_2 化工利用技术将逐渐达到商业化应用水平，CO_2 生物利用技术和地质利用技术的经济可行性将逐渐摆脱外部条件制约，到 2040 年达到商业化水平。

2030 年，掌握大型 CO_2 增压技术之后将使陆上管道输送规模大幅增加；2035 年，封存的安全保障技术获得突破，陆上咸水层封存技术实现商业应用，多个百万吨级枯竭油气田封存工业示范项目投入运行，带动陆上管道输送技术的发展，扩大其应用规模并显著降低成本，实现商业化应用；2050 年，海底咸水层封存技术实现商业化，推动海上管道输送技术的商业应用。

（三）碳捕集技术经济性

CCUS 技术是目前正在发展中并不断完善的技术，还存在着经济、技术、环境和政策等方面的困难和问题。发展 CCUS 面临的最大挑战是项目的成本相对过高。CCUS 成本由捕集、压缩及运输三部分构成，这三项成本均受捕集规模的影响，而捕集成本还与排放源浓度密切相关。电力行业二氧化碳排放属于低浓度排放源，捕集成本相对较高。安装碳捕集装置，将产生额外的资本投入和运行维护成本等，以火电厂安装为例，第一代燃烧后捕集技术的成本为 $300\sim450$ 元/tCO_2，能耗约为 $3.0GJ/tCO_2$，发电效率损失 $10\sim13$ 个百分点；第二代燃烧后捕集技术的能耗为 $2.0\sim2.5GJ/tCO_2$，发电效率损失 $5\sim8$ 个百分点。此外，在大部分项目仍以罐车为主要运输方式的现实条件下，引入二氧化碳运输也将额外增加约 1 元/t 的千米运行成本，在运输距离达百千米时，每吨也将增加上百元的运行成本。CCUS 项目的重要贡献在于减少碳排放，但企业在投资巨额费用后，若无法实现减排收益，将严重影响着企业开展 CCUS 示范项目的积极性。此外，现阶段煤电企业经营面临来自成本、价格、电量的多重挑战，陷入行业性困境。根据国家统计局数据，2019 年火电行业整体亏损面超过 50%，西北五省区煤电央企更因整体亏损严重、负债高企，在国务院国资委的主导下进行了整合。因此，现阶段煤电企业碳捕集装置的改造安装将会进一步给煤电企业的经营增加挑战。在 2030 年碳达峰和 2060 年碳中和目标的约束下，现阶段煤电 CCUS 的大规模部署需要政府给予一定的政策和资金支持。

碳市场交易可以一定程度上弥补 CCUS 技术的部署成本。我国正在推进全国碳交易市场的建立，发电行业是首先被纳入交易的主体。总体来看，目前碳配额成交量和成交额呈上升趋势，截至 2020 年 8 月，试点省市碳市场累计成交量超过 4 亿 t，累计成交额超过 90 亿元。据有关研究表明，燃煤电厂 CCUS 若要实现平价上网，碳价水平需要在 153～210 元/t，目前碳交易市场碳价水平大约在 43 元/t，依然存在一定差距。据预测，到 2030 年，中国的平均碳价将上升到 93 元/tCO_2，到 2050 年将超过 167 元/tCO_2。未来碳交易市场的发展和逐步完善以及碳价的提升将抵消一部分 CCUS 技术的内部成本。总体来说，短期内依靠碳收益难以实现燃煤电厂 CCUS 的平价上网，还需依靠技术进步或其他形式的补贴政策。

CCUS 技术成本有大幅降低的潜力。随着技术的发展，通过改进技术、提高效率，以及降低资本成本和运营成本，下一代碳捕集成本有望大幅降低。边界大坝 CCS 项目运营商根据其调试和运行经验确定，建造和运行一个类似规模的 CCUS 设施可以节省 30%的成本。Shand 电站 CCS 可行性研究发现，建造第二代碳捕集设施的资本成本可以降低 67%，碳捕集总成本实现 45 美元/tCO_2。据相关预测，我国第一代捕集技术在 2030 年前发展成熟，成本大约为 250 元/tCO_2，第二代技术成本在 80～150 元/tCO_2。

CO_2 的资源化利用可以进一步提高项目收益，抵消部分 CO_2 捕集全环节成本。将捕集的 CO_2 进行驱油是目前较为成熟的 CO_2 利用商业模式。CO_2 驱油技术不仅能提高采收率，满足油田开发的需求，还可以解决 CO_2 的封存问题。据统计，全国约 130 亿 t 原油地质储

量适合使用 EOR，可提高原油采收率 15%，预计可增加采储量 19.2
亿 t，同时封存二氧化碳 47 亿～55 亿 t。目前我国 CO_2 驱油技术已
应用于多个驱油与封存示范项目，CO_2 的累计注入量超过 150 万 t，
累计原油产量超过 50 万 t，总产值约为 12.5 亿元。预计 2040 年 CO_2
强化石油开采将实现商业应用，预计收益 275 元/tCO_2。

（四）碳捕集技术应用前景

我国地质封存容量潜力巨大，有关研究表明，咸水含水层的 CO_2
储存容量达 $1.435 \times 10^{11}t$，以电力行业每年 CO_2 排放量 40 亿 t 计，我
国咸水层 CO_2 理论储存容量约为电力行业排放量的 35.9 倍，满足中
长期 CO_2 封存需要。

我国目前已建成多套十万吨级以上 CO_2 捕集和万吨级 CO_2 利用
示范装置，并完成了 10 万 t/年陆上咸水层 CO_2 地质封存示范。同时，
开展了多个 CO_2 驱油与封存工业试验，累计注入 CO_2 超过 150 万 t。
由于技术成熟度和成本原因，我国 CCUS 技术在 2030 年前应该还
是以研发示范为主，尚不会得到大规模发展。因此，2030 年前，我
国碳减排主要依靠大力发展节能增效和可再生能源技术，CCUS 技
术是我国未来减少温室气体排放的重要战略储备技术。2030 年后随
着技术的进步、碳价的提高以及 CO_2 驱油与利用技术的发展，CCUS
应用价值的潜力将会大幅度释放，2035 年前后是燃煤电厂最佳改造
期。CCUS 将成为我国化石能源为主的能源结构向低碳多元供能体
系转变的重要技术保障。预计至 2060 年，CCUS 技术能耗和成本问
题将得到根本改善，其大规模推广应用不仅可以实现化石能源大规
模低碳利用，而且可以与生物质能结合实现负排放，成为我国建设
绿色低碳多元能源体系的关键技术。

第六章　水电开发与利用

水能是最清洁、经济、高效的能源品种之一。人类发展进步伴随着对能源的开发利用。从薪柴，到煤炭，再到油气，最终走向清洁能源使用，推动人类社会从原始文明，到农业文明，再到工业文明，最终走向人与自然和谐共生的生态文明。这期间，水电的开发利用为人类文明进步作出了重要贡献。在实现"双碳"目标、构建新型电力系统过程中，水电的作用更加突显，将从"电量供应为主"逐步变为"电能量供应和灵活调节"并重，为保障电力系统安全稳定运行、促进新能源消纳发挥不可替代的作用。

第一节　水电发展现状

进入 21 世纪，我国水电装机容量总体呈现快速增长态势，2004 年水电装机容量超 1 亿 kW，2010 年超 2 亿 kW，2014 年超 3 亿 kW，2022 年超 4 亿 kW。截至 2023 年底，我国水电总装机容量 42154 万 kW，其中，常规水电 37060 万 kW，抽水蓄能装机容量 5094 万 kW。

一、中国水能资源量及特点

我国幅员辽阔，拥有被誉为"世界第三极"的青藏高原，江河众多，径流丰沛，落差大，蕴藏着丰富的水能资源。全国水能资源总量，包括理论蕴藏量、技术可开发量和经济可开发量，均居世界首位。2003 年的水能普查结果显示，我国水电资源理论蕴藏量 6.94 亿 kW、年发电量 6.08 万亿 kWh，技术可开发量 5.42 亿 kW、年发电量 2.47 万亿 kWh。近年来，按照最新核算成果，我国水电技术可开发量 6.87 亿 kW、年发电量 3 万亿 kWh。

根据《中华人民共和国水力资源复查成果（2003 年）》，按流域划分的全国（未含港澳台地区，下同）水能资源情况见表 6-1。

表 6-1　2003 年复查成果：全国水能资源情况汇总表（分流域）

序号	流域	理论蕴藏量		技术可开发量	
		年电量（亿 kWh）	平均功率（万 kW）	装机容量（万 kW）	年发电量（亿 kWh）
1	长江流域	24336	27781	25627	11879
2	黄河流域	3794	4331	3734	1361
3	珠江流域	2824	3224	3129	1354
4	海河流域	248	283	203	48
5	淮河流域	98	112	66	19
6	东北诸河	1455	1661	1682	465
7	东南沿海诸河	1776	2028	1907	593
8	西南国际诸河	8630	9852	7501	3732
9	雅鲁藏布江及西藏其他河流	14035	16021	8466	4483
10	北方内陆及新疆诸河	3634	4148	1847	806
	合计	60829	69440	54164	24740

注　表中数值统计范围为理论蕴藏量 1 万 kW 及以上河流及在其上建设的单站装机容量 500kW 及以上的水电站。

由于地形与降雨量的差异，我国水能资源分布西部多、东部少。按照理论蕴藏量进行统计，我国西南地区（渝、川、贵、云、藏）

和西北地区（陕、甘、青、宁、新）水能资源分别约占全国总量的70.6%和12.9%；而经济相对发达的东部和南部辽、京、津、冀、鲁、苏、浙、沪、粤、闽、琼11个省（直辖市）仅约占16%。我国水能资源占有率按地区分布分别为西南占70.6%、西北占12.9%、中南占8.6%、华东占4.0%、华北占2.0%、东北占1.9%。

全国降水量随时间分布也不均，年内年际变化大，需要水库调节。我国位于亚欧大陆的东南部，濒临世界上最大的海洋，使我国具有明显的季风气候特点，因此大多数河流年内、年际径流分布不均，丰、枯季节流量相差悬殊，从而造成丰水年或丰水期发电量多，枯水年或枯水期发电量少。需要建设调节性能好的水库，对径流进行调节，使水电的总体发电尽可能均匀，以更好地适应负荷的需要。

水能资源主要集中在大江大河，具备梯级开发和规模外送条件。我国水能资源富集于金沙江、雅砻江、大渡河、澜沧江、雅鲁藏布江、乌江、长江上游、南盘江红水河、黄河上游、湘西、闽浙赣、东北以及怒江等流域和水电基地。特别是地处西部的金沙江干流规划总装机规模约8000万kW，长江上游（宜宾—宜昌）干流约3000万kW，雅砻江、大渡河、澜沧江干流规划总装机规模均超过2000万kW，黄河上游、乌江、南盘江红水河干流规划总装机规模均超过1000万kW，怒江和雅鲁藏布江初步规划装机容量分别约为3600万kW和6000万kW。

二、我国水能资源开发利用现状

（一）水能资源总体开发现状

截至2023年底，我国水电总装机容量42154万kW，其中，常

规水电 37060 万 kW，分别约占全国理论蕴藏量和技术可开发量的
53.6%和 68.4%；年发电量 12836 亿 kWh，分别约占全国理论蕴藏
量和技术可开发量的 21.1%和 51.9%。我国水电装机容量继续稳居
世界第一，是排名第二美国的 4 倍，排名第三巴西的 5 倍，我国已
经成为名副其实的世界第一水电大国。

我国已建成规模以上（装机容量≥500kW）水电站 2.3 万余座，
其中，装机容量 5 万 kW 以上的大中型水电站 650 余座。我国已基
本建成长江上游、黄河上游、澜沧江、乌江、南盘江红水河、雅砻
江、大渡河、金沙江等水电基地。水电开发集中于西南地区，正由
大江大河的中下游逐步向上游推进。

（二）各地区水能资源开发现状

水电建设与各地的经济发展紧密相关，经济发达地区水能资源
量少，且已基本开发完毕，而经济相对落后地区水能资源量大、开
发率低，历年来水电占全国总装机容量的比重见图 6-1。

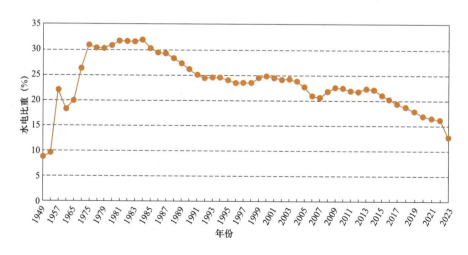

图 6-1 历年来水电占全国总装机容量的比重图

截至 2023 年底，全国十大水电装机省份的已建水电总装机容量均超过 1000 万 kW，合计装机容量占全国水电装机容量的 85.6%。装机容量排名前三位的分别是四川、云南、湖北三省，分别为 9759 万、8143 万 kW 和 3793 万 kW，三省合计水电装机容量占全国水电装机容量的 58.5%。我国主要省份常规水电装机容量见图 6-2。

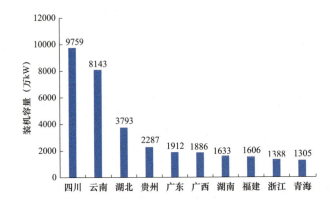

图 6-2　我国十大省份水电装机容量

（三）主要河流干流水能资源开发现状

目前，金沙江、长江、雅砻江、黄河、大渡河、红水河、乌江和西南诸河等大江大河干流上已建、在建水电站总装机容量 1.83 亿 kW，占技术可开发量的 55.1%，我国大江大河干流水电开发现状详见表 6-2。

表 6-2　　　　　　　我国大江大河干流水电开发现状

序号	河流名称	理论蕴藏量		技术可开发规模		已建规模		开发率（%）
		平均功率（万 kW）	年发电量（亿 kWh）	装机容量（万 kW）	年发电量（亿 kWh）	装机容量（万 kW）	年发电量（亿 kWh）	
1	金沙江	5811	5090	8167	3462	6032	2577	83.40
2	长江上游	2480	2173	3128	1300	2522	1157	80.60

续表

序号	河流名称	理论蕴藏量		技术可开发规模		已建规模		开发率（%）
		平均功率（万 kW）	年发电量（亿 kWh）	装机容量（万 kW）	年发电量（亿 kWh）	装机容量（万 kW）	年发电量（亿 kWh）	
3	雅砻江	3839	3363	2862	1500	1920	934	79.00
4	黄河上游	2595	2273	2665	815	1508	476	70.80
5	大渡河	3979	3486	2496	1195	1737	757	88.20
6	红水河	860	762	1508	533	1208	520	90.70
7	乌江	1023	896	1158	418	1110	418	100.00
8	西南诸河	9851	8630	15559	6700	2288	945	16.00
合计		30438	26673	30438	15923	18325	7784	55.10

注　开发率按已建规模及技术可开发量统计。

乌江、红水河、大渡河、金沙江、长江上游等 5 条河流开发程度较高，已建、在建规模达 80%以上；雅砻江、黄河上游已建、在建规模 70%～80%，还有一定的开发潜力。中国水电开发的重点是西南诸河，目前已建、在建开发程度仅为 16%，开发潜力巨大。

三、水能资源开发利用经济社会效益

水能是清洁可再生能源，水能资源的开发利用在对江河的综合治理、促进国民经济发展、改善能源消费结构、节能减排、缓解资源约束以及防止污染等方面都具有非常重要的作用。因此，世界各国在中长期规划中，均将开发水能放在能源战略发展的重点。

水电可提供大量优质电力，并能提高电网运行安全性。截至 2023 年底，我国常规水电年发电量 1.28 亿 kWh，在可再生能源中居主导地位，为满足我国社会经济发展对电力的需求发挥了重要作

用。水电机组开停机简便，调整出力迅速、灵活，在电力系统的调峰、调频、调相及事故备用方面具有明显的优势，与火电、核电及其他可再生能源等配合运行，可提高系统经济效益和运行安全，属典型的优质电源。

水电防洪、灌溉、供水、航运等综合效益显著。水电工程除发电外，往往是多功能的工程综合体，兼具防洪、灌溉、供水、航运等综合效益。

（1）防洪减灾效益。水库具有蓄洪、滞洪、削峰、错峰等防洪作用，是流域防洪体系的重要组成部分，我国已建水电站中许多水库都承担了防洪任务，发挥着巨大的防洪效益。以长江流域为例，随着三峡、溪洛渡、向家坝等一批库容大、调节能力好的控制性水库相继建成并投入运行，长江流域控制性水库群总调节库容已超过1000 亿 m^3，预留防洪库容约 570 亿 m^3，有效控制了长江上游洪水，提升了长江中下游的防洪能力。

（2）灌溉、供水效益。我国已建的水电站多数都承担着农业灌溉和城乡供水任务。例如丹江口水库，是南水北调中线工程的水源地，多年平均北调水量 95 亿 m^3，此外还可直接引水灌溉鄂北地区，设计供水人口 482 万人，灌溉面积 363.5 万亩，并保证中下游的用水需求。在我国北方缺水地区，许多大型综合利用水利枢纽工程为城市提供了生命水源，如密云、官厅水库为北京，大伙房水库为沈阳、抚顺，石头口门水库为长春，碧流河水库为大连，潘家口水库为天津、唐山提供了重要水源等。

（3）航运效益。综合利用水利枢纽的航运效益主要体现在渠化航道和枯水期调节补偿坝下游河道流量。嘉陵江是梯级渠化的典范，通过系列航电枢纽梯级渠化，目前嘉陵江干流已形成 600 多千米Ⅳ级航道，千吨级船队可从广元、南充直抵重庆、上海。三峡工程建成后，显著改善了三峡库区的通航条件，重庆朝天门至湖北宜昌航道维护水深从 2.9m 提高到 3.5～4.5m，航行船舶吨位从 1000t 级提高到 3000～5000t 级，三峡船闸现状全年过闸货运量超过 15000 万 t，是三峡工程蓄水前该河段年最高货运量 1800 万 t 的 8 倍以上；通过枯水期流量补偿，将葛洲坝以下最小流量由 3000m³/s 左右提高到 6000m³/s 以上，提高了中游宜昌—武汉段的枯水期航道水深，长江航道运输能力大大提升。

（4）经济效益。水电建设期的巨大资金投入和建成后的巨大综合效益是促进地区经济发展，改变周围地区社会经济面貌的强大动力。例如，始于 20 世纪 90 年代的雅砻江流域梯级水电开发，截至 2023 年底，累计固定资产投资约 2200 亿元、工业产值 2349 亿元、缴纳税费 609 亿元，其中：2023 年固定资产投资 94 亿元、工业产值 237 亿元、缴纳税费 53 亿元。

水电开发是实现生态建设产业化和产业发展生态化的典范。水电站建成后，可以长期使用，经营成本几乎为零，是名副其实的"印钞机"。而且，水电站库区及周围的环境优美秀丽，形成了不可多得的风景旅游区，水电建设形成的水库，还为发展水库养殖创造了有利条件。因此，水电开发是绿水青山就是金山银山的最佳实践。

四、水能带动风能太阳能互补开发意义重大

我国利用水能、风能、太阳能等资源优势和水电、风电、光电、特高压等产业技术优势，发挥社会主义制度优势，传承中华文明天

人合一、大一统思想，通过水—风—光电力互补开发，构建源—网—荷协同发展的能源体系是实现碳中和的必由之路，为建设生态文明和构建人类命运共同体奠定了基础。

（1）促进了人与自然和谐共生。根据实时水、风、光资源和能源需求数据，利用大数据、云计算、人工智能、物联网、移动互联网、智能电网等技术，构建的新型能源体系，解决了能源需求问题，实现了人类"沐浴阳光、呼风唤雨"的美好愿望，做到了"天人合一"。

（2）为构建人类命运共同体奠定了物质基础。开发利用水能、风能、太阳能等分布相对均匀、容易获取的普惠能源，消除了世界上对化石能源掠夺所带来的不稳定因素，有利于世界和平。建立"大一统"的能源系统，以提高能源供应的安全性和可靠性，因此，开发利用可再生能源可减少竞争、促进合作、形成命运共同体。

（3）实现人类社会的可持续发展。水电、风电、光电具有湿地和遮阴、降低风速、减少水分蒸发等作用，有利于生态修复。水电站建成后，一劳永逸，被称为"印钞机"，风电、光电随着技术的进步成本也越来越低，因此，构建基于高比例可再生能源的能源系统，不仅生态环境越来越好，而且，社会财富积累也越来越多，实现了生态建设的产业化和产业发展的生态化，推进了生态文明建设。

从国情出发，以水电为先导带动水风光互补开发，实现清洁能源高质量发展。我国在兑现为应对气候变化对国际社会所作出承诺的同时，也为实现能源安全、水资源安全、生态安全打下坚实基础，以一场能源革命推动民族的大伟复兴！

第二节　水电开发规模布局

随着风电、光电的大规模开发利用，水电在新型电力系统中的调节、储能作用突显，尤其在提供长时储能方面，水电流域梯级水电站水库群可以提供日、月、季、年、多年的能源储备。因此，在新型能源体系建设中，水电是基础性和战略性资源，起到了承上启下的作用。

一、常规水电

从功能定位分析，随着社会经济高质量发展、能源战略转型升级、新型电力系统建设等的不断推进，水电在能源系统的功能定位由"电量供应为主"逐渐变为"电量供应与灵活调节并重"，为电力系统提供调峰、填谷、调频、调相、黑启动等服务也将成为新能源高比例大规模发展的重要支撑。未来，我国推进可再生能源替代传统化石能源、构建新型电力系统进程中，水电将起到稳定器、调节器的作用，推动经济社会高质量发展。

为更好地发挥水电调节和储能作用，水电扩机是大势所趋。目前，我国水电技术可开发量为 6.87 亿 kW、年发电量约 3 万亿 kWh、年平均利用小时数为 4367h。而东北地区水电比重低，丰满、白山、松江河、莲花等水电站的设计利用小时数只有 1000h 左右。2013—2023 年全国水电设备利用小时数见图 6-3。随着风电、光伏大规模开发，水电的容量作用更加重要。根据水电调节能力、电力系统构成、风电和光电占比等因素综合论证和实践经验，如一般水电站扩机增加 50%～100%容量、利用小时降至 2000～3000h，我国未来水电技术可开发量可达 10 亿～14 亿 kW、年发电量 2.6 万亿～3 万亿 kWh。

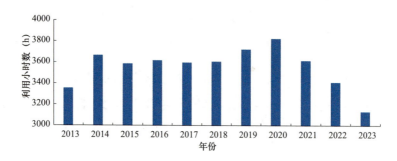

图 6-3　2013—2023 年全国分类型电力设备利用小时（水电）

以乌江干流水电规划调整为例，2023 年 3 月，乌江干流水电规划调整报告通过审查。乌江干流规划开发 12 座梯级水电站，总装机容量 1159.2 万 kW，设计年发电量 411 亿 kWh。目前，已建成 11 级装机容量 1111.2 万 kW ，占全梯级总容量的 96%。按照不改变已形成的梯级布置格局、不改变流域综合规划与开发任务、不改变各梯级水库特征水位、不增加水库淹没范围等原则，进行扩机论证。经技术经济综合分析，乌江干流 10 个梯级可扩机规模 538 万 kW，其中，贵州境内 9 级 503 万 kW，重庆境内 1 级 35 万 kW。经过此次规划调整，乌江干流梯级水电站在设计发电量不变的情况下，规划装机容量增加 46.4%、年利用小时数从 3554h 降为 2422h，增强了对电力系统的调节能力。

二、西部水电开发

我国常规水电资源 80%以上分布在西部地区，其中：西南占

70%，剩余待建的水电站也主要集中在西南。目前，除距离负荷中心较远的西藏和怒江的水电开发较少外，其余水电基地大部分均已形成，在为电力系统提供电量的同时，还提供了储能、调峰、调频及备用的功能。目前我国大江大河干流水电开发规模情况见表 6-3。

过去，西南水电作为常规能源资源，以市场为导向，仅在局部区域内进行平衡；未来，在新型电力系统中，水电的储能和灵活调节作用越来越重要，将在全国范围内进行平衡。因此，西南水电应进行水风光一体化开发规划和在全国范围资源优化配置。

表 6-3　　　　我国大江大河干流水电开发规模情况

序号	河流名称	已建规模		在建规模	待建规模
		装机容量（万 kW）	年发电量（亿 kWh）	装机容量（万 kW）	装机容量（万 kW）
1	金沙江	6032	2577	778	1357
2	长江上游	2522	1157	—	606
3	雅砻江	1920	934	342	600
4	黄河上游	1508	476	380	777
5	大渡河	1737	757	464	295
6	红水河	1208	520	160	140
7	乌江	1110	418	48	0
8	西南诸河	2288	945	200	13071
	合计	18325	7784	2372	16846

我国西南地区水电主要集中在西藏、四川和云南三省（自治区），水能资源蕴藏量位居全国前三位，其水能资源及开发情况详见表 6-4。同时，西南三省（自治区）也是风能、太阳能资源富集区，

水风光互补一体化开发条件得天独厚。

西藏、四川和云南水电开发既要满足自身需求又要服务全国需求，必须统筹协调好局部和全局的关系。西藏、四川和云南水电开发主要集中在金沙江、雅砻江、大渡河、澜沧江、怒江和雅鲁藏布江，这些流域梯级水电站基本都具有多年调节能力，充分利用丰富的水能、风能和太阳能资源优势，通过水风光互补一体化开发来满足自身和外送的需求。另外，还可以充分利用四川、云南丰富的抽水蓄能资源，增加系统调节能力，提高风能和太阳能资源开发水平，将西南水电基地打造成为"西电东送"接续能源基地。

表 6-4　　　西南三省（自治区）水能资源及开发情况

省（区）	水能蕴藏量		技术可开发量		2023 年已开发装机容量（万 kW）	2023 年水电发电量（亿 kWh）	2023 年用电量（亿 kWh）
	平均功率（万 kW）	年发电量（亿 kWh）	装机容量（万 kW）	年发电量（亿 kWh）			
西藏	20136	17639	11000	5760	312	126.2	135
四川	14351	12572	12004	6122	9795	3583.3	3711
云南	10439	9144	10194	4919	8143	2897.6	2513

三、龙头水库开发

流域梯级水电开发，龙头水库是关键。然而受征地移民、收益分配和电价机制等因素影响，我国龙头水库的开发不充分，影响了江河流域水资源调控能力和梯级水电综合效益的发挥。未来，还将建设一批重要流域的龙头水库，增加可利用的水资源总量，优化水资源配置，更好发挥水电效益。

以龙羊峡水库为例，黄河龙羊峡水电站正常蓄水位 2600m，装机容量 128 万 kW、年发电量 58 亿 kWh，总库容 247 亿 m³、调蓄库容约 190 亿 m³，库容系数大于 1.0、具有多年调节能力。黄河干流龙羊峡以下至小浪底规划梯级的总库容约 990 亿 m³（其中，有效库容约 490 亿 m³），总装机容量约为 2345 万 kW，年均发电量约为 815 亿 kWh，目前已开发利用的总水头达 1100m，龙羊峡水库蓄能量可达约 500 亿 kWh。

再如，金沙江龙盘水电站正常蓄水位 2010m，装机容量 420 万 kW、年发电量 170 亿 kWh，总库容约 380 亿 m³、调蓄库容约 220 亿 m³，库容系数 0.5．具有多年调节能力。龙盘以下至葛洲坝各梯级水电站基本建成，总的利用水头达 1800m，龙盘水库蓄能量约 1000 亿 kWh。龙盘水电站建成后，可使下游梯级水电站约 700 亿 kWh 汛期电量转化成枯水期电量，通过水风光一体化开发，可形成约 1 亿 kW 的清洁能源基地。龙盘水库是龙头水库，是长江流域水资源综合利用的核心工程，综合效益巨大，应早日开工建设。

四、提高水电梯级调节能力

（一）混合式抽水蓄能

我国水电发展坚持"流域、梯级、滚动、综合"开发，以综合开发为目标，发挥了良好的经济、社会和生态效益。随着新能源大规模开发，水电的调节和储能作用越来越重要，为充分利用流域梯级水电站首尾相连的天然优势，通过增建梯级水泵或可逆水轮机组等方式，可以增加梯级水电站的调节和储能能力。加快开展梯级水电融合改造潜力评估，鼓励依托常规水电站增建混合式抽水蓄能，充分考虑梯级综合利用要求、工程建设条件和社会环境因素等规划建设。目前，雅砻江两河口 120 万 kW 混合式抽水蓄能已开工建设。

（二）三江联通工程

在我国西南地区，有着怒江、澜沧江、金沙江"三江并流"的地理条件，为"三江联通"提供了现实基础。如果考虑在"三江并流"距离最近处贯通山脉，将怒江、澜沧江和金沙江联通，实现三条江河间水资源余缺的有效调剂，将形成高原水塔的"开关"。

怒江（萨尔温江）、澜沧江（湄公河）、金沙江（长江）发源于青藏高原，在云南省西北部及滇川藏接合部境内崇山峻岭之间自北向南并行奔流约 170km。其间澜沧江与金沙江最短直线距离约为 66km，澜沧江与怒江的最短直线距离不到约 19km。各河流梯级水库建成后三江之间的联通距离更短，工程量更小。而跨流域之间相互补偿效益不可估量，必将起到重要的调剂作用。

在三江并流河段，各条江的河底高程不同，怒江要比澜沧江低 200～260m，澜沧江比金沙江低 150～200m；各条江之间的最短距离，怒江距澜沧江 20～40km，澜沧江距金沙江 40～60km；各条江的流域面积，怒江约 10 万 km^2，澜沧江约 8.5 万 km^2；金沙江约 21 万 km^2；年径流量，怒江约 380 亿 m^3，澜沧江约 230 亿 m^3，金沙江约 410 亿 m^3；如果修建 300m 高的大坝，水面线之间的距离会更短，通过隧洞将三江联通在工程上是可以实现的。

三江联通，调剂余缺，兴利除害。当洪水调出时，降低了调出河流的洪峰流量，减少了水库防洪库容，增加了兴利库容，将此流域洪水转化为彼流域的资源，相应地提高其发电保证率和供水保证率。总之，通过三江联通，相互调蓄，调剂丰枯，使已建工程效益倍增。

五、因地制宜开展中小型抽水蓄能建设

发挥中小型抽水蓄能站点资源丰富、布局灵活、距离负荷中心近、与分布式新能源紧密结合等优势，在有条件的区域，结合当地电力发展和新能源发展需求，因地制宜规划建设中小型抽水蓄能电站。

将有条件的小水电站改造成抽水蓄能。我国是世界上小水电资源最丰富的国家，据《中华人民共和国农村水能资源调查评价成果（2008 年）》，全国技术可开发单站装机容量 100（含）～50000kW（含）的水电站总装机容量 12803.2 万 kW，年发电量 5350 亿 kWh。小水电广泛分布在 30 个省（自治区、直辖市）的 1715 个县（市），大部分集中在西部地区，占全国的 67%，中部、东部地区分别占 17%、16%。我国小水电资源按流域、区域分布分别见图 6-4 和图 6-5。

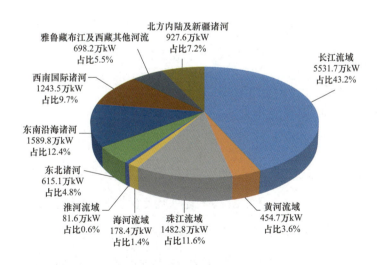

图 6-4　我国小水电资源技术可开发量按流域分布示意图

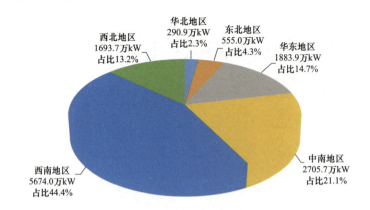

图 6-5　我国小水电资源技术可开发量按地区分布示意图

目前，我国已建成农村水电站 4.1 万多座，总装机容量 8063 万 kW，年发电量 2360 亿 kWh，分别约占全国水电装机总量和年发电量的 19.4% 和 19.6%。

六、引水式抽水蓄能

引水式抽水蓄能是指在没有天然水源补给的条件下，依靠引调水建设的抽水蓄能电站。目前，已经开工建设 140 万 kW 的新疆布尔津抽水蓄能电站就是引水式抽水蓄能电站，修建 6km 的渠道引水，补充抽水蓄能电站每年 200 万 m³ 的蒸发渗漏损失。

通常建设抽水蓄能电站，需要具备水源、地形等条件，站址资源相对稀缺，尤其在西北风光资源好的缺水地区更难选到合适的站址。引水式抽水蓄能大大增加了抽水蓄能电站的资源，如利用南水北调中线提供的水源，沿太行山山脉可建设更多的抽水蓄能电站，解决华北平原储能调节问题；再如利用黄河灌渠提供的水源，沿贺兰山、阴山山脉建设更多的抽水蓄能电站，助力黄河"几字湾"的风光资源开发。

第三节 水电技术发展趋势

我国已建成了世界上装机容量最大的 2250 万 kW 的三峡水电站、建设了世界上最高的坝高 305m 双曲拱坝的锦屏一级水电站、制造了世界上最大的 100 万 kW 白鹤滩水轮发电机组。目前，我国水电从规划设计、建设施工、运行管理及投融资全产业链均居世界领先水平。构建新型电力系统是一项系统工程，水电行业肩负着重要使命，需要聚焦数智化和快速建设、智慧化运行和维护、机组增容和灵活性改造等方面，寻求技术创新突破。

一、水电产业发展情况

伴随着水能资源的开发利用，我国水电产业蓬勃发展，形成了涵盖勘察、规划、设计、施工、制造、输送、运营等在内的全产业链。

水电项目的勘察、设计、施工实行市场管理机制。其中，大型水电项目的勘察、设计任务绝大部分由水电行业 7 家大型甲级设计院和水利行业两家大型甲级设计院承担。

作为水电产业的主力军，水电施工企业在设计科研的引导下，坚持技术创新与工程建设相结合，攻克了世界领先的复杂地质条件下 300m 级特高拱坝、超高心墙堆石坝采用掺砾石土料和软岩堆石料筑坝、35m 跨度地下厂房洞室群、深埋长引水隧洞群、砂石料长距离皮带输送系统等技术难题。建成了世界最高混凝土双曲拱坝锦屏一级水电站，深埋式长隧洞锦屏二级水电站，装机规模世界第二的白鹤滩水电站，复杂地质条件的大岗山水电站，并获得了一批国家级奖励和自主开发的知识产权。目前，中国企业凭借雄厚的技术优势和品牌效应，助力"一带一路"建设，在南美、非洲、东南亚等地中标了一批国际水电项目。

我国自主设计制造了单机容量100万kW混流式水轮发电机组，700m级水头、单机容量35万kW抽水蓄能机组成套设备，世界上最大的单体升船机、最大跨度重型缆机等。

二、水电产业技术实力

伴随着三峡等一批巨型水电工程的建设，我国水电产业发展突飞猛进，以非凡的成就和强劲的实力引领着世界水电产业的发展。

我国水电开发技术位居世界前列。我国的水电建设者通过集成创新，用20年左右的时间走完了先进国家100多年的发展历程，提升了我国水利水电工程规划、设计、建设、管理水平，突破了大体积混凝土施工、重大装备制造、超高压输变电建设等世界级难题。建成了全球装机容量最大的水电站——三峡水电站。全球十大水电站中，中国有6座；全球二十大水电站中，有12座建在中国。截至2023年底，我国已建成水库大坝9.8万余座，是拥有水坝数量最多的国家。全世界已建、在建200m及以上的高坝96座，中国有34座；250m以上高坝20座，中国有7座。我国建设了一批标志性工程，坝工技术取得了多项具有世界级水平的创新成果，已建的水布垭面板堆石坝（坝高233m）、锦屏一级双曲拱坝（坝高305m）、龙滩碾压混凝土重力坝（坝高216.5m），在建的双江口心墙堆石坝（坝高314m）等，更是位列全球同类坝型之冠，在国际上具有重要影响力。坝工技术是我国先进的水电开发技术的突出表现，在地下工程、泄洪消能、施工、边坡治理，复杂基础处理、防震抗震等方面也同样取得了不凡成就，拥有水电全产业链整合能力，水电技术日益成熟，整体跻身世界前列。

中国重大水电装备制造领跑世界水电。我国水电企业依托三峡工程和金沙江下游巨型水电站等，创造了一条独具特色的"引进、消化、吸收、再创新"的成功之路。从三峡工程的单机容量 70 万 kW，到向家坝水电站的单机容量 80 万 kW，再到白鹤滩水电站的单机容量 100 万 kW，中国水电装备从跟随到超越，现在实现全面引领，推动着我国重大水电装备由"中国制造"向"中国创造"转型升级。

中国抽水蓄能电站技术发展迅猛。我国抽水蓄能电站的建设起步较晚，但基于常规水电的先进技术能力，起点较高，包括高、中、低水头，大、中、小机组容量，输变电和运行管理技术等，目前我国抽水蓄能电站技术已处于世界先进水平。其中，丰宁抽水蓄能电站、惠州抽水蓄能电站、洪屏抽水蓄能电站、广州抽水蓄能电站、阳江抽水蓄能电站、梅州抽水蓄能电站以及长龙山抽水蓄能电站等 7 座电站都跻身世界十大抽水蓄能电站之列。

中国水电极富国际竞争力。中国水电代表了世界水电建设的最高成就，水电开发理念、建设输送能力和技术标准逐步获得国际社会的认可，先后与 80 多个国家建立了水电规划、建设和投资的长期合作关系，成为推动世界水电发展的中坚力量，引领着世界水电乃至清洁能源行业的发展。中国水电在全球水电发展进程中发挥着愈来愈重要的作用，中国水电已成为代表国家核心能力的新名片。

三、水电新型筑坝技术发展

（一）堆石混凝土浇筑技术

堆石混凝土筑坝技术是我国水电科技工作者自主创新的快速筑坝技术。

1. 混凝土大坝浇筑技术的发展

20 世纪初，由于混凝土工艺和施工机械的迅速发展，美国建造了阿罗罗克坝和象山坝等第一批混凝土重力坝。工艺复杂但依靠分缝分块和冷却水管等措施，实现了利用大体积混凝土筑坝，是目前最成熟、最可靠的混凝土筑坝技术。1970 年以后，世界上创造出碾压混凝土坝筑坝技术。利用干硬混凝土和大功率碾压设备，加快施工进度，降低水泥用量、减少水化热，但仍不能根本解决温控问题，仍然需要冷却水管等温控措施。

2003 年，我国将传统的砌石坝技术与先进的自密实混凝土技术相组合，发明了堆石混凝土坝，首创"大块石+自密实混凝土"的技术路线，不仅取消振捣/碾压等施工工序，节约人工成本、加快施工进度、降低综合造价、实现环境友好，实现了完全取消冷却水管等温控措施，解决了温控防裂这个混凝土筑坝技术百年来的核心难题。

堆石混凝土坝工艺简单，施工快速、质量可靠，节约成本，环境友好，使得单位体积较常态混凝土节省水泥用量 50%以上，碳排放降低 30%以上。堆石混凝土技术已经在全国 23 个省（自治区、直辖市），共 81 个地级市得到广泛应用。截至 2024 年 5 月底，我国堆石混凝土建设的大坝工程已达 175 座，其中在建大坝 24 座。

2．堆石混凝土坝技术体系

堆石混凝土坝技术形成以来，我国从技术原理、工艺参数、质量控制标准、新型结构型式等多方面开展持续研究，形成了堆石混凝土坝设计、施工的成套技术，取得了创新性系统成果，建立了完整的堆石混凝土筑坝技术标准体系，形成了行业标准、地方标准、团体标准的体系，并整体推进形成国际标准。

2021 年，国际大坝委员会《堆石混凝土坝设计与实践》技术公报发布，是国际大坝委员会成立近百年来，首部以中国原创技术为核心的国际技术标准，推动新坝型走出国门，在布隆迪胡济巴济、安哥拉尼崩噶水电站等海外工程成功应用。

3．堆石混凝土坝技术的信息化研究

为加快堆石混凝土坝技术的信息化进程，我国开展了堆石混凝土智能信息化研究，其中以清华大学的堆石混凝土坝施工信息系统 CIM4R 为代表的研究，开发了能全面监控堆石混凝土施工过程，对堆石混凝土坝施工管理与质量控制进行全面信息化管理、精细化控制与定量化评价，以及数据的实时共享与信息推送，初步实现基于视频+监测仪器+AI 的智能质量控制。

（二）堰塞湖开发利用关键技术

我国西南地区地处青藏高原及其边缘，沟壑纵横，滑坡、泥石流等地质灾害频发，堵塞河道壅水形成堰塞湖。堰塞湖处置有四大世界级难题：①溃决洪水机理不明；②风险评估标准空白；③快速解危技术缺失；④开发利用无先例。我国水电科技工作者，面向国家重大需求，历经 20 余年，依托国家重大科研项目，通过 126 座堰塞湖处置利用实践，针对堰塞体处置利用无先例、成坝利用难，研发了堰塞坝"减灾兴利、变废为宝"成套技术。在理论方法创新方面，建立了溃决洪水分析理论、性态演化评价理论、处置风险评价方法；在应急处置技术方面，形成了4套施工装备、4套监测装备、2套探测装备、2套测试装备、2种灌浆材料。在开发利用方面，形成了2套技术体系、14项材料装备、126项处置利用实践。中国水电引领世界堰塞湖应急处置与开发利用科技进步，为保障公共安全提供了技术支撑，为人类化解重大自然灾害奉献了中国智慧。

云南红石岩水电站就是利用上述技术，建成世界首座应急处置与开发利用一体化堰塞坝水利枢纽。2014年8月3日16时30分，云南省鲁甸发生6.5级地震，金沙江一级支流牛栏江干流山体滑坡形成了红石岩堰塞湖，堰塞坝高103m，库容2.6亿 m³，规模为大型堰塞湖，堰塞体顶部顺河向平均宽度约262m，顶部横河向平均长度301m，迎水面最低高程点1222m，堰塞体左岸最高点为1270m，下游最低点高程为1091.7m。红石岩堰塞湖直接影响上下游3万余人，下游天花板、黄角树等电站安全，风险等级为极高危险，溃决损失将很严重。地震发生后，在消除红石岩堰塞湖风险的同时，红石岩水利枢纽规划建设也在同步进行，2019年下闸蓄水，运行4年多来，下游未见渗水、变形稳定。

目前，2008年汶川地震形成的唐家山堰塞湖改造工程也在规划设计之中。

四、水电数智化建设技术

我国水电"复杂条件高坝工程智能建设关键技术及应用"项目研究成果，荣获国家2023年科技进步奖二等奖，是水电建设数字化转型的杰出代表。

我国未来水电建设主要集中在西南地区的青藏高原横断山脉，不仅因高原缺氧建设环境恶劣、工程地质条件极其复杂，而且规模越来越大，无论是筑坝还是地下洞室开挖，难度都超乎想象。

目前，雅砻江两河口水电站是国内第一座采用"施工全过程智能化技术"修建的 300m 级超高土石坝工程，填补了高寒地区超高土石坝的建设空白，实现了大坝建设由数字化向智能化的跨越，开创并引领了水利水电工程建设智能化的新方向，具有重要的科学意义和工程价值。工程攻克了复杂工况多要素全过程智能仿真动态建模、复杂条件智能感—智能分析—智能馈控全过程智能监控、复杂场景大规模智能建设人机协同作业控制等三大关键科技难题。两河口大坝是水电站枢纽工程的核心建筑，承担着挡水与防渗的重要任务。在高海拔、复杂气候、复杂地形等因素下兴建高坝工程，建设过程中往往面临着质量与进度极难控制、人机降效等多重挑战。工程技术人员将智能化、无人化技术应用于大坝建设之中，通过数据挖掘、人工智能、大数据和云计算等手段，成功构筑了两河口水电站智能大坝系统，实现了大坝施工过程智能感知、分析、反馈控制和智能无人驾驶碾压机群协同作业。比如在土石方碾压环节，通过智能无人碾压技术，提升了碾压作业精准性和施工效率。再比如，通过智能大坝系统，实现大坝土石料开采、运输、掺拌、摊铺、碾压等全部施工环节智能化监控，形成施工全过程、全天候、全环节、全要素、全覆盖的运行体系。此项技术经历了 10 多年持续攻关，从"理论—方法—软件—装备—应用"全链条系统开展了"复杂条件高坝工程智能建设关键技术与应用研究"，形成了完整的高坝工程建设理论和技术体系。目前，研究成果已经在包括两河口、杨房沟等 52 座高坝工程建设中得到成功应用，未来还将进一步推广到卡拉、孟底沟等高坝工程以及共建"一带一路"国家的高坝工程建设。

五、水电数智化运行技术

水电数智化转型是大势所趋。推动水电与新能源多时空尺度互补调节，建立跨流域、跨区域、跨季节的水电与新能源联合调度运行机制。基于大数据、大模型、数字孪生、人工智能等技术，提高覆盖水电建设、生产运行、设备运维、水情监测及大坝管理全业务的数字化管控能力，实现实时感知、智能诊断、优化运营和智能决策。

水能、风能和太阳能等可再生能源的发电量受到天气和环境条件的影响波动较大，AI 通过机器学习和深度学习等算法，可以利用历史数据、气象数据和实时监控数据，为水能、风能和太阳能发电提供精准的短期和长期发电预测。在实践中，将 AI 算法与大模型应用于新型电力系统构建中，实现"源随荷动、源荷互动"，水电、风电、太阳能发电侧可以实现实时响应负荷变化，水电流域水风光互补一体化开发，还可以满足长时储能调节发电与用电侧需求。

建立流域的数字化管理与智能决策系统。在气象水文监测技术上，进一步发展了空天地人一体化的水网多手段协同监测技术，实现风、光及水文水资源信息高效准确获取；在水文预报上，水文模型趋向物理机制与机器学习联合应用，以及模块化、集成化、精细化发展；在智慧调度运行建设上，按照"数据—模型—孪生—平台"等智慧水电建设方向，打造流域数字化水风光一体化智能决策系统；全面支持"多尺度—分布式—多层次"全面多维精细刻画及流域全景过程的四预分析，提升我国水风光一体化开发能力。

数智化系统具有复杂工程调度系统日益凸显的"多维""多目标"特性，突破了变化环境下应对各类误差源的气象水文预报、各类需求的水库群调度模式、大系统协调分解"多目标"与"维数灾"等科学问题。①变分分析方法融合地—空多源资料，得到高分辨率高精度的风光及降水产品，并给出了融合变量的不确定性分布，大幅度提高了风光及降水预报的精度；②精细考虑高强度人类活动对产汇流的影响，建立了综合下垫面动态变化、工程调度深度学习及结构误差的陆气耦合相似集合预报技术；③解析了多尺度不确定性耦合影响下水库群序贯决策机制，提出了基于分级预测的长期集合调度技术，以及基于余留库容动态控制的短期风险与效益协同优化技术；④短期预报的滚动更新能够控制不确定性的传递范围，并对中长期预报进行校正；⑤考虑水文预报不确定性能够有效提高水库调度效益，而集合预报改进调度效益的效果最为稳健；⑥在解析预报不确定性演进规律基础上，构建了"规划调度—计划调度—实时调度"全链条的适应性调度模式；⑦以远期径流情景为输入，基于三层降维技术构建了调度规则多目标高效求解模型；⑧综合考虑径流分级与调度规则形式多样性耦合影响，构建了水库群调度规则参数矩阵；⑨通过逐年更新的流域径流分级预测自适应识别符合当前径流特性的参数集，根据识别的参数集后验概率作为权重进行集合调度决策；⑩给出参数不确定性形成的调度区间，为水库调度提供了柔性决策，基于短期集合预报，构建多目标风险与效益评价指标体系，以期望水位过程为变量，构建短期多维风险与多目标效益协同优化模型。

流域的数字化管理与智能决策系统已广泛应用于各大江河流域，取得了良好的经济和社会效益。例如，我国长江流域 5.1 万座水库，其中，大中型 1596 座，总库容超过 3600 亿 m^3，库径比约 38%，水库群极大改变了径流过程，通过采用流域数字化管理和智能决策系统，对发电、供水、抗旱等发挥重要作用。西南地区的代表性流域——雅砻江流域水风光互补一体化开发，得到了成功应用，风光及降水预报精度大幅度提高，整体开发效益显著提升。

第四节　水风光资源互补开发及高效利用

水风光资源互补开发是清洁能源高效利用的必由之路。由于水能、风能、太阳能等可再生能源能量密度低，受水文、气象、地理、时空等自然因素影响，开发利用难度大、稳定性差、成本高，但随着技术的进步，上述难题逐步被解决，目前，水风光等可再生能源发电成本也越来越低，已普遍低于化石能源发电成本。例如：风电，过去风速达到 7～10m/s 才能发电，现在风速 3～5m/s 即可发电；光伏发电（以下简称光电），过去年利用小时数在 1500～2000h 才有价值，现在年利用小时数在 1000h 左右也具有经济性。各种能源每平方米土地（或水域）所能产生的功率可参见表 6-5。

表 6-5 每平方米土地（或水域）所能产生的功率

能源类型	功率（W/m²）
化石燃料	500～10000
核能	500～1000
太阳能	5～20
水能（大坝）	5～50
风能	1～2
木材和其他生物质能	低于 1

资料来源：比尔·盖茨，《气候经济与人类未来》，中信出版集团，2021 年 4 月。

一、水风光电力互补

清洁能源主要是指水能、风能、太阳能等可再生能源，其特点是无处不在、能量密度低、容易获取，是普惠能源，也可以说是人民的能源。水电在化石能源时代是最经济、环保、可持续的，并且具有启停快、运行灵活、储能效率高等优点，可以弥补清洁能源时代的风电、光电的随机性、波动性和离散性的缺点，利用水电、风电、光电的天然互补性建设"水风光电站"，可以实现优势互补，因此，水电承上启下为清洁能源发展奠定了基础。

水风光互补开发有三种方式：

（1）依托水电基地建设清洁能源基地。我国水电基地已经形成，利用水风光同源的优势，建设风电和光电汇集到水电系统，就变成了清洁能源基地。

（2）建设水风光电站。俗话说"常规不够、蓄能来凑"，即常规水电不足时由抽水蓄能补充，以抽水蓄能电站为核心，建设"抽水蓄能+光电、风电"的水风光电站。

（3）利用农村广阔天地大规模开发分散式光电和风电。以坚强电网为支撑，依靠常规水电、抽水蓄能和电动汽车等进行调节，形成村村风电、户户光伏的发展形态。

二、雅砻江清洁能源基地建设案例

雅砻江是我国规划建设的重大水电基地之一，水能资源富集，流域风能、太阳能等新能源资源丰富，水电和风光新能源出力特性互补性强。雅砻江中下游大部分梯级水电站已投产或开工建设，上游风光资源丰富，水电配套送出通道和电网规划建设较为明确，部分输电通道已投运或即将建成投运，一体化开发基础优越，具备先行先试的条件。水电的流域调节和储能能力是一体化基地建设的关键，水电开发主体牵头开发建设水风光一体化基地，有助于落实基地牵头主体责任，加快基地开发建设。

（一）雅砻江水电基地

雅砻江是我国重要的水电基地，流域总面积约 13.6 万 km^2，干流总长约 1500km，流域内具有丰富的风光水能资源，仅干流规划的 21 级水电站，规划规模就近 3000 万 kW，年发电量 1500 亿 kWh。雅砻江干流两河口—江口河段梯级开发中有两河口、锦屏一级和二滩 3 座水库，调节库容分别为 65.6 亿、49.1 亿、33.7 亿 m^3，三大水库总调节库容达 148.4 亿 m^3，雅砻江干流中下游梯级水电站群实现完全年调节。

雅砻江二滩水电站是 20 世纪我国建成的最大水电站，装机容量 330 万 kW、年发电量 170 亿 kWh，双曲拱坝高 240m，于 1999 年全部建成发电。锦屏一级水电站装机容量 360 万 kW，双曲拱坝高

305m，是世界第一高坝，于 2014 年 7 月全部建成发电。龙头水库两河口水电站装机容量 300 万 kW，年发电量 110 亿 kWh，总库容 108 亿 m³，总投资约 660 亿元，已于 2022 年全部建成发电。

截至 2023 年底，雅砻江梯级水电站投产装机容量约 2000 万 kW、年发电量约 1000 亿 kWh，具有年调节能力，水电基地基本建成。

（二）雅砻江国家清洁能源基地规划

从雅砻江流域内水能、风能、太阳能的长期观测数据和水风光发电多年实际发电量来看，年内资源量和出力过程上水能和风能、太阳能具有明显的互补性，详见图 6-6，结合雅砻江干流部分梯级水电站的调节性能较好。因此，将流域内的水电作为调节、储能电源，根据水电、风电、光电的出力互补特性，将三种清洁可再生能源互补调节后，并储存在水库内，根据电力需求打捆送出，既满足电力系统负荷需求，又减小风电和光电等不稳定电源直接接入电网对电力系统的影响，为电力系统提供大量的优质清洁能源，充分利用现有和规划的水电送出通道，提高外送通道的利用效率。

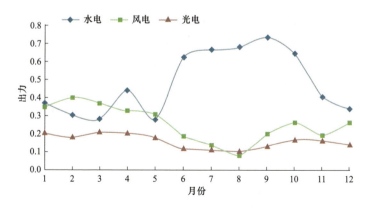

图 6-6　雅砻江水电、风电、光电月平均出力过程线

2023 年 9 月 5 日，国家能源局印发了《雅砻江流域水风光一体

化基地规划》，本阶段清洁能源基地规模规划 7800 万 kW，其中，水电 2840 万 kW，风电 260 万 kW，光电 3640 万 kW，抽水蓄能电站 1060 万 kW，规划要求 2035 年全面建成。

（三）雅砻江柯拉光伏电站

两河口水电站是雅砻江梯级开发的龙头水库电站。柯拉光伏电站是两河口水电站的水光互补一期项目，电站位于四川省甘孜藏族自治州雅江县柯拉乡，场址海拔 4000～4600m，装机规模 100 万 kW，年利用小时数 1735h，年平均发电量 20 亿 kWh，于 2023 年 6 月并网发电。电站建成后，每年发出的电量可节约标准煤超 60 万 t、减少二氧化碳排放超 160 万 t。

两河口水电站建设工期 8 年，度电投资 6 元/kWh，柯拉光伏电站建设工期 1 年，度电投资 2.5 元/kWh，水光互补后的度电投资 4.7 元/kWh，水电上网电价下降了 22%。由此可见，在实现水光电力互补的同时也实现了投资互补。

（四）雅砻江道孚抽水蓄能电站

2023 年，雅砻江道孚抽水蓄能电站正式开工建设，作为全球海拔最高的大型抽水蓄能电站是雅砻江流域水风光一体化基地的标志性项目。道孚抽水蓄能电站位于海拔 4300m 的青藏高原，装机容量 210 万 kW、设计年发量 29.94 亿 kWh、最大水头 760.7m、一天可储存电量 1260 万 kWh。同时配置 600 万 kW 的光伏发电，年发电量约 120 亿 kWh。

（五）雅砻江国家清洁能源基地远景规划

雅砻江水电有限，风能、光能无限。雅砻江流域水电资源理论蕴藏量 3839 万 kW、年发电量 3363 亿 kWh，是相对精确的、有限的，而流域地处青藏高原边缘，风能、太阳能资源丰富，随着技术的进步和开发条件的改善，风电、光电的技术经济可开发量相对是无限的。

初步测算，雅砻江流域最终可开发水、风、光电力装机容量13600 万 kW，年发电量 3200 亿 kWh，其中：水电 4600 万 kW（含扩机 1600 万 kW）、发电量 1473 亿 kWh，风电 3000 万 kW、发电量 702 亿 kWh，光伏发电 6000 万 kW、发电量 1025 亿 kWh。

雅砻江流域如果大规模开发风电、光电，就必须进行水电站扩机或建设抽水蓄能。否则，水电弃水将进一步增加，因此，水电扩机应与风电、光电开发相匹配，同步建成。雅砻江流域不同配比下风光水利用情况详见表 6-6。

表 6-6　　　　雅砻江流域不同配比下风光水利用情况

风光/水容量配比	弃水电量（亿 kWh）	送出工程年利用小时数（h）	送出容量（万 kW）	风电利用小时数（h）	光电利用小时数（h）	水电利用小时数（h）
0	0	5628	1470	2340	1709	5628
0.2	13.7	5804	1499	2340	1709	5427
0.4	13.4	5988	—	2340	1709	5259
0.6	14.1	6155	1599	2340	1709	5094
0.8	14.6	6326	—	2340	1709	4952
1	14.9	6455	1699	2340	1709	4791
1.2	16.7	6589	—	2340	1709	4648
1.4	17.2	6702	1798	2340	1709	4506
1.6	20.0	6833	—	2340	1709	4383
1.8	19.7	6911	1903	2340	1709	4244
2	22.9	7045	—	2340	1709	4141
2.2	22.8	7108	2005	2340	1709	4013
2.4	22.8	7166	—	2340	1709	3892

续表

风光/水容量配比	弃水电量（亿kWh）	送出工程年利用小时数（h）	送出容量（万kW）	风电利用小时数（h）	光电利用小时数（h）	水电利用小时数（h）
2.6	22.7	7222	2130	2340	1709	3778
2.8	22.8	7274	—	2340	1709	3671
3	22.8	7323	2254	2340	1709	3569

三、水风光电站模式

（一）水风光电站发电相对稳定

以西北地区的黄河上游为例，从长周期来看，水、风、光资源的稳定性相差较大，对于风电和光电来说，其年际间风速、辐照度等资源变化基本在10%以内，而黄河来水的年际间变化率则超过了60%。水风光资源年际间波动幅度见图6-7。西北电网风电年内的发电量主要集中在春季，通常3、4、5月为高峰月，冬季为低谷，风电理论小时数月际分布如图6-8所示。光伏季节性差异较大，一般情况下春、夏两季光伏发电量较大，秋冬季发电量相近且较低，光伏理论小时数月际分布如图6-9所示。

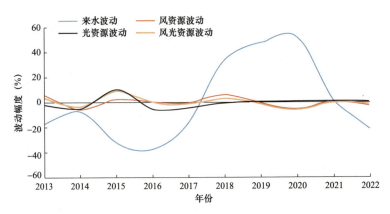

图 6-7　水风光资源年际间波动幅度

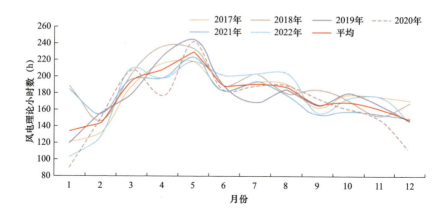

图 6-8 风电资源月际分布

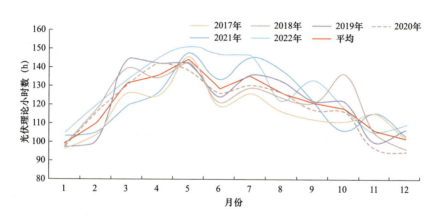

图 6-9 光伏资源月际分布

从长期观测、运行结果来看，风能、太阳能资源年际之间是相对稳定的、年内规律性也是比较强的。因此，"抽水蓄能+风电、光电"所形成的"水风光电站"的出力过程线是相对稳定的。再通过大电网来平抑风、光年际间的波动，同时统筹好电网运行、调度、新能源消纳等安全边界的问题。西北电网在对多年间气候及洋流的变化规律进行分析研判的基础上，结合新能源资源、机组投产、负荷及外送增长情况，建立长周期平衡及消纳模型。实践证明，水风光电站长周期稳定运行是可行的。

（二）水风光电站与火电坑口电站发电成本对比

以新疆电网为例，新疆火电标杆电价为 0.25 元/kWh，即火电坑口电站上网电价。新疆昌吉州吉木萨尔光伏项目 100 万 kW、年发电量约 17 亿 kWh，项目设计施工总承包价格是 21.41 亿元，平均每千瓦投资 2141 元，度电投资 1.26 元/kWh，上网电价约 0.15 元/kWh，计划 2024 年 11 月 30 日前全容量并网。新疆风电项目投资一般 4000～5000 元/kW，年利用小时数 2000～3000h，上网电价 0.2～0.25 元/kWh。

从上述价格来看，风电、光电上网电价已普遍低于火电电价，但电能质量远低于火电。下面以新疆布尔津水风光电站为例，进行水风光电站的经济性分析。

新疆布尔津水风光电站 2023 年核准，其中，抽水蓄能装机容量 140 万 kW，投资 110 亿元，工期 7.5 年，设计年发电量 24.23 亿 kWh，年平均抽水电量 32.31 亿 kWh，效率 75%。风电 200 万 kW，投资 80 亿元，工期 2 年半，年利用小时数 3200h，设计年发电量 64 亿 kWh。光电 400 万 kW，投资 90 亿元，工期 1 年，年利用小时数 1720h，设计年发电量 70 亿 kWh。

布尔津水风光电站总装机容量 740 万 kW、设计年上网电量 100 亿 kWh，总投资 280 亿元，度电投资 2.8 元/kWh，上网电价 0.28 元/kWh（与新疆火电标杆电价接近），贷款偿还期限 20 年。送出容量可配置 300 万 kW。如果考虑风电、光电在 6 年后开始建设，投资降低、效率提高，以及抽水蓄能电站可以无限使用下去等因素，布尔津水风光电站上网电价将会降低，竞争力将进一步提高。

四、抽水蓄能+分布式风电、光电模式

分布式风电、光电大有可为。

（一）坚强电网是分布式风电、光电发展的基础

风能、太阳能无处不在，技术进步使风电、光电成本逐步降低，使"电从身边来"成为可能。风能、太阳能的能量密度低，开发利用需要空间大，利用农村的田间地头、庭院屋顶发展分散式风电、光电，具有得天独厚的优势，一举多得。但一家一户单独运行调节，既不经济也不可持续，电网集中运行调节是方向。

《欧盟电网行动计划》中明确提出，电网在能源转型中发挥着不可或缺的作用，是能源市场健康发展的支柱；电网是欧洲一体化、合作和相互支持的真正成功案例。

从欧洲发展经验来看，风电、光伏发电以分布式为主，各国风电开发与社区、民众形成利益共同体。德国75%以上的风电场为社区项目，丹麦80%风电场为合作社和农场主项目，政府、百姓支持风电，民众支持率达93%。德国2021年可再生能源在发电中占比为45.7%，计划2035年达到100%，政策规定各州有义务提供2%土地用于可再生能源的发展，加快可再生能源扩容和电网扩容，简化审批手续。开发方式主要是分布式风电，90%以上的风电场规模小于9台，广泛分布于港口、工业区、田间地头。德国光电发展目标是2030年人均1.2kW。

（二）发展分布式风电、光电人民过上美好生活

风能、太阳能是普惠能源，开发利用简单方便，发电产品已逐步实现了"建材化"和家用"电器化"。分布式风电、光电可以实现

"自发自用、余电上网"，积少成多，就近供电。

近年来，我国分布式风电、光电发展成燎原之势，尤其是光伏更是势头强劲。目前，我国已有 10 省区的电价低谷时段变为 9:00—17:00 时段，实现了"日出而作、日落而息"，我国十省区用电低谷时间详见表 6-7。

表 6-7 我国十省区用电低谷时间

序号	省区	低谷时间段	时长（h）
1	青海	9:00—17:00	8
2	宁夏	9:00—17:00	8
3	甘肃	9:00—17:00	8
4	山东	10:00—15:00	5
5	蒙西	10:00—15:00	5
6	新疆	14:00—16:00	4
7	河北	12:00—15:00	3
8	浙江	11:00—13:00	2
9	山西	1:00—13:00	2
10	辽宁	11:30—12:30	1

田间地头安装风力发电机，以壮大集体经济。一台风机占地约 $100m^2$，目前主流风机是 3MW，投资 1200 万～1500 万元，按年发电量 600 万 kWh 计算，按上网电价 0.25～0.3 元/kWh 测算，年收入 180 万元，即使全部用贷款也是有收益的。庭院屋顶安装光伏板，使居民增收。目前每平方米的面积可安装 100～150W 的光伏板，年发电量 100～200kWh，投资为 200～300 元。自发自用，余电上网，还是经济实惠的。

（三）抽水蓄能更适合"深谷型"曲线

随着"自发自用，余电上网"分布式光电的大规模发展，电网负荷曲线逐渐由"鸭子型"变"深谷型"曲线，成为大势所趋。由于太阳能发电，在季节、年际间发电是相对稳定的，电力系统"深谷型"负荷曲线，更适合抽水蓄能进行调节。

美国加州是开发分布式光电发展较早、规模大的区域电网。2018—2023 年仅仅 5 年时间，加州电网负荷曲线就从"鸭子型"变为"深谷型"，2023 年在阳光明媚的白天，加州电网白天的净负荷已达到零或变为负值，详见图 6-10。峡谷越来越深，意味着白天需要启用的常规发电设施越来越少，然后随着太阳落山而需要启动的常规发电能力急速增加。

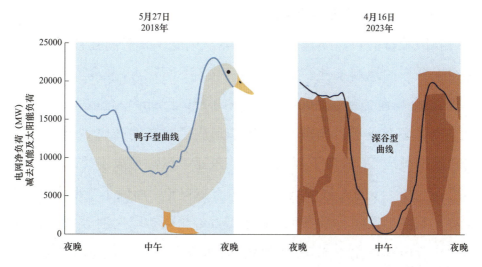

图 6-10　美国加州电网负荷"鸭子型"变"深谷型"曲线

2023 年 3 月，加州弃电现象频发，风电和光电弃电量达到了创纪录的 6.062 亿 kWh，同比增长 31%，环比增长 197.2%，比 2022 年 4 月创下的纪录高出近 2%。其中，光伏弃电量为 5.716 亿 kWh，风电弃电量为 3460 万 kWh，弃光现象严重。2023 年 3 月，全系统范围内弃电占比达到 31.15%，局部弃电量占比为 68.85%，较上个月下降约 22%。

五、青藏高原国家清洁能源基地建设

以流域水电梯级开发为先导，建设青藏高原国家清洁能源基地，为新型电力系统提供安全、环保、经济的长时储能，推动我国新型能源体系建设。从雅砻江、黄河上游清洁能源基地规划、建设、运营经验来看，依托水电基地建设国家清洁能源基地的条件具备、时机成熟，要系统谋划、顶层设计、规模化开发，将青藏高原"不毛之地"打造成"风光水宝地"，使之成为清洁能源时代的"波斯湾"。

（一）水电基地变清洁能源基地

我国独特的自然地理环境为水能、风能、太阳能互补开发创造了得天独厚的地利条件。青藏高原海拔高、面积大，被称为地球"第三极"，平均海拔超过 4000m、面积约 250 万 km^2，海拔高、离太阳近、辐射多形成了"光塔"；在夏季形成了明显的高原"热岛效应"和"烟囱效应"，加强了南亚季风、东亚季风，形成了"风塔"；将印度洋、太平洋的大量水汽，抽吸上青藏高原，形成了"亚洲水塔"，孕育了黄河、长江、湄公河、萨尔温江、恒河、印度河等大江大河，因此，青藏高原集"光塔""风塔""水塔"于一身，蕴藏了丰富的太阳能、风能、水能资源——同宗同源。

我国科技工作者持续对青藏高原观测、科考、研究，尤其是青藏高原第二次科考，逐步摸清了青藏高原对行星风系的阻隔和热力作用，以及成为亚洲季风气候发动机的机理。青藏高原独特的

"光—风—水"循环规律，导致我国夏季风小、光差、水多，冬季风大、光好、水少，河川径流量 60%～80%集中在夏季，因此，我国风光水能资源在季节分布上存在着天然的互补性。

我国《"十四五"规划和 2035 远景目标纲要》，提出建设金沙江上下游、雅砻江流域、黄河上游等清洁能源基地，并出台"电力源网荷储一体化和多能互补发展"的指导意见。

我国黄河上游、金沙江、雅砻江、大渡河、红水河、乌江及澜沧江等水电基地，规划装机容量 37543 万 kW、年发电量 15923 亿 kWh、年利用小时数 4241h，目前开发程度均在 80%以上，并具有多年调节能力，总装机容量达 1.8 亿 kW、年发电量 7784 亿 kWh。

上述水电基地，通过水电水风光互补规划，形成国家清洁能源基地，初步规划成果：总装机容量 18.9 亿 kW、年发电量 4.12 万亿 kWh，送出容量 6.3 亿 kW、年利用小时数 6540h。其中：水电装机容量 6.3 亿 kW、年发电量 1.6 万亿 kWh、年利用小时数 2540h，风电和光电装机容量 12.6 亿 kW、年发电量 2.52 万亿 kWh、年利用小时数 2000h。我国主要流域国家清洁能源基地开发情况详见表 6-8。

表 6-8　我国主要流域国家清洁能源基地开发情况（现状）

序号	国家清洁能源基地	开发规模				已建规模			
		水电		风电、光电		水电		风电、光电	
		装机容量（万 kW）	年发电量（亿 kWh）	装机容量（万 kW）	年发电量（亿 kWh）	装机容量（万 kW）	年发电量（亿 kWh）	装机容量（万 kW）	年发电量（亿 kWh）
1	金沙江	12000	3462	24000	4800	6032	2577	—	—
2	长江上游	4000	1300	8000	1600	2522	1157	—	—

续表

序号	国家清洁能源基地	开发规模				已建规模			
		水电		风电、光电		水电		风电、光电	
		装机容量（万 kW）	年发电量（亿 kWh）	装机容量（万 kW）	年发电量（亿 kWh）	装机容量（万 kW）	年发电量（亿 kWh）	装机容量（万 kW）	年发电量（亿 kWh）
3	雅砻江	5000	1500	10000	2000	1920	934	200	45
4	黄河上游	4000	815	8000	1600	1508	476	500	100
5	大渡河	3000	1195	6000	1200	1737	757	—	—
6	红水河	3000	533	6000	1200	1208	520	—	—
7	乌江	2000	418	4000	800	1110	418	—	—
8	西南诸河	30000	6700	60000	12000	2288	945	—	—
	合计	63000	15923	126000	25200	18325	7784	700	145

（二）特高压输电成本越来越低

特高压输电成本低，使远距离输电具有经济性和竞争力，可充分发挥市场在资源配置当中的决定性作用。2022 年 4 月 8 日，《国家发展改革委关于核定宁绍、酒湖、锡泰特高压直流工程输电价格的通知》（发改价格〔2022〕558 号）中指出，从宁夏宁东至浙江绍兴±800kV 特高压，全长 1720km，输电价格为 4.88 分/kWh（含税，含输电环节线损，线损率 4.26%）；从甘肃酒泉至湖南湘潭±800kV 特高压，线路全长 2383km，投资 262 亿元，换流站容量 1600 万 kW，额定输电能力 800 万 kW，输电价格为 6.37 分/kWh（含税，含输电环节线损，线损率 4.14%）；从内蒙古锡盟至江苏泰州±800kV 特高压，线路 1620km，换流容量 2000 万 kVA，工程总投资 254 亿元，输送电量 550 亿 kWh，输电价格为 4.83 分/kWh（含税，含输电环节线损，线损率 3.32%）。

水风光电力互补，提高特高压线路利用率。从我国已建特高压运行数据看，还有很大的提升空间。2022 年 9 月 16 日，国家能源局发布《关于 2021 年度全国可再生能源电力发展监测评价结果的通报》，2021 年，我国在运直流特高压共计 17 条，总输电能力约 1.34 亿 kWh，直流特高压全年输送电量 4887 亿 kWh，其中，可再生能源电量 2871 亿 kWh，占全部输送电量的 58.7%。2021 年全国直流特高压的平均输电小时数约为 3630h。另外，根据北京电力交易中心发布的《2024 年国家电网有限公司跨省交易各环节输电价格》等整理的全国部分直流输电情况如表 6-9 所示。

2021 年全国直流特高压平均利用小时约 3630h（其中，雅湖直流年中投运），约为 2021 年 10 月国家发展改革委发布的《跨省跨区专项工程输电价格定价办法》缺省值（4500h）的 80%。从单条线路来看，利用小时数差异非常大，在 2000～6000h。

在电源端，通过常规水电扩机和建设抽水蓄能电站，优化开发风电和光电，在源头将风光生产的"垃圾电"加工成"优质电"，使特高压直流输电线路的利用小时数提高到 6000～7000h，输电量可增加一倍，可进一步降低输电成本，提高电网的安全和可靠性。

（三）特高压将水电送向全国

我国特高压电网是大一统电网的可靠保证。2021 年，我国在运直流特高压共计 17 条，其中：电压等级最高、线路最长、输送容量最大的是新疆昌吉—安徽古泉±1100kV 特高压，全长 3319.2km，输送容量 1200 万 kW，输电成本 0.0829 元/kWh，输电损失 7%；海拔最高的是青海海南州—河南驻马店±800kV 特高压，线路经过海拔 3000m 以上地区。

电力碳达峰碳中和路径研究

表6-9　2021年/2023年直流特高压输电情况

序号	工程	电压等级	输电电能力（万kW）	输电距离（km）	建成时间	2021年					2023年	
						年输送电量（亿kWh）	可再生电量合计（亿kWh）	可再生能源占比（%）	占比同比增长（百分点）	利用小时数（h）	电量电价（分/kWh）	线损率（%）
1	复奉直流	±800	640	1907	2010年7月	283	283	100.0	0	4421.9	—	—
2	锦苏直流	±800	720	2059	2012年12月	361.9	361.9	100.0	0	5026.4	5.11	7.00
3	宾金直流	±800	800	1653	2014年7月	271.6	271.3	99.9	-0.1	3395	4.54	6.50
4	天中直流	±800	800	2192	2014年1月	446.1	159.7	35.8	-4.9	5576.3	6.13	7.20
5	灵绍直流	±800	800	1720	2016年8月	504.1	116.4	23.1	6	6301.3	4.88	4.26
6	祁韶直流	±800	800	2383	2017年6月	271.9	70.9	26.1	-1.2	3398.8	6.37	4.14
7	雁淮直流	±800	800	1119	2017年6月	285.7	50.4	17.6	3.9	3571.3	3.59	2.77
8	锡泰直流	±800	1000	1620	2017年10月	185.9	41.6	22.4	22.1	1859	4.83	3.32
9	鲁固直流	±800	1000	1234	2017年12月	265.4	101	38.1	20.9	2654	4.12	2.69
10	昭沂直流	±800	1000	1238	2017年12月	319.6	107.8	33.7	-13.8	3196	5.895	6.50
11	吉泉直流	±1100	1200	3293	2019年9月	550.6	172.9	31.4	13.1	4588.3	8.29	7.00
12	青豫直流	±800	800	1563	2020年12月	151.5	148.9	98.3	-1.7	1893.8	6.489	5.83
13	雅湖直流	±800	800	1696	2021年8月	150.5	146	97.0	—	1881.3	6.85	6.00
14	楚穗直流	±800	500	1373	2010年6月	217.6	217.6	100.0	0	4352	—	—
15	普侨直流	±800	500	1413	2013年9月	156.2	156.2	100.0	0	3124	—	—
16	新东直流	±800	500	1953	2018年5月	237.9	237.9	100.0	0	4758	—	—
17	昆柳龙直流	±800	800	1452	2020年5月	227.1	227.1	100.0	0	2838.8	—	—
	全国		13460			4887	2871	58.7	12.8	3630.8	—	—

我国 2021 年在运特高压地域分布来看，直流特高压功能在于解决资源和负荷中心分布失衡的问题，呈现出"西电东送、北电南送"特征。同时，从直流特高压的电力来源可以大致分为两组：①复奉、锦苏、宾金等南方 8 条特高压直流，用于将西南的水电输送至华东、南方等区域电网；②天中、灵绍等 9 条特高压直流，用于将西北、华北、东北的火、水（主要是青豫直流）、风、光电力打捆输送至东部负荷中心。

我国正在利用水电、风电、光电、特高压、数字化等产业的技术优势，构建"源—网—荷"相融合的新型能源系统，逐渐改变"北煤南运""西气东输"等能源供给格局。

水风光互补开发让水电风光无限，新型电力系统构建起新型能源体系的安全屏障，水风光发电成本越来越低，因此，以水风光为主体构建的新型能源体系，是破解能源安全、环保、经济"不可能三角"（见图 6-11）的"金钥匙"。

图 6-11　能源"不可能三角"

第七章　核电发展及功能定位

新型电力系统是实现碳达峰碳中和的重要枢纽平台。核电是全生命周期碳排放最少的清洁能源之一，具有机组容量大、运行连续稳定的特点，将对我国优化电源结构、保障能源电力供应安全、实现"双碳"目标发挥重要作用。随着新型电力系统的构建，新能源装机规模不断扩大、占比稳步提高，电力系统安全稳定运行面临转动惯量减小、电压支撑能力下降等风险。核电在增强新型电力系统调节能力和抗扰动能力、提高受端地区电压稳定性、促进新能源消纳等方面将作出重要贡献。

第一节　核电发展现状

核能发电技术是利用反应堆中自持链式裂变反应释放的热能发电的技术。三代核电技术部署了较完备的预防和缓解严重事故后果的措施，设计安全性能有明显提高，是当前全球商用核电发展的主要堆型。目前，我国三代核电技术已达到国际先进水平。2023 年 12 月，中国华能的山东石岛湾高温气冷堆核电站示范工程投入商运，标志着我国在具有固有安全性的第四代核电技术上取得重要突破。

一、我国核电装机规模

日本福岛核事故后，我国核电发展出现了波动。2011—2014年，我国仅中俄合作的田湾核电站二期工程获核准，2015年核准了8台机组，2016—2018年核电连续三年"零核准"，2019年核电审批重启，2021年政府工作报告及《"十四五"现代能源体系规划》提出，要积极安全有序发展核电，我国核电发展速度正在加快。截至2023年底，我国商运核电机组55台，总装机容量5703万kW，位列全球第三。2015—2023年，我国核电装机容量由2643万kW增至5703万kW，增幅超过100%。核电占总发电装机的比重出现了先升后降的趋势，主要源于近几年总发电装机规模的快速增长，如图7-1所示。其中，2019年，核电装机比重达到了最高值2.4%，比2015年增加0.7个百分点；2020、2021、2022、2023年装机比重分别为2.3%、2.2%、2.2%、1.9%。

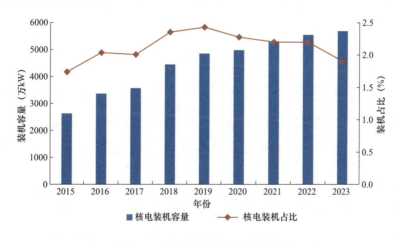

图7-1　我国核电装机情况

我国核电发电量持续增长。2015—2023年，我国核电发电量由

1690 亿 kWh 增至 4334 亿 kWh，增幅约 156%。核电发电量占总发电量的比重持续增长，从 3%增至 4.9%，如图 7-2 所示。

图 7-2　我国核电发电量情况

二、我国核电发展布局

我国商运和在建核电机组全部分布在沿海的 8 个省（自治区），从北至南依次为辽宁省、山东省、江苏省、浙江省、福建省、广东省、广西壮族自治区和海南省。2023 年，上述各省（自治区）的商运核电机组装机容量及数量见图 7-3。其中，广东省商运核电装机规模最大，占全国商运核电总装机容量的 28.4%，福建、浙江分列第二、三位，各省（自治区）的商运核电机组装机容量占全国核电装机容量总量的比重情况见图 7-4。

截至 2023 年底，我国在建核电机组 26 台，总装机容量 3030 万 kW，在建机组数量和装机容量均继续保持世界第一。在建核电机组情况见表 7-1。

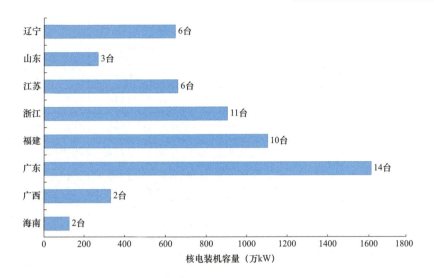

图 7-3　2023 年我国核电省（自治区）商运核电机组装机容量及数量情况

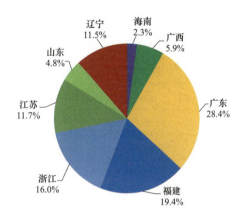

图 7-4　2023 年我国核电省（自治区）商运核电机组装机容量占
全国核电装机容量总量的比重情况

表 7-1　我国核电在建机组情况（截至 2023 年 12 月 31 日）

序号	机组	堆型	额定容量（MWe）	开工时间
1	广西防城港 4 号	压水堆 HPR1000	1188	2016 年 12 月 23 日
2	福建霞浦示范快堆 1 号机组	钠冷快堆 CFR600	643	2017 年 12 月 29 日

序号	机组	堆型	额定容量（MWe）	开工时间
3	"国和一号"示范工程 1 号	压水堆 CAP1400	1534	—
4	"国和一号"示范工程 2 号	压水堆 CAP1400	1534	—
5	福建漳州 1 号	压水堆 HPR1000	1212	2019 年 10 月 16 日
6	广东太平岭 1 号	压水堆 HPR1000	1202	2019 年 12 月 26 日
7	福建漳州 2 号	压水堆 HPR1000	1212	2020 年 9 月 4 日
8	广东太平岭 2 号	压水堆 HPR1000	1202	2020 年 10 月 15 日
9	福建霞浦示范快堆 2 号机组	钠冷快堆 CFR600	643	2020 年 12 月 27 日
10	浙江三澳 1 号	压水堆 HPR1000	1210	2020 年 12 月 31 日
11	海南昌江 3 号	压水堆 HPR1000	1198	2021 年 3 月 31 日
12	江苏田湾 7 号	压水堆 VVER-1200	1265	2021 年 5 月 19 日
13	海南昌江小堆示范工程	压水堆 ACP100	125	2021 年 7 月 13 日
14	辽宁徐大堡 3 号	压水堆 VVER-1200	1274	2021 年 7 月 27 日
15	海南昌江 4 号	压水堆 HPR1000	1198	2021 年 12 月 28 日
16	浙江三澳 2 号	压水堆 HPR1000	1210	2021 年 12 月 30 日
17	江苏田湾 8 号	压水堆 VVER-1200	1265	2022 年 2 月 25 日
18	辽宁徐大堡 4 号	压水堆 VVER-1200	1274	2022 年 5 月 19 日
19	浙江三门 3 号	压水堆 CAP1000	1251	2022 年 6 月 28 日
20	山东海阳 3 号	压水堆 CAP1000	1253	2022 年 7 月 7 日
21	广东陆丰 5 号	压水堆 HPR1000	1200	2022 年 9 月 8 日
22	浙江三门 4 号	压水堆 CAP1000	1251	2023 年 3 月 22 日
23	山东海阳 4 号	压水堆 CAP1000	1253	2023 年 4 月 22 日
24	广东陆丰 6 号	压水堆 HPR1000	1200	2023 年 8 月 26 日
25	广东廉江 1 号	压水堆 CAP1000	1253	2023 年 9 月 27 日
26	辽宁徐大堡 1 号	压水堆 CAP1000	1253	2023 年 11 月 15 日
合计		26 台		30303MW

三、我国主要核电技术类型

三代核电技术是当前我国核电发展的主要堆型，目前仅俄、美、法、中、韩、日六个国家具备出口三代核电机组实力。我国核电技术路线经历了二代核电、二代+技术、三代技术的发展历程。二代核电以秦山一期与大亚湾机组（M310技术）为代表；在二代基础上，我国通过引进国外技术、自主创新等多种途径，建设了多台二代+机组，包括加拿大技术CANDU-6（秦山三期）、俄罗斯技术VVER－1000（田湾核电1～4号机组）以及国内CNP600（秦山二期、昌江一期）、CPR1000技术（阳江核电）。第三代核电站的概念始于美国核电用户要求文件（URD）和欧洲核电用户要求文件（EUR）。它们提出了对下一代核电站的安全和设计技术要求，它包括了改革型的能动（安全系统）核电站和先进型的非能动（安全系统）核电站。截至2023年12月底已经投运的包括美国西屋技术AP1000（三门一期、海阳一期）、法国EPR（台山一期），我国自主核电技术"华龙一号"（福清核电5、6号机组，防城港核电3号机组）。自主三代核电"国和一号"示范工程建设有序推进。第四代核电技术具有更好的经济性、更高的安全性和可靠性，以及抗扩散和实物保护能力，2023年12月已经投运的石岛湾高温气冷堆是世界首座高温气冷堆核电站示范工程，也是我国自主研发、具备四代核电特征的商用核电站。

四、我国核电安全水平

我国始终致力采用最先进的技术、最严格的安全标准发展核电。我国在核电厂设计、建造和运行方面较好地吸收了国际成熟经验，在建核电项目全部采用安全性更高、防范措施更完善的第三代或具有四代特征的先进核电技术，从设计源头着力规避各种可能的风险，实际消除核电厂大量放射性物质释放。在核电站外部灾害防护设计上，考虑所有可能导致放射性释放风险的外部事件，包括外部人为事件和外部自然事件（地震、海啸、洪水、暴雨等），并考虑适当的措施和充足的裕量以保护电厂来自特定超设计基准外部事件的袭击。"无须永久迁居、核电站周边地区无须紧急撤离、有限的人员庇护、无须长期的食品消费限制"的目标业已实现。

我国高度重视核安全，建立了严格的核安全监管体系，在运核电安全总体水平居世界先进行列。长期以来，我国核与辐射安全保持良好安全业绩，核设施未发生过国际核与放射事件分级表 2 级及以上的运行事件，辐射环境质量良好。近五年，国际上衡量核电安全运行水平的重要指标——世界核电运营者协会（WANO）性能指标显示，我国核电运行指标 80%处于中值以上，70%达先进值，综合指数与美国相当，优于法国等。

第二节　核电技术发展趋势

一、我国核电技术发展现状

经过近 60 年发展和不断创新，我国在大型压水堆、小型反应堆、第四代核能技术、聚变核能利用领域均取得了显著成就。

（一）大型压水堆

大型压水堆技术是我国核电发展的主力，目前我国在运核电机组除了秦山三期（2 台 CANDU-6 重水堆）、石岛湾高温气冷堆以外均为压水堆。通过实施国家核电科技重大专项和自主创新，我国形成了具有自主知识产权的三代压水堆"华龙一号""国和一号"，截至 2023 年底，国内外共有 5 台"华龙一号"核电机组投入商运（福清核电站 5、6 号机组，防城港核电 3 号机组，巴基斯坦卡拉奇核电 2、3 号机组），共有 13 台机组正在批量建设，国家科技重大专项——"国和一号"示范工程建设正在有序推进。"华龙一号"和"国和一号"大型压水堆充分体现了安全性、经济性、先进性和成熟性，未来仍将作为我国主要建设的核电堆型。

"华龙一号"（HPR1000）核电技术是在我国核电 30 年的设计、建造和运行经验基础上，充分汲取福岛核事故的经验反馈，借鉴国际三代核电技术先进理念，研发出的满足我国和全球最新安全要求的具有自主知识产权的三代压水堆核电技术，其堆芯热功率 3180MW，采用三环路核蒸汽供应系统设计。"华龙一号"形成了以 177 堆芯、能动加非能动安全设计特征、创新的核岛与安全壳设计、核心设备实现自主化、自主化燃料组件、创新的工程总承包项目管理体系、打造数字华龙、创新的施工安装技术、自主核电设计分析软件包、构建完整自主的核电标准体系等十大创新成果。

"国和一号"（CAP1400）核电技术是我国具有自主知识产权的大型先进压水堆核电技术，是在国家科技重大专项的支持下，在消化、吸收 AP1000 技术的基础上，通过自主创新，进一步提升电厂容量、优化总体参数、平衡电厂设计、重新设计关键设备，安全性、经济性均优于 AP1000 的非能动压水堆核电技术。"国和一号"堆芯热功率为 4040MW，采用两环路核蒸汽供应系统设计，目前其示范工程 2 台机组均已在山东荣成开工建设。

（二）小型反应堆

小型反应堆作为一种局部区域小型电力或非电力能源供应方式，得到国际普遍关注。按照国际原子能机构对小堆的定义（电功率 300MW 以下），国际上共有 80 多种小堆技术，其中美、俄占国际上正在开发和建设小堆总数的一半。我国已研发形成了不同用途、不同功率档次、不同堆型的 20 种小堆技术（包括陆基和海上浮动堆），形成了"玲龙一号"（ACP100）、"燕龙"泳池式低温供热堆、ACPR50S 海上浮动堆、NHR200-Ⅱ壳式低温供热堆、HHP25、CAP200 紧凑式小堆、"和美一号"一体化供热堆等一系列小型堆技术。其中，"玲龙一号"小堆示范工程已于 2021 年 7 月 13 日在海南昌江开工，成为全球首个陆上商用模块化小堆。石岛湾高温气冷堆示范项目从电功率来看也属于小堆范畴。小型反应堆功率密度低、具有更高的安全裕度或具有固有安全性，采用了更多的模块化技术和非能动安全技术，具有良好的灵活性，适宜于贴近城市用户及工业园区建造，满足热电冷联产、水电热联产、分布式发电等多用途需求，是核能作为带电网基荷的电力供应角色以外，拓展为非电力能源供应的又一种形式。

（三）第四代核能技术

为了进一步提高核能的可持续性、经济性、安全性和可靠性，以及抗扩散和实物保护能力，美国能源部（DOE）于 2000 年发起成立第四代核能系统国际论坛（GIF），旨在通过国际合作共同研发第四代核能系统。目前，GIF 成员已从最初的 9 个国家和地区发展到 14 个。GIF 优选出的第四代核能系统包括 6 种堆型：气冷快堆、铅冷快堆、熔盐堆、钠冷快堆、超临界水堆、超高温气冷堆，其中以钠冷快堆和高温气冷堆技术最为成熟。我国第四代核电技术研发逐步走向世界前列。在高温气冷堆方面，国家科技重大专项——石岛湾200MW（e）高温气冷堆核电站示范工程于2023年12月投入商运。在钠冷快堆方面，中国试验快堆（CEFR）已于2014年12月实现满功率运行，福建霞浦示范快堆CFR600两台机组已分别于2017、2020年开工建设。熔盐堆方面，位于甘肃武威的2MW（t）液态燃料钍基熔盐试验堆已于2023年6月获得由国家核安全局颁发的运行许可证。铅基冷却快堆关键技术攻关和工程示范验证也在全面铺开。这些重大科技成果为未来第四代核能技术推广应用创造了条件，也将有力支撑我国核能可持续发展。

（四）聚变核能利用

在能源利用方面，核聚变具有众多显著优点。首先，核聚变的燃料在地球上储量极为丰富。氘在海水中大量存在，而氚可以通过锂的转化来获取。其次，核聚变反应产生的能量巨大，是同等质量燃料核裂变释放能量的数倍。再者，核聚变过程几乎不产生放射性废料，对环境的污染极小。核聚变能源的利用目前仍处于实验和研究阶段，我国聚变核能利用领域通过持续投入研究取得了阶段性突破。2023年4月，中国大科学装置"人造太阳"、世界首个全超导大型托卡马克装置——东方超环（EAST）创造了高约束模式运行新的世界纪录，在实验中成功实现了403s稳态长脉冲高约束模式等离子体运行，2023年8月，中国环流三号实现100万A等离子体电流下的高约束模式运行，再次刷新我国磁约束聚变装置运行纪录，突破了等离子体大电流高约束模式运行控制、高功率加热系统注入耦合、先进偏滤器位形控制等关键技术难题。中国聚变工程试验堆（CFETR）项目已完成初步工程设计，聚变堆主机关键系统综合研究设施（CRAFT）主体工程建设顺利推进。根据国际规划，国际热核聚变实验堆（ITER）项目将于2035年左右完成核聚变技术验证。

二、我国核能技术发展面临的挑战

面向中国未来"双碳"目标下的能源需求，核能技术面临以下挑战：

（1）核能在中国能源体系中占比偏低，难以充分发挥清洁基荷能源的作用。从2023年发电量来看，核能占比仅不到5%，距离世界平均占比 10%的水平，以及碳中和条件下 15%～20%的占比预测，还有明显差距。

（2）大型商用压水堆在保证安全的前提下，需提升市场竞争能力。随着化石能源技术革命、可再生能源技术以及储能技术飞速发展，能源成本将进一步降低，对核能的经济性提出了更高要求。亟须开拓新设计理念，通过设计优化、低成本制造、运行与控制智能化等新技术，提高运行水平和运行寿命，在确保核能安全性的前提下提升市场竞争力。

（3）亟须发展快堆技术，提升核燃料利用率，形成闭式燃料循环体系。若全部采用压水堆（以铀-235 为燃料，天然铀中含量仅约0.7%），全球天然铀供应面临较大压力，为此，需要加快快中子反应堆研发和应用（实现天然铀中含量99.2%以上的铀-238 的利用），实现核燃料增殖，加快后处理能力建设，将铀资源的利用率从不到

1%提高 30～60 倍，有效支撑未来核能可持续发展。

（4）面对供热、制氢等多领域对核能的迫切需求，相关先进核能关键技术尚需突破。需要进一步发展具有"固有安全""更高经济性"和"模块式"等技术特征的第四代先进核能技术，研发多用途小型核能系统与更高出口温度的超高温气冷堆。

三、我国核能技术发展思路与路径

（一）发展思路

面向"双碳"目标，我国应以能源终端消费需求为牵引，全面开展先进核能技术研发，技术路线如图 7-5 所示，发展兼顾当前与长远、覆盖多种应用需求的多类型核能系统，支撑能源战略和"双碳"目标等战略实施，着力提升先进核能科技创新体系化能力水平。

（二）发展路径

在大中型商用核电领域，以提高核电占比和实现闭式循环为需求导向。近期，提高在役机组运行水平，保证更长时间持续高水平基负荷输出，批量建设三代压水堆核电机组，提高核能占比；中长期，研发具有固有安全性的第四代核能技术，并构建"压水堆+快堆"闭式燃料循环体系，解决核能可持续发展问题。在核能供热领域，近期以发展小型压水堆为主，通过提高安全性和经济性，尽快实现拓展应用，满足低参数供热需求；中远期发展固有安全、高度智能的小型铅铋堆、小型气冷堆、小型熔盐堆，实现核能中高参数供热需求。在核能制氢领域，研发具有高出口温度的超高温气冷堆，结合热化学或高温电解方式，实现核能高效制氢。

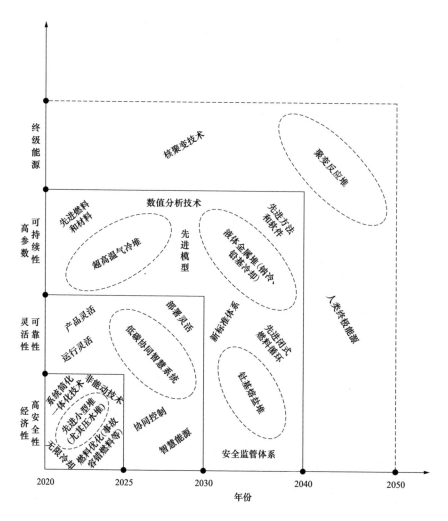

图 7-5 先进核能技术的发展路线

四、先进核能技术发展展望

针对以上发展思路与发展路径，核能技术具体需要在以下 6 个方面加大攻关力度。

（一）在役核电厂智能化运行管理

通过智能化手段，提高在役核电厂运行性能。通过智能化和大数据技术、数字化优化设计技术，对核电运营全过程干预和控制，综合提升在役核电厂运行水平，使核电能够更加平稳安全运行，降低非预期停堆概率，缩短核电厂维修时间。

进一步研发新技术，提高核电机组卸料燃耗，进一步提升功率和延长机组寿命，使机组寿命延寿至 80 年及以上，卸料最高燃耗从 52000MW·d/t（U）提升至 60000MW·d/t（U）以上，以保证核电基荷能源供应水平。开展高燃耗下燃料行为研究，优化燃料循环方案，加深卸料燃耗，提高燃料利用率；开展临界热流密度、包壳峰值温度等主要安全与热工限制性参数机理认知及预测，开展最佳估算与不确定性分析方法研究，实现传热效率及性能优化，支撑反应堆额定功率及安全性能同步提升；开展辐照促进应力腐蚀开裂的微观机理、材料性能研究；开展长寿期设备在线监测技术研究，提升反应堆堆内构件、压力容器和主泵等关键设备材料性能和寿命以支持核电厂延寿。

（二）三代核电批量化部署及技术优化

积极推动"华龙一号""国和一号"系列自主三代核电批量化部署，积极有序发展核电。面向 2030 年，核能发电占比达到 7%，以沿海核电为主，有计划建设一批厂址条件成熟的三代压水堆核电机组。积极发展"华龙后续"改进机组等技术，努力提升后续改进型机组的安全性，大幅提升经济性。采用智能化技术、新型耐事故燃料等先进技术，进一步优化压水堆核电技术。

（三）固有安全快堆技术研发

积极研发固有安全快堆技术，满足未来核燃料闭式循环需求。

加快关键技术攻关和设备样机体系化研发，立足建成工程示范堆，完成一体化闭式循环快堆核能系统研发。力争在 2035 年前后，具备大规模商用条件，满足未来核燃料闭式循环需求。

（四）积极研发超高温气冷堆

研发满足高效制氢需求的超高温气冷堆，满足未来氢能源市场需求。开展超高温气冷堆技术研发，突破耐高温燃料材料、耐高温关键设备、供热制氢耦合运行等关键技术，开展核能制氢综合验证，尽快具备工程建设条件。在 2030 年后实现超高温气冷堆大规模绿色制氢，满足市场需求。

（五）积极探索模块式小型堆技术

积极探索模块式小型堆技术及孤立电网的供能。边疆极地、海岛、海上油气钻井平台的供电、供汽、供热等对核能的需求十分旺盛。这些应用领域的厂址大多接近大型工业区和人口密集区并对容量的需求较小，对安全性和厂址条件提出了更高的要求。具有"固有安全"和"模块式"等技术特征的模块式小型反应堆是满足用户要求的理想选择。针对该需求，经过论证分析，近期主要应以技术成熟的压水堆来满足需求，实现海南昌江"玲龙一号"示范工程建成，长远可以使用出口温度更高的铅基堆、高温气冷堆等以便更好地满足需求。通过核能的拓展应用，使得核能在除电网能源供应外，满足其他能源工业对清洁能源的需求。

（六）国内加强统筹联合，国际建立合作新模式

加大在堆芯物理、热工、燃料、系统、设备和控制等基础共性理论的国内、国际研究合作，共同努力解决关键瓶颈问题。国内加强统筹联合，国际建立合作新模式，加强前沿领域交流，实现先进

核能技术长效创新发展。

第三节 核电在新型电力系统的功能作用

核电作为核能利用的重要形式，在保障电力系统安全稳定运行方面，相对其他清洁能源具有突出优势。核电具有运行稳定、可靠、换料周期长等特点，是目前能够规模替代化石能源的现实可见的可靠方案，并具备一定负荷跟踪能力，为电网提供坚强的电源保障和电压支撑，保持区域电网的稳定性。核电将与风电、光伏发电等清洁能源互为补充、协同发展，形成稳定的清洁电力供应系统，增强电网抵御严重事故的能力。

一、保障电力安全充裕供应

核电将在保障我国（特别中东部地区）能源电力安全充裕供应方面发挥基础性作用。核能利用在能源体系中有着独特的优势：①天然铀能量密度大，易于长期储存，具有准国内资源属性，在国际政治经济形势日益复杂的情况下，有助于提高我国能源安全的保障能力；②在能源绿色低碳转型的背景下，核电作为、可较大规模建设的基础性低碳能源，可以有效提高保障能源电力安全可靠供应的能力。核电将在保障国家能源安全和电力供应方面发挥更加重要作用。预计我国全社会用电量将在较长时间内保持稳定增长，2030年超过12.5万亿kWh，年均增长约4.2%；电力在终端能源中的消费占比将持续提高，2030年达到35%左右。基于电力和电量需求平衡分析，未来我国核电将维持一定的建设速度与规模，在确保安全的前提下，积极有序推动核电项目建设。

核电是统筹能源安全和科技安全的重要抓手，能够提升我国能源电力产业链供应链自主可控水平。核电既有"核"的特点，也有"电"的属性，具有高科技产业知识密集、资金密集、人才密集等特征，涉及上下游几十个行业，产业关联度高，产业链长，带动性强。随着我国核电产业规模的不断扩大，持续带动上下游产业实现高质量发展，核电产业链各环节逐步建立并不断完善，已形成涵盖核电研发设计、核电建造、天然铀生产、核燃料加工、装备制造、核电运营、核电退役、乏燃料及放射性废物管理等的核电全产业链体系，已成功研发了"华龙一号""国和一号"自主三代核电技术，掌握高温气冷堆研发设计技术，自主三代核电综合国产化率已达90%以上，显著提高了产业链自主可控水平。

核电是全寿命周期碳排放最小的发电技术之一，能够推动能源电力领域实现"双碳"目标。当前我国碳排放总量大、减碳时间紧，经济社会发展仍处于对能源需求持续增长的阶段，既要控排放又要保经济增长，因此，相比欧美等发达国家，我国碳减排任务更加艰巨。能源系统的碳减排是实现碳达峰碳中和的关键，而核电在碳减排过程中所发挥的作用是无可替代的。与燃煤发电相比，每百万千瓦核电机组每年可等效减排二氧化碳600万t以上。中共中央、国务院《关于完整准确全面贯彻新发展理念做好碳达峰碳中和工作的意见》和国务院《关于印发2030年前碳达峰行动方案的通知》都明确指出积极安全有序发展核电、积极稳妥开展核能供热。

二、保障电力系统安全稳定运行

（一）电力系统安全稳定运行面临的问题

新型电力系统安全稳定运行面临的安全稳定形态更加复杂。

（1）电力系统频率调节能力及稳定水平下降。化石能源为主的电力系统电源出力较为确定，跨区交流电力系统的频率波动较小，在故障情况下频率调节手段充足，因此频率波动较小且频率不稳定的概率较小。但在新型电力系统中，新能源机组装机容量比例的增加，加大了电力系统频率调节的难度，在故障情况下频率失稳的风险加大，主要原因有区域电力系统间输送容量增加、系统转动惯量降低等。

（2）宽频振荡风险加大。新型电力系统中，风电、光伏等新能源机组及新型负荷等设备含有大量的逆变器、整流器等电力电子元器件，逆变器之间、逆变器与电力系统之间可能存在一定的次同步振荡或低频振荡等风险，系统发生振荡可能造成大量机组脱网运行，对电力系统安全稳定运行及可靠供电造成威胁。

（3）电压稳定与功角稳定问题相互影响。随着新能源机组规模及负荷的不断增长，受端电力系统负荷中心动态无功缺额进一步增大，电压稳定问题依然存在。同时，新型电力系统中，新能源机组不提供转动惯量，导致系统转动惯量下降，部分同步机组抗干扰能力降低，可能存在功角失稳的问题。另外，新能源机组容量的加大，增加了系统等值阻抗，当电力系统发生故障时，容易导致机组发生功角失稳的问题。因此，新型电力系统电压稳定与功角稳定的问题同时存在，二者相互交织、相互影响，增加了稳定特性的复杂度。

（二）核电在保障电力系统安全稳定运行方面的作用

1. 丰富保障电力系统安稳运行的手段

核电机组转动惯量与煤电百万千瓦机组相当，如表 7-2 所示，时间常数 7.6～8.6s，是电力系统保持功角稳定、频率稳定的重要保障，核电 AGC、PSS、AVC、快速励磁系统等装置，可以丰富电力系统频率控制、电压调整等安全稳定控制手段。2019 年 8 月 9 日的英国大停电，造成了包括伦敦在内的 100 万电力用户受到影响，事故起初是由于海上风电涉网耐频性能不足，在电网频率出现波动时大规模脱网，而系统转动惯量不足，导致频率迅速下降到 48.9Hz，超过允许范围，于是电网迅速切除了部分负荷，导致停电，但也阻止了事故进一步恶化。发生大停电的英国，其可再生能源装机比例约为 47%，同时具备良好调节性能的天然气装机比例超过 40%，但调节电源充分并不意味着能够应对系统缺乏转动惯量的问题。

表 7-2　　　　　　　　　　不同电源转动惯量对比

传统机组	常规控制新能源	风电虚拟惯量控制
火电	双馈风机	与同步机转子转速变化范围（0.95～1.05p.u.）相比，变速风机转速范围（0.7～1.2p.u.）更大，具备潜在的惯量支撑能力。 存在的问题：转速恢复过程吸收能量，可能导致频率二次跌落
T_j=5.8～9.0s	几乎不提供惯量	
核电	直驱风机	
T_j=7.6～8.6s	不提供惯量	
水电	光伏发电	
T_j=4.0～8.0s	不提供惯量	

2. 提高应对极端气候灾害风险的能力

核电高效稳定、不受自然条件制约，可以在极端气候条件或事故情况下提供电力电量平衡支撑，提升电力系统风险应对能力。

2021 年 2 月，美国得克萨斯州因严寒天气电网崩溃。450 万户家庭断电长达数天，造成近百人死亡。主要原因是大比例风电和光伏，因风叶冻结和连续阴霾天气而无法出力。我国 2020 年冬季南方数省频繁拉闸限电，则是因降雨少影响水力发电，以及风光条件差影响到风电和光伏的正常运行。随着全球气候变化加剧，将来这一类极端天气事件从频率到强度都会增大，影响到发电设施和电网基础设施的运行。

3. 提高受端地区电力系统安全稳定运行水平

核电能够为"沙戈荒"大基地、西南水电基地跨区送电地区提供必要的电压、转动惯量等电源支撑，提高受端地区电力系统安全稳定运行能力。以华中地区为例，由于缺少能源资源，严重依靠区外送电。华中电网建设了 5 条跨区特高压直流输电通道，输电容量占华中最大负荷的 20%，加上其他外来电，占比更高。大功率直流馈入替代大量常规电源，系统调节能力和抗扰动能力下降，华中电网同步规模缩小约 1/3，调控能力下降幅度较大，电力系统转动惯量不足。迫切需要提高本地电网的装机容量，提高具有转动惯量的机组容量，以确保电网的调频调压能力，进而保证电网的安全稳定运行。核电机组转动惯量高，无功调节范围也大，维持电压稳定能力强，可以有效为华中地区提供电源支撑。

三、促进新能源消纳

（一）未来高比例可再生能源电力系统调峰问题

根据国家能源局发布的数据，目前我国个别省份风电光伏装机占比已接近或超过本省总装机容量的一半（如青海、河北、甘肃等）。

由于调峰资源有限，导致部分风电光伏机组未能并网运行，而并网运行机组则产生弃风、弃光现象，甘肃省弃风、弃光率一度超过 20%。

未来可再生能源并网比例不断增高，在电力系统调峰资源配置不合理的情况下，将会出现以下主要问题：

（1）风电光伏同处出力低谷时造成高比例可再生能源电力系统暂时性电力短缺，风电光伏等可再生能源因其出力间歇性问题会造成大量的电力过剩或者紧缺，过量安装风电光伏机组虽可解决此类部分问题，但会造成严重的资源浪费。

（2）风、光等可再生能源距调峰资源、负荷中心较远，调峰资源难以调用，未来风电光伏机组或成为电力系统主要出力机组，风光资源与调峰资源、经济负荷中心空间上的不重合会造成电网的频繁调度，增加联络线负担，降低系统整体运行的经济性与可靠性。

（3）高比例可再生能源出力受气候影响波动巨大，挑战电网安全运行，面对负荷波动问题，单纯依靠风电光伏电源难以解决，且风电光伏出力也伴随着剧烈波动。现有调峰机组跟随性差、爬坡速率低以及反应速度慢，各项指标均难以满足负荷快速变化的需求。解决以上难题，需要综合利用火电、水电、核电、储能、需求响应等多种调峰技术。

（二）国外核电机组调峰运行情况

核电机组运行方式一方面与所在电力系统的电源结构、负荷特性密切相关，另一方面也与其运行的经济性有关及电力体制相关。目前，国外核电机组主要存在两种运行方式：①法国电网核电比例相对最高，缺乏调节电源，存在显著的调峰困难，核电机组在法国电网中参与日负荷调节；②除法国以外的其他国家，电源结构能与负荷特性相适应，核电机组在电网中均保持带基荷的运行方式。很多国家认为核电由于其固定投资较高而可变运行成本低，电网积极吸纳核电电力是经济的，符合电力交易成本最低化的规律，同时也有利于促进节能减排，因此各国（或地区）核电机组在电网中的调度排序均位居前列。

从国外核电机组调峰运行经验来看，影响核电调峰的主要因素有：

（1）负荷特性：除日本东京电力系统之外，其余各地的日最小负荷率相对较高，整体调峰需求量不高。

（2）电源结构：除法国外，其余各地均配置了相当高比例的调峰电源，其中天然气发电的比例均超过 25%（法国则不及 10%），日本天然气发电+油电比例更是高达 50%。这为缓解电网调峰压力提供了有效的手段，也为核电机组维持基荷运行创造了良好的外部条件。

（3）在美国、加拿大等国家（或地区），发电商可同时拥有不同类型的电源机组，从成本最优化的角度，发电商为使得报价较低的核电机组尽可能多发电，会相应配置一定规模的调峰电源。

（4）法国 1300MW 核电机组在设计和建造期间已考虑了负荷调节能力。如图 7-6 所示，在铀燃料的前 65%寿期内，最低可降出力至27%额定功率，在燃料前 65%～90%寿期内，机组可调范围呈线性减小趋势，最小技术出力逐步增大，到 90%～100%寿期和燃料延伸运行阶段，机组已不具备调节能力。由于连续、频繁地参与电网调峰对机组的安全性及经济性有所影响，因此，法国电力公司（EDF）会根据年份的不同相应调整机组参与调峰的次数，以避免某些机组长期工作在频繁调节状态。

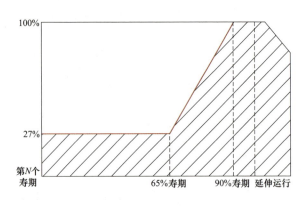

图 7-6　法国核电机组调峰性能示意图

（三）国内核电机组调峰能力分析

1. 国内核电机组调峰现状

根据电力系统稳定运行和核电站安全需要，我国暂未安排核电机组频繁调峰运行。以国家电网范围内核电机组调峰运行为例，如图 7-7 所示，2013 年之前，核电机组基本不参与电网调峰，2014 年开始随着新能源规模高速增长，电网调峰能力日益不足，核电机组逐渐参与电网调峰；2015 年之后，随着火电机组逐步深调、跨区送电规模逐年增大，且供暖期、节假日、自然灾害等因素，核电机组参与了起停调峰，年均调峰频次基本稳定在 4.5 次/台左右，2017 年略有下降。为适应核电机组运行特性，不能安排核电机组频繁起停，一般采取 5～15 天停备模式。2018 年，随着用电量增速提高，平衡形势有所好转，停备调峰次数明显减少（2016—2018 年分别为 15、14、10 次）。

2. 国内核电机组调节能力分析

早期投运的核电机组调节能力较弱。受核电机组安全稳定、环

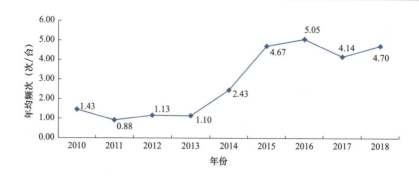

图 7-7　近年来国家电网范围内核电机组调峰年均频次

保低碳、边际成本低但运行灵活性不足等技术特性影响，国内早期设计建造的核电机组，负荷调节性能较差。调节速度上，不具备实时调整能力，基本运行在负荷曲线的基荷部分。调节频次上，仅在机组启停或按照月度/周计划配合电网调峰时参与长时间段的调节，频次为数天甚至数月。调节深度上，核电机组的调整深度要略低于常规火电机组，远低于水电机组（≥20%机组额定有功功率）。

新一代核电机组具备一定的调节能力。核电站调峰一般采用控制棒位移、调节硼溶液的浓度改变反应堆内的中子数和中子密度来实现负荷跟踪。三代核电机组特别是 AP1000 机组采用灰棒插入堆芯来控制反应性，在一个换料周期内的大部分时间里，在30%额定功率以上进行负荷调整时，棒控系统设计能够自动进行功率和温度调节而无需调硼，大幅减少了放射性废液的产生。三代核电机组采用先进非能动理念，具有良好的动态性能和更优越的运行性能，具有15%～100%功率范围的深度调峰能力。在整个18个月堆芯寿期前段90%时间内，设计上可以按照"15-1-7-1"（即每日15h满功率运行，1h降功率，在低功率平台下运行7h，再以1h升至满功率运行）和"100%～50%～100%"功率变化幅度参与电网调峰运行，调峰深度和速度更为适应电网负荷变化趋势，可有效地为系统调峰提供有力支撑。

3．国内核电机组调峰定位的思考

国内核电机组参与调峰的定位。与常规电源相比，核电机组固定成本占比高，变动成本很低，加上核电的技术特点，核电机组承担基荷是最安全和经济的，这也是国际上各国只要有条件就不让核电机组参与调峰的理由，核电的发电优先级排序很靠前。核电参与调峰节省的核燃料也是有条件的，需要在一个换料周期之前按照实际电量装料避免核燃料的浪费。怎样定位核电机组参与调峰的程度应该在具体电网的环境中具体考量，从安全、技术、经济多维度考量核电参与调峰的合理性。从电力系统整体角度考虑，借鉴国外的经验，我国适合将核电机组的发电优先排序紧靠风电光伏之后，但从核电机组本身应该具备调峰的能力，至于如何调、调多少，应根据具体的电力系统平衡状态和市场机制对电价和成本的考虑来具体实施。

四、实现核能综合利用

（一）实现核能综合利用的重要意义

核能综合利用是推动核能及核电产业高质量发展迫切需要。

（1）开展综合利用有利于提高核能利用效率，核能发电将核裂变过程释放出大量热能转化为电能，效率约37%，通过直接利用热能，实现能量的梯级利用，以海阳核电900MW供暖为例，供暖季机组效率可以提升至56%左右。

（2）推动核能产业多元化发展，如图7-8所示，核能项目将从以往单一的供电向供暖、供汽、制氢、海水淡化、制冷等领域发展，核电企业将成为综合性能源及产品服务商，并助推新型商业模式涌现。

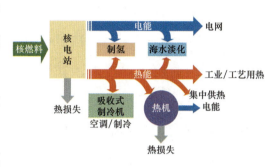

图 7-8　核能综合利用示意

（3）有利于促进核能技术发展，以综合利用市场为牵引有助于推动高温堆、多功能模块化小型堆等先进核能技术研发及关键技术攻关。

（4）有利于提升核电的灵活性，通过抽汽供热、储热、制氢、海水淡化等方式可以在一定尺度上提升核电的灵活性，减少核电的调峰压力。

此外，通过综合利用就近开展核能供暖、供汽、供淡水等，有利于核电企业融入地方发展、造福社会民生，增强当地民众的获得感，提升公众对核能的支持度。

（二）实现核能综合利用的基础条件

我国核能综合利用取得了积极进展，具备了更进一步发展及推广应用的条件。我国已开展了大型核电厂供暖、供汽示范，山东海阳核电厂、浙江秦山核电厂、辽宁红沿河核电厂已实现 1320 万 m² 核能供暖；江苏田湾核电厂核能工业供汽改造正在有序推进；核电海水淡化为多个核电厂厂用水提供了保障，正在探索商业化核电海水淡化项目。海南昌江多用途模块式小堆示范工程已进入核岛安装阶段，在发电的同时还将为周边企业提供蒸汽及海水淡化服务；江苏、广东等多个省份正在规划和布局高温气冷堆、小型反应堆开展综合利用。

从技术储备来看，我国已成功研发了具有自主知识产权的高温气冷堆、"玲龙一号"、NHR200-Ⅱ、CAP200 等多种适用于开展核能综合利用的反应堆技术，并形成了相应的设计、建造及装备制造能力；在运多个核电机组已完成核能综合利用技术改造，形成了成熟的技术方案，为其他商用核电机组开展综合利用奠定了基础；在长距离供暖、供汽、水热同传等技术方面已取得新的突破，在常规电解制氢、反渗透海水淡化等方面不存在技术制约，可以满足核能综合利用发展的需要。

从安全性来看，高温气冷堆、多用途小堆等功率密度低、具有更高的安全裕度；现有大型压水堆综合利用改造及优化主要集中在常规岛系统，不会降低核电厂安全运行水平；核能综合利用技术成熟，热能传输以"传热不传质、多级物理隔离"的方式实现，无放射性风险；我国首个核能供暖示范项目，海阳核电"暖核一号"已安全稳定运行 3 个采暖季，得到了当地公众的充分信任和广泛认可。

从经济性来看，核能供热（包括供暖、供汽）成本与燃煤供热相当，较燃气供热具有优势。根据当前已投运的海阳核电、秦山核电供热项目，并结合新建核电项目同步考虑核能供热进行成本测算，核电机组热电联产出厂热价为 30～40 元/GJ（不含厂外投资），在动力煤价格 1000 元/t 以上的情况下，核能供热具有成本优势。大型核电厂反渗透海水淡化成本为 5～6 元/t，与商用海水淡化项目成本相当。如考虑未来的碳排放成本，并伴随技术的进步，核能综合利用的经济性有望进一步提升。

第四节　核电开发布局与保障

核能是清洁低碳能源，在"双碳"目标及电力结构转型的大环境下，从"十四五"及远期看，迫切需要核电的规模化发展，综合考虑包括厂址资源、铀资源储备、设备制造、工程设计、工程建设和管理能力等方面因素，制定合理的核电建设规模，预计核电装机容量 2030 年将达到 1.1 亿 kW，从实现"双碳"目标来看，2040、2060 年需要分别达到 2.0 亿、4.0 亿～5.0 亿 kW。

一、核电开发布局

基于前述章节分析，核电在稳定供电、碳减排、等效减排投资、竞争性电价、对电网安全支撑等方面具有突出优势；新能源大规模替代化石能源在技术上还存在瓶颈，新能源发电、储能、系统灵活性等一些关键性技术仍未突破，技术方向也存在不确定性，智能化技术的整体条件并未完全具备。一方面，增加核电规模是实现我国"双碳"目标的有效路径之一；另一方面，在储能技术取得突破性发展前，增加区域核电规模，将有效支撑区域碳达峰碳中和以及保障电力供应、系统安全稳定运行。

因此，在"双碳"目标及电力结构转型的大环境下，迫切需要核电的规模化发展，在排除政策因素后，核电未来发展规模的制约因素还在于核电自身，包括厂址资源、铀资源储备、设备制造、工程建设和管理能力等方面。

（一）我国核电厂址资源

核电站的选址条件非常苛刻，符合要求的厂址资源非常稀缺，属于战略资源。近年来，由于核电发展节奏不稳定，部分厂址的保护工作面临人力和经济成本增加、地方政府调整产业规划导致厂址另作他用等问题，核电的可持续发展深受影响。

影响核电厂址资源总量与分布的因素有很多，包括地表断裂、地震活动性、核岛地基岩土特性、洪水、极端气象、水源、区域大气扩散能力、受纳水体的弥散特性、人口分布、外部人为事件、应急计划的实施条件等。带有区域性特征的因素对我国核电厂址资源的总量以及布局具有较大影响，这些区域性特征包括：地震和水资源条件等。这些区域性特征构成了对我国核电厂址资源的主要约束边界，也在很大程度上影响了核电厂址资源数量。

此前我国曾在国内 20 多个省区开展过初可研阶段及以上的核电选址论证工作，据不完全统计已完成初可研工作并基本排除颠覆性因素的核电厂址就有 70 多个，其中，沿海核电厂址可实现装机规模约 2.4 亿 kW，内陆核电厂址装机规模约 2.1 亿 kW。这些厂址有力支撑了当前我国核电的建设规模，也为今后核电的发展奠定了厂址资源基础。

（二）铀资源保障

核燃料是核电生产运行的重要物质基础，由天然铀提炼而成，历经铀转化、铀浓缩、核燃料加工等过程。从成本结构来看，天然铀所占比例最高，达到一半以上。

根据经合组织核能署（OECD-NEA）和国际原子能机构联合发布的《铀资源、生产和需求》红皮书，截至 2021 年，开采成本低于

260 美元/千克铀的已查明铀资源总量为 792 万 t，铀资源储量能满足中远期的全球核电发展对天然铀的需求。总体上，随着低成本铀资源的消耗，未来核电需高成本的铀资源来支撑，从更长远角度看，通过加大全球资源勘探投入、提升勘查和采冶技术，可将推断级的铀资源进一步提升为可开采的资源，将有远景查明铀资源量转变为已查明资源量，以满足核电对天然铀的需求。从全球天然铀产能看，目前全球铀矿设计产能约 8 万 t/年（含在运及临时停产矿山）。近 5 年来，全球在产铀矿山年产量基本处于 4.7 万～6.2 万 t 水平，约占天然铀需求的 75%～85%，其余由二次供应（含贫铀再浓缩/欠料供应、MOX 燃料等后处理铀钚）及市场库存补充，天然铀产能仍未完全释放。未来随着市场需求的增加及天然铀价格的上涨，天然铀产能有望进一步增长，可以满足全球近中期核电发展的需要。另外，技术进步直接影响铀资源可用性，如果能够建设效率更高的快堆型核电站，铀资源的利用率可以提高 30～60 倍，将有利于解决核燃料供应问题。

我国已建立了国内开采、海外开发、国际贸易和战略储备"四位一体"的天然铀供应保障体系。根据最新全国铀矿资源潜力评价预测，我国铀资源总量超过 280 万 t。我国已查明铀矿资源分布于新疆、内蒙古和江西等 23 个省（自治区），已经落实了数个万吨至十万吨级铀矿资源基地。我国铀矿资源类型众多，其中，砂岩型、花岗岩型、火山岩型和碳硅泥岩型（四大类型）铀矿占了全国铀矿资源总量的 94.3%，其他类型铀矿仅占 5.7%（见图 7-9），已探明的 32 个大型及以上规模铀矿床的资源量约占全国已查明铀矿资源量的 59%（见图 7-10）。在海外开发方面，"十二五"以来我国企业先后在哈萨克斯坦、纳米比亚等国家获得了若干大、中型权益铀矿；在国际采购方面，我国核电企业通过与国际天然铀生产商建立了稳定的天然铀采购渠道，主要进口自中亚和非洲国家。总体而言，"四位一体"的天然铀供应保障体系有效保障了我国核电产业的发展，也将为未来我国核能可持续发展奠定重要的物质基础。

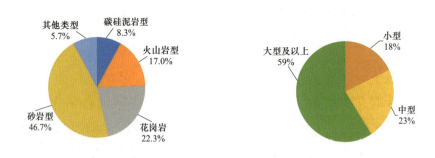

图 7-9　我国铀矿类型比例分布　　图 7-10　我国铀矿床资源规模比例分布

（三）设备制造能力

自 2007 年核电中长期发展规划颁布以后，一批核电新项目陆续落地，我国成为全球核电建设规模最大、发展最快的国家，核电项目的开工建设带动了我国核电装备制造业的快速发展，并通过消化吸收国外先进技术，大力推进自主创新，我国核电关键设备和材料的自主化、国产化取得了重大突破，三大电气集团经培育发展，已成为加工设备精良、核质保体系完整的核岛主设备成套供应商，并发展壮大了一批为核电配套的装备和零部件生产企业，掌握了核岛和常规岛关键设备设计、制造的核心技术。

我国已初步建立满足规模化发展需要的核电配套工业体系，具备从原材料到核电关键设备的成套供货能力（见表 7-3）。目前我国核电装备供应链已全面覆盖包括 CNP、CPR、AP、CAP、"华龙一号"、EPR 和高温气冷堆等国内各种堆型，压力容器、蒸汽发生器、主管道、堆内构件、控制棒驱动机构、数字化仪控等关键设备，以及大型锻件、核级锆材、690U 型管、核级焊材等核心材料，基本实现自主设计、自主制造，形成每年 10 台（套）左右的百万千瓦级核电主设备制造能力。

表 7-3　　　国内核电设备制造供应链及配套能力

分类	产品名称	主要设备制造商
核一级承压设备	反应堆压力容器	中国第一重型机械集团公司 上海电气核电设备有限公司 东方电气（广州）重型机器有限公司
	蒸汽发生器	上海电气核电设备有限公司 东方电气（广州）重型机器有限公司 哈电集团（秦皇岛）重型装备有限公司
	稳压器	上海电气核电设备有限公司 东方电气（广州）重型机器有限公司 东方锅炉股份有限公司 中国第一重型机械集团公司 哈电集团（秦皇岛）重型装备有限公司 西安核设备有限公司
	反应堆冷却剂泵（主泵）	哈尔滨电气动力装备有限公司 上海电气凯士比核电泵阀有限公司 沈鼓核电泵业公司 东方阿海珐核泵有限公司
	反应堆冷却剂管道（主管道）	四川三州川化机核能设备制造有限公司 烟台台海玛努尔核电设备有限公司 中国第二重型机械集团公司
精密设备	堆内构件	上海第一机床厂有限公司 东方电气（武汉）核设备有限公司
	控制板驱动机构	上海第一机床厂有限公司 四川华都设备有限公司 东方汽轮机有限公司

分类	产品名称	主要设备制造商
核岛辅助设备	钢质安全壳	山东核电设备制造有限公司
	核 2 级泵	大连深蓝 沈鼓集团核电事业部 上海阿波罗 上海凯泉 上海 KSB 重庆水泵 江苏海狮
	主蒸汽隔离阀	中核苏阀 大连大高
	爆破阀	中核苏阀 陕西物化所 大连大高 中船重工 哈电阀门
控制系统	核电厂控制系统	北京广利核系统工程有限公司 国核自仪系统工程有限公司 中核控制系统工程有限公司
常规岛主要设备	汽轮机	上海汽轮机有限公司 东方汽轮机有限公司 哈尔滨汽轮机厂
	发电机	上海电机厂 东方电机有限公司 哈尔滨电机厂
关键原材料	镍基合金U 型传热管	宝银特种钢管有限公司 浙江久立特材科技股份有限公司 瓦卢瑞克核电管材（广州）有限公司
	大型锻件	中国第一重型机械集团公司 中国第二重型机械集团公司 上海电气上重铸锻有限公司

　　2006 年以来，我国已投运的 30 余台二代改进型核电机组的设备国产化率逐步提高，部分核电机组设备国产化比例见表 7-4。二代改进堆型的压力容器、主循环泵、蒸汽发生器、稳压器以及主回路管道等主设备，核级泵、阀等在内的关键设备实现了自主制造，

设备国产化比例达到了 80% 以上。三代核电关键设备以及大型锻件、核级锆材、核级焊材等核心材料陆续实现了自主设计、自主制造，设备国产化率已达 90% 以上，核级 DCS 系统打破国际垄断。

表 7-4　　　　　　　部分核电机组设备国产化比例

项目名称	机组	国产化率（%）
海南昌江	1、2 号	52
浙江秦山二期	4 号	60
广东岭澳	4 号	60
辽宁红沿河	1～4 号	65
福建福清	1～4 号	65
浙江方家山	1、2 号	67
福建宁德	1～4 号	78
广东阳江	1～6 号	80
广西防城港	1、2 号	82
福建福清	5、6 号	88
国和一号	1、2 号	90

（四）工程建设和管理能力

1. 全球核电工程建设周期普遍延长

建设时间延长已成为全球核电建设的明显趋势。核电项目在核电发展初期普遍进展顺利，在 20 世纪 70 年代到 80 年代完工的反应堆建设时间差别不大，但随着新建核电项目数量减少，以及采用新型号的首堆项目普遍延期，近 20 年来完工的反应堆建设时间出现大幅变化。中国 2007—2019 年间建成反应堆平均建设时间为 6.0 年，包含了已建成的三代机组，如浙江三门 1 号 AP1000 机组，浙江台山 1 号 EPR 机组，这些都是同型号的全球首台机组，应该正视首台机组因采用新的设计、高的设备要求以及缺乏建造经验造成的普遍拖期。除此之外，中国的平均建设时间为 5.5 年，处于国际上的先进水平。

2．我国核电工程建设能力持续提升

岭澳核电站是我国第一次承担工程管理、建安施工、调试和生产准备的大型商用核电站项目，为我国核电工程建设积累了宝贵的经验。在此后 20 多年的发展中，我国核电工程建设队伍不断发展，能够应对多项目、多基地、几个堆型同步建设的挑战，推动核电批量化建成投产。全面掌握了 30 万、60 万、100 万 kW 装机容量，涉及压水堆、重水堆、高温气冷堆、快堆等各种堆型的核心建造技术，形成了核电站建造的专有技术体系，为我国核电后续批量化、规模化发展以及核电走出去战略奠定了良好基础。

3．我国在建核电工程整体上稳步推进

我国全面掌握了压水堆、重水堆、高温气冷堆、快堆等多种堆型自主建造的核心技术，具备同时建造 40 余台核电机组的建设能力。其中阳江 4 号机组创下了全球同类型工期最短 51.9 个月的纪录。

在建核电工程整体上稳步推进，在安全、质量、进度、投资、技术、环境保护等方面均得到有效控制。在引进国外技术的三代项目中，浙江三门、山东海阳 4 台 AP1000 及广东台山两台 EPR 核电机组均已投入商业运行；广东台山核电 1 号机组是全球第三个开工的 EPR 项目，但实际进度已经成为全球同型号首堆，是首台成功投入商业运行的 EPR 三代核电机组。另在国内自主研发设计的机组建造方面，自主三代核电"华龙一号"示范工程各个里程碑节点均按计划如期完成，国和一号（CAP1400）示范项目按进度有序推进。

（五）开发布局方向

核电发展布局方向的确定，要统筹兼顾核电技术发展、自主创新要求，综合国家战略、资源特点、区域发展需求、厂址资源、能源布局等条件和因素。

（1）核电厂址的建设安排时间上与电力负荷需求的预期相吻合应是基本前提。

（2）我国一次能源分布不均匀，区域一次能源或二次能源的调入和调出是国家整体能源战略的必然安排，核电建设应服从于国家能源供应整体战略，平抑全国范围电力大规模远距离输送的风险和成本。

（3）先滨海厂址，后内陆厂址的时序布局安排。

我国核电优先布局沿海地区有其自身的特点和原因。我国东部沿海地区较早进入社会经济快速发展轨道，由于常规能源资源短缺，电价较高，核能在经济上具有竞争力，并且沿海厂址公众接受度更高，核电建设离不开公众的支持。因此，我国已经投入运行和批准建设的核电项目分布在辽宁、山东、江苏、浙江、福建、广东、广西、海南等沿海省份。

随着国家鼓励支持有条件的地方率先达峰，近期，江苏、广东、上海、海南、青海等地均提出力争在全国率先实现碳达峰。当前，积极表态的省份以东部经济发达地区和环境容量空间较充足的地区为主。对比来看，中部地区在碳达峰、碳排放等方面则面临更大的压力。在面临碳排放达峰及能源双控、减煤的环境约束下，如何既保障能源供应安全，又完成国家节能减排的任务，还能服务经济持续快速发展，中部地区面临诸多挑战。

近年来，中部地区经济增长快速。经济快速增长的同时，中部地区对于能源消费需求也在持续增加。与此同时，中部地区作为经济欠发达，资源禀赋不优的地区，长期以来，经济发展对煤炭等化石能源的依赖较为严重。当前，山西的一次能源消费结构中煤炭占比超过80%，河南则超过60%。如果要在2030年实现碳达峰，则意味着中部地区需要加快能源转型的步伐，降低对煤炭等化石能源的依赖。预计中部地区能源转型主要以太阳能和风电为主，受新能源消纳和本地电力稳定供应要求，需要规模化布局核电发挥支撑本地电网作用。

再者，优先布局在现有核滨海省份，并不是认为在滨海和内陆建设核电项目有本质区别。就我国的国情而言，滨海厂址和内陆厂址的主要差别仅在于厂址外部环境，考虑到国内公众对内陆核电厂事故可能导致饮用水源污染的高度关注，优先考虑滨海厂址，在控制风险范围上更为理智。并且，安全是核电的生命线，所以日本福岛核事故后，国家对当前和今后一个时期的核电建设作出了保证核安全，合理把握节奏，稳步有序推进，优先安排沿海成熟厂址建设的总体部署。

（4）适时启动内陆地区核电建设。

未来，我国东中西部地区用电量的差距将逐步缩小，但经济持续发展电力需求强劲的局面不会被打破，能源格局必然要求电源结构作出较快调整以适应经济的发展，除了水电之外，主要依靠新能源，当然更重要的是核电。国外经验表明，电力需求决定核电布局。美国西部发展落后于东部，东部地区工业密集，生产和生活用电均多于西部，所以在核电站数量上东部远远多于西部。20世纪80年代，我们优先发展沿海核电，既是因为改革开放初期，中西部省份缺电问题尚不突出；更是因为沿海地区一次能源短缺和经济比较发达。

虽然目前我国核电厂全部部署在沿海地区，但如果考虑到沿海地区的核电需求等因素，核电产业在沿海地区继续发展依然是基本趋势。但改革开放 40 年来，中部尤其是长江中游地区，其经济发展水平已经达到或超过核电发展初期的广东及江浙地区。发展核电可满足中西部省市经济的快速发展对电力越来越大的需求，且在"双碳"目标下，中西部地区的清洁化低碳化发展是必然趋势。

基于以上考虑，我国在厂址等条件成熟的内陆区域发展核电不但有利于国家"双碳"目标的实现，也有利于满足内陆地区经济发展对电力的迫切需求。

二、核能综合利用

"双碳"目标实现需要全社会协同努力，体现在社会活动的方方面面，核能综合利用是核能发展的一个重要方向，是减碳的重要力量。发电只是核能利用的一种形式，从能源效率的观点来看，直接使用热能是更为理想的一种方式。随着技术的发展，尤其是第四代核能系统技术的逐渐成熟和应用，核能有望超脱出仅仅提供电力的角色，通过非电应用如核能供热制冷、工业用汽、核能制氢、海水淡化、同位素生产等各种综合利用形式，在碳达峰和碳中和的背景下更加有所作为，在全球能源安全和绿色转型方面发挥巨大的作用。另外，随着技术水平和安全性的持续改进提升，设备自主化国产化能力的进一步增强，核能在极远极寒、太空深海、海岛开发、战备应急等特殊情境下的应用价值将进一步凸显。

（一）核能供暖

核能供暖具有清洁低碳、安全可靠的特点，经济性得到初步验证，是当前不可多得的、较为成熟的替代化石能源、满足大规模集中供暖需求的方式。截至 2021 年底，我国北方地区供暖总面积 225 亿 m² （城镇约 154 亿 m²，农村约 71 亿 m²），其中，燃煤供暖、天然气供暖、电取暖占比分别约为 65%、21%、10%。为实现"双碳"目标，预计 2025、2030、2060 年，需要替代的化石能源供暖规模初步匡算约 15 亿、40 亿、110 亿 m²。根据当前我国核电布局，利用北方地区已投运核电项目进行供暖，具备实现 1.6 亿 m² 核能供暖能力；随着在建核电机组的建成投产，预计 2030 年，将具备 3.2 亿 m² 核能供暖能力。进一步结合核电厂周边城市实际情况及供暖替代的可行性分析，预计 2030 年我国核能供暖面积将达到 1.5 亿 m² 左右；展望 2060 年，为实现碳中和目标，考虑到多用途小堆及内陆地区核电发展，我国核能供暖面积有望达到 15 亿 m²。

（二）核能工业供汽

核能工业供汽是核能助力工业部门碳减排的重要举措，是核能开展综合利用的重要方向。通过小堆、压水堆、高温堆等不同堆型的组合，核能供应蒸汽参数范围可覆盖 0.35～12.5MPaG、100～540℃，涵盖了高压、中压、低压、低低压等石化、煤化工、盐化工以及普通加工制造业所需的各个蒸汽参数等级。2019—2021 年，我国工业蒸汽消费量稳定保持在 4.5 亿 GJ/年以上，现有工业蒸汽的需求量约 6.5 万 t/h，按照规划沿海规模较大的 20 多个化工园区，未来工业用蒸汽需求总量将达到 13.5 万 t/h。若以核能产生的蒸汽替代现有工业蒸汽需求量的 30%测算，需要约 1000 万 kW 装机规模的高温气冷堆与压水堆开展联合供热；以占有未来全部需求总量的 30%测算，需要约 2100 万 kW 装机规模的高温气冷堆与压水堆开展联合供热。

（三）核能制氢

我国清洁制氢市场空间巨大，核能制氢具有较大的潜力。根据中国氢能联盟的预测，预计 2030 年我国氢气的年需求量将达到 3715万 t；到 2060 年，我国氢气的年需求量将增至 1.3 亿 t 左右。以水为原料，核能制氢的技术路线可分为核电制氢（效率不超过 30%）、核热制氢（效率超过 60%）和电热混合制氢（效率接近 60%）三种。其中，热制氢和电热混合制氢所需的高温工艺热，可与高温气冷堆热力参数契合，预期成本最低，但由于面临耐高温材料研发的挑战，目前技术成熟度较低。预计 2030 年，考虑 1.1 亿 kW 压水堆核电均具备制氢能力时（考虑反应堆额定功率 30%用于制氢），可实现核能制氢年产量 330 万 t，能够满足我国约 1/10 的氢气需求；展望 2060年，倘若热制氢、电热混合制氢及高温气冷堆技术取得突破，可实现核能制氢年产量 900 万 t 左右。

（四）核能海水淡化

核能海水淡化可以在一定程度上增加城市供水量，保障水资源安全，在沿海省份具有较大的市场空间。截至 2021 年底，全国现有海水淡化工程规模 186 万 t/日，均分布在沿海 9 个省市水资源严重短缺的城市和海岛。国家发展改革委、自然资源部联合编制的《海水淡化利用发展行动计划（2021—2025 年）》提出，2025 年全国海水淡化总规模将达到 290 万 t/日。根据在建和已规划核能海淡项目测算，预计 2025 年我国核能海水淡化规模将达到 21 万 t/日；到 2030年，将达到 40 万 t/日。

第八章　储能发展及应用

储能在能源体系变革及能源互联网建设中占据重要地位，是未来提升电力系统灵活性、经济性和安全性，解决新能源消纳的重要手段，也是促进能源生产消费开放共享、灵活交易，实现多能协同的核心要素。世界主要国家均将储能作为战略性技术，通过法案和市场推动储能发展。我国正在努力构建科学、合理、可持续的储能业态，推动储能技术发展。

第一节　储能发展现状

电力储能形式多样，按照技术类别大致可以分为电化学储能（锂离子电池、铅炭电池、液流电池、钠硫电池等）、机械储能（抽水蓄能、压缩空气、飞轮等）、电磁储能（超级电容器、超导等）、相变储能（熔融盐储热等）、氢储能等。

抽水蓄能作为传统电力储能技术，已在电力系统中规模化应用，新型储能主要是指除抽水蓄能外的电力储能技术，如锂离子电池储能、钠离子电池储能、压缩空气储能、飞轮储能等。

一、抽水蓄能

（一）技术发展现状

抽水蓄能是当前技术最成熟、经济性最优、最具大规模开发条件的绿色低碳清洁灵活调节电源，与风电、光电、核电、火电等配合效果较好。加快发展抽水蓄能，是构建以新能源为主体的新型电力系统的迫切要求，是保障电力系统安全稳定运行的重要支撑，为可再生能源大规模发展提供保障。

我国抽水蓄能发展始于 20 世纪 60 年代的河北岗南水电站，通过广州抽水蓄能电站、北京十三陵抽水蓄能电站和浙江天荒坪抽水蓄能电站的建设运行，夯实了抽水蓄能发展基础。随着我国经济社会快速发展，抽水蓄能发展加快，项目数量大幅增加，分布区域不断扩展，相继建设了泰安、惠州、白莲河、西龙池、仙居、丰宁、阳江、长龙山、敦化等一批具有世界先进水平的抽水蓄能电站，电站设计、施工、机组设备制造与电站运行水平不断提升。目前我国已形成较为完备的规划、设计、建设、运行管理体系。

技术水平显著提高。随着一大批标志性工程相继建设投产，我国抽水蓄能电站工程技术水平显著提升。河北丰宁电站装机容量 360 万 kW，是世界装机容量最大的抽水蓄能电站。单机容量 40 万 kW 的广东阳江电站是目前国内单机容量最大、净水头最高、埋深最大的抽水蓄能电站。浙江长龙山电站实现了自主研发单机容量 35 万 kW、750m 水头段抽水蓄能转轮技术。抽水蓄能电站机组制造自主化水平明显提高，国内厂家在 600m 水头段及以下大容量、高转速抽水蓄能机组自主研制上已达到了国际先进水平。

全产业链体系基本完备。通过一批大型抽水蓄能电站建设实践，基本形成涵盖标准制定、规划设计、工程建设、装备制造、运营维护的全产业链发展体系和专业化发展模式。

中国抽水蓄能电站技术发展迅猛。我国抽水蓄能电站的建设起步较晚，但基于常规水电的先进技术能力，起点较高，包括高、中、低水头，大、中、小型机组容量，输变电和运行管理技术等，目前我国抽水蓄能电站技术已处于世界先进水平。其中，丰宁抽水蓄能电站、惠州抽水蓄能电站、洪屏抽水蓄能电站、广州抽水蓄能电站、阳江抽水蓄能电站、梅州抽水蓄能电站以及长龙山抽水蓄能电站等 7 座电站都跻身世界十大抽水蓄能电站之列。

（二）规划建设情况

1. 投产情况

截至 2023 年底，全国在运抽水蓄能装机容量 5094 万 kW，主要分布在华东、华北、南方区域（见图 8-1）。其中：2023 年，山东文登、河北丰宁、福建永泰、河南天池、福建厦门、新疆阜康、重庆蟠龙、辽宁清原等抽水蓄能电站机组投产，全年投产装机容量 515 万 kW。

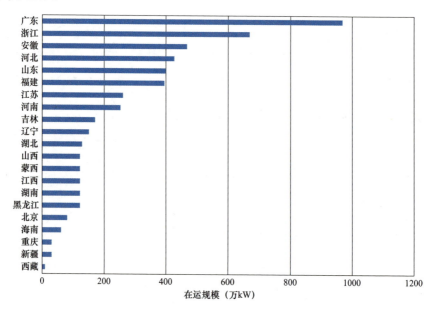

图 8-1 部分省区抽水蓄能在运规模

2．核准情况

截至2023年底，全国核准在建装机容量突破1.79亿kW。其中：2023年，全国共有49个项目核准，核准总装机容量6342万kW，主要分布在华中、华东、西北区域（见图8-2）。

3．规划开发

我国地域辽阔，建设抽水蓄能电站的站点资源比较丰富。在2020年12月启动的新一轮抽水蓄能中长期规划资源站点普查中，综合考虑地理位置、地形地质、水源条件、水库淹没、环境影响、工程技术及初步经济性等因素，在全国范围内普查筛选资源站点，分布在除北京、上海以外的29个省（自治区、直辖市）。

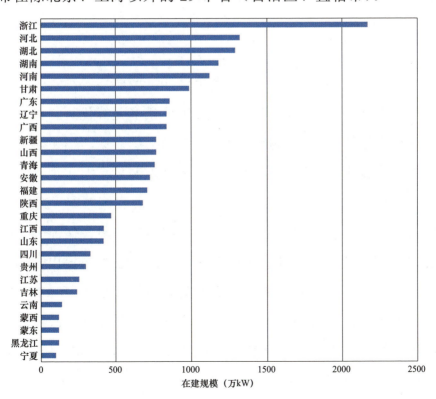

图 8-2　部分省区抽水蓄能核准在建规模

239

2021 年 8 月，在根据国家能源局发布的《抽水蓄能中长期发展规划（2021—2035 年）》中，根据各省（自治区、直辖市）开展的规划需求成果，综合考虑系统需求和项目建设条件等因素，抽水蓄能中长期规划布局重点实施项目 340 个，总装机容量约 4.21 亿 kW，长期规划提出抽水蓄能储备项目 247 个，总装机规模约 3.05 亿 kW。初步安排的建设进度是："十四五"期间，开工规模 1.6 亿 kW，到 2025 年，投产规模达到 6200 万 kW。"十五五"时期，开工 8000 万 kW，2030 年投产规模再翻一番，达到 1.2 亿 kW。"十六五"期间，开工 4000 万 kW，2035 年投产规模 3 亿 kW，形成满足新型电力系统需求的现代化抽水蓄能产业。

二、新型储能

新型储能包括电化学储能、飞轮储能、氢储能等种类，具有建设周期短、布局灵活、响应快速、应用场景多元等优势，可在电力系统运行中发挥调峰、调频、调压、备用、黑启动、惯量响应等多种功能，是我国构建新型电力系统和新型能源体系、实现"双碳"目标的关键技术。《"十四五"新型储能发展实施方案（2022 年）》提出，加强储能技术创新战略性布局，积极实施新型储能关键技术研发的支持政策。《中国新型储能发展报告 2023》中提出，到"十四五"末，我国新型储能累计装机容量有望超过 5000 万 kW。2024年，政府工作报告明确提出"发展新型储能"，在国家政策和技术创新的双轮驱动下，我国新型储能规模化发展趋势逐渐呈现。

（一）技术发展现状

当前，我国储能产业生态已初步形成，新型储能技术家族不断壮大，多元化发展态势明显，整体处于国际先进水平。其中，锂离子电池技术处于国际领先水平，产业化程度最高；压缩空气储能、全钒液流电池、飞轮储能等技术处于国际领先或跟跑水平，但技术整体处于工业化到产业化的过渡阶段；钠离子电池储能技术处于国际领先水平，技术整体处于工程示范阶段；液态金属电池、重力储能、水系电池等技术仍处于实验室研发阶段，距规模化示范应用仍有一定距离。国内外新型储能技术发展现状如图 8-3 所示。

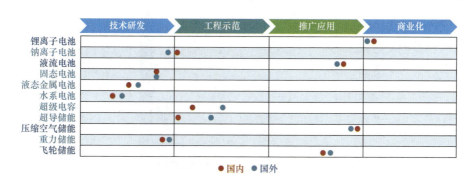

图 8-3　国内外新型储能技术发展现状

近年来国内外新型储能以长寿命、高安全、高效率、低成本为目标，在基础理论、本体制造、系统集成和工程应用等四方面系统性地开展了大量研究工作，我国新型储能技术体系已经初步建立，整体技术水平与国外处于并跑状态，支撑了新型储能的快速发展。

（二）规划建设情况

1．装机规模

我国电力储能装机规模快速增长，根据 CNESA 数据，截至

2023 年底，中国已投运电力储能项目累计装机超过 86.5GW，同比增长 45%，新型储能累计装机占比约 40%。

我国新型储能装机规模增长迅猛，根据 CNESA 数据，截至 2023 年底，中国已投运新型储能累计装机 34.5GW/74.5GWh，同比增长超过 150%，新增投运新型储能装机 21.5GW/46.6GWh，三倍于 2022 年新增投运规模水平。中国新型储能装机容量和年增长率如图 8-4 所示。

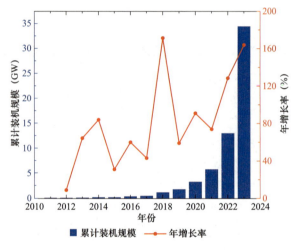

图 8-4　中国新型储能装机容量和年增长率

（数据来源：CNESA）

我国新型储能新技术不断涌现，技术路线"百花齐放"。锂离子电池储能仍占绝对主导地位，占比超过 97%，其集成规模向吉瓦级发展；压缩空气储能和液流电池储能占比均为 0.6%，都实现了百级工程应用示范；飞轮储能、钠离子电池等其余类型储能规模占比较小，仍处于小容量试点示范阶段。2023 年中国新型储能技术路线占比如图 8-5 所示。

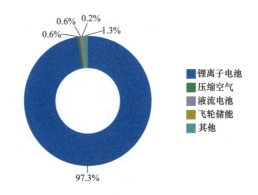

图 8-5　2023 年中国新型储能技术路线占比

（数据来源：CNESA）

2．应用情况

新型储能典型应用场景主要分为电源侧、电网侧和用户侧，目前电源侧和电网侧储能占据主导地位。

电源侧方面，2023 年新增投运电源侧储能项目主要集中于西北（40.3%）和华北（34.6%）区域，即新疆、内蒙古、青海、甘肃等拥有丰富风力光伏资源储备的省份；华东地区占比 13.6%，西南、华南、华中分别占比 4.7%、4.6%、2.3%。

电网侧方面，2023 年新增投运电网侧储能项目中，华东区域电网侧项目投运规模最大，其中，山东省共有 22 个电网侧项目投运，投运规模为 2.0GW/5.1GWh，占比 61.78%；其次是西北区域，其中，宁夏回族自治区共投运网侧项目 11 个，投运规模为 1.4GW/2.8GWh，占比 56.79%；西南区域，贵州省 2023 年独立储能示范项目并网超过 10 个，规模均在 100MW 及以上；华中区域投运规模达到 2GW，其中，湖南省"一枝独秀"，2023 年投运 16 个百兆瓦级电网侧储能项目；华北区域山西、内蒙古、河北多个网侧项目投运，投运规模达到 1.1GW/2.1GWh；华南区域则以两广网侧项目投运为主，投运规模为 836.5MW/1674.6MWh。

用户侧方面，2023 年新增投运的用户侧储能项目主要集中于浙江（22.6%）、江苏（21.7%）和广东（16.2%）等省份。其中，浙江工商业储能项目 147 个，总规模为 146.76MW/301.62MWh；江苏省工商业储能项目 37 个，规模则达 141MW/846MWh。

第二节 储能电站安全防护

一、储能电站安全现状

在政策和市场双重因素推动下，近年来储能产业快速发展。根据国家电化学储能安全监测信息平台统计数据，截至2023年6月，全国电力安全生产委员会 19 家企业成员单位 500kW/500kWh 以上的电化学储能电站1024座、总功率27.22GW、总能量59.26GWh。其中，已投运电站699座、总功率14.30GW、总能量28.77GWh，在建电站325座、总功率12.92GW、总能量30.49GWh。2023年上半年，新增投运电化学储能电站 227 座、总功率 7.41GW、总能量14.71GWh，超过此前历年累计装机规模总和。随着大型电化学储能电站的大量投产，储能安全问题凸显。据不完全统计，近十年以来全球发生储能电站安全事故 60 余起，2021 年以来发生 18 起（见表8-1）。

储能电站可靠运行方面，2023 年上半年，电化学储能电站可用系数达 0.98。上半年计划停运 291 次，单次平均计划停运时长

78.83h，单位能量计划停运次数 35.73 次/100MWh；非计划停运 249 次，单次平均非计划停运时长 45.78h，单位能量非计划停运次数 41.09 次/100MWh。电站关键设备、系统以及集成安装质量问题是导致电站非计划停运主要原因，非计划停运次数占比 79.12%（见图 8-6）。

表 8-1　2017—2022 年部分储能电站火灾安全事故统计

序号	发生日期	地点	规模	电池类型	事故描述	发生原因
1	2022 年 2 月	美国莫斯兰丁	300MW/1200MWh	三元电池	储能电站项目约有 10 个电池架被融化	电池过充导致热失控
2	2022 年 1 月	韩国义城庆尚北新谷里	1500kWh	三元电池	某太阳能发电厂储能系统发生火灾	事故原因未知
3	2022 年 1 月	韩国蔚山南区 Sk 能源公司	50MWh	三元电池	电池储能大楼发生火灾	电池过充导致热失控
4	2021 年 9 月	美国加州蒙特雷县 Moss Landing 储能项目	182.5MWh	三元电池	储能电站的电池起火	事故发生在电站调试
5	2021 年 4 月	北京	25MWh	磷酸铁锂	大红门储能电站发生爆炸	电池过充导致热失控
6	2020 年 7 月	澳大利亚维多利亚州	450MWh	三元电池	特斯拉储能电站 Megapack 发生火灾	事故发生在测试期间，冷却液泄漏导致高压功率器件发生电弧
7	2019 年 8 月	韩国忠南野山郡广市	10MWh	三元电池	两套储能系统中，一套被烧毁，另一套被烧焦	事故原因未知

续表

序号	发生日期	地点	规模	电池类型	事故描述	发生原因
8	2019年4月	美国亚利桑那州APS公司	2MW/2.47MWh	三元电池	锂离子电池储能电站发生大规模火灾，事故造成4名消防员死亡	由电池内部缺陷导致，特别是异常的锂金属沉积和树突状生长
9	2017年3月	山西省京玉发电厂	9MW/4.5MWh	磷酸铁锂	锂离子电池储能舱体发生火灾	原因不明
10	2017年12月	山西省京玉发电厂	9MW/4.5MWh	磷酸铁锂	锂离子电池储能舱体再次发生火灾	电池单体内短路导致热失控

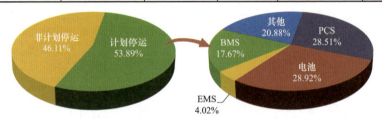

图 8-6 2023 上半年电化学储能电站停运分布情况

储能电站运行安全性和可靠性，既与储能技术本身紧密相关，又与储能电站安全监管密不可分。目前存在的主要问题有：存量储能电站存在长期重大风险隐患、新建储能电站"带病并网"风险、电站全寿命周期监督治理措施不完善、储能电站事故溯源与追责困难、储能电站安全质量管理标准规范不健全。

二、储能电站运行风险

（一）电化学储能

1. 储能电池热失控原因

（1）储能电池本征风险。锂离子电池由正负极材料，电解液、隔膜及封装部件等组成，其火灾危险性来源于内部可以发生燃烧反应的化学材料。热失控过程伴随着一系列内部电池材料的热分解反应，包括固体电解质界面膜（SEI）分解，电解液燃烧，正负极材料热分解及组分之间相互反应。其中，正极材料热分解及其与电解液之间的相互反应给予了电池热失控反应的大部分热量；钴酸锂、三元等层状结构的正极材料的热分解反应往往非常剧烈，并伴随氧气的产生，成为助燃剂（见图 8-7）。

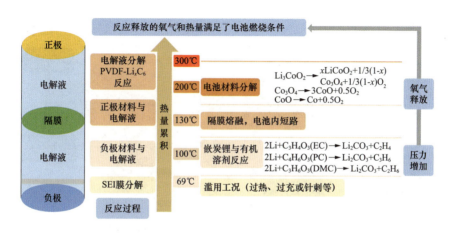

图 8-7　锂离子电池火灾内部反应过程

（2）热失控发生原因。当锂离子电池发生热失控，它将迅速地释放出其存储的能量，电池存储的能量越多，释放的能量也越剧烈。电池之所以具有如此强烈的放热行为一方面是因为其本身具有很高的能量密度，另一方面，电池不仅仅存储电能，还具有可燃性电解液。当电池发生热失控时，电池内部发生大量化学反应，如电解液与嵌锂反应、正极分解反应等，迅速释放出大量的热能，最终引发电池火灾甚至爆炸的危险。

（3）在锂离子电池使用过程中，机械滥用、电滥用和热滥用都会直接导致热失控。机械滥用是指锂离子电池因挤压、碰撞以及针刺等外力作用而导致的热失控；电滥用是指锂离子电池因短路或过度充放电而导致的热失控；热滥用是指锂离子电池因高温环境导致的热失控。如图 8-8 所示，机械滥用、电滥用和热滥用三者之间存在联系，机械滥用会破坏电池，引起电池隔膜的损坏，导致电池出现内短路，进而引发电滥用；而电滥用发生后，电池的产热会快速增加，导致电池的温度剧烈升高，引发热滥用，进一步导致电池发生热失控。

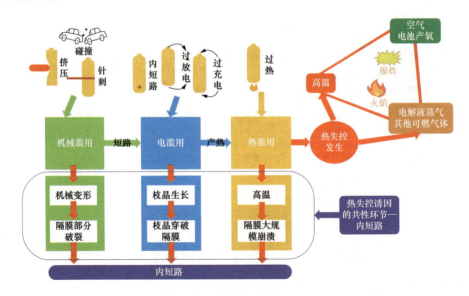

图 8-8　电池火灾诱因图

2. 储能电池热失控危害

当电池发生热失控时，电池内部发生剧烈的放热反应，产生大量的热量和有毒可燃气体，有可能引发火灾甚至爆炸。除火灾威胁外，因气体燃烧而产生的对流和辐射热以及释放的有毒气体都会对人们的生命安全造成威胁。电池热失控后，危害主要体现在：

（1）释放大量高温、有毒、可燃烟气。因不充分燃烧而产生的 CO、氟化物等毒性气体，危害人身安全；所释放的 H_2 和烷烃类气体可燃，造成燃烧爆炸。

（2）热释放速率快。磷酸铁锂电池满电状态下，热释放速率峰值超过汽油：磷酸铁锂电池（1kWh）的热释放峰值速率（$2.91MW/m^2$）约是汽油（$2.2MW/m^2$）的 1.3 倍；半电及放空状态下，热释放速率峰值分别介于汽油与燃油之间。

（3）爆炸当量高。储能电站（1MW/2MWh、40 尺集装箱）热失控后，仿真结果表明，其内部产生 2221K 的高温，蒸汽云 TNT 爆炸当量为 149.95kg、地面 TNT 爆炸当量为 269.91kg，波及沿集装箱长边方向 30m、短边方向 15m（约 $450m^2$）内的其他建构筑物。

（4）持续时间长。锂离子电池火灾是内源性火灾，并持续产热，往往伴随多次熄灭—复燃过程，复燃时间长达数小时甚至数天，火灾救援及事故后处理安全隐患较大。

（5）火灾属性复杂，灭火困难。电池火灾具有固/液/气体火灾，以及带电火灾等多种属性特征。

（二）物理储能

压缩空气储能和飞轮储能系统运行风险主要包括机械和电气两方面。

1. 机械风险

压缩空气储能系统机械风险涉及压缩机、储/换热设备、储气罐和膨胀发电机等多个环节。压缩机有高速磨损危险，同时其在作业过程中的震动，会导致管路开裂、泄漏等；高压储气罐因高温、超压可能发生爆炸；储换热设备，高温高压气体可造成人员烫伤风险；膨胀机是高速旋转部件，有跳车等风险；压缩机、膨胀机等的润滑油，可能存在燃烧和爆炸隐患等。

飞轮储能系统系统机械风险由高速旋转的飞轮和高速电机等部件导致，转子旋转工作中，存在疲劳强度失效风险，引发转子解体成碎片，撞击转子外围的真空壳体并逸出壳体，撞击飞轮机组附近的设备或人员而产生机械碰撞危害。

2．电气风险

电气风险方面，主要源于电机、变流器及配电系统。电机运行通常需要380~690V的变频电压，功率电路、电缆中电流为数百到千安培。过电流、过电压会对设备本身造成危害，同时带来一定的冒烟、失火、触电等安全隐患。

三、安全防护技术

（一）电化学储能

1．储能本体安全

储能电池本体安全是储能系统安全的基础。目前，储能电池普遍采用磷酸铁锂电池，常规的磷酸铁锂电池采用有机电解液作为传导锂离子的介质，电解液的燃烧问题始终没有得到解决。为解决电解液引发的安全问题，近年来固态电池技术迅速发展。固态电池采用不流动、不易燃的固态电解质，有望提升电池的本征安全性。

液态电池安全技术主要包括抑制负极侧反应和阻断燃烧反应。针对负极与电解液反应的问题，可通过引入电解液添加剂来形成更稳定的负极—电解液界面层（SEI），或采用自毁电池技术，即引入温控毒化剂层。电解液的燃烧反应则可以通过引入阻燃剂来抑制。

然而，在电解液中引入添加剂可能会导致电性能下降，自毁电池技术会不可避免地降低能量密度。因此，选择液态电池安全技术时需要综合评价电性能、能量密度和安全性。

固态电池安全技术包括复合固态电解质膜、固态电解质包覆或涂覆正负极、原位固态化等，其核心思想为通过提升电池固态化程度，降低电解液含量，以改善高比能电池的安全性。然而，固态电池能在多大程度上提升高比能电池的安全性仍有待探究和验证；过多地引入低离子电导率的固态电解质会降低电池的电性能，并导致电池成本增加。因此，固态电池需要权衡电性能、安全性和成本。

未来，高安全固态电池是发展方向之一，短期内通过添加固态电解质和原位固态化技术，降低电池内的电解液含量，从而提高安全性；中期突破基于现有正负极材料的第一代全固态电池，综合性能赶上甚至超越液态锂离子电池；长远目标是发展面向新型高容量正负极材料的下一代全固态电池，实现电池性能大幅提升。

2. 储能系统集成与安全预警

储能系统集成旨在将不同组件整合为一个模块化产品技术平台，以满足不同容量、功率和充电倍率的需求。这包括系统框架、电池PACK、液冷系统、BMS管理系统、配电系统、消防系统和汇流系统等组件。通过模块化设计，储能系统能够更加灵活高效地应对能源存储和利用的需求。安全预警系统则是在储能系统中起到至关重要作用的技术之一。它基于电、热、力、声、气、光探测技术，能够实现故障的早期预警和精准定位。通过预警、降温、降功率、停机和灭火等分级管控策略，安全预警系统能够监测和处理电池系统的异常情况，确保储能系统的安全性。

　　储能系统集成技术包括系统框架设计、电池 PACK 设计、液冷系统设计、BMS 设计。系统框架设计通过模块化设计和集成技术，构建储能系统的整体结构。PACK 设计通过设计和选择合适的电池 PACK 组件，以满足储能系统的容量和功率需求。液冷系统设计通过采用液冷技术，实现对电池的有效冷却，提高系统的效率和稳定性。BMS 设计通过监测电池状态、充放电过程以及电池温度，保证系统的安全性和性能。

　　安全预警技术包括早期故障预警、精准定位、温度和压力控制以及火灾预防和控制四部分。早期故障预警通过监测电池系统的电、热、力、声、气、光等参数，实现对潜在故障的早期预警，减少故障风险。精准定位通过分析预警信号，确定故障的具体位置，提高故障定位的准确性和速度，便于及时采取措施进行修复。通过监测和控制电池系统的温度和压力，防止过高温度和过大压力对系统造成损坏或安全隐患。火灾预防和控制通过烟雾、可燃气体等探测器实时监测电池舱内的火灾情况，并及时启动灭火装置进行控制和扑灭。

　　储能系统集成和安全预警仍面临一些难点和挑战。热管理和散热设计方面，储能系统会产生大量的热量，如何高效地进行热管理和散热设计是一个关键问题，涉及散热材料的选择、散热通道的设计等内容。故障预测和诊断方面，储能系统集成和安全预警需要具备故障预测和诊断的能力，能够提前发现潜在故障并准确判断故障原因，以便采取及时的维修和控制措施。

　　未来的储能系统集成和安全预警将更加智能化和自适应，能够根据实时的工况和需求进行优化控制和调整，提高能源存储和利用的效率和灵活性。储能系统集成和安全预警将更加注重绿色和可持续发展。在材料选择、能源利用和环境保护方面将持续创新，减少对有限资源的依赖和环境的影响。

储能系统集成和安全预警技术是能源领域的前沿技术，其应用可以提高能源存储和利用的效率和安全性。尽管面临一些难点和挑战，但随着技术的不断进步和发展，储能系统集成和安全预警将在未来得到广泛应用，并为可持续能源转型和能源安全作出重要贡献。

3. 储能电站安全监测

储能电站的安全性与 EMS、PCS、运行管理以及工作环境密切相关。为保证储能电站的安全运行，目前业界已经针对各安全关键环节开发了前沿的数据采集与监视系统、故障诊断系统、安全预警系统以及消防灭火系统。

储能电站的 EMS 安全预警技术。EMS 能量管理利用数据采集与监视系统对电站内所有设备进行实时监控，依靠数据挖掘系统和专家诊断分析系统实现高可靠故障预警。

储能电站的 PCS 安全预警技术。当 PCS 发生电气故障后，由安全监测系统反馈异常报警信号，切断所在预制舱主电路。当 PCS 产生起火现象后，由火灾探测系统或视频监控系统等安全监测系统反馈异常报警信号，切断所在预制舱主电路，启动消防灭火系统。

储能电站运行管理安全监测技术。建立储能电站的实时监测和远程监控系统，采用故障诊断算法对储能电站的监测数据进行分析和处理，提取关键信息，预测电池组的健康状况，为储能电站的运行管理提供参考和支持。

储能电站环境安全监测技术。采用监测设备对储能电站的通风、散热系统进行实时监测，确保储能电站内部温度适宜，避免电池过热；采用多种传感器对储能电站环境温度、湿度等参数进行实时监测，确保储能电站的环境安全。

随着储能电站的规模不断扩大，大规模储能电站的全面监测和管理成为难点。实现对储能系统的全面监测和管理、对不同类型储能电池的监测和管理，以及高效挖掘和处理数据，同时又要保护用户的隐私安全充满挑战。

未来，储能电站安全监测技术的发展方向和趋势将是物联网和大数据技术、人工智能技术、多传感器融合技术、安全隐私保护技术和云计算技术的应用。这些技术将有助于实现对储能电站的全面监测和管理，提高储能电站的安全性和稳定性。

（二）物理储能

1. 储能本体安全

（1）压缩空气储能。压缩空气储能系统安全保障措施有：

1）针对膨胀机风险点，可在旋转部件旁设置防护措施，运行期间膨胀机区域封闭管理，防止膨胀机转轴高速运转导致设备损坏及危害人身安全。

2）针对压缩机风险点：通过控制系统设置冷却水流量过低报警、压缩机排气高温报警及压缩机超温联锁停机，防止压缩机出口超温导致压缩机故障停车或损坏。在压缩机出口设置安全阀，控制系统设置压缩机排气超压报警及联锁停机，防止压缩机出口超压导致压缩机故障停车或损坏。

3）针对高压储气罐：按规定安装设备安全阀，压力达到安全阈值起跳泄压，防止高压储气罐压力过高导致设备损坏或气体泄漏危害人身安全。在压力管道设置紧急切断阀，防止压力管道超压危害设备安全及人身安全。

（2）飞轮储能。飞轮储能系统安全保障措施有：

1）针对高速旋转部件：加强旋转部件的强度设计安全理论评估；构建旋转部件材料机械性能保障体系；掌握转子解体行为并评估飞轮机组壳体包容碎片动能能力；采取机组外碎片飞逸防护装置或地井安装方法。

2）针对系统电气风险：对所有用电设备做接地防护防止系统漏电引起人员触电风险。对所有室外高空设备做防雷保护，防止室外设备遭受雷击导致设备损坏故障及危害人身安全。

2．储能电站安全监测

在储能系统各个关键部件安置温度、压力、震动、转速、流量测量传感器，通过测量仪表对这些关键参数实时监测，并根据参数预警值实现自动控制和实时预警，提前预知设备运行状态，易损部件定期更换，防止超速、过电压、过电流、过热、超振等故障态运行。

总体来说，新型储能作为一个能量载体，本身存在一定的安全风险；技术路线不同，安全风险有所不同；新型储能电站需构建本体安全、主动安全、消防防御三道防线，安全防护也需要贯穿到新型储能系统全环节、建设全流程、运营全寿命周期。

第三节　储能参与电力市场交易

近年来，随着我国储能产业相关政策出台和落地实施，储能技

255

术已逐步应用于电力系统的各个环节，对推动中国的能源结构转型、能源安全革命、实现节能减排目标具有重要的意义。2014 年 11 月《能源发展战略行动计划（2014—2020 年）》首次将储能列入 9 个重点创新领域之一，2015 年 3 月《关于深化电力体制改革若干意见》的发布为储能创造一个潜力巨大的市场。2017 年 10 月《关于促进我国储能技术与产业发展的指导意见》开启了储能向规模化发展的新历程。2019 年 7 月《贯彻落实〈关于促进储能技术与产业发展的指导意见〉2019—2020 年行动计划》进一步指导储能产业的发展。2020 年 5 月《关于建立健全清洁能源消纳长效机制的指导意见（征求意见稿）》中针对加快形成有利于清洁能源消纳的电力市场机制，提出鼓励推动电储能建设和参与的指导意见。2020 年 6 月《电力中长期交易基本规则》明确了储能可参与电力中长期交易市场主体地位。

一系列政策文件的下发有力推动了储能的发展。当前，我国新型储能正在迈入规模化发展的关键阶段。国家发展改革委、国家能源局相继印发《关于加快推动新型储能发展的指导意见》（发改能源规〔2021〕1051 号）、《关于进一步推动新型储能参与电力市场和调度运用的通知》（发改办运行〔2022〕475 号）、《新型电力系统发展蓝皮书》等文件，提出要加快完善电力市场体系，推动将新型储能转化为独立储能，以独立主体地位进入并同时参与各类电力市场，帮助独立储能形成稳定的商业运营模式，推动独立储能高质量发展。

一、国内外独立储能参与电力市场现状

国外独立储能参与电力市场起步较早，储能可参与的市场品种

比较丰富。在国内，随着储能规模的不断扩大，不少地区也对独立储能参与电力市场进行了积极探索。

（1）独立储能参与辅助服务市场。美国大部分市场运营商均允许储能参与调频、备用、黑启动等辅助服务市场；英国允许储能参与快速备用、短期运行备用、平衡机制启动和调频市场，其中调频市场包括固定型频率响应、增强型频率响应、动态稳定、动态调节、动态遏制等多种细化交易品种；澳大利亚允许储能参与调节调频、应急调频等辅助服务市场。在国内，山东、山西、甘肃、青海、浙江、福建、湖北、湖南等省允许独立储能参与调峰市场，山东、山西、福建、四川、重庆、江苏、湖北、安徽、甘肃、宁夏等省（直辖市、自治区）及南方区域允许独立储能参与调频市场，山西允许独立储能参与一次调频市场，浙江、山西允许独立储能参与省内备用市场，南方区域允许独立储能参与跨省备用市场。

（2）独立储能参与电能量市场。美国宾州—新泽西—马里兰电力市场（PJM）、加州电力市场（CASIO）允许储能以报量报价或自调度方式参与现货市场；英国允许储能通过双边谈判或集中交易明确交割曲线后，在日前以自计划模式参与交易，或者聚合后以报量报价方式参与实时平衡市场；英国还允许储能参与中长期市场。在国内，目前尚无独立储能参与中长期市场试点。现货市场方面，山东允许独立储能采取报量不报价的方式参与现货市场，目前已有20余座独立储能电站参与市场，总规模约200万kW；山西允许独立储能按月自选报量报价或报量不报价的方式参与现货市场。

（3）独立储能参与容量租赁市场。美国、英国均允许储能参加容量市场。在国内，湖南发布了全国首个储能容量交易试点方案，推动独立储能进入容量租赁市场交易；河南、广西等省（自治区）基于政府指导价，主要通过双边协商开展交易。

二、我国储能参与电力市场应用实践

随着我国电力市场建设逐渐完善，储能参与电力市场应用初见成效。现阶段，我国储能参与的市场类型包括，中长期市场、现货市场、辅助服务市场，已在青海、山东、山西等多个省份试点开展。

（一）辅助服务市场

在我国电力辅助服务是指为维护电力系统安全稳定运行，保证电能质量，促进清洁能源消纳，向系统提供的辅助性调节服务。不同类型储能在响应速度、能量密度、效率、寿命、经济成本等方面存在较大差异，可参与不同市场，提供不同的标的。以电化学储能为代表的新型储能具备快速响应特性，可提供调频（包括一次调频、二次调频）、调峰容量、备用、快速爬坡等多种辅助服务。

1. 调频市场

储能电站的调节能力和响应速度都要大大优于传统火电厂，储能可以参与各种辅助服务市场，并在其中获得比电能量市场更多的利润。其中，储能最主要参与的是调频市场，因为调频市场对于机组的性能要求是最高的，需求量也最大，而储能可以充分地满足这些需求。世界各国相关机构也把建设、修改机制以适应大量储能参与电力市场的新形势作为一项重要工作。

储能在以下两种类型的调频市场中盈利较多：

第一种市场中，调频产品种类很少，甚至只有一种，调频补偿考虑调频里程和性能系数，在这种情况下，储能可凭高里程容量比和性能系数大量盈利。

第二种市场中，调频产品种类很多，但不考虑调频里程和性能系数，在这种情况下，储能可以尽量提供调频性能要求高（主要是响应时间短）的调频产品，性能要求越高的调频产品补偿价格也越高。

在调频产品种类少，调频补偿也不考虑调频里程和性能系数的市场中，储能失去了在调频市场的优势，盈利会相对变少。

2．调峰市场

调峰辅助服务市场是我国独有的市场形式，国外调峰市场的功能已经被包括在电能量市场内。调峰市场所交易的产品主要是深度调峰电量。

在低谷时段时，若负荷过低，需要火电或核电机组运行在出力位于基准点以下的区间，此时需要给予这些电厂补偿。然而由于基本性质的不同，储能并不存在这样的基准点，因此各市场也对储能参与调峰市场作了不同的专门规定，主要分为三种情况：

第一，储能参与调峰市场时，充电价格按低谷价格结算，储能的补偿来自于峰谷价差。在这种情况下，储能参与调峰市场的盈利模式和参与电能量市场的盈利模式是一样的。

第二，储能在低谷时用电，避免弃风弃光，并获得相应补偿。补偿价格可以是市场价格，也可以是和风电、光伏电厂签订的双边合约规定的价格。第二种情况类似于第一种情况，实际上也是以更低的电价充电，不同的是在这种情况下，补偿价格会根据实际市场情况而变化。

第三，火储联合形式运行的储能设施，可以作为火电厂的一部分参与火电厂的深度调峰，在不降低火电厂实际出力的情况下，增加火电厂的深度调峰量。这种情况下具体的收益按储能设施与火电厂的协议而定。

（二）电能量市场

所有的储能都会参与电能量市场，受价格信号引导，储能在低谷时段充电，在高峰时段放电，并获取利润。这个利润在不同应用场景下有着不同的形式：

（1）对于发电侧储能和独立储能，利润表现为低买高卖直接赚取的差价。

（2）对于用户侧储能，利润表现为低价购买的电量在高价时段使用时所节省的电费。

（3）对于电网侧储能，利润表现为减少了系统的调峰成本和阻塞成本。

从时序来说，电能量市场可以分为中长期市场、现货市场、实时市场。越接近实际运行时刻的短期市场，价格波动也就越大，储能也就越能从峰谷价差中套利。现货市场上的价格波动通常表现为高峰时刻的电价激增，低谷时刻电价没有太大的下降空间，波动范围不大。

因此，储能电站参与电能量市场的一个常见策略是，作为买方签署中长期合约保证在低谷时段可以以低价充电，然后以卖方参与现货市场，在高峰时刻出售电量。

（三）储能参与市场交易典型案例

从试点示范到规模化商用，新型储能正迎来发展的黄金期。

2022年，国家及地方出台储能直接相关政策600余项，不断探索储能的商业模式。2022年，山东省新型储能首次参与现货市场；山西省印发全国首个针对新型储能参与一次调频有偿服务的地方政策；甘肃省建立了首个新型储能参与的调峰容量市场。

1．山西——新型储能参与一次调频辅助服务市场

截至2023年底，山西新型储能装机容量72.5万kW/118万kWh，其中，独立储能装机容量67万kW/111万kWh。

参与主体：火电、燃气、水电、风电、光伏以及电化学、压缩空气、飞轮等新型储能。

交易组织：日前组织交易，日内调用。按照运行日新能源场站预测最大发电出力的10%确定电网一次调频容量需求。以一次调频服务供应成本最小为目标，各市场主体申报的价格，除以其一次调频历史性能指标，得到其排序价格。根据市场主体的排序价格，由低到高依次排序，直至满足需求。当排序价格相同时，优先调用一次调频历史性能指标好的市场主体。

费用分摊：首先由"两个细则"中一次调频考核费用支付，不足部分由发电侧并网主体按照当月上网电量进行分摊，若考核费用大于月度分摊费用，多余考核费用按规定返还。

试运行情况：山西于2023年11月15—30日和12月21—27日，组织2座储能电站开展了两轮次的一次调频辅助服务市场调电试运行。

2．山西——新型储能参与二次调频辅助服务市场

参与主体：火电企业（含燃气）、新型储能。风电、光伏和用户参与调频辅助服务费用分摊。

交易组织：日前组织，与现货市场和其他辅助服务市场耦合衔接，依次出清。日前调度机构根据次日负荷和新能源预测情况发布调频容量需求，市场主体自主申报，根据报价以及性能指标出清中标机组及容量。

价格标准：

试运行期间，12～20 元/MW。

正式运行后，下调为 5～10 元/MW。

现货市场初期，调高为 5～15 元/MW。

为适应现货市场长周期运行，低谷和高峰时段报价范围提高为 10～30 元/MW，其余时段保持 5～15 元/MW。

费用结算：$C_{收益}=\Sigma K_P \times C_{里程} \times P$。

费用分摊：初期，在发电侧按照上网电量进行分摊。自 2022 年 1 月起，将调频市场补偿费用按发电侧和用户侧 1:1 分摊至用户侧。其中，用户侧按照实际用电量比例分摊，发电侧按照火电、风电及光伏上网电量分摊。

3. 甘肃——新型储能参与现货及辅助服务市场

截至2023年底，甘肃电网已并网电化学储能电站116座，装机总规模308万 kW/710万 kWh。电网侧储能电站 5 座，合计容量 50 万 kW/139 万 kWh；新能源配建储能 111 座，合计容量 258 万 kW/571 万 kWh。

目前，甘肃已建成较为完善的储能市场化运行机制，独立储能（含独立共享储能）、电源侧储能以市场化模式参与电力现货市场、辅助服务市场。调峰市场和现货市场融合后，储能以容量补偿+调频+现货模式获取市场收益。

调峰容量市场交易。独立储能按其额定容量参与调峰容量市场，补偿标准上限 300 元/（MW·日）。

调频辅助市场交易。独立储能和共享储能在调频市场中以独立身份参与调频市场交易，获取里程补偿收益，调频市场补偿报价上限 12 元/MW。

电力现货市场交易。目前，储能（含电源侧）根据现货市场实时价格申报充/放电功率曲线（自调度模式），参与现货市场交易，利用充放电价差获得收益。

第四节　多元化储能发展路径

一、储能在能源电力低碳转型中的应用场景

传统电力系统规划主要重视电力电量平衡，对系统灵活调节能力关注较少，未来随着新能源大规模发展，灵活调节能力的提升将成为电力规划和运行的关键要素。储能是电力系统重要的灵活调节资源，未来作为源网荷储的独立环节，统筹电源侧、电网侧、负荷侧、用户侧资源，联合可控负荷、虚拟电厂等灵活性资源参与系统调节，形成源网荷储协同互动的促消纳格局，有效提升源网荷储协调运行的动态平衡能力和系统整体运行效率。储能对于电力系统灵活性调节的定位包括电力保障性调节与电力市场化调节。

（一）高比例新能源消纳

在高比例新能源接入地区，作为调峰资源，促进高比例新能源消纳。储能可以根据电网负荷特性，灵活进行充放电双向调节，具

备 2 倍于自身装机容量的调峰能力，可作为解决三北地区调峰和新能源消纳矛盾的重要手段。逐步形成基于深度调峰的火电、灵活调节的抽水蓄能与燃气机组、规模化储能的新型调峰体系，提升高比例新能源接入电力系统后电网电力电量在空间和时间上的平衡能力，满足电网电力平衡需求，有力促进高比例新能源消纳利用。

以某区域电网 2030 年预设场景为例，在新能源装机占比 66% 的场景下（设最大负荷 1.38 亿 kW，直流外送 6670 万 kW，常规电源装机容量 2 亿 kW，风电、光伏装机容量各 2 亿 kW）。若要使该系统新能源并网发电量占比达到或接近 50%，需要配置 1600 万 kW/6h 储能。配置储能后，可新增新能源消纳电量 401 亿 kWh/年。

（二）惯量支撑与一次调频

提供电力系统惯量支撑及一次频率调节。在高比例新能源和大容量直流接入地区，规模化储能可弥补高比例新能源和大容量直流接入可能带来的大功率不平衡量的冲击问题，提升同步电网的惯量支撑，以及在电网大扰动后期的一次调频能力，有效降低电网频率越限和失稳风险。

以负荷水平 2.36 亿 kW，本地开机约 2 亿 kW 的某大型受端电网为例，当本地新能源的功率渗透率增加至 24% 时（新能源出力 5600 万 kW），若馈入电网的一回特高压直流故障导致损失功率 800 万 kW，系统频率将下降至 49.2Hz，极易引发低频减载动作，导致大面积停电事故。经计算，若按新能源装机比例的 6% 加装储能（560 万 kW/5min），在故障期间响应频率变化，提供快速的有功功率支撑，可有效减少系统频率跌落的幅度（频率最低点提高至 49.6Hz），其效果可与纯同步机系统的频率抗扰与恢复性能相当。

（三）紧急功率支撑

纳入安控系统，提供紧急功率支撑。将规模化储能纳入安控系统，可为系统提供紧急功率支援，提高交直流混联大区电网的稳定性，保障电网安全稳定运行，减小切负荷风险，一定程度上等效释放馈入直流的输电能力。

以多回特高压直流馈入的某大区电网为例，在一回区外直流满功率运行时发生双极闭锁故障后，为保证大区互联电网安全稳定运行，需安控系统动作切除网内大量负荷。若配置一定容量的储能（时长 15min），故障后提供紧急功率支援，也能够达到同样的安全稳定控制效果。

（四）尖峰负荷供电

提供短时尖峰负荷供电，降低负荷峰谷差，延缓输电网建设及配电网升级改造投资。利用储能在高峰负荷时段补充峰值电力，满足尖峰负荷供电需求，延缓为满足短时最大负荷或网络阻塞而新增的电网建设投资。同时将煤电机组的容量释放出来，降低大型传统机组的备用容量，提高火电机组的利用率。储能扩容配置简单灵活，将成为未来电网保障峰荷供电、节约基建投资、提高输变电设备利用率的刚性需求。

以某省网为例，2018 年全年超过 9500 万 kW（95%最大负荷）的尖峰负荷持续时间仅为 49h（出现天数为 7 天），尖峰电量仅为 9447 万 kWh。若依靠调峰电源和配套输变电设备来满足尖峰负荷的供电需求，投资需求约为 400 亿元。若利用 500 万 kW/2h 的电化学储能电站来保障尖峰负荷供电，投资需求仅约为 200 亿元，可节省大量投资。

（五）源网荷储协同

在客户侧通过聚合实现源网荷储协调互动，提高配电网供电可靠性。需求响应是调节电网峰谷负荷、缓解供需矛盾的重要措施，储能设施已被纳入需求响应参与主体。将各类分布式储能资源进行聚合并协同用户侧可调节负荷，联合参与价格型和激励型需求响应，可深度释放各类可调节负荷的潜能。在配电网故障时可以提供短时功率支撑，保证供电可靠。

以天津电网为例，天津市年度最低用电负荷均出现在春节期间，电网负荷低造成热电联产机组面临停机风险，用电、用热矛盾突出。2018 年春节期间，天津多家大工业用户及负荷聚合商参与需求响应"填谷"项目，电网低谷负荷同比提升 7.2%，有效保障超过 10 万户居民供暖需求，社会、经济效益显著。若组织天津市数十万计的通信基站备用电源及分布式储能共同参与"填谷"，低谷负荷同比将大幅提升，进一步缓解天津电网季节性供需不平衡的压力。

二、储能技术发展趋势

现阶段电化学储能关键技术经济指标已能初步支撑其开展规模化应用。近年来，以锂离子电池为代表的电化学储能技术进步显著，电池循环寿命大幅提升至 6000 次以上，运行寿命 10～15 年，储能系统装机成本快速下降至 1500～2000 元/kWh，等效度电成本达到 0.4～0.5 元/（kWh·次），现有集成方式也有效增强了应用安全性，技术成熟度已能初步支撑其规模化应用，并在发输配用各环节的众多场景得到规模化示范。尽管电力储能形式多种多样，但长寿命、高安全、低成本、高效率仍是电力系统对各类储能技术的共性需求，围绕这些核心技术指标，基于国外发达国家的发展经验，提出大规模储能关键技术发展趋势与经济指标趋势。

目前，抽水蓄能已发展到较为成熟的阶段，未来将通过零部件改善来提升其能量转换效率，并根据地形地质、水源等条件及电力系统的需求进行差异性开发。但抽水蓄能技术可靠、成本固定，继续提升的空间有限。熔融盐蓄热在技术方面目前还存在关键设备材料及工质选择等难题，难以兼顾较低的熔点与较高的上限温度，使得光热电站的熔融盐保温防冻能耗偏高，系统发电效率难以进一步提升。相变蓄热材料逐步成为储热材料领域的热点方向，朝着低成本、高蓄热密度、高循环稳定性、长周期存储的方向发展，相变蓄热装置从关注单体设备效率、成本向满足高品质功能、差异性需求、储用协调方向发展。液流电池的发展主要在于离子交换膜和电极关键材料的改性方面，但该电池体系的能量转换效率较低，这是由其系统自身的复杂结构造成的，因而难以实现突破。铅炭电池将通过发展炭材料的方法继续提升使用寿命，但受制于铅基体系的本征性问题，其寿命提高的潜力不大。飞轮储能中核心部件的可靠性将进一步提升，但其能量密度低的问题仍旧难以解决。超级电容器将通过关键材料的改性来取得性能的提高，但能量密度低、成本高的问题将制约其发展和应用。钠硫电池中离子交换膜的优化是主要发展方向，但该电池需要在高温下使用，给其安全性能带来了不利影响。总体而言，上述各类储能技术在核心技术指标上存在着难以突破的瓶颈，而这些瓶颈问题往往是本征性的，因此依靠技术发展而使其性能提升的空间有限，未来短期内难以实现大规模的广泛应用。

相比之下，电化学储能尤其是锂离子电池在寿命、效率等核心技术指标上无明显的短板，且仍有较大的提升空间，同时成本呈快速下降趋势，在能量转换效率和能量密度方面也有一定优势，综合技术经济性较好，是未来相当一段时间内储能技术领域的主流方向，能够满足多样化的场景需求。

三、储能技术重点突破方向

过去五年，锂离子电池能量密度提高1倍，循环寿命提高2～3倍，成本下降80%，已经突破盈亏平衡点。在英国，针对调峰应用场景，锂离子电池储能系统已经初步具备与燃气机组相竞争的技术经济性条件。

未来锂离子电池的技术发展将包括关键材料改性和电池生产制备工艺优化两个主要方面。在关键材料方面，将通过筛选晶体结构更稳定、充放电过程中形变更小的电极材料来提高电池的循环寿命。正极材料颗粒表面包覆的方法将提高电极与电解液间的界面稳定性，从而延长其使用寿命。负极材料则可以通过预锂化的方法进行改性，提高电池循环稳定性和库伦效率。此外，通过电解液配方的选择与优化也有望使电池整体的循环寿命得以延长。其次，在安全性方面，固态化将成为未来锂离子电池发展的重要趋势。固态化是指采用不可燃的固体电解质材料取代传统的可燃性电解液而构建高安全电池体系的方法。固态化电池将显著降低可燃有机电解液的用量，从而从根本上降低锂离子电池热失控的风险。固态化电池技术将围绕着固体电解质材料优化、电极/电解质界面改性、固态电池生产工艺探索几个方面继续发展。例如，通过各类电解质材料的复合技术以及固体电解质的微观结构优化可以提高电解质材料的综合理化性能。在电极/电解质界面改性方面，将进一步发展各种柔性界面，以降低固态电池的内部阻抗。电极材料的选择性也将更加广泛，高容量、高电压的电极材料将更多地应用于固态电池中，电极材料的负载量也将取得提高。除此之外，固态电池的规模化生产工艺目前还处于摸索阶段，未来这一技术将是高安全型固态电池重要的研究方向。最后，低成本化也是锂离子电池未来发展的主要趋势之一。

除锂离子电池外，还有抽水蓄能、压缩空气储能和相变材料储能技术，这些技术具备超大容量、超长时间尺度等特征，是满足未来大规模储能长时间、大容量、跨季节调峰的技术选择，而这些技术特征是电化学储能不具备的，因此，应当对这类储能技术的发展给予持续关注。抽水蓄能的发展将主要集中于变速抽水蓄能机组研制、高水头、大容量机组制造、智能抽水蓄能电站建设与运维提升以及大型发电电动机出口断路器制造等方面。压缩空气储能的发展将主要集中在提高系统效率、储气密度和降低成本方面。大规模化是压缩空气储能系统提高效率、降低成本的最有效途径，还将发展超临界压力的新型储气技术与设备以提高储气密度。此外，压缩空气储能关键设备标准化和核心部件设计将帮助降低该技术的成本。相变蓄热的发展将主要突破低成本、长寿命、高密度储热材料规模化制备，研制高效低温复合蓄冷材料，攻克面向波动性热负荷的高温高效电储热供热关键技术，以及突破紧凑化装置制造技术。

第九章　氢能发展及应用

第一节　氢能在能源低碳转型中的应用

氢能是未来能源体系的重要组成部分，是实现能源绿色低碳转型的重要载体，更是破解能源危机、助力实现"双碳"目标的重要路径。2024 年，氢能首次以能源范畴被纳入能源法审议，与石油、煤炭、天然气三大能源同级管理，氢的能源属性日益增强，未来增量发展空间巨大。因此，将氢能作为巨大可调资源，通过跨能源领域的氢能需求预测及调控，可将其转化为电网区域性跨时空调度资源与长周期电力供需平衡手段，应用于新能源消纳、电网调峰、应急保供、需求侧响应等能源电力低碳转型场景，在支撑新型电力系统电力电量平衡、保障电网安全运行方面将发挥重要作用。

一、氢能在新型能源体系中的定位

2023 年，习近平总书记在考察调研工作中作出重要指示，"要科学规划建新型能源体系，促进水风光氢天然气等多能互补发展"，"注重水电等传统能源与风电、光伏、氢能等新能源的多能互补、深度融合，加快建设新型能源体系"。国家层面《氢能产业发展中长期规划（2021—2035 年）》发布，明确了氢能的战略定位，即氢能是未来能源体系的重要组成部分，也是用能终端实现绿色低碳转型的重要载体。

氢能作为油气等化石能源替代的重要手段，可提升我国能源安全水平。我国能源结构长期以煤炭为主，油气对外依存度高，当今国际形势多变，煤炭、石油、天然气的国际贸易极易受地缘政治因素影响。氢能作为工业原料和能源燃料，是能源体系的重要组成部分，可广泛用于电力、工业、交通等领域，降低煤炭、石油等对外依存度，优化能源结构，推动能源高质量发展，实现未来能源利用方式变革，保障我国能源安全。

氢能被视为实现交通、工业等领域大规模脱碳的重要选择，是实现碳达峰碳中和愿景目标的重要途径。我国能源结构仍然以化石能源为主，习近平总书记在第 75 届联合国大会上郑重承诺我国力争 2060 实现碳中和的目标，为我国应对气候变化、绿色低碳发展提供了方向指引。氢能是支撑可再生能源大规模发展的理想互联媒介，未来可通过风光等波动性清洁能源制取绿氢，实现对灰氢、蓝氢等基础原料的规模化替代，是交通、工业等领域大规模深度脱碳的重要路径。氢能在能源低碳转型中的应用如图 9-1所示。

氢能是战略性新兴产业和未来产业重点发展方向，加快氢能产业发展是实现经济社会高质量发展的战略选择。氢能产业链包括制氢、储氢、运氢以及氢的综合利用等，涉及能源、化工、交通等多个行业，氢能产业的快速发展必将带动氢能产业链上下游零部件商、原材料商、设备商、制造商、服务商快速发展，构建绿色低碳产业体系，催生新产业链形成，社会经济效益显著。

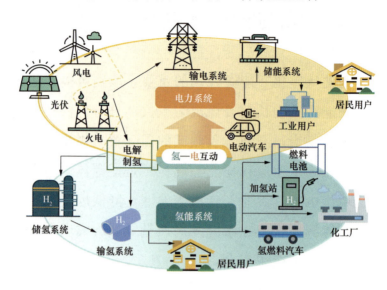

图 9-1 氢能在能源低碳转型中的应用

二、氢能在能源电力低碳转型中的场景

在电力领域，新能源装机规模大幅提升，电力系统源—荷跨时空不平衡矛盾日益突出，规模化灵活性可调资源匮乏，电网安全稳定风险增加。氢能具有宽范围灵活可调、规模化长周期存储优势，也是极具潜力的日—周—季长时储能技术，作为规模巨大的灵活可调资源，将成为平抑风光长周期波动、支撑电力电量平衡，保障电网安全稳定运行和能源安全的重要手段，如图9-2 所示。2023 年 6 月，国家能源局发布《新型电力系统发展蓝皮书》，提出实现储电、储氢等多种类储能的有机结合和优化运行。2024 年 1 月，国家发展改革委、国家能源局《关于加强电网调峰储能和智能化调度能力建设的指导意见》提出着力攻克长时

储能技术，解决新能源大规模并网带来的日以上时间尺度的系统调节需求。

图 9-2　氢能在电力系统中作用

（一）电力系统源侧应用

在发电侧利用大规模可再生能源电解水制取氢气，可销售到化工、炼钢等传统用氢市场，或结合氢发电/热电联供用于交通、建筑等新兴用氢领域，拓展电能利用途径，显著提高新能源利用率，有效促进可再生能源的开发和利用；同时，在发电侧配置一定容量的电制氢设备，也能够起到优化风电场群的出线容量的作用，降低电网对外送输电容量的投资。在发电侧还可将氢、氨等作为常规电厂燃料的替代燃料用于发电，将有效解决火电、气电的排放问题，提升燃烧效率。氢能在电力系统源侧应用如图9-3 所示。

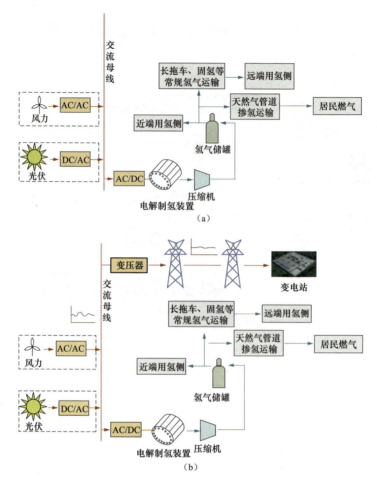

图 9-3 氢能在电力系统源侧应用

（a）可再生能源电力完全消纳；（b）可再生能源电力部分消耗

（二）电力系统网侧应用

在电网侧的应用主要体现在：①将电解制氢作为可调负荷，利用其灵活性，参与电网调节，增加谷电利用率；②在电力需求高峰期通过燃料电池发电，起到平衡电网负荷、稳定电力供应的作用；③以"电—氢—电"模式，利用大规模储能的潜力，提供新型大容量、长时储能技术手段，将冗余电力转化为氢气存储起来，用于高峰时发电，达到削峰填谷目的。尤其对于高比例新能源发电大力发展引起的常规电力供应不足现象，"电—氢—电"方式下长时存储及供电能力更为必要。氢能在电力系统网侧应用如图 9-4 所示。

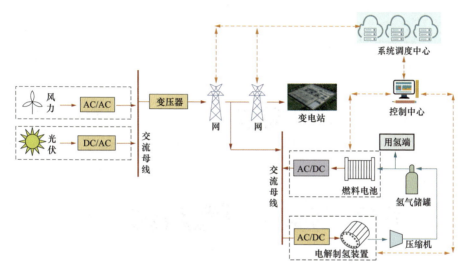

图 9-4　氢能在电力系统网侧应用

（三）电力系统负荷侧应用

氢能在负荷侧可进行分布式可再生能源/网电制氢、燃料电池热电联供等，利用电解水制氢与氢发电的柔性调节能力，参与需求侧响应，实现电价差额套利，或用于高海拔、高寒、孤岛、边远等特殊条件下的高可靠性、定制化供电，通过用户侧的应用，实现电力、供热、燃料等多种能源网络的互联互通和协同优化，推动分布式能源发展，提升终端能源利用效率和低碳化水平。氢能在电力系统负荷侧应用如图 9-5 所示。

综上，氢能是能源电力低碳转型的推动者。在源端，氢能能够支持更大规模可再生能源接入；在网侧，氢能作为储能手段，参与电网调峰、调频,提升电网的灵活性及稳定性;在荷侧,氢能能够推动多种能源高效转换和综合利用。

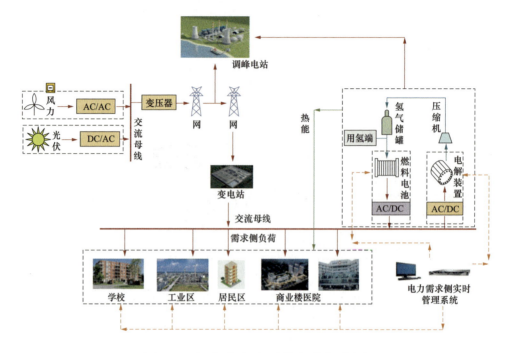

图 9-5　氢能在电力系统负荷侧应用

第二节　氢能技术发展及应用现状

一、氢能技术发展应用规模

在制氢方面,截至 2023 年底,中国氢气总产量超 3500 万 t,仍是全球最大的制氢国;截至 2023 年底,可再生能源制氢产能超过 7 万 t/年,规划和建设超 400 个可再生能源制氢项目,120 个在建、建成项目总产能近 90 万 t/年,其中,2023 年,全国超过 50 个规模化可再生能源制氢启动投建。电解槽产能位居全球第一，单槽制氢能力稳步提升，能耗持续下降。

在储输方面，已具备 30MPa 高压气态储氢和高压管束拖车输运技术推广能力，液氢和管网试点布局稳步推进；我国加氢站数量位居全球第一，70MPa 加氢站技术逐步突破。

在氢利用方面，燃料电池重卡、叉车在港口、矿山、轨道交通等场景实现应用，燃料电池汽车保有量超 1.8 万辆，是全球最大的氢燃料电池商用车生产和应用市场；建成了兆瓦级氢储能、电氢耦合等样板示范，累计运营燃料电池热电联供/发电项目超 50 个，氢能在电力系统应用进入提速期；截至 2023 年底，全国规划清洁低碳氨项目超 60 个，绿色甲醇项目超 40 个，合计产能近 3000 万 t，绿色航煤与绿色钢铁项目启动初步规划，规划项目超过 15 个全球首个亿吨级液态阳光绿色甲醇、十万吨级风光制绿氢合成氨等示范开工建设，工业用氢呈现绿色化态势。

二、氢能技术典型应用案例

（一）新疆库车绿氢示范项目

新疆库车绿氢示范项目是我国首个万吨级光伏制氢项目（见图 9-6），也是国内首次规模化利用光伏发电直接制氢的项目。该示范项目由中国石油化工集团有限公司投资建设，建设内容包括光伏发电、输变电线路、电解水制氢、氢气储输、公用工程及配套辅助生产设施。其中，光伏发电装机规模为 300MW，制氢厂区采用 52 台 1000m³/h 的碱性电解制氢系统进行氢气制取，后端配备 21 万 m³ 储氢球罐，通过输氢管道供应下游的中国石化塔河炼化厂，以替代现有天然气制氢。该示范工程已于 2023 年 6 月投运。

图 9-6　新疆库车光伏制绿氢项目现场

该示范项目填补了国内规模化光伏发电就地制氢的空白，建立了氢气制取—存储—输送—利用全技术链条，取得了良好示范效果。由于光伏发电在白天与夜间电力负荷波动较大，项目目前在夜间采取网电补充以平衡碱性电制氢装置的运行负荷，未来将进一步提升碱性电解制氢装备的波动适应性与宽范围调节能力。

（二）安徽兆瓦级氢储能电站示范项目

安徽兆瓦级氢储能电站示范是国内首座兆瓦级质子交换膜氢能综合利用示范工程，是集新能源消纳、制氢、储氢、发电、供热为一体的新型综合能源工程。该示范项目由国家电网有限公司投资建设，制氢及氢发电额定装机容量 1MW，主要配备电解水制氢、燃料电池发电、热电联供、储氢、电池储能等，制氢量可达 220Nm³/h，制氢调节范围为 2.75%～125%，产氢纯度≥99.99%，氢发电功率可达 1MW，热电联供效率达 82.8%。该示范工程已于

2021 年 12 月成功并网发电（见图 9-7）。

图 9-7　安徽六安示范工程现场

该示范对于缓解地区电网调峰压力、支撑氢能战略新兴产业的发展、服务新型电力系统建设具有重要示范引领作用。该示范的兆瓦级制氢装置采用了 4 个电解槽并联，兆瓦级燃料电池发电装置采用了燃料电池电堆 6 并 4 串的方式，未来将重点聚焦提高电解槽单槽与燃料电池单堆功率，以提升整体装置运行效率。

（三）浙江宁波慈溪直流微网氢储能电站示范项目

浙江宁波慈溪直流微网氢储能电站示范项目是国际首个电氢耦合的中压直流微网示范工程（见图 9-8），实现了电氢耦合直流微网"机理创新—核心装备—工程示范"系统性突破。该示范项目由国家电网有限公司投资建设，可再生能源发电总功率 4.4MW，质子交换膜电解制氢额定功率 400kW（单槽 200kW），制氢系统能耗 5.2kWh/Nm^3，燃料电池额定发电功率 240kW，热电综合效率超过 82%。工程每年产氢超 60 万 Nm^3，消纳新能源超 400 万 kWh，可满足每日 10 辆氢能大巴加氢和 50 辆电动汽车充电，该示范工程已于 2023 年 10 月完成 168h 试运行。

该示范项目攻克了直流微电网氢储能发展中面临的离网多目标能量平衡、氢电混合系统安全防护等难题，为后续开展更大规模的氢储能应用示范奠定了基础。

图 9-8　宁波慈溪示范工程现场

（四）河南豫氢动力 2MW 级氢燃料电池热电联供示范项目

河南豫氢动力在河南能源集团开元化工公司交付了全国首个 2MW 级氢燃料电池热电联供示范项目（见图 9-9），标志着河南豫氢燃料电池技术在大功率副产氢发电领域实现里程碑式突破。该示范项目是开元化工利用烧碱副产品氢气，建设集氢燃料提纯和氢能发电功能为一体的 2MW 级氢燃料电池热电联供示范项目。利用离子膜烧碱技术生产的富余氢气作为燃料，采用先进的提纯工艺将氢气浓度提纯到 99.999% 后，一部分进入外供加氢充装系统供给氢车使用，另一部分进入燃料电池发电系统进行发电。项目已于 2024 年 6 月试运行成功，预计年可发电约 1513 万 kWh，可减排二氧化碳 0.79 万 t。

该示范项目是燃料电池在热电联供方面的有益探索，但目前工程投入运行时间较短，仍需长时运行验证。

图 9-9　2MW 级氢燃料电池热电联供示范现场

（五）广东惠州 210kW 高温燃料电池发电系统（SOFC）示范项目

广东能源集团科技研究院与潮州三环、惠州天然气电厂合作开展的"210kW 高温燃料电池发电系统研发与应用示范项目"是国内首个实现应用的百千瓦级 SOFC 发电项目。

该示范项目配置了 6 台 35kW SOFC 系统，总功率 210kW，整套设备交流发电净效率高达 64.1%，热电联供效率高达 91.2%。该项目运行超 6500h，并于 2023 年 1 月通过验收。

SOFC 系统不受卡诺循环限制，能量利用率可高达 80%～90%，且燃料适用范围广，但该技术在大功率系统研发、电堆寿命、配套 BOP 开发等方面仍有较大提升空间。

（六）吉林大安风光制绿氢合成氨一体化示范项目

大安风光绿氢合成氨项目采用了"绿氢消纳绿电、绿氨消纳绿氢、源网荷储一体化"的全产业链设计，投产后将成为国内最大的绿氢合成绿氨创新示范项目。该示范项目新能源装机规模共800MW，其中，风力发电装机规模700MW（400MW上网，300MW自发自用），光伏发电装机规模100MW（全部自发自用）。制氢部分共配置39台1000Nm³/h碱性制氢设备、50套200Nm³/h PEM制氢设备，制氢总规模达46000Nm³/h。储氢采用容量为60000Nm³的固态储氢装置。配备40MW/80MWh储能装置。合成氨部分配套20000Nm³/h的空分制氮装置，合成氨规模可达18万t/年。该示范项目将开展800MW风光发电并网和碱性+PEM混联就地制氢的示范应用，同时还将其中的40MW新能源发电与混联制氢设备采用全离网中压4kV直流供电，通过配备储能装置实现制氢在风光直流微电网中的应用。项目一期已于2023年7月开工建设，预计2024年投产，投运后可减少二氧化碳排放65万t/年。

该示范项目采用碱性+PEM混联制氢技术，将碱性电解制氢大规模和PEM电解制氢灵活可调的优势相结合，建成后可大力推动大规模风电光伏装机下的绿电消纳。

（七）中能建松原氢能产业园（绿色氢氨醇一体化）项目

中能建吉林松原氢能产业园（绿色氢氨醇一体化）项目利用风光发电电解水制氢，结合下游合成氨、制甲醇化工生产，打造绿色能源和零碳产业体系结构和生产模式。该示范项目一期计划建设800MW风电、120MW光伏，其中部分容量以220kV线路接入电网，其余容量通过220kV输电线路输送至化工园区的降压变电站。化工园区包括64000Nm³/h电解制氢装置、20万t/年合成氨装置与2万t/年合成甲醇装置，其中电解制氢装置为62套1000Nm³/h碱性电解制氢装置与4套500Nm³/h PEM制氢装置，生产的氢气用于合成氨与合成甲醇。项目一期已于 2023 年 9 月正式开工建设，规划年产绿氢 11 万 t，绿氨/醇 60 万 t。

该示范项目采用风光氢氨醇一体化匹配技术、多稳态柔性合成氨技术、绿色氢制甲醇技术等，可实现新能源电力与化工深度融合发展，推动可再生能源就地消纳和高附加值转化。

综上，我国在风光并/离网电解制氢、储/输氢、合成氨/合成甲醇以及燃料电池发电等方面已在建/投运多个示范项目，积累了一定工程运行经验，但目前大部分示范工程运行时间较短，仍需继续推动长周期验证，助力我国氢能产业规模化发展。

第三节 氢能技术发展趋势

"双碳"目标下，氢能在我国能源转型中的地位逐渐凸显，氢能制取、储运、利用等技术也取得了长足的发展。结合氢能技术的发展现状，基于国外发达国家的发展经验，提出氢能各环节关键技术发展趋势。

一、电解水制氢技术

电解水制氢低碳可持续，符合国家碳中和的发展策略，是绿氢制备的主要技术。电解制氢技术路线主要包含碱性电解制氢（ALK）、质子交换膜电解制氢（PEM）、高温固体氧化物电解制氢（SOEC）和阴离子交换膜电解制氢（AEM）。碱性与质子交换膜制氢已实现规模化应用，单槽功率达到十兆瓦级与兆瓦级，固体氧化物和阴离子交换膜制氢由实验室阶段步入示范应用阶段。2030

年电解制氢项目建成运营超 40 个，产能超 7.3 万 t，总规模超 400 个，千吨级以上电解制氢项目数量占比由上一年度同期的 12%提升到 29%。欧洲早在 2013 年并提出以质子交换膜电解制氢为主，多种制氢协同的路线，我国则呈现出碱性电解水制氢为主，PEM 电解水制氢为辅的工业应用状态。据国际能源署（IEA）《Global hydrogen review 2023》统计，目前碱性电解水制氢占比 60%，并判断这种情况会在未来几年发生变化，质子交换膜（PEM）电解制氢会超过碱性电解制氢。

　　碱性电解制氢（ALK）发展时间长，技术最为成熟，操作简单、成本低，可提供 $0.5\sim1000Nm^3/h$ 单体电解槽系列制氢装置。但是电流密度较低（$0.2\sim0.4A/cm^2$）、体积和重量大，且波动性能源适应性较差，运行范围一般在 40%～10%（相对于额定功率），适用于集中型稳定制氢场景。降低辅机电耗及提高电流密度，从而降低投资成本是未来发展的主要方向。碱性电解制氢原理如图 9-10 所示。

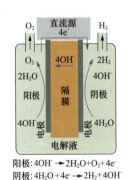

阳极：$4OH^- \rightarrow 2H_2O+O_2+4e^-$
阴极：$4H_2O+4e^- \rightarrow 2H_2+4OH^-$

图 9-10　碱性电解制氢

　　质子交换膜电解制氢（PEM）是基于离子交换技术的高效电解技术，已逐步商业化，电流密度高（可达 $2\sim3A/cm^2$）、工作范围宽、占地面积小，但因使用贵金属催化剂等材料，成本还需进一步降低，其运行范围可达 5%～150%（相对于额定功率），因而其对波动性能源适应性较好，是未来可再生能源制氢的主要发展方向之一。国内的 PEM 电解制氢技术从研发走向工业化前期，但在单槽功率上与国外产品还有一定距离，质子交换膜电解制氢技术正向降低制造成本、提升单槽功率、降低能耗、提升耐久性方向发展，从而满足大规模应用需求。质子交换膜电解制氢原理如图9-11 所示。

高温固体氧化物电解制氢（SOEC）工作温度为 600～1000℃，由于在高温下工作，部分电能由热能代替，电解效率高。但高温条件下工作对材料要求高，目前尚处于初步示范阶段。受限于启动时间及响应速度，适用于具有高温启动热源的稳定制氢应用场景。稳定性高、持久性好的耐衰减电

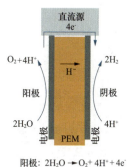

图 9-11　质子交换膜电解制氢

池材料，是制约固体氧化物技术大规模推广的一个重要因素。目前固体氧化物电解槽研究尚未成熟，面向规模化应用还需进一步提升高温稳定性、系统运行可靠性。高温固体氧化物电解制氢原理如图9-12 所示。

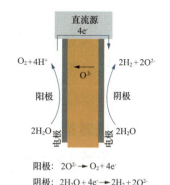

图 9-12　高温固体氧化物
电解制氢

阴离子交换膜电解制氢（AEM）使用阴离子交换膜作为固体电解质，具有高电流密度，且不使用贵金属，兼具碱性电解与 PEM 电解的优势，但 AEM 尚处于研究初期，存在化学、机械稳定性问题，目前 AEM 产品寿命、产氢规模等还未能满足商业化运行需求。AEM 在工作过程中，阴离子交换膜表面会形成局部强碱性环境，影响使用寿命，研

究开发碱性膜材料是技术发展的"瓶颈"之一，目前研究重点也在碱性膜及析氢析氧催化剂方面。阴离子交换膜电解制氢原理如图9-13所示。

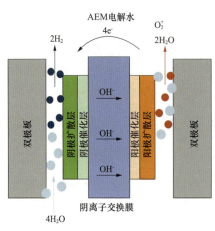

图 9-13　阴离子交换膜电解制氢

综上所述，未来，不同技术路线电解水制氢技术仍将为并存发展态势，PEM 电解水制氢对波动性能源适应性较好，是匹配清洁能源制氢的重要技术路线之一。ALK 电解水制氢向着提高电流密度、提升波动适应性方向发展；PEM 电解水制氢技术着力于减少成本，提升单槽功率、性能及耐久性；SOEC 着力提升高温稳定性及运行可靠性；AEM 电解水制氢还需突破碱性膜、催化剂等，离应用还有一定距离。

二、氢气储输技术

高压气态储氢是目前应用最为广泛的储氢技术，具有成本低、能耗少、充/放气速度快、工作温度范围宽等优点。但高压储氢通常需要能够承受高压的储氢压力容器，而且氢气压缩过程能耗较大，且体积比容量低。国内外研发了多种固定式储氢容器，主要包括全多层钢制高压储氢容器、大容积钢制无缝储氢容器、纤维缠绕复合材料储氢容器等，碳纤维以其出色的性能逐渐成为主流纤维原料。该技术的储氢密度受压力影响较大，通过增大内压提高储氢密度是高压储氢容器的发展方向。固定式储氢容器目前研究开发重点是在提高安全性的同时降低成本。

低温液化储氢具有体积密度高、储存容器体积小等优势，其储氢体积密度约大幅高于高压储氢密度，但氢气液化过程需要多级压缩冷却，消耗的能量将近占氢能的 30%，增加了储氢和用氢的成本，且液态储氢技术存在一次性投资大、易挥发、运行过程中安全隐患多等问题。随着科技不断进步，未来将向大容积、高精度、高可靠性和低蒸发率、低成本的方向发展。

固态金属储氢具有储氢密度高、储氢压力低、安全性好、放氢纯度高等优势。固态储氢对储氢材料要求高，目前国内外仍处于小规模示范应用阶段，亟待提高储氢密度和储氢效率、降低储氢成本。金属氢化物粉末易流动，吸氢后体积膨胀，导致装置变形甚至发生破坏；金属氢化物粉末导热性差，使装置内部热传递缓慢，影响材料的吸放氢速率，这是固态储氢研究的主要问题。

氢气输运技术方面，氢气运输环节受制于效率较低、成本较高及安全性等问题，一直是制约我国氢能产业发展的瓶颈。我国现阶段氢能运输仍以 20MPa 高压气态为主，液氢和管网相关试点稳步推进。气氢拖车运输适合我国现阶段的氢能产业规模，管道输氢是实现氢气大规模、长距离运输的重要方式，具有输氢量大、能耗小、成本低的优势，但一次性投资较大。

综上，储氢技术的关键点在于如何提高氢气的能量密度、保障安全性，氢能储运将按照"低压到高压""气态到多相态"的技术发展方向。固态储氢技术是一种有潜力的储氢技术，具有储氢量大、氢解温度低、吸氢和氢解离速度快、化学稳定性好等优点，是未来重要的发展方向。管道输氢是氢能系统实现长距离、大规模低成本运输最有效的方式，是氢能实现大规模商业化发展的重要方向。

三、氢利用技术

目前，氢能源的应用可分为三个领域：交通、能源和工业。交通领域，氢燃料电池汽车加速推广，氢燃料电池综合性能达国际先进水平，关键部件逐步自主化替代，已在大巴、重卡广泛应用，目前我国已成为全球最大的氢燃料电池商用车生产和应用市场。能源领域，主要以燃料电池电站或燃料电池冷热联供为主，日本实现了固定式发电、家用热电联供产品商业化，韩国燃料电池 2023 年新增发电装机超 1GW，目前功率等级、寿命等还需提升，纯氢/掺氢燃机开始初步示范，性能及可靠性有待验证。工业领域，氢气广泛用于化工，炼油以及冶金。

PEM 燃料电池技术可用于交通领域氢燃料电池车以及能源领域氢燃料电池发电或热电联供。PEM 燃料电池工作温度小于 80℃，可低温启动，启动时间快（可分钟内启动），动态响应快（<1s），处于商业化的最前沿。燃料电池固定式发电及家庭用热电联供已进入商业示范阶段，市场潜力巨大，功率规模达到兆瓦级，热电联供效率可达 85%以上。未来，PEM 燃料电池方面，向着低成本、高比功率、高效率、高耐久性以及拓宽环境适应性方向发展，主要面临挑战在于燃料电池的模块化管理、长时间高功率输出下燃料电池寿命、动态响应等。

在氢发电方面，固体氧化物燃料电池（SOFC）技术主要用于能源领域氢燃料电池发电或热电联供，具有较高的电流密度及功率密度、无腐蚀等优点，电效率可达 50%～60%，但启动及变载调节慢（启动时间在小时以上）。目前离商业化应用还有一定距离，未来在固定式发电及热电联供场景具有一定优势。高温下长期工作时，电极材料和电解质材料的稳定性不能充分保证，且电池连接体材料和密封材料的性能也容易衰退。中温化是目前发展的必然趋势，将操作温度降低到 500～700℃的温度区间，既保持 SOFC 的优点，又可以避免因温度过高带来的问题，并扩大了 SOFC 材料的选择性。此外，可逆固体氧化物电池（RSOC）也是一个新的发展方向。掺氢/纯氢燃气轮机是一种氢发电技术，近年来全球主要燃气轮机厂商均在积极提高燃机的掺氢燃烧能力，国际上，ENEL 公司在意大利投运一台 97.5%氢燃料的 11.4MW 燃气轮机；日本三菱日立公司在荷兰某电站试运行一台 440MW 功率的纯氢燃气轮机，日本三菱日立公司的含氢燃料燃气轮机，燃料氢含量在 30%～90%之间，总测试时间超过 350 万 h。在国内掺氢/纯氢燃气轮机起步较晚，与国际先进水平仍有一定差距，荆门掺氢燃气轮机已实现 30%掺氢燃烧改造与运行。掺氢/纯氢燃烧是重要的发展方向，燃烧器开发、耐受高温/高压和氢气腐蚀的新型材料研制、系统的集成与优化是研究趋势。

此外，在工业领域，氢气直接为炼油、化工、冶金（钢铁）等行业提供原料、燃料，钢铁行业用氢需求潜力巨大。目前国外已率先在炼钢和化工多个领域提出与氢能耦合实现低碳发展。国内方面，多个绿氢合成氨、合成甲醇一体化示范项目启动建设。未来绿氢耦合化工是重要的发展方向，但绿氢间歇性供应对化工生产稳定需求带来挑战，传统合成氨/甲醇为稳定运行，面临工艺重塑、协同控制等技术挑战，以期实现 30%～110%或更宽的负荷调节范围，支撑绿电—制氢—化工的联动运行。

综上，在氢利用方面，总的来说，PEM 燃料电池方面，向着低成本、高比功率、高效率、高耐久性以及拓宽环境适应性方向发展；SOFC 方面，探索 RSOC 与中温固体氧化物电池技术。掺氢/纯氢燃烧是重要的发展方向，未来绿氢耦合化工前景广阔。

第四节　氢能技术重点突破方向

结合氢能技术发展现状及趋势分析，以及在未来能源电力转型中的应用场景，提炼出面向新一代电力系统氢能需要解决与突破的关键技术，具体如下。

一、电解水制氢技术

（1）攻克电解水制氢关键材料及核心部件制备技术，提升电解槽性能和耐久性。目前，我国电解槽，尤其是质子交换膜电解槽在全工况下的可靠性与耐久性等与国际先进水平之间仍存在差距。因此，需进一步加强电解槽关键材料及核心部件制备技术，提升产品的可靠性与耐久性。

（2）突破新能源输入对电解水制氢的性能影响与运行优化技术。在新能源随机性、波动性输入下，制氢系统变工况及频繁启停运行特性，引起电解堆反应条件恶化与性能衰减，对设备安全、稳定运行提出新要求。新能源输入对电解槽及制氢系统影响的微观分析和实验研究数据尚且不足，有必要研究新能源输入对电解制氢的性能影响与运行优化，推动国内可再生能源制氢技术发展。

（3）攻克灵活可调的电解水制氢装备工艺优化与过程控制技术，研制自主化装备。传统电解水制氢通常运行于稳定工况，匹配新能源波动运行需提升波动适应性与运行可靠性。有必要攻克系统集成与运行控制技术，提升装备性能与灵活调节能力，形成灵活可调电解水制氢装备自主研制能力，促进电解水制氢参与电网调峰调频，增加与电网互动。

二、氢气储运技术

（1）加大储氢瓶材料研究，提升高压气态储氢罐、液氢罐自主化水平，提升储氢瓶压力。氢气瓶的核心技术，除了金属阀门及各类传感器之外，主要是外层高效、低成本碳纤维及缠绕成型。氢气瓶的外层缠绕，会对碳纤维及其复合材料产生革命性影响。有必要加大储氢瓶材料研究，提升设备自主化水平与性能。

（2）突破固态金属储氢技术，实现大容量储氢。固态储氢是极具潜力的大容量储氢技术，但尚处于小型示范阶段，有必要实现轻质、高容量固态储氢材料研制和规模化稳定制备技术，开发出基于我国优势资源的低成本固态储氢材料和储氢系统，有效提高储氢技术应用安全性。

（3）发展液态储运氢、高容量长寿命有机液体储运氢关键技术。国内与国外液态储运氢差距大，我国低温液态储运氢民用尚处于起步，有必要开展液氢规模化应用安全技术研究，突破 1000m³ 及以上大型液氢容器、氢透平膨胀机、冷箱内调节阀、高效换热器、高效正仲氢转化器等关键装备技术。开发安全、可逆、高容量、长寿命的有机液态储氢材料体系，实现常温常压、安全稳定的储运氢过程。

三、氢发电技术

（1）攻克安全高效、低成本燃料电池电堆和系统的可靠性与耐久性技术。目前，我国燃料电池堆和系统可靠性与耐久性等与国际先进水平仍存在差距，在全工况下的可靠性与耐久性有待提高。燃料电池系统可靠性与寿命不完全由电堆决定，还依赖于系统配套，包括燃料供给、氧化剂供给、水热管理和电控等。因此，需加强燃料电池系统整体的过程机理及控制策略研究。

（2）突破 RSOC 关键技术及装备。RSOC 是一种电氢电一体化效率理论可达 60%以上，是高效氢储能的重要技术路径。然而，RSOC 尚无储能电站应用先例，有必要攻克电池及电堆研制、模块化集成等技术，提升单堆规模、运行可靠性。

（3）发展柔性可调的绿氢制烃醇、制氨等技术。合成氨、合成甲醇需求量大、易于储运，通过绿电制氢合成可促进化工碳减排。但氢源波动将带来氢氮比、反应温度和压力的波动，进而造成副产物激增、物料仓污染、能耗增加以及产品质量的不稳定等问题，需突破柔性可调的合成氨醇工艺及协调控制技术。

第五节　促进氢能规模化发展的配套政策机制

一、国内外氢能政策现状

截至 2023 年底，全球公布氢能战略的国家和地区超 50 个，氢能政策由战略规划转向推动实施落地。欧美日等将氢能上升至国家战略高度，从布局全产业链和把控重点环节两个路径部署相关政策，进一步提高氢能产业发展目标，IRENA 预计 2030 年全球低排放氢产能达 3800 万 t/年。同时，氢能在我国能源转型中的地位逐渐凸显，在国家和各地政府政策扶持下，已形成较为完整的氢能产业链。

（一）美国

美国氢能市场潜力巨大，规划目标明确。2023 年 6 月，美国能源部发布的《国家清洁氢能战略和路线图》，提出了氢能综合发展框架，预计到 2050 年氢能将贡献约 10%的碳减排量，到 2030、2040、2050 年氢需求量分别达到 1000 万、2000 万、5000 万 t/年。

美国氢能的发展离不开氢能与燃料电池相关的政策和项目资助，这也确保其在氢能技术领域的领先地位。美国对氢能的关注要追溯到 20 世纪 70 年代的石油危机时期，受能源危机的影响提出了"氢经济"概念，并成立了国际氢能组织。于 1990 年颁布了《氢研究、开发及示范法案》。21 世纪初出台了《能源政策法》，将氢能源纳入国家能源战略体系之中，随后发布了《国家能源政策报告》《2030 年及以后美国向氢经济转型的国家愿景》等政策性报告，并提出《国家氢能发展路线图》，先后发布《自由汽车计划》《氢燃料电池开发计划》《氢立场计划》《氢能技术研究、开发与示范行动计划》等，并对氢燃料电池政策进行修订，系统地推进氢能技术研发和示范。发布《氢能攻关计划（Hydrogen Shot）》，旨在将清洁氢能成本降至每公斤 1 美元以下，通过促进技术创新和规模化发展，实现清洁氢能的商业化应用。2024 年 3 月 13 日，美国能源部（DOE）宣布为 24 个州的 52 个项目拨款 7.5 亿美元，以大幅降低生产清洁氢气的成本，巩固美国在全球清洁氢气产业中的领导地位。

（二）欧盟

欧盟利用氢能助力低碳能源转型。2022 年 3 月，欧盟委员会提出了 REPowerEU 计划，旨在 2030 年前使欧洲摆脱对俄罗斯化石燃料的依赖。在 2030 年欧盟成员国需要生产 1000 万 t 可再生氢，同时再进口 1000 万 t 可再生氢。根据《欧洲氢能路线图》，2050 年，欧洲氢能发电总量能够达到 2250TWh，占欧盟能源需求总量的 1/4；氢能生产及相关设备的产值将达到 8200 亿欧元；整个氢能行业可提供 540 万个高技能就业岗位；欧盟碳排放量将减少约 5.6 亿 t。

欧盟一直致力于清洁能源的发展，近年来已逐步明确氢能发展路线。2019 年，欧洲燃料电池和氢能联合组织主导发布了《欧洲氢能路线图：欧洲能源转型的可持续发展路径》报告，指出大规模发展氢能是欧盟实现脱碳目标的必由之路，到 2050 年欧洲氢能发电总量占欧盟能源需求总量的 1/4。2020 年，欧盟委员会正式发布了《气候中性的欧洲氢能战略》政策文件，宣布建立欧盟氢能产业联盟。欧盟委员会出台了《欧盟氢能战略》，将绿氢视为交通、运输、化工、冶炼等行业低碳转型的重要方案，并在全产业链各环节部署了 840 个相关项目。2023 年 2 月，欧盟重新定义了可再生氢的构成，要求生产氢气的电解槽必须与新的可再生电力生产相连。3 月，欧盟规定到 2030 年可再生氢在工业氢需求中所占比例要达到 42%，为了满足这个配额，预计将需要 210 万～420 万 t 的可再生氢总产量。

欧盟委员会通过设立"欧洲氢能银行"等融资机制，为氢能项目提供资金支持。例如，欧洲氢能银行计划投资 30 亿欧元，在欧盟建立"未来氢能市场"。欧盟还通过创新基金、区域发展基金等机制性投资，为氢能项目提供资金保障。

（三）日韩

日韩资源和能源匮乏，未来将大力发展高水平的氢能经济。日本修订《氢能基本战略》，新设定氢（含氨）供应量到 2040 年提升至 1200 万 t/年的目标，是当前日本氢气年产量 200 万 t 的 6 倍，并计划未来 15 年共投资 15 万亿日元推广氢能应用。根据韩国《氢能经济发展路线图》，韩国到 2040 年将通过氢能创出 43 万亿韩元（约合 2551 亿元人民币）的年附加值。

日韩政府氢能政策导向明确、内容细化完善。日本是发展氢能及燃料电池技术最积极的国家，在 1973 年石油危机爆发之后的 20 年时间里，日本政府相继发布《日光项目》《月光项目》和《氢能源系统技术研究开发》，以此支持氢能和燃料电池技术研究。在 21 世纪的 20 年时间里，不断出台氢能方面的政策以推进氢能和燃料电池技术的示范和产业化。曾先后发布《氢能/燃料电池战略发展路线图》《氢燃料电池普及促进策略》等重要文件，将氢能定位为未来核心二次能源（与电力、热能并列），明确提出建设氢能社会。日本制定的氢能发展主要路径包括三个：①从海外化石燃料利用碳捕获和储存（CCS）技术或可再生能源电解实现低成本零排放制氢；②加强进口和国内氢运输、分配基础设施建设；③促进氢在汽车、家庭热电联供和发电等各个部门的大量应用。2023 年 6 月 6 日在氢和可再生能源的相关会议上决议对《氢基本战略》进行修订，希望"从需求、供给两方面大规模普及"。

（四）澳大利亚

氢能发展的总体战略是大力发展清洁、创新、安全和有竞争力的氢能源产业，以新能源制氢、氢发电、氢出口作为重要策略。未来，氢能在澳大利亚的应用环节将主要集中在工业、交通、电网和供气 4 个领域，预计到 2030 年氢能出口将为澳大利亚带来 17 亿美元收益，并创造 2800 个工作机会。

澳大利亚拥有发展氢能产业的巨大优势，有潜力成为全球最大的氢气生产国之一。澳大利亚国土范围内蕴含丰富化石能源资源和可再生能源，制氢资源富裕。澳大利亚已将褐煤、天然气制氢，以及可再生能源电解制氢作为未来重点发展对象，大力扶持相关制氢项目，澳大利亚拥有完善的煤炭产业链以及完善的天然气生产、液化、储运等基础设施及专业技术支持，可以在氢能产业链各环节发挥作用。澳大利亚政府大力支持氢能发展，已将其上升至国家战略高度。澳大利亚重视氢能发展，支持和鼓励清洁、创新、安全和有竞争力的氢能源产业。对于未来氢能发展规划，其采用适应性发展路线方法，确保氢能源产业的持续发展和良性循环，同时以氢能中心作为其未来大规模商用的主要途径，先后发布《国家氢能发展路线图》《澳大利亚未来之氢》等重要文件。

（五）中国

中国已在国家层面明确氢能产业发展规划。2022 年 3 月，国家发展改革委和国家能源局联合发布的《氢能产业发展中长期规划（2021—2035 年）》中明确指出，氢能是未来国家能源体系的重要组成部分、是用能终端实现绿色低碳转型的重要载体，氢能产业是战略性新兴产业和未来产业重点发展方向。部署了氢能产业高质量发展的重要举措、明确了氢能产业发展的阶段目标：到 2025 年，形成较为完善的氢能产业发展制度政策环境，产业创新能力显著提高，基本掌握核心技术和制造工艺，初步建立较为完整的供应链和产业体系；到 2030 年，形成较为完备的氢能产业技术创新体系、清洁能源制氢及供应体系，产业布局合理有序，可再生能源制氢广泛应用，有力支撑碳达峰目标实现。到 2035 年，形成氢能产业体系，构建涵盖交通、储能、工业等领域的多元氢能应用生态。

我国出台了众多促进氢能产业发展的相关政策。截至 2023 年底，国家层面已发布氢能专项政策 3 项，28 个省（自治区、直辖市）已出台省级氢能产业发展规划和指导意见等顶层设计文件，各地公开发布氢能专项政策超 400 项。2014 年，国务院办公厅发布《关于印发能源发展战略行动计划（2014—2020 年）的通知》，将氢能与燃料电池明确为能源科技创新战略方向和重点；2016 年，国家发展改革委、国家能源局出台《能源生产和消费革命战略（2016—2030)》，将氢能技术作为能源科技基础研究的重要方向；2020 年 4 月《中华人民共和国能源法（征求意见稿）》将氢能纳入能源定义，同期发布的《关于完善新能源汽车推广应用财政补贴政策的通知》明确通过"以奖代补"的方式支持氢燃料电池汽车发展；2020 年 6 月，氢能先后被写入《2020 年国民经济和社会发展计划》《2020 年能源工作指导意见》，发展力度不断加大。2024 年 3 月加快氢能产业发展的目标首次在年度经济发展规划中提出，两会的《政府工作报告》写道："加快前沿新兴氢能、新材料、创新药等产业发展，积极打造生物制造、商业航天、低空经济等新增长引擎"，由氢能产业作为新能源体系的重点发展产业，正在加快商业化步伐。2024 年十四届全国人大常委会对《中华人民共和国能源法（草案）》进行审议，氢能首次以能源范畴被纳入能源法，与石油、煤炭、天然气等同级管理。

我国明确将氢能作为推动行业绿色转型的重要力量。针对钢铁、炼油、合成氨、水泥等大化工行业，国家发展改革委等5部门联合发布了《节能降碳专项行动计划》，明确将氢能作为推动行业绿色转型的重要力量。例如，在钢铁行业，提出加快发展低碳冶炼新模式，支持氢冶金技术攻关和应用；在炼油行业，推进生产系统节能增效，优化炼油加工流程，提高氢气利用效率和配置水平。

二、我国氢能发展面临的问题

我国氢能制备、储输、加注等主要技术和工艺愈发成熟，西北、华北、东北等地可再生能源制氢项目快速发展，长三角、粤港澳、京津冀三大区域集群逐步形成，氢能在交通、工业、电力等跨领域、跨行业的示范应用有序推进。尽管我国氢能全产业链已取得诸多突破，但产业发展仍受部分关键问题掣肘。为做好氢能产业窗口期发展建设，推动产业有序规范发展，必须高度重视并解决好以下问题：

（1）电解制氢装备波动适应性欠佳，关键材料部件尚存短板，自主创新能力亟待提高。电解制氢方面，质子交换膜和固体氧化物制氢等关键部件性能仍需提高，制氢装备在波动工况下运行可靠性欠佳，调节能力有限。储输方面，输氢管道总里程远落后于美欧等国，氢脆、氢蚀等材料安全性问题亟待解决；车载气态储氢与国际存在代差，关键工艺与材料需攻克；低温液态储氢国内民用领域仍在起步阶段；加氢站关键设备基本实现国产化，但加氢枪等关键部件依赖进口。氢利用方面，大部分燃料电池部件已实现国产化，但固定式发电/热电联供应用规模、功率等级、寿命等还需提升；纯氢/掺氢燃机初步示范，性能及可靠性有待验证；合成氨/甲醇等氢化工过程难变载，面临绿氢波动性供应下适配性问题。

（2）绿氢制储输用全链条成本仍然偏高，大规模产业化应用尚不成熟。可再生能源制氢技术虽处于大规模示范阶段，但由于电价及电解制氢设备成本偏高、运行效率较低导致绿氢制取总体成本偏高，与灰氢、蓝氢制取相比经济性欠佳；氢能大容量、长距离储运发展不足，储运成本占到终端氢气价格总成本的30%左右，限制了下游应用；电氢耦合、氢能化工等不同场景应用模式仍在探索，多元化氢利用商业模式欠缺，基础设施建设和运营成本偏高，均制约了氢能大规模产业应用。

（3）加氢站、输氢等基础设施严重不足，氢能技术标准、检测体系不健全。氢能产业发展对基础设施要求较高，国内现有加氢站数量和分布尚不满足日益增长市场需求，尤其是在重载、长续航物流方面优势未能充分发挥，瓶颈是加氢站审批流程仍由省市自行规定，国家层未形成统一审批流程，基础设施管理机制仍需完善。同时，管道作为输氢重要基础设施，目前总输氢长度仅几百千米，掺氢天然气、纯氢等输送管道建设仍需加快推进。此外，支撑行业发展的绿氢制备、储输、氢利用标准及评价检测体系尚不健全，尤其是电氢耦合标准及检测评价严重缺乏，存在不经电网安全校核、涉网性能不达标、监控手段不足等情况，增加了安全风险。

（4）氢能产业顶层设计仍需强化，多场景应用依赖政策激励。氢能产业链条长，发展涉及多利益主体，需国家顶层设计，引导氢能产业链良性发展。在法规建设方面氢能作为能源属性的法规文件尚未建立，多地仍参考危化品管理，为制氢加氢一体站建设、氢运输和应用造成了一定的困难。在行政审批方面尚需要多部门协同，各地主管单位不尽相同，明确各方责权利关系、简化审批流程对项目落地具有重要影响。此外，针对可再生能源制氢的支持性电价补贴政策、覆盖氢储能的储能价格机制、氢储能直接参与电力市场交易机制以及绿氢的溯源、认证和强制配额政策等尚在摸索过程，是当前绿氢产业大规模发展的重要议题。

三、促进氢能规模化发展的建议

促进氢能规模化发展的建议如下：

（1）加强氢能基础与应用研究，夯实自主创新技术根基。以关键环节短板技术攻关和前瞻性技术创新为目标，以国家重大专项为引领，集聚研发资源，建立政府为主导、企业为主体、高校与科研院所协同的高效创新研发体系，加快制储输用全链条材料及部件自主化研发，实现规模化低成本生产，逐步替代进口产品；研发宽功率波动适应性的高效柔性电解制氢、大容量低成本储氢、高压加氢、氢发电等核心装备，推动我国氢能领域关键技术领跑；加强电氢耦合、可再生能源制氢耦合化工/交通等技术攻关，提升电—氢—化工/交通适配性，推动多场景电氢协同发展，实现跨能源网络协调优化。

（2）强化氢能产业培育，拓展示范应用场景及发展模式。积极开展可再生能源制氢及氢利用示范工程，提升可再生能源利用率，探索绿氢在石油化工、钢铁冶金、交通运输、发电等领域多元利用模式；在重卡、物流需求密集区，因地制宜建设分布式制氢和充电站融合综合能源服务站，打造电氢耦合精品示范工程。加强电、氢、碳多元生态培育，建立氢—电—碳市场协同发展模式，将氢能作为新型储能方式参与电力市场交易，开展规模化碳捕集与氢能综合利用，促进脱碳深度融合。建立示范项目动态追踪评价机制，规范化把控示范项目质量。

（3）加快氢能基础设施建设，完善氢能检验检测平台与产业标准体系。规范绿氢制备、储输和应用等环节建设管理程序，从国家层面明确监管主体部门，完善氢能基础设施投运及特种设备管理的标准体系，注重在建设要求、审批流程等方面强化管控，提升商业化运营能力。结合光伏/风电产业经验，优化顶层设计，布局先标准、后产业的发展路线，建设绿氢装备检验检测与认证综合服务平台、实证验证基地，完善氢能产业标准体系，并制定氢电耦合、氢能入网等系列标准，增加标准有效供给，促进氢能产业的高质量、高水平安全发展。

（4）建立完善的氢能发展配套政策，推进产业结构转型与成果落地。借鉴新能源、储能等新兴产业的发展路径，以多种形式的政策工具推动氢能产业高速发展。通过财政补贴、税收优惠等方式给予政策倾斜，确保资金及时发放。明确绿氢认证机制，鼓励和支持市场主体积极参与绿氢认证证书交易与绿电交易。探索可再生能源制氢支持性电价政策，完善离网型可再生能源制氢市场化机制，健全并网型氢储能的储能价格机制。加快建立氢能全产业链生命周期碳排放核算体系，将绿氢下游产业减碳价值纳入全国碳市场，通过碳排放权交易提高可再生能源制氢项目收益范围，促进产业绿色成本疏导及价值实现。

第十章 终端电气化与智慧高效用能

本章聚焦能源消费领域，研究"双碳"背景下，重点领域的产业发展趋势和相关电能替代技术发展动态，提出各行业提升电气化水平实施能源消费结构低碳转型的路径，同时探讨了综合能源和虚拟电厂的发展方向。第一节对电气化的发展背景与现状开展了全面阐述，进而研判终端能源消费结构的低碳发展趋势和电气化水平提升潜力；第二节从工业、建筑、交通三大终端能源消费领域出发，按具体应用场景分别研究电能替代技术的发展与应用；第三节重点阐述了综合能源与虚拟电厂的应用场景和技术突破方向。本章研究内容是电力行业碳达峰碳中和实施路径的重要组成部分，将为电力需求分析、电力行业碳排放预算、电源结构优化与布局、电力系统灵活调节技术等其他部分的研究提供参考。

第一节 电气化发展现状与趋势

一、电气化发展历程

自人类发现电并能通过技术生产电能以来，电能便广泛应用于人类社会的生产生活，为人类带来了优质、持续、便捷的二次能源供应，驱动人类生产生活方式发生翻天覆地的变化。一般地，人们普遍把向终端用户供给电能、国民经济各部门和人民生活广泛使用电能的过程称为电气化。电气化推动了人类文明进步，成为现代社会发展水平的重要标志。电能用于照明，扩大了人类生活和生产活动时空范围，改变了人类"日出而耕，日落而息"的生产方式，电冰箱、洗衣机、电炊具等家用电器设备也让人类的生活方式更加丰富，提高了生活质量。由发电、输电、变电、配电、用电等环节组成的电力系统，为人类提供源源不断便捷的能源供应。建立在电气化基础上的通信、医疗、国防、金融、教育、娱乐等领域的各类电力电子设备，已经与人类衣食住行、生产生活密不可分，并对人类的行为方式、健康寿命等产生较大影响，成为现代社会不可或缺的重要组成部分。

随着我国"双碳"目标的实施，经济社会全面绿色低碳转型成为今后的长期发展方向，电力行业将在碳达峰碳中和中发挥主力军作用。一方面，电力行业是我国最主要的碳排放部门，电力碳排放量占全国碳排放总量的比重超过40%，电力系统的低碳转型对全社会实现碳中和具有重大意义。另一方面，随着工业化、城镇化深入推进，经济增长和能源消费量将逐步脱钩，但能源消费达峰后，电力需求仍将在较长时期内保持增长，电力行业不仅要在能源生产侧实现对化石能源的"清洁替代"，还要在能源消费侧实现"电能替代"，承接工业、建筑、交通等能源消费领域转移的能源消耗和碳排放，服务全社会降碳脱碳。

电能是清洁、高效、便利的终端能源载体，在大力推进低碳发展、大规模开发可再生能源、积极应对气候变化的全球发展趋势下，实施电能替代，可以提升清洁能源开发利用水平，是转变能源发展方式、实现能源战略转型、实施能源革命的重大举措，已成为世界各国的普遍选择。同时，广泛普遍的电能替代还将有利于用户参与电力系统灵活互动，支撑新型电力系统建设，构建以电为中心的、清洁低碳安全高效的新型能源体系。

2016年，国家发展改革委等多部门联合印发了《关于推进电能替代的指导意见》，拉开了我国全面推进电能替代的工作序幕。2022年3月，国家发展改革委、国家能源局等10部门联合发布了《关于进一步推进电能替代的指导意见》，明确了电能替代对于推动实现"双碳"目标的重大意义、提升重点领域电气化水平的举措等内容。"十三五"以来，通过在工（农）业生产中大力推广电窑炉、电锅炉应用，在建筑供暖、炊事等领域推进"煤改电"，在公路交通、港口岸电、机场桥载APU等交通运输领域实施电气化改造，我国电能替代取得显著成效，为能源清洁化发展和打赢蓝天保卫战作出了重要贡献。

电能替代技术繁多、应用广泛，其推广应用需要综合考虑技术成熟度和经济性，全面系统开展分析。技术方面，电能替代主要包括电代煤、电代油、电代气三大类，具体可细分为分散式电采暖、电（蓄）热锅炉、电动热泵、工业电锅炉、建材电窑炉、冶金电炉、辅助电动力、矿山采选、电动汽车、轨道交通电气化、港口岸电、油气管线电力加压、电排灌、电烘干等数十种技术。应用领域方面，电能替代基本全面涵盖能源消费侧的工业、建筑、交通、农业等领域，主要包括工业生产领域的加热、动力需求，建筑供暖、制冷、照明、炊事、电器等，交通领域的公路、轨道交通和水路运输，以及农业领域的灌溉、烤制、通风等。

电气化既是工业化进程与能源革命共同推动的能源发展形态和利用方式，也是持续推动工业化进程与能源革命的物质基础和基本动力。电气化与一个国家或地区的资源禀赋、经济发展、能源战略、科技创新能力等密切相关并相互作用，支撑经济快速发展和人民生活水平的提升。同时，经济发展与能源转型、科学技术进步又将进一步促进电气化水平的提高。

二、电气化发展现状

我国终端能源消费主要由电能、化石燃料、生物燃料、热能、氢能等提供。电能在终端能源消费量所占的比重，代表电能替代煤炭、石油、天然气等其他能源的程度，是衡量一个国家电气化程度和终端能源消费结构的重要指标。为了更直观全面地反映不同领域的能源消费情况和评估其电气化水平，需要对终端能源消费领域进行部门划分。我国能源统计系统一般与经济统计相一致，采用一、二、三产业加居民生活的分类方法，详细如图 10-1 所示。对于终端能源消费部门，需要将能源加工转换部门剔除，主要是电力、热力生产行业。同时，为了更好地反映

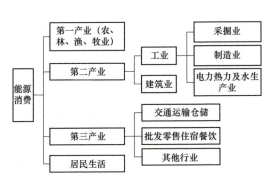

图 10-1　我国能源消费部门分类

不同部门用能特点、能源需求，在国家统计年鉴的部门分类基础上，可进行适当的部门调整与合并，将终端部门分为工业、交通、建筑

和其他部门，其中，其他部门主要是农业，能源消耗较少。

（1）工业部门：由于研究对象是终端能源消费，因此不包括能源工业所用能源，煤炭、石油、天然气等能源开采及加工、电力以及热力的生产等均不应纳入，本章所指的工业部门主要指采掘业和制造业两大门类，同时将建筑业也划入其中。工业是我国最主要的耗能部门，为了对工业的耗能情况进行深入的研究，对工业中的高耗能行业，如黑色金属、有色金属、非金属、化学原料及化学制品、造纸等给予特别的关注，对能耗不高的其他行业则进行合并，组成其他工业部门。

（2）建筑部门：本文所提的建筑部门是广义的建筑，其能源消费是指任何建筑用能需求所产生的能源消费，包括居民住宅、各类公共建筑、工业的厂房等。建筑领域消耗的能源主要包括：照明、电器设备等的耗电，建筑供暖、制冷所消耗的电力、煤炭、天然气等能源，以及炊事消耗的能源。商业和服务业的主要能源消费均归为建筑用能。

（3）交通部门：为便于分析广义交通用能方面的发展和能源需求，并不局限于我国能源统计中的交通运输业（交通运输业仅包括对从事运营的交通运输企业的统计），交通部门采用大交通的概念，包括所有的交通运输工具，即工业、服务业等行业中涉及交通的用能均划入交通部门。

（4）其他部门：其他部门主要是农业部门，包括农业机械、农产品制作等能源消费。

关于部门之间的能源划分，参考一些学者和研究机构的方法：

（1）将第一产业中全部煤炭和热力划入建筑部门，99%的汽油和 10%的柴油划入交通部门。

（2）建筑业中，全部煤炭和热力划入建筑部门，98%汽油和 30%柴油划入交通部门。

（3）工业部门的 3%原煤划入建筑部门，80%汽油和 26%柴油划入交通部门。

（4）交通运输、仓储和邮政业中，全部煤炭、30%液化石油气、65%天然气和电力划入建筑部门。

（5）第三产业（不含交通运输、仓储和邮政业）中的 98%汽油和 30%柴油划入交通部门。

（6）居民生活能源消费中所有的汽油和 96%的柴油划入交通部门。

（7）平衡差额时，全部煤炭、其他煤气、液化石油气、热力均划入建筑部门，全部汽油、柴油划入交通部门，其余能源均划入工业部门。

目前，我国电能占终端能源消费比重已达 28%，电气化水平处于世界前列，比全球平均水平高出 7 个百分点，比 OECD 国家平均水平高出 5 个百分点。"十三五"期间，电能替代电量超过 9000 亿 kWh，预计"十四五"期间我国年均电能替代量保持在 1500 亿～2000 亿 kWh，将持续抬高电力消费，推升我国 2025 年终端电气化率至 30%左右。

分部门看，工业部门能源消费量最大，占终端能源消费总量比重超过 60%，电气化水平与全社会平均水平基本保持统一水平线，目前电能消费占比超过 27%。建筑部门能源消费量占终端能源消费总量比重达 22%，电气化水平为所有部门中最高，电能消费占比已达到 44%，除了炊事和建筑供暖需要大量使用化石能源外，其他方面几乎均使用电力。交通部门能源消费量占终端能源消费总量比重较低，为 14%，电气化水平在各个部门中最低，电能消费占比仅 4%，能源消费品类以石油为主，全国约 60% 的石油用于该部门。农业等其他部门能源消费量占比仅 2% 左右，传统能源消费方面以煤炭和柴油为主，近年来随着不断推进电能替代"散烧煤"，电气化水平已有较大提升。

三、电气化发展路径

（一）终端电气化进程分析方法

采用 LEAP（Long-range Energy Alternatives Planning System）模型开展能源消费侧电气化发展研究，进而开展终端电气化水平的定量分析研判。LEAP 是按照自底向上的模型构建方式，从终端需求出发，综合考虑技术、经济、环境、政策等要素，给出终端需求结构，根据能源转换技术发展，推演一次能源结构。需要说明的是，LEAP 模型本身并不具备优化功能，近年来更新的最新版本通过与外部模块链接，可进行一定简单的优化，但总体而言，其优化能力较弱，最出色的是终端能源需求分析，在给定终端能源需求下的一次能源结构、电力系统装机与发电量结构优化分析方面偏弱。

LEAP 模型包括三个模块：终端能源需求分析模块、能源转换分析模块和能源资源模块。终端能源需求分析模块是 LEAP 模型的主要功能模块，该模块是根据给定能源需求部门的活动水平（如行业增加值、交通周转量等）和各种活动所对应的能源消费品种和能耗强度，计算出该部门对各种能源的需求量。在 LEAP 模型中，能源需求模块具有比较完备的功能，可以根据所输入的宏观经济参数来分析部门能源消费的变化趋势，主要考虑的驱动因素为经济活动水平和能源强度。经济活动水平方面，农业、工业与建筑业经济活动水平的驱动因素为、产业结构与工业结构；交通部门中，公共交通经济活动水平的驱动因素为人口、人均公共交通出行次数与公共交通出行结构；私家车经济活动水平的驱动因素为人口、千人私家车保有量；货运交通经济活动水平的驱动因素为、货运交通结构。商业部门经济活动水平的驱动因素为；其他第三产业经济活动的驱动因素为 GDP；居民部门经济活动水平的驱动因素为人口与人均居住面积。单位经济活动的能源消费量（能源强度）方面，农业、工业、建筑业、商业、其他第三产业、货运交通能源强度的驱动因素为节能终端能源消费设备的使用及其技术进步率；城市客运交通、私家车、居民消费能源强度的驱动因素除了节能终端能源消费设备的使用及其技术进步率外，居民生活观念与生活方式的变化也会对其能源强度产生影响。

在 LEAP 模型中，能源需求模块具有比较完备的功能，既可以通过输入具体用能设备的技术数据来对终端用能技术进行详细分析，又可以根据所输入的宏观经济参数来分析部门能源消费的变化趋势。能源需求模块可以单独运行，对能源需求进行计算。其他两个模块通常需要和能源需求模块一起运行，从而得出一次能源供应、能源加工转换和总能源需求的平衡表。图 10-2 展示了通过 LEAP 模型研究我国终端消费领域电气化水平的分析框架。

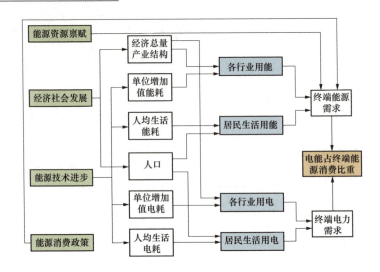

图 10-2 我国终端消费领域电气化水平分析框架

LEAP 模型计算终端能源需求量计算方法为：

$$EC = \sum_i \sum_j AL_{j,i} \times EI_{j,i} \qquad (10\text{-}1)$$

式中：EC 表示终端能源消耗总量；$AL_{j,i}$ 表示第 i 个部口的第 j 种终端能源使用设备活动水平；$EI_{j,i}$ 表示该活动水平下的能源强度。能源强度是指单位经济活动所消耗的能源总量,反映能源的利用效率。当对未来经济活动水平进行预测时,LEAP 模型提供了内推法、弹性系数法及增长率法。

为研究我国终端消费领域电气化水平提升潜力,本文设定设置以 2060 年实现我国碳中和为目标,倒逼能源系统转型和社会经济结构向高质量发展,在产业升级、节能减排、能效提升、能源系统优化等多项举措齐头并进下,实现经济社会全面低碳转型。充分分析当前各项电能替代技术的成熟度和经济性,以大力提高终端电气化水平、推动实现我国碳中和为目标,研究我国终端电能替代潜力。关键影响因素及相关设定如表 10-1 所示。

表 10-1 关键影响因素及相关设定

关键因素	边界条件设置
经济规模	经济平稳增长，2035 年国内生产总值较 2020 年翻一番；2030 年前将维持 5%左右的增速，此后增速逐步放缓，降至 3%～4%
人口变化	1. 近期人口变化较小，中长期看，将出现人口负增长，2050 年和 2060 年将分别降至 13.4 和 12.8 亿人。 2. 我国城镇化率将于 2030 年达到 70%，2050 年达到 80%后基本趋于稳定
终端产业结构	加大产业转型升级力度，压减钢铁、水泥等高耗能产业产能，大力发展高端制造业和服务业，工业能源消费总量大幅降低
能源效率	1. 大力发展循环经济，减少能源资源需求量。 2. 节能技术持续进步，能效水平大幅提升，工业重要产品生产效率提升 20%以上。 3. 推行建筑节能改造和绿色建筑，改善交通运输结构，建筑单位面积能耗、交通部门单位周转量能耗下降 30%～50%
电能替代	1. 电能替代力度加快推进，工业领域大力发展全废钢电炉工艺，推广各类电锅炉、电窑炉、高温蒸汽热泵等设备应用。 2. 建筑领域推行供暖电气化，发展"光储直柔"建筑。 3. 交通领域加大电动汽车发展规模，同步推进港口岸电、电动船舶等技术；农业等其他领域应用电灌溉、电烘干等技术。 4. 2025 年，电能占终端能源消费比重达 30%左右
能源环境政策	1. 2030，年单位 GDP 二氧化碳排放比 2005 年下降 65%以上，新能源装机规模 12 亿 kW 以上，非化石能源占一次能源消费比重将达到 25%左右。 2. 2060 年，非化石能源消费占比达 80%以上

（二）终端能源消费结构与电气化水平

按照 2060 年前实现碳中和的目标，需要在终端以绿色电力大范围替代煤炭、石油、天然气等化石能源。一方面是加快经济高质量发展，促进产业转型升级，提高能源利用效率，降低高耗能产品的消费需求，进而减少化石能源消费需求，同时提升以用电为主的高端制造业、服务业等的占比，通过产业结构调整推动能源消费总量和结构需求的变化。另一方面是推动电气化技术进步和通过政策与市场机制引导，鼓励用户采用电力替代传统化石能源直接消费，调整终端能源消费结构，在工业、建筑、交通各领域大幅提高电气化水平。

我国工业、建筑、交通三大部门能耗占比变化如图 10-3 所示，其中，工业能耗占比从目前的 61%降至 2060 年的 49.9%，相应地建筑和交通能耗占比分别从 22%和 14%提高到 2060 年的 26.3%和 22.0%。多数发达国家工业用能占比不超过 40%，呈现工业、建筑、交通能耗"三足鼎立"的局势，我国 2060 年工业占比仍接近 50%，建筑和交通用能占比仍低于发达国家，这与我国作为人口大国、需要较高的工业化水平支撑经济社会健康发展密切相关。

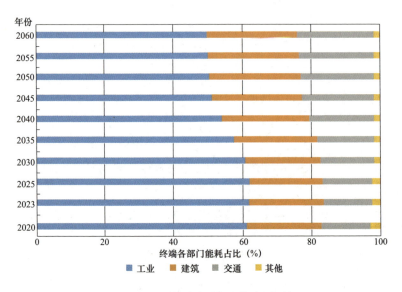

图 10-3　终端各部门能耗占比

我国终端能源消费结构变化如图 10-4 所示。化石能源大幅削减，其中，煤炭和石油消费量持续降低，2060 年时终端煤炭消费量接近为零，天然气消费量呈现先增长后下降的趋势，2035 年前后达到峰值，峰值约 5.7 亿 t 标准煤。2030 年终端电力需求接近 12 万亿 kWh，全社会用电量达到 13 万亿 kWh，电力需求在 2045 年后达到饱和，增速趋缓，终端直接用电量基本稳定在 14.2 万亿 kWh。

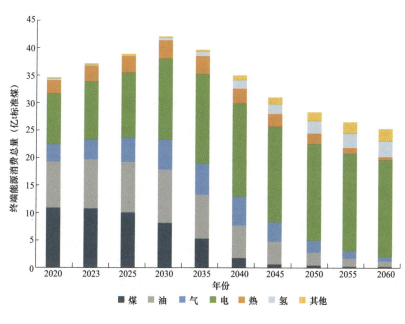

图 10-4　终端能源消费结构

工业领域，四大高耗能行业能源消费量从 2020 年的 14.5 亿 t 标准煤降至 2060 年的 5.6 亿 t 标准煤，降幅达 61%，一方面是钢铁、水泥、塑料等产品需求量大幅下降，另一方面则是能效水平大幅提升，单位产品能耗得到进一步下降。而随着工业互联网、数字经济的兴起，其他工业能源消费量和占比均有所增长。2060 年时，在工业部门中，四大高耗能行业能源消费量占比从 2020 年的 67% 降至 53%，电气化水平也得以大幅提高，其中有色金属行业高达 85%，钢铁、化工和建材则分别为 45%、42% 和 40%。

建筑领域，随着城镇化的基本完成和现代化社会主义强国全面建成，国民生活水平迈上新台阶，人均居住面积和公共面积均将进一步提高，供暖、制冷和家用电器覆盖率持续攀升，但由于能源利用效率随着电气化水平的提升实现了大幅提高，长期来看，建筑能源消费总量与 2020 年相比并未上涨，略有下降。2060 年建筑领域电气化率是目前的近 2 倍，在终端各领域中为最高，达到 81%。其中，建筑供暖和炊事是提高电气化水平的重点领域。

交通领域，当前我国交通领域能源消费量占比仅为 14%，人均客运周转量尚不足发达国家一半，伴随我国经济社会高质量发展纵深推进，先进制造业实现高质量发展，居民收入水平不断提高，2060 年货运周转量和客运周转量均有望实现翻番。电动汽车和电气化铁路成为交通领域电能替代的重点，预计到 2060 年电气化水平分别达到 70% 和 95% 以上。水运方面，主要是港口岸电和部分内河运船实现电动化，远洋海运及航空领域，由于对能源密度和续航时间要求极高，仍较难推行电能替代。

电能占终端能源消费比重变化如图 10-5 所示。2023 年，我国终端电能消费占能源消费比重已超过 28%，并持续提升，在 2030、2050 年和 2060 年，分别达到 35.0%、61.6% 和 69.3%。从增速看，呈现近中期快远期慢的特点，在 2020—2050 年之间，年均提高 1.18 个百分点，2050—2060 年，年均提高 0.78 个百分点。

电能占终端能源消费比重主要取决于电能对其他能源替代力度，需要考虑电能在终端应用中的综合竞争力。在技术层面，电动汽车、热泵、电锅炉、电窑炉等技术逐步成熟，电动重卡、电动轮船、高温蒸汽热泵等研究和示范应用正在弥补电能在交通、建筑、工业等场景的使用缺陷，目前仅在航空、航运领域尚未形成较有前景的电能应用技术，从技术角度看电能应用潜力较大。在经济性层面，目前电能在终端应用的成本总体较高，尚不具备价格优势。根

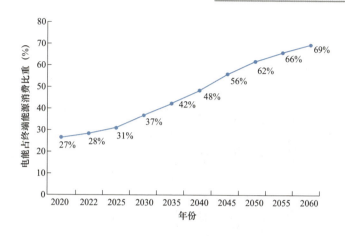

图 10-5　我国电能占终端能源消费比重变化趋势

据国网能源研究院分析，从等效热值的成本看，当前电能成本（考虑峰谷电价）为燃煤的 2.4～4.8 倍，是天然气的 1.1～2.2 倍。在既定政策转型情景中，各项技术进步和政策力度均相对缓和，终端电能占比增长相对缓慢。2060 年实现碳中和目标的背景下，能源发展形成了硬约束，将推动碳市场体系进一步完善，能源碳排放成本得以考虑，随着绿色电力占比不断提高，电能的综合成本与其他化石能源相比，竞争力将有所提升；同时随着技术进步以及低端、高耗能产业向高端制造业与服务业转型速度加快，对电能的需求将进一步增长，从而不断提高电能占终端能源消费比重。

（三）重点领域电气化水平

1. 工业电气化水平

工业部门是终端能源消费占比最高的部门，2020 年约为 62%。随着经济社会高质量发展，现代产业体系不断完善，低效高耗能产业占比降低，工业节能水平持续提升，数字经济持续快速发展，工业部门的能源消费总量和消费结构都将发生较大变化，变化趋势如

图 10-6 所示。

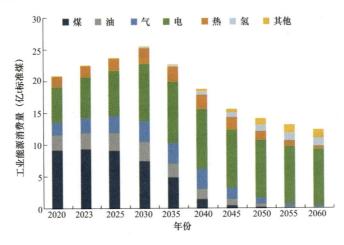

图 10-6　工业部门能源消费能源结构

在 2060 年碳中和背景下，碳减排措施将不断加大力度，考虑到 CCS 技术的高昂成本，获得应用较少，化石燃料消费量将被严格控制，电能替代技术将在工业领域获得更广应用，此外，化石燃料的削减倒逼产业升级，淘汰落后高耗能产业、优化工艺环节、大力发展循环经济，服务业和高端制造业占比将进一步提高，终端能源强度将大幅降低，终端能源消费总量将大幅削减。到 2060 年时，工业能耗占终端能耗比重降至 49.9%，工业能源消费总量为 12.6 亿 t 标准煤。工业电气化水平将大幅提高，电窑炉、电弧炉、电锅炉等电能替代设备得到较大范围推广应用，2030、2050 年和 2060 年，工业部电能占终端能源消费比重将分别达到 35.4%、63.3%和 70.3%。

2．建筑电气化水平

建筑部门将成为近期能耗快速增长的终端部门。我国城镇化率进程尚未结束，正处于蓬勃发展时期，将会有越来越多的农村居民进入城镇生活。我国处于高质量发展阶段，人民生活水平不断提高，人均居住面积将不断增大，各类家用电器设备覆盖面将不断扩大，供暖制冷需求也将不断提升。在 2030 年前，建筑部门能耗将快速增长，2030—2040 年增长相对缓慢，2040 年后，由于热泵、节能电器等先进节能技术的推广应用以及绿色建筑的推广和既有建筑改造，单位面积建筑综合能耗将大幅下降，同时城镇化率增速减缓，建筑部门总能耗将开始下降。建筑部门能源消费总量与结构变化趋势如图 10-7 所示。

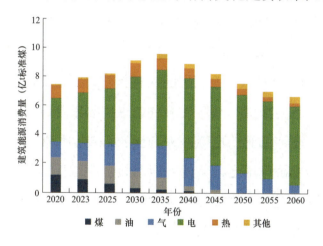

图 10-7　建筑部门能源消费结构

随着新建建筑中绿色建筑比例不断提升，既有建筑节能改造力度也将不断加大，建筑暖通领域"煤改电"、炊事领域"气改电"均将更加深入推进，建筑领域将形成更高电能占比的能源结构，由于电动热泵、电热水器等设备效率较高，因此建筑能耗水平将进一步降低。在 2030、2050 年和 2060 年，建筑能源消费总量分别为 9.1 亿、7.5 亿、6.6 亿 t 标准煤，电能占比分别为 50.2%、71.7%、81.0%。

3. 交通电气化水平

交通部门在我国终端部门中能源消费占比最低，2022 年仅为约 14%；同时，交通部门用能中，以汽油、柴油等石油制品为主，电气化水平在各部门中最低，2023 年约 4%。我国人均汽车保有量与发达国家相比还有很大差距，未来增长空间较大，随着城镇化率的提升和社会经济高质量发展，客运周转量和货运周转量都将迎来较大增幅，交通部门能源消费总量将有所上升。而随着低碳转型的推进，电动汽车将成为国家重要发展方向之一，充电桩已列为我国新基建的重要领域之一，未来交通领域的电气化水平必将得到较大提升，但由于技术、经济等多方面因素影响，交通部门的电气化水平预计仍将低于建筑部门和工业部门。

随着碳达峰碳中和相关工作的深入推进，交通部门将采取更严厉的措施减少油品的使用，天然气消费量也将大幅削减，将更多地使用终端效率高、清洁低碳的电能，大规模发展电动汽车、电气化铁路、港口岸电、机场桥载用电，节能效应凸显。交通部门能源消费总量将呈现先升后降的趋势，详细如图 10-8 所示。2030、2050、2060 年，交通部门能源消费总量分别为 6.5 亿、5.9 亿、5.6 亿 t 标准煤，相应地，各年份电能消费占比将分别达到 9.1%、43.4%、52.2%。

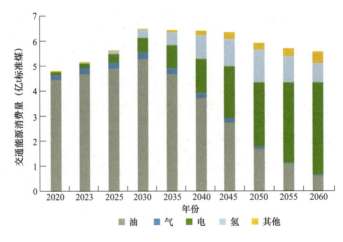

图 10-8　交通部门能源消费结构

第二节　重点领域电气化技术

一、工业领域

工业部门种类繁多，按照我国统计年鉴分类方式，分为采掘业、制造业与电力、燃气及水生产和供应业，其中，终端工业部门主要指采掘业和制造业。其中，钢铁、有色、建材、石化和化工行业是典型的高耗能（高载能）行业，按照《中国统计年鉴 2023》，这几个行业能源消费量约占终端工业能源消费总量的 65%，且以化石能源消费为主，是节能降碳和推进电气化的重点行业。本节重点针对这几大高耗能行业的用能情况及相关技术进行分析，其他一般性工业进行合并阐述。

（一）钢铁行业

1．行业概述

钢铁作为最重要也是用量最大的金属材料，是现代人类社会的骨架，近年来，中国快速迈向并成为制造业大国，中国钢铁工业的跨越式发展起到了决定性的支撑和推动作用。2023 年，中国粗钢产量 10.2 亿 t，连续多年稳居世界首位，约占全球粗钢产量 1/2。钢铁行业对一次能源的消耗主要以煤炭、石油、天然气为主，从近 20 年看，煤炭消耗占比基本维持在 70%左右，石油消耗占比维持在 20%左右且略有下降，电力消耗占比从 6%上升至 10%以上。总体来看，能源结构较为稳定，虽然天然气以及电力消费占比有所上升，但依然处于次要位置，主要还是以煤炭和石油为主。当前，我国钢铁行业的碳排放量约占全国总排放量的 16%左右，居制造业首位，减碳压力巨大。

2. 工艺流程

炼钢的过程可以分为"长流程"和"短流程"两种，从原料区分，"长流程"采用铁矿石和焦炭为原料，"短流程"以废钢为主要原料。不同时期建设、不同规模、不同主要生产产品的钢铁企业生产工艺存在差异，"长流程"炼钢的主要工艺流程包括：

粗钢冶炼：焦化→烧结、球团→炼铁（高炉）→炼钢（转炉）；

精加工：精炼（电炉）→连铸→轧钢（热轧和冷轧）等；

能源转换回收：自备电厂发电、煤气回收、蒸汽回收、余热余压回收发电等。

根据钢铁行业统计数据分析，典型"长流程"炼钢各个工序能耗占总能耗比例如图 10-9 所示。

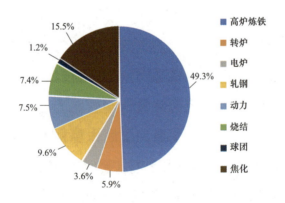

图 10-9 "长流程"炼钢中各工序能耗占总能耗的比重

其中，高炉炼铁能耗占比最大，占能源消耗的 49.4%，高炉炼铁用能的 78%是来自碳素（即焦炭和煤粉）燃烧。焦化工序能耗占比次之，占钢铁能源消耗的 15.5%，其主要能源消耗也是来自煤炭。

其余工序合计能耗占比 35.1%。

3．能耗及电气化趋势

钢铁单位产量能耗持续下降，但近年来下降空间逐渐缩小。2015 年的吨钢综合能耗为 0.57t 标准煤，2020 年吨钢综合能耗下降至 0.56t 标准煤，可见其能耗下降速度明显放缓。2022 年吨钢综合能耗约 0.55t 标准煤，根据国家统计局发布《中华人民共和国 2023 年国民经济和社会发展统计公报》显示，2023 年吨钢综合能耗较上年上升了 1.6%。未来将继续进行结构调整，优化工艺流程，推进节能与资源循环利用技术应用，作为降低吨钢能耗的重要途径。

钢铁企业余热资源的回收与高效转换一直是世界各国冶金工作者关注的焦点问题。钢铁工业在生产过程中会产生大量的余热资源，钢铁工业生产中的余热有高温热源和中低温热源。其中，高温热源包括焦炭显热、转炉烟气显热和熔融炉渣显热等，中低温热源则包括烧结矿球团矿显热、烧结机烟气和热风炉烟气显热等。生产 1t 钢产生的余热平均为 8.44GJ，但我国钢铁企业余热资源的平均回收率只有 25.8%，其中，按余热资源的品质统计，回收高温余热居多，回收率为 44.4%；其次是中温余热，回收率为 30.2%；低温余热的回收率还不足 1%，目前国外先进钢铁企业对余热、余压和副产煤气等能源的回收率均在 90% 以上。加强余热回收与再利用是我国钢铁企业节能的主攻方向。

提高电气化水平是未来钢铁行业发展趋势。目前钢铁行业的电气化水平仅为 11%，在低碳转型的大背景下，未来提升电气化水平是必然途径。随着废钢回收率提高，从目前"长流程"炼钢向"短流程"炼钢发展，电炉炼钢比重增大，电气化水平有望得以提升。

在铁矿石炼钢环节，除了部分电能替代外，还应加强氢能等清洁能源使用，推行氢能直接还原铁技术，生产的铁不与焦炭接触，为纯净铁（含硫、磷在 0.02% 以下），适合在电炉中炼纯净钢，可推动纯净钢、高质量钢材、高附加值钢材的生产构建。随着我国产业升级及城镇化率进入缓慢增长期乃至平稳期，对钢铁需求量将降低，钢铁产量变化趋势如图 10-10 所示。预计到 2030、2060 年我国钢铁产量分别为 8 亿、6 亿 t，废钢资源分别可达 3 亿、3.5 亿～4 亿 t 的废钢，2060 年时实现电炉炼钢比重达 50%～60%。

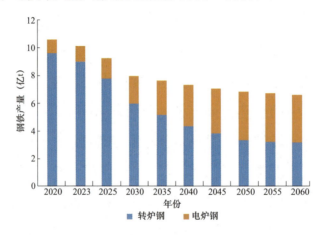

图 10-10 我国钢铁产量变化趋势

（二）有色金属行业

1. 行业概述

狭义的有色金属又称非铁金属，是铁、锰、铬以外的所有金属的统称，广义的有色金属还包括有色合金。其中，铝及铝合金是最重要的有色金属，是当前用途十分广泛的、最经济适用的材料之一，广泛应用于建筑装饰、包装、电子、航空航天等领域。当前铝的产量和用量（按吨计算）仅次于钢材，成为人类应用的第二大金属。

有色金属（铝）加工消耗的主要能源为电力和天然气，其中电力消耗占比在 60%以上。工艺过程基本不涉及能量转换，其设备能耗为综合能耗的主要影响量，主要的耗能设备为熔炼炉、退火炉、立推炉、轧机和空气压缩机（空压机）。其中，熔炼炉、退火炉、立推炉和空压机会产生余热，可用于预热空气补风、冲洗用水加热、办公区域冬季供暖等。生产中需用水对铝制品进行清洗，一般有色金属（铝）加工厂均实现循环用水，耗水量较少，不计入综合能耗中。

2．工艺流程

各类铝压制产品中，某类产品为另外一类产品的原材料：通过对铸轧带进行进一步轧制和退火等工序处理，可产出厚度更薄的铝箔；通过对铸造锭进行进一步轧制、淬火、退火等工序处理，可依次产出热轧带/板、冷轧带/板；通过对铸造锭进行进一步挤压、淬火、退火等工序处理，可产出型材、管材。综合来说，有色金属（铝）加工工序主要有加热、轧制/挤压、热处理和机械加工几种，供用能情况较单一，主要用能为电和天然气，除加热和热处理工序中存在余热可以利用外，各工序间未有其他形式能源的输入、输出关系。

3．能耗及电气化趋势

有色金属（铝）加工行业因生产过程中存在大量的加热设备，主要能效提高空间在于余热利用方面。主要的余热产生设备有熔炼炉、退火炉、立推炉和空压机。

根据工业炉热工原理，助燃空气温度每升高 100℃，能节省燃料约 5%；或者烟气温度每降低 100℃，能节省燃料约 5.5%。空压机在有色金属（铝）加工行业工艺流程中主要为轧机、喷涂等设备提供动力。空压机在做功过程中，也会产生大量热量，该部分工作过程中产生的高温热量由空压机润滑油的加入混合成油/气蒸汽排出机体，这部分高温油/气流温度通常为 80～100℃，热量约相当于空压机输入功率的 70%，对于该部分热量可投入换热装置，用余热提供生活用热水。但目前绝大部分企业对空压机余热部分未利用，直接通过风冷散失在大气中。

因此，除了对设备进行升级换代或者节能改造以降低能耗，充分利用余能也可以成为有色金属（铝）加工行提高能效的重要方式。此外，未来主要趋势为加大电能替代力度，提高电熔炉应用比例，发展再生有色金属低温低电压铝电解新技术、粗铜自氧化精炼还原技术、强化电解平行流技术等高效节能技术，预计 2060 年有色金属行业电气化率达 85%。

（三）石化化工行业

1. 行业概述

石化和化工行业都属于化学工业范畴，其中，石化行业是指利用石油、天然气、煤等化石燃料作为原料，通过化学反应将其转换为石化产品的一种综合性行业。化工行业是利用各种化工原料，进行化学反应制造出各种化学产品的行业。可以说，石化是化工的一部分，但这二者在产业链上的定位有所不同。石化行业主要涉及初级和中级原料加工，将石油和天然气等化石燃料加工成石化产品，主要包括石油化工、精细化工、橡胶和塑料等领域。化工行业则是在石化产品的基础上，通过各种化学反应制造出各种应用性化学产品，例如：染料、涂料、杀虫剂、医药、食品添加剂等。化学原料及化学制品制造业工业共包括基础化学原料制造、肥料制造、农药制造、涂料、油墨、颜料及类似产品制造、合成材料制造、专用化学产品制造及日用化学产品制造 7 个子行业，其中，乙烯、合成氨和甲醇等是化工行业的典型重要基础产品，占整个行业的能源消费的 3/4。

2. 重点行业生产工艺流程

化工行业产品多样，工艺流程差异较大，碳排放来源包括加热所需的化石燃料燃烧排放和化学反应过程中化石能源原料产生的排放。本小节以乙烯和合成氨两个石化化工领域的重要产品行业为例，分析能源消耗特点与减排技术路径，并重点从以绿电替代化石能源进行减排的视角，研究其未来电气化水平发展趋势。

（1）乙烯行业。乙烯工业是石油化工产业的核心，我国是世界仅次于美国的第二大乙烯生产国。中国乙烯工业主要以石脑油为原料，一些原料短缺的企业，还会使用凝析油、轻柴油、抽余油、加氢尾油、轻烃等与石脑油的混合物作为原料进行裂解，但总体来说，这些原料主要源自石油，属于石化路线制乙烯。非石油化工的替代工艺主要是通过煤炭替代石油生产甲醇，进而转化为乙烯、丙烯等。我国乙烯产业已逐步进入成熟期。下游化工产品种类繁多，不同产品的产业发展均存在较大差异，市场化程度也不尽相同。在我国乙烯消费结构中，最大消费领域仍是聚乙烯，占总消费量约 60%，其次是环氧乙烷和乙二醇。

根据中国石油和化学工业联合会有关数据，2023 年，我国乙烯总产能突破 5000 万 t/年，产量 3190 万 t，已经超越美国，成为全球最大的乙烯生产国。但受设备老化等因素的影响，国内乙烯产能利用率已从 2015 年的 77.9%持续下降至 2023 年的不足 60%，乙烯行业的产能替换需求已十分迫切。表观消费量 4715 万 t，当量消费量❶超过 6350 万 t。国内加大进口乙烯下游产品替代力度，进口增速放缓，当量自给率提高到 67%，综合来看，我国乙烯行业仍处于产不足需状态。

从乙烯生产技术路线看，我国乙烯装置以蒸汽裂解为主，约占国内乙烯总产能比例 71%。由于我国能源禀赋"富煤、贫油、少气"，煤炭资源储量位居世界第三，煤炭产、销量世界第一；但原油、天然气对外依存度分别约为 70%、40%，且长期居高不下。在此背景下，我国走出了独具特色的煤/甲醇制乙烯路线，并成为现代煤化工的六大路线之一，2023 年，我国煤制乙烯产能占比约 1/4。乙烷裂解制乙烯方面，由于其长产业链、基础设施薄弱等特性导致进展缓慢。从能耗看，2023 年我国乙烯综合能耗仍达 800 kg 标准煤/t，与同期国际先进水平相比，我国乙烯综合能耗还有至少 25%以上的下降空间。

（2）合成氨行业。氨的生产较为简单，工业上采用氮气与氢气在高温高压下反应合成氨（哈伯法），但是在生产氢气的过程中会消耗大量煤炭天然气等资源，并产生大量的碳排放。根据中国气体工业协会数据，2023 年我国合成氨行业二氧化碳的总排放量 2.3 亿 t，约占化工行业排放总量的 20%。氨是最基础的化工原料之一，在化工领域有着广泛应用，既可用于尿素等农业化肥原料（氮肥）生产，也可用于硝酸等化工用品生产，作为工业上最基本、结构最简单的

---

❶ 当量消费量=产量+净进口量（进口量–出口量）+下游产品净进口折算量，是评价国内乙烯的实际市场容量的常用指标。

含氮原料，几乎所有的含氮化合物的最上游都源自氨，此外，氨还可以作为新型绿色燃料或氢能载体。

2016 年工业和信息化部印发的《石化和化学工业发展规划（2016—2020 年）》明确原则上不再新建以无烟块煤和天然气为原料的合成氨装置，并提出陆续加快落后产能的淘汰进程。此后 3 年，国内合成氨产能和产量均呈现减少的趋势，直至 2019 年后才恢复为正增长，2023 年我国合成氨产能达到 7750 万 t/年。合成氨产量变化趋势与产能基本一致，2020、2021、2022、2023 年，我国合成氨产量分别为 5117 万、5189 万、5321 万、5489 万 t。

与氢的分类类似，根据原料中氢气的碳足迹，合成氨被分为灰氨、蓝氨和绿氨。灰氨中的氢气来源于天然气或者煤炭，由传统的 Haber-Bosch 高温催化工艺制备而成；蓝氨是将灰氨生产过程中的二氧化碳进行捕集；绿氨是基于可再生能源提供能量来源的前提下，以水为原料提供绿氢，然后与氮气通过热催化或者电催化等新型低碳技术制备而成。绿氨是可再生能源消纳的重要方式，也是实现碳减排的重要途径，氨能作为氢能补充，绿氨合成将会成为氢能领域的重要应用之一，合成氨技术未来也势必会朝着低碳化合成技术发展。新型合成氨工艺包括电催化合成氨、光催化合成氨、固氮酶合成氨、等离子体法合成氨等，其中电催化合成氨技术受到较大关注。目前，我国合成氨原材料主要是煤炭、天然气和焦炉气，煤炭约占 76%，天然气约 21%。煤炭中，无烟煤约占 47%，非无烟煤（烟煤、褐煤等）占 29%。

煤炭和天然气合成氨的工艺流程分别为：

1）煤制合成氨。一般的煤制合成氨常规的流程为：

空分装置——生冷分离生产氧气、氮气；

煤气化——水煤浆或者干煤粉加压气化；

变化变换——耐酸变化；

酸性气脱硫——低温甲醇洗；

气体精制——液氮洗；

合成氨——低压合成工艺。

新建的煤制合成氨都以新型煤气化为主，应用最多的是航天炉粉煤气化技术（HT-L），整个产能占所有新型煤气化产能的 30%～40%。水煤浆、干煤粉加压气化的能耗大致为 44～45GJ/t。

2）天然气合成氨。天然气制合成氨，主要工艺步骤：天然气、水蒸气在管式固定床反应器中与催化剂反应，完成转化反应，再经过后续的变换、脱碳和甲烷化净化，得到纯净的氢气。具体步骤与煤制合成氨类似，主要是区别就是变换工艺之前的步骤略有不同。我国天然气合成氨装置能耗已降至 33.49GJ/t，全球的以天然气为原料的合成氨装置实际能耗已经降至 28～29GJ/t（合成氨理论最低能耗为 22GJ/t）。未来合成氨行业，从原料结构上看，要将无烟煤的比例降低，提升非无烟煤为原料的合成氨装置比例，原则上不能再新建以天然气、无烟煤为原料的合成氨装置。根据国家最新的要求，合成氨新建企业的单位产品综合耗需进一步下降。英国石油公司和美国凯洛格公司为钌催化剂开发了 KAAP 工艺，使合成压力进一步降到 10MPa 以下，能耗降到 27GJ/t。国外高处理量（单系列 60 万 t/年），低压、低能耗将是未来合成氨发展的趋势。从使用的能源来看，为实现碳中和目标，未来合成氨行业主要以电能、绿氢为主。

从消费需求看，合成氨约 70%用于农业，其余部分用于工业，作为其他化工产品的原料。具体来说，影响合成氨开工率的主要因素之一就是国内化肥需求情况，其次是三聚氰胺和脲醛树脂，再次是用于民用爆破的需求，主要是用合成氨生产硝酸铵。我国目前化肥使用量较大，平均每亩化肥用量为 21.9kg，远高于全球的 8kg/亩的平均水平，美国、欧盟分别为 8.42、8.76kg/亩，这个表明国内化肥的"肥力"弱于国际上发达国家，有待进一步提高。"十四五"期间，合成氨行业竞争和机遇并存，以"减肥增化"作为产品结构调整方向。到 2025 年，在进一步提高肥料利用率和工业消费增长的影响下，合成氨农业用量将继续下降，预计达到 3500 万 t/年左右的消费规模，而工业用量增至 2100 万 t/年左右，合成氨总消费量与目前基本持平。

3．电气化趋势

对于化工行业，电气化是重要的减排路径，主要体现在加热环节的电能替代和工艺反应过程中采用绿氢替代部分化石原料两个方面。

电蓄热蒸汽锅炉作为"煤改电"的新产品，是清洁供蒸汽主要技术之一，主要用来替代被逐步淘汰的传统燃煤锅炉，满足燃煤锅炉被取缔后工、企业生产用蒸汽的需求，是一种环保的供蒸汽技术。电蓄热蒸汽锅炉是一种蓄热供蒸汽设备，主要利用价格低廉的谷电制热，在保证蒸汽供应同时将部分热量存储在储热材料中，并在非谷电期间利用所储存的热能进行连续蒸汽供应。储热阶段，蓄热式电炉利用低谷电，采用电加热元件将电能转换为热能，一部分传热给复合相变储热模块，另一部分用于蒸汽发生器以产生蒸汽。放热阶段，关闭电加热元件，循环风机持续运转，吸收复合相变储热模块的热量并持续传递给蒸汽发生器，产生蒸汽外供。

除了直接通过电锅炉实施电能替代外，还可利用清洁电力制备氢、氨、甲烷、甲醇等能源。大力发展可再生能源制氢技术，通过"绿氢"大规模供应促进终端减碳控碳，氢能一部分通过燃料电池、直接燃烧提供高品位热能，还有相当一部分用作基础原料，进一步生产氨等其他重要化工产品。电制氢方面，目前主要有碱性电解（AWE）、质子交换膜（PEM）电解和高温固体氧化物（SOEC）电解三种技术路线，碱性电解槽和 PEM 已经商业化，碱性电解槽在效率、使用寿命和投资成本占优，而 PEM 在操作压力、负载范围、占地面积方面更有优势，需结合实际情况进行选用，而 SOEC 目前还处在示范运行阶段。电制氨方面，国内外对基于可再生能源驱动的绿氨生产工艺技术进行大量研究，主要包括电解水制绿氢合成氨、电催化、生物催化、光催化、电磁催化等绿氨制备技术。其中，以电解水制氢代替煤、天然气制氢合成氨，是电制氨最为成熟和现实可行的技术路径，日本、德国已建成可再生能源电转氨示范项目。电制甲烷方面，广义上讲，这属于电转碳氢燃料技术，而电转碳氢燃料是电转气技术（Power to Gas，P2G）中的一种，目前局限在于经济效益不明显，未来需要发展低成本电解水制氢的技术路线、发展高效 CO_2 氢化技术以及发展综合效益提升技术。

综上所述，化工行业碳减排：①通过提高终端或下游产品利用效率和发展循环经济，减少产品需求量；②淘汰落后产能，加大节能改造力度、优化工艺流程、提升产业整体能效水平；③通过电能替代，推广应用电锅炉设备，减少化石燃料使用；④在原料使用环节，适度推广"绿氢"和 CCUS 技术应用，实现碳中和。我国乙烯、合成氨、电石等重点石化化工产品产量变化趋势如图 10-11 所示。预计到 2060 年，化工行业主要产品需求量减少至当前 60%，单位产品能耗下降 20%～30%，电气化率从当前的 11%提高到 42%。

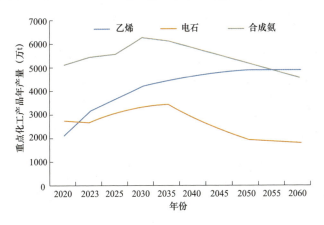

图 10-11　主要石化化工产品产量变化趋势

（四）建材行业

1. 行业概述

　　建材行业通常指水泥、玻璃、陶瓷等制品业，其中尤其以水泥能耗较为突出。在电能替代方面，建材行业主要通过推广电窑炉应用提升电气化水平，预计建筑陶瓷生产领域应用潜力最大，在水泥行业主要可在原料破碎、生料粉磨、熟料冷却、水泥粉磨和包装等工段发挥较大作用。本节主要分析水泥行业能源消耗情况。水泥是国民经济基础原材料，水泥工业与经济建设密切相关，在未来相当长的时期内，水泥仍将是人类社会的主要建筑材料，随着经济发展和城镇化率提高，水泥需求量还将保持一定增长。

　　水泥生产的能源消耗量由三部分组成，即生产水泥中所用熟料在其煅烧（烧成）时所消耗的热能、水泥生产过程中所消耗的电能和水泥生产中所用的原燃料及矿渣等混合材烘干时需消耗的热能之和。我国水泥工业主要以燃煤为主,回转窑大部分使用烟煤;立窑使用无烟煤,对燃煤的质量有一定的性能要求。近年来随着技术进步,低挥发分煤和无烟煤均可用于回转窑水泥熟料煅烧;在节能环保的推动下,各种废弃物替代燃料正悄然兴起。水泥企业还有油耗,窑点火时需用油,窑温过低时也需用油,少量白水泥厂在生产时也用渣油或重油。

2. 工艺流程

水泥的生产,一般可分为生料制备、熟料煅烧和水泥制成等三个环节,包括原料破碎与预均化、原料烘干、生料粉磨、生料均化、燃料烘干与制备、废气处理、熟料烧成、熟料储存与输送、混合材烘干与制备、水泥粉磨、水泥袋散装及输送、辅助生产等具体工序。

水泥线窑尾预热器排放的废气温度为 310～330℃,水泥线常规生产工艺,窑尾废气先由增湿塔喷水降温再引入窑尾收尘器或部分用于原、燃料烘干。原料粉磨、烘干系统多采用立磨或辊压机终粉磨工艺,系统要求的废气温度小于 250℃,废气入磨前往往需要掺入空气进一步降温。上述情况导致能源浪费,大量烟气余热未得利用就被排放,即使用于原、燃料烘干,也要降低热风品位以适应设备要求。因此,可在窑头、窑尾设余热锅炉生产蒸汽用于发电或设备拖动,充分利用余热资源,提高综合效益。

3. 能耗及电气化趋势

水泥行业能源消耗以煤炭、电力为主,且煤炭所占比重超过90%。2021 年,我国水泥单位产能能耗为 120kg 标准煤/t,国外最先进的技术水平已降至 100kg 标准煤/t 以下。未来将通过结构调整和产业替代，发展新型干法窑外分解技术，提高新型干法水泥熟料比重，积极推广节能粉磨设备和水泥窑余热发电技术，对现有大中型回转窑、磨机、烘干机进行节能改造，逐步淘汰机立窑、湿法窑、干法中空窑及其他落后的水泥生产工艺，提高能效水平。另一方面是提高电窑炉在行业中的应用，提高电气化水平，降低行业碳排放强度。

水泥主要用于大型基建和房地产，随着我国城镇化率逐步趋稳、基础设施建设逐步完善、建设工艺提升、产品质量提高以及工程管理不断进步，对水泥的需求量将大幅降低。2023 年，我国水泥产量 20.2 亿 t，预计 2030 年前，我国水泥年生产量将基本维持在 20 亿 t 水平，此后开始下降，到 2060 年，预计我国水泥需求量降至 12 亿 t 左右，变化趋势如图 10-12 所示。水泥需求量的降低，使得建材行业的能源消费总量大幅下降，同时电窑炉设备不断推广，预计 2060 年建材行业电气化率将提升至 40%。

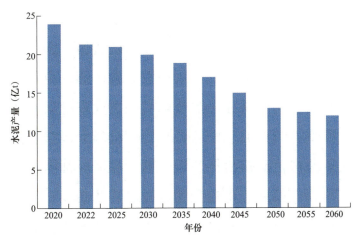

图 10-12　我国水泥产量变化趋势

（五）其他工业

除四大高耗能产业之外，以纺织、造纸、食品、医药、汽车制造等为代表的轻工制造产业，主要终端能源需求形式为电力和热力，其中，热力主要为蒸汽形式，来源包括自备电厂和自备锅炉供热、或通过从热电厂购买蒸汽。从具体能源消费品类看，轻工产业电气化水平普遍较高，目前电能消费占比已达到50%，煤炭和天然气消费占比均为16%~17%，热力消费占比超过10%，油品和其他能源消费比重较低。从电气化水平来看，轻工产业中较低的包括食品加工制造、造纸、医药制造、运输设备制造等行业，这些行业电气化率均不超过40%，这些行业主要消费较高比重的煤炭和天然气，未来可在食品加工行业中推广电烘干、电制茶、电烤烟等技术，在其他轻工用热领域推行电锅炉、蓄热式电锅炉或高温热泵，在减少化石能源消费、降低碳排放的同时，还将有效提高能效水平及产品质量。

终端工业中，除制造业外，还包括采矿业，其2023年能源消费约1.35亿t标准煤，其中，煤炭消费占比超过40%，电力消费占比达27%，天然气消费占比接近20%，油品消费约12%，煤炭主要用于煤炭开采和洗选业。从电气化水平看，采矿业中电气化率较低的行业为石油和天然气开采业、非金属矿采选业和开采专业及辅助性活动，油气开采目前消耗天然气较多，主要以燃气轮机为动力装置，此外，在采矿业中，矿山机械、运输机车等消耗油品较多，未来有望通过电铲车、电钻井、电皮带廊等技术实现高度电气化。随着碳中和工作的推进，煤炭、石油等传统化石能源需求量降低，采矿业能源消费总量也将不断下降。

为推动建设制造强国、质量强国、网络强国、数字中国，除大力提升产业链供应链现代化水平外，还需要大力发展新一代信息技术产业、高端制造、新材料等战略性新兴产业，推动互联网、大数据、人工智能等同各产业深度融合，海量数据监测、采集、传输、分析、存储设备将应用于各个领域，从而带来新的用电需求。从近期看，数据中心、5G 基站将迎来较快用电增长，预计到"十四五"末，数据中心用电量将从当前 2000 亿 kWh 增至 3500 亿 kWh，5G 基站用电量有望达到 4000 亿 kWh 以上。中远期看，新兴产业能耗将在工业领域中占据更大份额。

二、建筑领域

（一）建筑部门用能概述

建筑部门能源从用途看，主要包括建筑供暖、制冷、炊事、照明及其他电器设备；从消耗的能源品类看，主要有电力、煤炭、天然气、热力（主要指集中采暖）。根据中国建筑节能协会能耗统计专委会相关数据，目前我国建筑用能中，化石能源消费占比仍超过一半，其中散烧煤和天然气消费约各占一半，电力消费占比达到 44%。从不同类型建筑能耗看，公共建筑、城镇居民建筑、农村居民建筑分别占总能耗的 38%、38% 和 24%；从单位面积能耗看，公共建筑分别为城镇居建和农村居建的 2.5 倍和 3.4 倍左右；从建筑能源的用途看，接近 60% 的能源均用于供暖和制冷，尤其是供暖领域，能耗高且以化石能源为主，是节能降碳的重点领域。我国城镇中既有建筑中仍有 60% 左右的不节能建筑，尤其是公共建筑单位面积能耗强度远高于居民建筑，节能潜力巨大，降低公共建筑能耗始终是建筑能源领域的重要发展方向。

中国建筑预计还将以每年 10 亿～20 亿 m^2 的速度增加，大约 2030 年前后达峰，开始进入存量阶段。为实现建筑能源低碳转型，需要在几个重要技术方向进行突破，包括发展建筑的"光储直柔"新型配电方式、光伏建筑一体化技术、建设分布式农村新能源系统、建设充分回收利用发电余热和工业余热供热区域热网、具有广泛应用前景的热泵技术等，此外，提高各种电器设备在居民生活的应用覆盖面、推广各类节能电器，以及推广绿色建筑等措施，也是提升人民生活水平、减少能源浪费、降低碳排放的重要途径。

（二）绿色建筑技术

中国的建筑节能技术主要集中在建筑的围护结构和设备系统两个方面。围护结构包括门、窗、屋顶、地板和墙壁，为了满足新标准的要求，屋面保温必须具有节能设计，强调轻盈和高效和超低的吸水率，并且采用耐用、稳定性能的绝缘材料作为绝缘层。主动系统的节能包括了设备系统节能、绿色照明和运营管理优化，从最初的设计开始就结合区域特色和当地气候条件，逐步优化低能耗技术的使用，如被动节能技术和自然通风、自然采光、遮阳等；充分利用可再生能源，如太阳能、风能、生物质能和其他热源。其中，被动房技术能大幅降低建筑单位面积能耗，为建筑能源绿色低碳发展提供基础，被动房技术特征如图 10-13 所示。

建筑材料的生产和制造过程中由于消耗了电力、煤、石油、天然气等能源，会排放出大量的二氧化碳。按照我国的建设水平，每平方米建筑物消耗的能源可用于生产 50～60kg 的钢和 0.2～0.23t 的

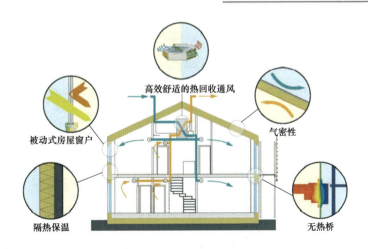

图 10-13　被动房建造的五大原则

　　混凝土或 0.15～0.17t 的砖，具有很大的节能潜力。在促进绿色建筑的过程中，节材作为绿色建筑一个重要的控制指标，主要体现在建筑的设计和施工阶段。具体措施有：重新利用现有的结构和材料，从而减少这些材料的生产、能源消耗和建筑材料的运输量；减少建筑垃圾的产生，使用木材等再生材料，回收建筑运营和拆除过程中产生的废物，并优先使用当地的建筑材料等。

　　综合来看，建筑领域低碳发展的方向主要包括：①提升绿色建筑比例，重点针对新建建筑，通过围护结构改善、发展被动式节能技术、使用绿色能源降低建筑能耗；②采用装配式建筑，提高产业效率；③对既有建筑节能改造。

（三）先进建筑供暖制冷技术

1. 供热网发展

　　传统建筑供暖所使用的能源一般是煤炭、天然气或电力。对于电厂或区域锅炉供热，使用的原料为煤炭/天然气；使用热泵/家用空调供暖，输入能源为电力。燃煤区域供暖的 CO_2 排放量最大，电力驱动的热泵碳排放理论上最少，但我国是以煤电为主，因此电力的碳排放因子依然很高，在此情况下，热泵供暖的减排效果并不比天然气供暖好，因此需要进一步提高热泵效率和提升可再生能源电力比重。若能实现高比例清洁能源电力，则电力供暖排效应将十分突出，这也是未来重要发展趋势。

根据丹麦相关学者研究，提出了四代供热系统的概念，前三代建筑供热系统，均是由热源站提供高温热水供向用户，第四代供热系统仍是采用从中心能源站向末端热力站或用户集中供热的模式，系统结构与第三代类似，但采用了低温供水（30～60℃），供热主机也从锅炉变为热泵，从使用的能源看，正在从煤炭/天然气等化石能源向电力转变。由于采用了低温供水，所以必须配合超低能耗建筑和低温供暖设备（如辐射地板供热）。如果是既有建筑，则必须进行节能改造（增强保温等）。第一～四代区域供热系统特点详见表 10-2。

表 10-2 　　　　　　第一～四代区域供热系统特点

项目	第一代	第二代	第三代	第四代
热量载体	蒸汽	超过 100℃的加压热水	低于 100℃的加压热水	30～70℃之间的低温水
管道	保温钢管	保温钢管	预制保温钢管	预制保温钢管（双管）
循环系统	蒸汽压力	中央泵	中央泵	中央泵和分散泵
换热站的换热器	无	管壳式换热器	无板/有板式换热器	主要是板式换热器，引入 flat-station（新建筑中的分散式热水供应）
散热器	使用蒸汽或水的高温散热器（90+℃）	直接或间接使用区域供热水的高温散热器（90℃）	直接或间接使用区域供热水的中温散热器（70℃）	地板采暖，低温散热器（50℃），间接系统

续表

项目	第一代	第二代	第三代	第四代
热水	热水箱直接用蒸汽或二次水回路加热	DHW 罐加热至 60℃，必要时在 55℃下循环	热交换器加热 DHW 至 50℃室内热水箱加热到 60℃，必要时在 55℃下循环	高效的本地热交换器加热 DHW 到 40～50℃。在供应温度为 30℃的区域供热系统中，热交换器预热 DHW，带有缓冲罐和热交换器的热泵通过冷却回水温度将 DHW 温度提高到 40℃

2. 先进集中供热

采用电厂集中供热时，除了传统的热网集中供热方法，清华大学江亿院士团队提出了大温差、远距离高效供热方案。通过部分电厂抽汽作为高温热源，并充分利用乏汽余热，使余热占整个电厂输出热量的 55%以上；在城镇区域建设中继能源站，在能源站内采用热水吸收式热泵和水—水换热器组合的方式加热二次网供热热水，进一步降低一次网回水温度至 20℃左右；同时还可配套建设大型吸收式制冷机组用于区域供冷。系统结构如图 10-14 所示。

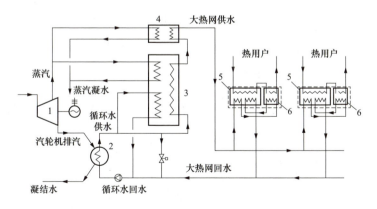

图 10-14　电厂大温差集中供热方案

3．高效热泵技术

热泵是利用电力或蒸汽驱动下，将低位热能转变为高温热能，向建筑物供暖的设备，其中以电力驱动的热泵技术应用更广泛，热泵可将自然界中广泛存在的低位热能转换成满足建筑供热需求的高位热能，或更加高温（＞85℃）的热能满足工业工艺需求。大型空气源热泵 COP 可达 3 以上，地源热泵可达到 5 以上，最新的磁悬浮热泵，在额定负荷下实际测试性能系数达到 6.23，IPLV 超过 9，节能效果十分显著。热泵非常适合应用于中小规模建筑，或在大型公共建筑中用于不同楼层、不同朝向和不同功能分区系统中，贴近用户的热泵机组，更能灵活地适应建筑末端负荷多变情况，系统运行实际能效更高，减少由于大系统过于集中导致"大马拉小车"的无效产能。

4．分布式冷热供应能源系统

对于分散式建筑，尤其是处于南方地区的建筑，供暖季短，不适于采用集中采暖，可发展能源总线技术，实现分布式集成冷热供应。能源总线通过分布于用户末端的热泵技术转换成用户需要的冷量或热量，冷却水/热水来自于位于城区不同空间的可再生能源，包括各种低品位热能（浅层地热、污水温差能、空气能、太阳能），末端的分布式热泵可以是高效磁浮离心式热泵，具有极佳的 COP 和 IPLV 系数。这种方式贴近用户末端，适应城区末端建筑用户负荷多变，绝大多数情况下处于部分负荷的情况，灵活性强，规模化利用可再生能源的同时形成资源共享，一次能源利用效率高，可以说是非常适合高密度城区开发利用可再生能源的集中供冷供热系统。

能源总线的管网输配也有距离限制。已有相关文献研究表明，与用户末端的空气源热泵相比，当空气源热泵的 COP=3.0，电网供电效率 38%，末端水源热泵机组 COP=5.0 时，能源总线的管线长度不应超过 1.8km，此时能源总线+末端分布式水源热泵的能效高于用户末端直接用空气源热泵。若末端水源热泵机组 COP=4.0，则长度不能超过 1.3km。在多源的能源总线系统中，管网可采用枝状连接，也可采用环状连接，后者的系统可靠性更高，更适合于大型管网。时用户端停开热泵或制冷机组，直接用总线水供热或供冷。在分布式能源系统中，能源总线衔接热泵与位于不同空间的可再生能源资源，除此之外，只要有其他合适的热源/热汇，都可以集成到能源总线中，包括太阳能光热、数据中心或地铁排热等。数据中心的废热在冬季是很好的供热热源，热量大且稳定。

三、交通领域

（一）交通用能概述

交通运输是碳排放的主要领域之一，占到全球化石能源碳排放总量的 1/4，通过交通领域电动化转型来减少化石能源碳排放已成各国共识。交通部门根据运输方式的不同，可分为公路、轨道、民航、水运等子部门。其中，公路运输工具为汽车，轨道交通包括城市轨道交通和城际铁路，民航主要是飞机，水运为轮船。每个子部门分为客运和货运两部分，其中货运除了以上 4 种运输方式，还有管道运送方式（石油、天然气等）。

客运周转量方面，铁路、民航、公路分列前三，水运客运周转量占比极小；货运周转量方面，水运排名第一，公路次之，铁路第三,航空占比较低。从能耗总量来看,客运、货运能耗比约为 1:3,公路、铁路、民航、水运四个子部门能耗量之比约为 83:4:8:5。从单位运量的能耗看,铁路、公路客运、航空、私人小汽车完成单位客运量的能耗比为 1:3:9:50,水运单位客运量能耗与铁路相当;水运、铁路、公路完成单位货运量的能耗比为 1:2:7。

综上所述,我国目前交通部门是以公路为主,总体单位能耗水平较高,且消耗的能源主要是石油,电气化率约为 4%,碳排放量和污染物排放均较高。未来低碳转型中,交通部门需要大力发展以电动汽车为主的高效新能源汽车,实现节能减排、清洁低碳发展。此外,未来应合理调整运输结构,提高铁路等单位运量能耗低的工具运输比例,适当降低公路运输占比,提高整个行业的能效水平。预计到 2060 年,我国公路运输能耗占比在交通部门中降至 60%～70%。

当前我国人均出行距离远低于世界发达经济体水平。2022 年,我国每千人汽车保有量(包括所有车型)仅为 226 辆,美国和欧洲国家的水平分别达 900 辆和 500～600 辆,未来我国车辆数量还有较大增长空间。从运输量看,我国客运人均年行驶里程不足 5000km,美国和欧洲分别达到 18000km 和 10000km 以上;我国人均飞行里程仅为 840km,美国和欧洲人均飞行里程分别为 3400km 和 1300km。货运周转量方面,我国人均公路货运周转量约 4900t·km,美国和欧洲分别约为 9000t·km 和 3900t·km;我国人均船运货物周转量 8600t·km,欧洲则为 2300t·km。随着经济发展和生活水平提升,未来我国客运周转量和货运周转量预计均将迎来大幅提升,届时交通部门能耗在终端的占比将得到提升,节能和电气化对交通部门低碳转型至关重要。

（二）公路

1. 电动汽车

公路领域发展趋势是通过新能源汽车取代目前的燃油汽车，电动汽车作为最成熟的清洁能源汽车，将迎来大规模发展阶段。截至2023 年底，我国新能源汽车保有量已达到 2041 万辆，其中，纯电动汽车 1552 万辆，占到新能源汽车总量的 76%，但同时我国汽车保有量达到 3.36 亿辆，新能源汽车占比仅 6%。未来公路客运领域，乘用车保有量还将继续上升，目前我国千人汽车保有量仅为美国和欧盟的 1/4 和 1/3，不足发达国家平均水平的一半，同时我国的电动汽车产业又领先于世界，双重因素将共同推动我国电动汽车发展。公路货运领域，电动汽车预计将沿着轻卡—中卡—重卡的方向逐步渗透，逐步通过电气化水平提升降低碳排放，其中，中轻卡基本可以实现电动汽车全面覆盖，重卡领域预计主要用于矿山用车等，长距离的物流车可发展氢燃料电池车，通过可再生能源电力制氢予以满足。

2022 年，我国交通行业货运总周转量约 22.6 万亿 t·km，至2060 年，预计将上升至 38 万亿 t·km，接近翻一番，40 年复合增速 1.7%。同时，未来还将推动"公转铁""公转水"，提高运输效率，有效优化运输结构。我国电动汽车保有量发展趋势如图 10-15 所示，预计 2030、2060 年，电动汽车保有量分别达到 8000 万、3.6 亿辆，分别占当年汽车保有量的 19%、72%。2060 年，公路客运全部实现电气化，公路货运中的全部轻卡和中卡、部分重卡实现电气化，公路领域电气化率达到 70% 以上。

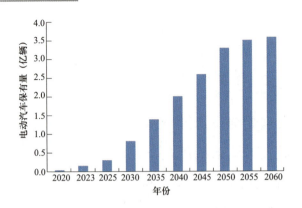

图 10-15　我国电动汽车保有量

2．充电基础设施

随着以电动汽车为主的新能源汽车产业快速发展，为充电桩行业带来发展机会。我国公共充电基础设施保持稳定增长趋势，根据中国电动汽车充电基础设施促进联盟披露数据，截至 2023 年底，全国充电基础设施保有量达 859.6 万台，同比增长 65%，全国共有 6328 个服务区配建了充电设施、占服务区总数的 95%，北京、上海、河北、安徽等 15 个省（直辖市）高速公路服务区已全部具备充电能力。公共充电基础设施省份分布相对集中，广东、浙江、江苏、上海、湖北、山东、北京、安徽、河南和四川排名前十，占比达 70.7%。全国换电站保有量共 3567 座，浙江、广东、江苏和北京是换电站布局数量前四的省（直辖市），分别达到 431、406、357、322 座，合计占比达 42.5%。

2020 年，我国发布了《新能源汽车产业发展规划（2021—2035年）》，提出要推动新能源汽车从单纯的交通工具向移动智能终端、储能单元和数字空间转变，带动能源、交通、信息通信基础设施改造升级。同时，特别明确要加强电动汽车与电网的能量互动。电动汽车与电网的融合发展，将经历无序充电、有序充电、车网互动（V2G）和车网一体（VGI）的过程。随着电动汽车保有量不断增长，其拥有大量的闲置时间，这为 V2G 的发展提供了契机，同时高比例新能源的新型电力系统，也需要用户侧需求响应平抑负荷曲线，促进新能源消纳。因此，智能化、网联化的电动汽车是未来能源互联网的储能终端，以 V2G 模式为电网提供调峰调频，促进新能源消纳等辅助服务，是实现能源综合利用的重要方式，有利于降低电动汽车使用成本，促进电力与交通的融合。

现有的电动汽车和电网的融合仍处于无序充电和有序充电的阶段，距离车网互动阶段仍有很长的路。现在大部分的新能源汽车都是单向充放电，还没有办法做到将闲置时的电量通过充电桩传回电网。在车辆出厂系统的设置中，无论是最初的设计阶段，还是后期的软件升级阶段，都应把车网双向互动纳入，但现在很少这样操作。美国夏威夷自然能源研究所的一项研究称，V2G 不可避免地会增加车辆电池的充放电次数，而电池的使用寿命就是由其充放电循环次数决定的。在恒定功率下，V2G 会显著降低电池寿命至 5 年甚至以下。综合来看，V2G 在我国仍处于初步研究阶段，V2G 作为一项巨大的系统性工程，无论是从技术方面还是从政策和市场机制方面，距离规模化应用还有较大差距。需要车主、车企、电网各方深入合作、协同推进，才能形成良性互动。未来充电基础设施在充电体验、运行维护、网络协同等方面需要完全数字化、智能化，实现充电体验安全快捷、充电设施无人值守、远程运行维护，以及充电设施智能高效、充电网络智能调度。我国充电基础设施技术发展趋势如图 10-16 所示。

核心部件 标准化	在相同尺寸下，模块功率由20kW提升到30kW，未来向40kW演进，实现"标准化、模块化、可演进"。
小功率 直流充电	采用小功率直流充电替代交流充电，加快充电速度；即插即冲免扫码将成为小区/园区充电场景的关键技术之一。
充电形态 多样化	高可靠性满足恶劣应用环境，10年长寿命适应长期满载运行，高效率匹配大充电量，智能运维免下站，将成为卡车换电基础设施的关键要求。
充电设施 数字化	通过智能电网、物联网、5G通信、远程控制、云计算、大数据、人工智能、车联网实现区域、企业、充电桩网络集约运行、智能出行。

图 10-16　充电基础设施技术发展趋势

充电基础设施已经列入我国新基建七大领域之一，得到高度重视，随着电动汽车的快速发展，我国充电桩、充电站、换电站也将迎来较快建设时期。预计 2030、2050 年和 2060 年，我国充电桩保有量分别达到 3800 万、1.8 亿台和 2.2 亿台，车桩比分别达到 2.1:1、1.8:1 和 1.6:1，如图 10-17 所示。

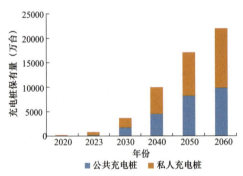

图 10-17　我国充电桩保有量

（三）轨道交通

轨道交通一般包含铁路运输和市内轨道交通两类，城市内的轨道交通均采用电力驱动方式，实现 100%电气化。电气化铁路是一种现代化的铁路运输工具，和使用的内燃、蒸汽机车牵引的铁路相比，具有技术经济上的优越性，在当今社会应用越来越普遍，目前铁路部门电气化水平达到了 70% 以上的水平。

在交通运输行业，轨道交通（含铁路和城市轨道）是电气化水平最高的领域，也是碳排放最低的领域，其碳排放仅占整个交通领域的不足 2%。2023 年，我国铁路营运里程已达到 15.9 万 km，其中，电气化铁路超过 12 万 km，高速铁路里程为 4.5 万 km。此外，全国城市轨道交通运营里程也达到了 10166km。

我国客运、货运周转量还将继续增长，且随着交通运输结构优化，部分货运实现公路转铁路，我国铁路里程还将持续增长，预计近中期平均每年建设铁路 5000km，远期增速有所放缓，预计平均每年建设 2000km。同时，在铁路领域将继续推进电气化进程，进行铁路电气化改造，铁路电气化改造成本为每公里 400 万～600 万元，每年的投资额完全可控。到 2060 年，铁路总里程达到 27 万 km，电气化水平接近 100%，随着零碳电力系统的成功建设，轨道交通领域将通过电气化基本实现零碳化。除铁路外，城市轨道交通也将成为新的交通电气化增长点，预计我国城市轨道交通还将较目前翻一番以上。我国各类轨道交通建设规模趋势如图 10-18 所示。

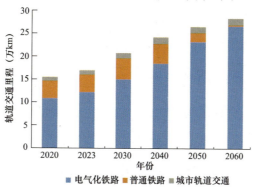

图 10-18　我国轨道交通发展趋势

（四）航空和水运

我国航空主要以客运为主，货运周转量占比极低；航运则以货运为主，客运周转量占比非常低。航空和航运主要特点为平均运送距离远、能量密度要求高、单程能源需求量大。2022年，我国民航客运平均运送距离1555km，水路货运平均运送距离为1415km；飞机百千米油耗达到1.5～3t，轮船百千米油耗可达3t以上。因此，在航空和水运领域，目前总体尚未形成有前景的电能驱动技术，在未来的很长一段时间，仍将以燃油为主。

在内河运输、水上旅游等场景，电动船舶已具备应用条件，截至2023年底，中国电动船舶保有量数量已经超过700艘。我国自主研发的由燃油船舶改造的"船联一号"电动货船，为国家标准内河干散货运输船，载重量2500t，总长58.5m，宽13m，在水下的深度4.2m，是长江流域吨位最大的电动货船，于2022年2月22日在南京成功首航。

港口岸电技术是水运领域的重要电气化技术之一，是指允许装有特殊设备的船舶在停泊码头时接入码头的岸电电源，船舶可以从岸电系统获得其泵组、通风、照明、通信和其他设施所需电力，让船舶发电机组停止使用柴油和燃油的使用，一般可分为高压岸电和低压岸电。我国"十三五"时期推进电能替代以来，港口岸电均作为重要细分领域开展相关工作，目前已得到较为广泛应用。2023年，交通运输部、国家电网有限公司、中国南方电网有限公司联合印发了《关于示范推进国际航线集装箱船舶和邮轮靠港使用岸电行动方案（2023—2025年）》，提出到2024年底，邮轮港口企业停靠邮轮的码头实现高压岸电设施100%全覆盖；到2025年底，国际枢纽海港相关集装箱港口企业停靠国际干线集装箱船舶的码头实现高压岸电设施 90%覆盖；2023 年底具备使用条件的船舶和港口企业实现岸电常态化使用。2023 年，长江经济带船舶岸电使用电量达到 1.2 亿 kWh，提前两年实现了"十四五"用电量超亿度目标。

随着生物燃料技术和氢、氨燃料技术水平的逐步提升，未来有望在水运和航空领域得到一定的应用，替代一部分燃油。

第三节　综合能源系统与虚拟电厂

按照终端电气化和区域能源综合利用的发展水平划分，可分为三个阶段。在初级阶段中，各类型能源单独利用，综合利用水平较低，终端电气化水平也较低。在中级阶段中，区域多类型能源实现协同互补消纳，实现区域综合能源本地化自平衡消纳。中级阶段能源综合利用的代表性技术包括光储直柔、微电网、源网荷储一体化等能源本地化消纳技术。在高级阶段下，区域能源实现多能协同消纳的同时，可参与对大电网、对其他区域的主动支撑。在此阶段下，虚拟电厂将成为综合能源系统的主要聚合形式，对内提供能源管理服务，对外以市场化的参与方式，为电网提供调峰、调频等多样化的辅助服务。

一、综合能源系统

综合能源系统主要是指用户侧电冷热气氢不同能源形式耦合、提供多种能源一体化供应服务的能源系统，如图 10-19 所示。

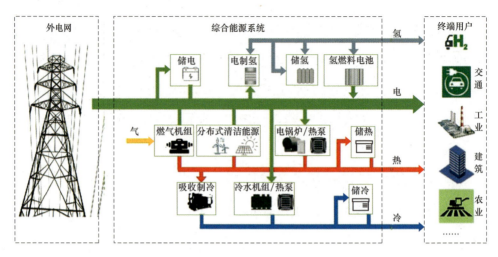

图 10-19　综合能源系统示意图

传统的供能系统（如电力、燃气、热力）往往单独规划、单独运维、独立运行，彼此之间存在较少的耦合环节，由此会引发一系列问题，如不同能源之间难以有机配合，造成能源利用效率低下；不同供能环节之间缺乏协调，影响整个社会供能系统的灵活性，且在面对极端天气或重大灾难时，供能系统的自愈恢复能力较差等，这些问题引起了能源领域专家和学者的广泛重视。为破解上述问题，以提升能源利用效率、促进可再生能源安全高效消纳，保证社会供能的安全、灵活和可持续性，通过构建综合能源系统，打破不同能源子系统之间的壁垒，实现不同能源的有机协调成为社会广泛接受的共识。

在传统供能体系中，各个能源网络由不同的组织部门和厂商负责建设、运行和维护，相互之间缺乏互联与耦合。但随着能源领域的改革、能源技术的进步以及人类对生态环境的日益重视，互相独立的能源结构正在发生转变。首先在源侧，大量光伏电站、风电场投入使用，燃气电厂逐步取代燃煤电厂，同时为了提高燃气利用效率，这些电厂往往会加入余热锅炉、吸收式制冷机等设备从而构成冷热电联供（CCHP）方式；其次，为提高可再生能源的消纳率、提高用户用能的经济性和舒适性，大量储能设备被广泛应用，既包含集中式的大型储能电站，也包含用户侧分布式的小型储能；最后，为了进一步提高各种能源的耦合程度，实现可再生能源的安全消纳，电制热、电制冷、电转气等技术受到越来越多的关注。基于上述变化，电、热、气、冷不同能源之间的耦合越来越紧密，最终形成了综合能源系统。

综合能源系统是传统电力系统在用户侧的延伸，具有促进分布式清洁能源消纳、保障终端能源供应、参与电网互动调节等多种功能，将成为未来用户侧能源系统的主要形态之一，是新型电力系统的重要组成部分。欧美等发达国家相关研究及应用起步较早，我国自"十三"五以来也大力发展多能互补、综合能源等跨行业能源系统的攻关与示范，对推动我国能源转型及能源消费革命具有重要意义。

（一）综合能源在未来能源电力低碳转型中的应用场景

综合能源系统已广泛存在于各类常见的场所，如中央空调系统可视作综合能源系统的初级形态，园区综合能源站、微能源网等作为典型的综合能源系统目前在全国各地也已开展建设，同时与工业生产线相结合的热电系统等也是一类特殊的综合能源系统。此外，目前综合能源系统也已向大规模系统发展，如城市级电—热—气多能耦合能源系统。

1.　终端能源安全供给

充分利用本地分布式能源及多元储能资源保障极端条件下能源

供给。传统电力系统通常采用电厂—电网—用户的单一能量供给形式，用户的用电或用能需求完全由电网满足，在冰灾等极端条件下，若电网出现故障，用户的电冷热等能源供应将中断。而综合能源系统直接部署于用户侧，采用分布式风/光发电、燃气发电、氢发电等多种分布式电源以及电冷热气氢多元储能，可有效保障极端条件下重要负荷的能源供应，提升终端能源安全性。

2．节约用能

采用高能效设备提升能源利用效率，降低能源消费总量。综合能源系统基于能量梯级利用原理，对余热余压进行二次利用，可有效减少能源的浪费，以更少的能源满足用户的用能需求；同时系统中通常采用热泵等能效比大于 1 的设备（从环境中获取能量，使输出能源大于输入能源），且直接部署于用户侧可减少能源传输的损耗，从而进一步降低综合能源系统的能源消耗总量，因此发展用户侧综合能源系统对降低我国单位 GDP 能耗、实现电网企业"两个千分之三"考核指标具有重要意义。

3．分布式清洁能源消纳

基于多元分布式储能实现分布式清洁能源有效消纳。清洁能源与用户负荷通常难以精准匹配，导致高比例清洁能源接入后供需平衡困难，在农村等低负荷地区甚至出现午间清洁能源倒送的问题，影响电网的安全性与经济性，同时也造成了分布式清洁能源的远距离传输，导致能源浪费。综合能源系统中通常建设了低成本、大容量的储冷储热设备，通过合理的优化调度，可有效消纳本地的分布式清洁能源，作为热能资源储存，并在负荷高峰、清洁能源低谷时使用储能为提供冷热能源供给。未来随着氢能技术装备的发展，若氢能设备成本大幅降低，也将有可能建设大量的分布式制氢、储氢、发电设备，为清洁能源消纳提供更为灵活的支撑，避免清洁能源浪费。

4. 源荷深度互动

基于系统多维度调节能力，深度参与电网互动。新型电力系统对各环节调节能力需求较大，综合能源系统拥有多维度的调节资源，可对新型电力系统提供有力支撑。一方面，综合能源系统拥有多元储能资源，在满足本地清洁能源消纳需求的同时，可为电网提供调节能力支撑，且储冷储热成本低，可大量建设形成可观的调节资源；另一方面，综合能源系统也具有多元化的供用能设备，如电网负荷低谷时可使用热泵供热，电网负荷高峰时可使用燃气轮机（未来可能建设氢燃机、燃料电池等）提供热电联供，形成双向宽幅调节能力，发挥传统可调节负荷不可替代的调节效果，支撑新型电力系统安全经济运行。

综上，综合能源系统可广泛建设于新型电力系统各类需求侧典型场景，如智能楼宇、工商业园区、小区、乡村、海岛等，是用户侧安全低碳高效用能的有效解决方案，同时可为新型电力系统提供可观的调节潜力，将成为未来电力用户侧的典型发展形态之一。

（二）综合能源技术发展趋势

1. 建模仿真发展趋势

综合能源系统是电气、热工系统的融合，目前电力系统建模仿真较为成熟，精度较高，但热力系统发展相对不成熟，未形成类似电力系统兼顾模型精度及求解效率的建模方法。目前综合能源主要建模方法有三大类：①将电、热子系统分别采用各自领域的方法建模，并在电热耦合节点处建立耦合方程，形成综合能源系统的完整方程，该方法建立模型精度较高，但复杂度高求解不便；②基于电气系统建模方法的综合能源建模（类电气化建模），将热力系统作近似线性化处理，形成形式统一的综合能源系统网络方程，该模型较为简化，便于求解，但精度与第一类模型相比较低；③基于信号处理理论的建模方法，将某一物理量的曲线视为一个波形，并通过傅里叶变换等方式将不同频率下系统的输出进行叠加求解，该类方法在精度及复杂度方面均表现较好，但仅适用于动态过程的求解，在静态分析等方面效率仍较低。此外，在类电气化建模方面，已有学者基于热力学基本原理，将传热过程以"热阻"形式进行建模，得到与电路方程形式类似的热力学方程，在保证了模型的精度的同时，使方程得到简化，目前也已取得较好的效果。另一方面，综合能源系统建模仿真方向的现在研究主要集中于主机层面，主要建立主机的输入输出能量模型以及长距离能量传输管线模型，但对水泵等辅机的能耗以及综合能源系统末端设备（如风机盘管等）研究较少。

随着氢能等新兴能源形式的快速发展，综合能源系统将从传统的冷热电气联产联用向冷热电气氢方向转变，在源—网—荷—储实现全环节的深度融合发展，从而形成多能联产、多网融合、多级用户、多元耦合的新型综合能源系统。面向新型综合能源系统的建设与发展，亟须进一步加强关键性、基础性、前瞻性技术理论研究，从电力及热力的基本原理出发，研究不同能量耦合的基本原理，并使用人工智能、机器学习等技术，建立机理—数据联合驱动的建模技术，从而开发更为普适的整体建模方法、更为高效的高维解算技术。

2. 规划配置发展趋势

综合能源系统规划设计方案的优劣对项目经济性和能效具有至关重要的影响。目前，综合能源系统规划设计模型大量涌现，对于从理论上认识综合能源系统演化规律具有重要的意义。普遍意义上综合能源系统优化配置模型，在关键部件、单个设备、冷热电子系统和园区级综合能源系统建模仿真和性能优化方面已有大量的工作，常规的商办园区、居民区、医院以及交通站房等已有较多的研究和工程实践。

但是，对于当前国家重点发展方向的新能源汽车制造园区、电池产业园区、氢气制取和转化、精细化工园区以及其他高精尖制造等我国未来新质生产力行业集聚的园区，综合能源系统配置和工程应用讨论仍较少。综合能源未在这些工艺比较特殊的重点用能园区中未发挥应有的作用，究其原因，主要有以下两个方面：

（1）既有综合能源系统模型应用需要完备的终端能源需求数据、能源资源属性数据以及设备特征参数，在工业类园区中，这些数据分散在不同利益主体方，在早期综合能源系统项目规划设计阶段，完全获取这些数据沟通协调成本过高、时间过长，特别是新能源汽车制造园区、精细化工园区以及其他高精尖制造等我国未来新质生产力行业集聚的园区，对其用能特性、多能流特性和资源条件缺乏深入的认识，这些能源大户的用能无法贯彻落地多能互补综合优化的理念。

（2）综合能源项目涉及多方利益主体，多利益主体协商谈判的前提是信息共享和透明，基于共同理解认可的数据，各方相互协商—谈判—妥协并最终达成一致。由于既有综合能源规划模型大部分是"黑箱"，输入需求、能源资源等数据直接给出最优化结果，对于研究或者理论分析是没有问题的，但是对于多利益主体协商和方案决策，这些模型并不满足要求。

因此，针对新能源汽车制造、电池制造、电氢一体化产业集聚区、精细化工园区等新质生产力园区，建立考虑多主体参与式的综合能源系统规划配置模型和方法，对于推动综合能源项目在新质生产力园区开展和工程落地均具有重要的意义。

3．运行调控发展趋势

目前综合能源系统运行调控与电力系统类似，综合能源系统具有多时间尺度协调的特征，通常包括中长期、日前、实时 3 个基本的时间尺度。在中长期时间尺度上，需要根据负荷的总体需求情况，合理安排各机组的开机计划；在日前或多日时间尺度上，需要根据详细的负荷预测曲线，制定该周期内各机组的出力曲线；在实时时间尺度上，则需要根据日前计划安排及实时负荷需求、设备状态等信息，对设备进行实时控制，如调节热力的供回水温差、压差等。

目前在综合能源系统运行调控方面的研究主要集中于中长期或日前时间尺度的能量优化方面，如考虑经济性、能效或碳排放最优的优化调度，而在考虑不同能源差异化时间常数的实时控制层面研究较少，缺乏对综合能源多时间尺度协同运行调控机制架构。总体来说，综合能源运行调控在理论研究层面仍然处于起步阶段，多是考虑不同目标的小时级能量优化层面，所建立的优化模型较为粗犷，缺乏对设备机端控制器、主辅机协调控制的考虑，输出的能量优化策略难以直接被运行人员直接使用，因此应加强设备级功率控制方法以及多设备协调控制方面的研究，使控制策略做到可执行、可落地。

目前综合能源运行调控主要依靠运行人员经验，自动化智能化水平不高，随着综合能源系统规模扩大、所含元素增多，对自动化优化调控的需求越来越高，因此在综合能源运行调控方向将向多时间尺度协同及自动化决策的方向发展，从而保障系统运行在最优化的区间范围内，提升系统的综合效益，并减轻运维人员的工作量。

4. 互动响应发展趋势

互动需求响应作为重要的负荷调控措施，通过在产消者侧引入用户能量管理系统进行产消者与电网之间的互动，对负荷分布和交易电价进行调整，获得削峰填谷和增加经济性的效果。另一方面，在市场化价格机制的基础上，引入现代能源需求侧管理理念，鼓励综合用户参与需求响应和供需互动，根据价格变化趋势合理调节需求总量和时间分布，引导用户错峰消费，削峰填谷，在保证用能效用的基础上进一步降低用能成本，同时提高供给侧的生产效率，分析用户用能特性，为用户提供用能咨询服务，创新能源消费方式，鼓励能源市场主体成为能源的产消者。

随着能源不断转型与发展，综合能源系统内催生出微能源网、虚拟电厂、负荷聚合商、数据中心等新业态，相比于单体可调度潜力小、分布散、利益主体繁多、智能化程度低的居民以及小型工商业用户，这些新兴主体的负荷量通常较大并且智能化水平都较高，具备更好的需求响应能力。相比于新兴主体单独参与需求响应，以综合能源系统为整体进行各主体的互动响应，能够进一步提升响应能力。但如何协调多方利益，如何在综合能源系统内设计和制定合理有效的互动响应机制来激发各主体参与需求响应的积极性是关键点和难点。因而，研究综合能源互动响应策略，对于进一步挖掘需求侧响应潜力、提升综合能源系统灵活性调节能力、促进大规模新能源发展具有重要意义。

（三）综合能源互动响应技术重点突破方向

1. 建模仿真突破方向

面向综合能源系统异质能量及物质转化更加复杂的特征，需要研究适应范围更广的跨尺度同构化的建模方法，突破在多时间尺度下异类部件—多拓扑结构—规模化系统的自适应、超结构建模技术，建立综合能源系统的类电气化高精度模型，以支撑大规模综合能源系统的建模分析，未来可实现综合能源系统—配电网—输电网的一体化仿真。

面向综合能源系统点多面广、构成不一的特征，需要研究综合能源系统的通用化仿真软件，封装构建综合能源系统典型设备、典型元件的标准化仿真模块，形成快速开展大规模综合系统多场景仿真的能力，从而支撑综合能源科研及工程的发展，同时需要具备高开放性的特点，以便搭建新兴设备的仿真模型。

面向综合能源系统多业务支撑的需求，需要开展基于多能流仿真的综合能源数字孪生应用研究，如基于系统规划设计方案或运行策略自动生成仿真模型进行校验与评估，因此需要对各类应用业务所使用的模型进行统一，参照电力通用信息模型（CIM）建立综合能源系统的通用信息模型，进而基于模型开展仿真及各类应用业务的研发，形成完整的综合能源数字孪生体系，支撑综合能源系统的数字化智能化发展。

2．规划配置突破方向

针对综合能源系统规划配置场景复杂、可用设备多样等难题，研究面向多应用场景、不同设备构成的综合能源系统统一规划配置理论及通用化方法，基于精细化负荷预测建立全年用能需求曲线，并建立考虑逐时负荷的规划配置模型，从而最大化综合能源系统的经济效益、环境效益、互动能力等目标。

针对大规模城市级综合能源系统的规划配置，需要开展热力、燃气网络以及未来可能大规模建设的氢气网络等要素与配电网的深度融合规划配置研究，综合考虑不同区域的能源资源及负荷需求，攻克综合能源站等能源耦合环节的选址定容、电力线路及其他管道的综合布设等核心问题，节约宝贵的城市土地资源，同时最大化能源利用效率。

3．运行调控突破方向

针对综合能源系统多能源多设备多时间尺度的复杂环境，通过对综合能源系统进行更加深入地剖析和研究，从综合能源系统设备级入手，分析其各设备间的差异，形成各设备的稳态响应曲线，建立适用于复杂能源环境下的综合能源系统整体的能流及优化模型。依托数字智能技术，通过构建多能源协同调度模型和优化算法，实现不同类型能源之间的最优匹配和互补利用，提高系统的整体运行效率和稳定性。

针对综合能源系统强耦合多时间尺度的问题，通过深入研究其内在运行机制和特性，构建精细化的能源设备模型、能源网络模型以及市场模型等，我们能够更准确地描述系统的运行状态和特性，揭示不同能源类型和设备之间的耦合关系。这些模型需要能够充分考虑各种时间尺度的影响，从而反映系统的动态行为和变化，进而设计先进的优化算法和调度策略来解决强耦合多时间尺度问题。通过构建多目标优化模型，形成综合考虑系统的经济性、环保性和安全性等多目标博弈模型，实现不同能源之间的最优匹配和互补利用。

面对不断变化的能源需求和市场环境，综合能源系统调度技术从底层算法出发，建立灵活的、高效的综合能源系统优化问题求解方法，并通过构建灵活的调度策略和算法，使系统能够快速适应多种复杂能源环境，快速响应各种突发事件和异常情况，确保能源供应的连续性和安全性。同时，通过建立模块化的调度分析功能和响应方法，增强综合能源系统调度技术的可扩展性和可移植性，以确保综合能源系统能够应对各种挑战和变化，为社会的可持续发展作出更大的贡献。

4. 互动响应突破方向

考虑新兴主体特征的综合能源系统建模和能流计算是研究综合能源系统互动响应与优化运行的基础，并且针对现有综合能源系统能流计算方法存在模型复杂、收敛性差等问题，研究计算简便、易于收敛的多主体参与的综合能源互动响应能流计算方法十分必要。

以综合能源系统内多主体参与互动响应的意愿程度为研究对象，研究其参与价格型和激励型互动响应的优化运行策略，充分挖掘其响应潜力，为后续多用户主体参与的综合能源系统互动响应策略奠定下层用户模型基础。

研究考虑多方利益协调的综合能源系统集中—分布式互动响应策略，明确各主体间信息交互机制，设计合理易行的价格型和激励型综合需求响应机制，并考虑参与互动响应可能带来的能流越限风险，实现综合能源系统和各主体的联合优化，提高各用户主体互动响应积极性，通过灵活资源的协调互济，充分挖掘综合能源系统调节能力。

二、虚拟电厂技术

（一）虚拟电厂在未来能源电力低碳转型中的应用场景

1. 未来能源电力低碳场景下的虚拟电厂内涵与概念释义

虚拟电厂是指利用数字化、智能化等先进技术，将需求侧一定区域内的可调节负荷、分布式电源、储能等资源进行聚合、协调、优化，结合相应的电力市场机制，构成具备响应电网运行调节能力的系统。未来低碳转型的应用场景下，虚拟电厂应具备以下特征：

（1）资源类型多样方面，虚拟电厂由需求侧分布式电源、分散式储能和可调节负荷等资源组成，这些资源可以分布在一定范围内不同的地理位置和电网拓扑中。

（2）监测调控能力方面，虚拟电厂以数字化、智能化技术为基础，通过对各类资源进行监测、控制，参与市场化交易和电网互动。

（3）盈利模式方面，虚拟电厂以市场盈利为导向。负荷聚合商、售电公司等市场主体，利用虚拟电厂参与电力市场实现盈利，同时帮助用户优化用能行为实现互利共赢。

（4）优化电网运行方面，虚拟电厂可缓解局部区域电网过载问题，服务电力保供，为新型电力系统运行提供平衡资源，促进新能源消纳。

针对上述概念和特征，需要澄清以下虚拟电厂的相关释义。从定位看，虚拟电厂运营主要为需求侧业务。虚拟电厂是需求侧资源的一种组织方式，是需求侧资源管理的重要对象。虚拟电厂应能够常态化参与现货、辅助服务、需求响应等，支撑电网供需平衡调节、促进新能源消纳。从资源范围看，虚拟电厂存在地理空间位置约束。虚拟电厂依托电网发挥作用，其聚合资源电压等级较低，受电网拓扑和地理位置约束，主要参与省内和局部区域调节互动。各级调度机构调管的发电资源已实现高质量的调控，虚拟电厂聚合资源不应与调度直调范围重叠，避免调节混乱。小水电、自备电厂等资源不纳入聚合范围。从管理分工看，营销一口对外有利于虚拟电厂的统一管理和服务。虚拟电厂是已有需求侧资源的管理系统，没有建设"规划"环节，不存在重新"并网"问题，故无须签署并网调度协议，按照《电力负荷管理办法（2023 年版）》要求，虚拟电厂应接入公司新型电力负荷管理系统。因此，由电网营销部门"一口对外"，调度、交易等专业分工开展专业管理，有利于统一认识、达成共识，推动虚拟电厂高质量发展。

2. 能源电力低碳需求下虚拟电厂典型需求场景

（1）提升电网平衡能力，支撑电力供应安全。2023 年度夏期间，受经济复苏、极端天气等多因素影响，国家电网公司经营区最大负荷达到 10.83 亿 kW，电力保供形势严峻。虚拟电厂既可通过聚合多种分布式资源实现对外发电，又可通过调节内部可控负荷实现节能储备，有效提升区域内源网荷储资源的协同能力，缓解迎峰度夏和迎峰度冬期间地方电网供电紧张局面。以冀北虚拟电厂为例，削峰填谷双向需求响应均取得一定规模，已连续组织 17 次月度竞价出清，具有 200 万 kW 以上的削峰需求响应执行能力，达到冀北地区最大负荷的 6.71%；调峰辅助服务市场形成可调资源规模 31 万 kW，达冀北地区最大负荷的 1.04%。

（2）消解分布式发电隐患，保障电网稳定运行。截至 2023 年 9 月，全国户用分布式光伏累计装机容量达 1.05 亿 kW，日益增长的分布式资源带来了极大的运行隐患，虚拟电厂对大电网来说是一个可视化的自组织，可以通过内部的协调控制优化，实现微能源网集群的多能互补和协调运行，大大减小以往分布式资源并网对大电网的冲击，降低分布式资源带来的调度难度，使配电管理更趋于合理有序，提高局部电网运行的稳定性。

（3）实现资源有效整合，灵活参与市场交易。虚拟电厂通过智能控制和运行优化技术，对分布式电源、储能、电动汽车、可调节负荷等各类灵活性资源进行聚合控制，形成满足电力市场准入的规模化主体，依据电力系统提供调峰、调频等辅助服务需求，灵活协调区域内的电力供需资源，提高参与电力市场交易的可靠性和经济性。以浙江综合能源虚拟电厂为例，已累计接入用户侧分布式储能 20 余座，代理通信基站储能站 2.64 万座，形成具有 5.5 万 kW 响应能力的统一市场参与主体。

（4）改善能源供应管理，推进电力绿色转型。通过促进分布式能源的应用和智能电网的建设，虚拟电厂推动了能源产业的创新升级，为经济发展注入了新动力。同时虚拟电厂的应用还能够减少对传统电网的需求，传统火电厂如果要建设煤电机组来实现经营区域内电力削峰填谷，以满足 5%的峰值负荷需求即最大用电需求计算，需投入电厂及配套电网建设成本约 4000 亿元；如果借助虚拟电厂来实现同样的功能，其建设、运营、激励等环节仅需投资 500 亿～600 亿元，成本远低于前者。虚拟电厂技术降低了电网建设的投资成本，对资源节约和环境保护具有重要意义。

（5）促进能源高效利用，减少二氧化碳排放。通过整合多种能源资源，并利用智能电网技术进行优化调度，虚拟电厂能够实现对能源供应的智能化控制，提高能源利用效率。通过增加清洁能源比例，虚拟电厂还能够减少对传统化石能源的依赖，降低碳排放，促进可持续发展。例如，在美国的一个虚拟电厂项目中，通过整合光伏、风能和储能等清洁能源资源，有效提高了该地区的能源利用效率，并减少了碳排放。华能浙江虚拟电厂估算当可调容量达到 30 万 kW，其调节能力相当于 42 万 kW 传统燃煤机组，每年可促进新能源消纳 23.3 亿 kWh，节省原煤 98.2 万 t，降低二氧化碳排放 187 万 t。

3．先进典型虚拟电厂典型应用案例

（1）上海市黄浦区虚拟电厂应用案例。2020 年上海市公共建筑能耗分析报告中指出，在上海市建筑的分项用电数据中，空调设备与照明类电器设备的用电总量占比超过 70%。在以空调负荷、照明负荷为主的电能消费体系下，商业建筑中的负荷具有灵活可调的性能，在电力市场中具有巨大的经济价值。

黄浦区作为上海市商业建筑的密集聚集区，拥有超过 200 幢大型商业建筑，并且在原有建筑中配备能耗监测装置，有完备的基础条件实施需求响应项目。基于上述条件，上海市于 2016 年开展国家级需求管理示范项目"上海黄浦区商业建筑虚拟电厂示范项目"建设。项目的建设落地为电力系统安全运行提供保障，有效提高了可再生新能源的消纳水平，充分体现绿色节能理念。

目前黄浦区内约 50% 的商业建筑接入了虚拟电厂平台。项目采用资源审计注册，年度能力核定，滚动持续开发的方式开展资源能力的持续建设。同时，根据用户参与情况，对优质资源开展自动需求改造，采用自动需求响应技术实现对用户侧设备的调控。与传统的被动需求响应相比，自动需求响应能够更加及时调整设备的运行状态，保证了需求响应的灵活高效。截至目前，已经完成 20% 的资源自动需求响应改造。

黄浦虚拟电厂按年度常态化制定全年度虚拟发电任务，任务主要按月度周期执行，设定全资源调度，精确调度，累计执行次数等目标，并针对资源发电执行情况，对前 50 家优质资源进行年度性政策补贴。截至 2021 年底，上海市黄浦区智慧虚拟电厂平台已纳入黄浦区商业楼宇 130 幢，注册响应资源约 60MW 商业建筑需求响应资源开发。包含了冷水机组、风冷热泵、电热锅炉、动力照明、充电桩等大量设备。黄浦区虚拟电厂实现了在不降低用户用能体验的前提下，针对用户的一楼一策个性化定制。

（2）山西省风行测控虚拟电厂应用案例。2022 年 6 月，山西省能源局印发《山西省电力市场规则汇编（试运行 V12.0）》，明确了虚拟电厂参与市场交易的相关内容，并在同月发布的《虚拟电厂建设与运营管理实施方案》（晋能源规〔2022〕1 号）中，引导发、用、储侧资源通过虚拟电厂方式积极参与电力平衡，大幅提升电力系统的灵活性和可靠性。2023 年 12 月 27 日，按照国家发展改革委、国家能源局《关于进一步加快电力现货市场建设工作的通知》要求，依据电力规划设计总院评估意见，经报请省政府同意，并报国家发展改革委、国家能源局备案同意，山西电力现货市场自 2023 年 12 月 22 日起转入正式运行，山西正式成为我国第一个正式运行电力现货市场的省份。

在此背景下，山西风行测控虚拟电厂也成为国内首家参与电力现货市场交易的虚拟电厂。现货模式下，虚拟电厂能够以独立主体的形式参与电力市场交易，可以自主选择是否参与调节，通过市场交易形式获得负荷增减收益。因此，相比其他盈利模式，虚拟电厂参与现货市场交易能够为运营商带来常态化的收益，对虚拟电厂常态化的盈利能力具有重要意义。

从 2023 年 8 月到 2024 年 5 月，山西风行测控虚拟电厂参与现货交易累计调节次数达 7280 次，中午时段累计达成现货交易 32266.121MWh，中标价格最大为 1175.22 元/MWh，晚高峰累计达成现货交易 20709.892MWh，中标价格最大为 1500 元/MWh，平均日收益 3587.419 元，平均为用户降低用电成本 10 元/MWh。

具体到行业，某铸造厂是山西一家专用设备零部件生产企业（铸造冶炼），产品销往美国、欧洲、韩国、日本等十几个国家和地区的 70 多个客户。该工厂自 2023 年 8 月 1 日起加入虚拟电厂，每日参与虚拟电厂并配合调节。2023 年 8 月—2024 年 4 月累计获得红利 124 万元。该公司将收益转投入低碳工厂，搭建分布式光伏、中频炉余热供暖、智慧能碳平台等、实现全厂数字能源体系管理、碳资产管理。

此外，储能行业也可参与虚拟电厂聚合获取收益。山西风行测控在工商业储能的调节过程中，探索出"峰谷套利收益+电力交易收益+虚拟电厂收益"的多维度收益模型。在现货市场连续运行情况下，山西省峰谷平均电价差可达约 500 元/MWh，有储能参与峰谷套利的盈利空间。实际运营中，山西风行测控虚拟电厂与用户一起作为整体以报量报价参与现货市场，一方面有利于发挥用户侧储能的聚集效应，提升用户侧储能对电网的调节能力，另一方面可为用户闲置的储能装置提供托管服务，提升用户收益，降低用户的管理成本。

（二）虚拟电厂技术发展趋势

1. 单一可调负荷聚合向用户侧多类型资源聚合转变

负荷聚合商是国内虚拟电厂这一概念的重要来源。作为一类需求侧负荷调节服务机构，负荷聚合商具有通过技术、管理等手段整合需求侧资源的能力，可参与电力系统运行，为电力用户提供参与需求响应、电力市场等一种或多种服务，实现资源的综合优化配置。由于对于负荷调节能力的挖掘还不够深入，用户响应系统平衡波动的程度还不够高，发达国家中出现了负荷聚合商作为新的专业化需求响应提供商。

若考虑分布式电源和储能作为特殊类型的可调节负荷资源，负荷聚合商与虚拟电厂的概念和聚合范围是相同的。但从概念广度上，虚拟电厂含义可以涵盖负荷聚合商。首先，对虚拟电厂的管理上，理想情况下可以实现与实际电厂同权同责管理，而负荷聚合商仅为参与电力系统运营，参与电力市场交易，获取电力系统调节收益的一类主体。相比于负荷聚合商，虚拟电厂的管理和准入更加标准、严格，同时虚拟电厂可以准入的市场类型也更多。

从负荷聚合商向虚拟电厂的概念转变，蕴含了需求侧主体聚合资源从单一的可调负荷向用户侧多类型资源如分布式电源、用户侧储能、电动汽车充换电设施等的转变。当虚拟电厂聚合具备一定支撑能力的分布式电源、用户侧储能设备，并达到一定聚合规模时，针对分布式电源的聚合构网型调控、配用电侧电网的主动支撑能力提升、局域电网系统区域自平衡等问题将成为虚拟电厂运营商面临的新问题。与此同时，虚拟电厂在提升区域分布式可再生能源就地消纳水平的同时，将能够进一步提升用户侧和区域电网的平衡调节能力，参与收益更高的市场品种，取得更高水平的收益。

2. 参与需求响应、调峰辅助服务向参与现货、调频辅助服务转变

需求响应是国内虚拟电厂这一概念的另一重要来源。根据国家标准《电力需求响应系统通用技术规范》（GB/T 32672）中给出的对需求响应的定义，需求响应是电力用户对实施机构发布的价格信号或激励机制作出响应，并改变电力消费模式的一种参与行为。而广义上来说，需求响应可以定义为：电力用户针对市场价格信号或者激励机制作出响应，并改变正常电力消费模式的市场参与行为。虚拟电厂和需求响应的区别，主要体现在"能量"供给的方式上：虚拟电厂能够聚合管理风机、光伏、生物质发电等非就地消纳的分布式电源以及多样化的可调节负荷，参与中长期、现货电力市场交易，为电力系统提供峰谷调节和辅助服务支撑；而需求响应侧重于通过临时调低用电功率或关停用电设备，以错峰用电的方式为电力系统缓解供电压力、解决短时电量供给不足问题。

调峰辅助服务则是在现货未连续运行地区开展的，针对电网电能量供需时间不平衡进行的辅助服务。根据《国家发展改革委 国家能源局关于建立健全电力辅助服务市场价格机制的通知》（发改价格〔2024〕196 号，简称"196 号文"）的要求，电力现货市场连续运行的地区，完善现货市场规则，适当放宽市场限价，引导实现调峰

功能，调峰及顶峰、调峰容量等具有类似功能的市场不再运行。

因此，需求响应和调峰辅助服务市场作为现阶段电力市场建设过渡过程中的产物，均无法支撑虚拟电厂能够常态化持续运营，运营商也无法通过这两类市场形成稳定的商业模式，虚拟电厂常态化参与现货和调频辅助服务市场是虚拟电厂这一业态的必然趋势。随着现货市场和辅助服务市场机制的不断成熟，以及虚拟电厂运营商运行调控水平的不断提升，虚拟电厂运营商参与市场类型将从传统的需求响应和辅助服务市场逐步转变为以现货市场、调频辅助服务市场为主的市场类型，参与方式将从邀约型逐步转变为市场交易型，参与周期将从间歇性不定期参与向常态化参与转变。

为此，虚拟电厂运营商必须具备报量报价参与日前、日内现货市场的能力，开展日前—日内代理用户的发用电能力预测，形成具备市场竞争力和稳定盈利能力的市场交易策略等。同时，聚合支撑性电源的虚拟电厂需提升聚合调控水平，形成参与一次、二次调频辅助服务能力。

3.传统决策方法向人工智能深度交叉融合转变

虚拟电厂的常态化实时参与市场将势必带来巨大的数据和业务量提升，传统的计算决策方法将难以支撑对海量信息的快速实时处理、分析和决策。因此，虚拟电厂与人工智能等新技术的深度交叉融合将成为辅助虚拟电厂运行决策的重要助力。作为人工智能领域的两大关键技术，深度学习和强化学习将为虚拟电厂带来革命性的提升。

深度学习模型具有大量隐藏层，通过利用多层网络结构，对低层特征进行特征提取，形成易于区分、较为抽象的高层表示，可获得更为直观的层次化特征表达。短期负荷预测是深度学习技术在虚拟电厂中的重要应用。电力系统中负荷预测的相关研究开展较早，也是人工智能技术在电力系统和虚拟电厂中最早应用的领域之一。集群负荷预测问题可抽象为典型时间序列分析预测问题，目前已发展成以卷积神经网络（Convolutional Neural Networks，CNN）、循环神经网络（Recurrent Neural Network，RNN）、长短期记忆网络（Long Short-Term Memory，LSTM）、生成对抗网络（Generative Adversarial Networks，GAN）、Transformer 模型为代表的深度学习模型，成为解决这一问题的有效方案。

强化学习的目标是在每个离散状态发现最优策略以使期望的环境反馈奖赏和最大。因此，强化学习可以处理量测装置提供的大规模数据，并仅从所在环境中，通过判断自身经历所产生的反馈信息来学会自我改进，实现实时最优决策控制。将强化学习引入虚拟电厂内部优化调度决策，有利于分析虚拟电厂内部构成主体及市场竞争对手等的决策行为，制定更为合理的虚拟电厂内部调度控制方案。

（三）虚拟电厂重点发展路径

为实现虚拟电厂规模化发展，推动需求侧灵活性资源广泛参与新型电力系统供需互动，需要落实完成市场化、规范化、规模化、常态化 4 个发展目标，具体发展路径如图 10-20 所示。

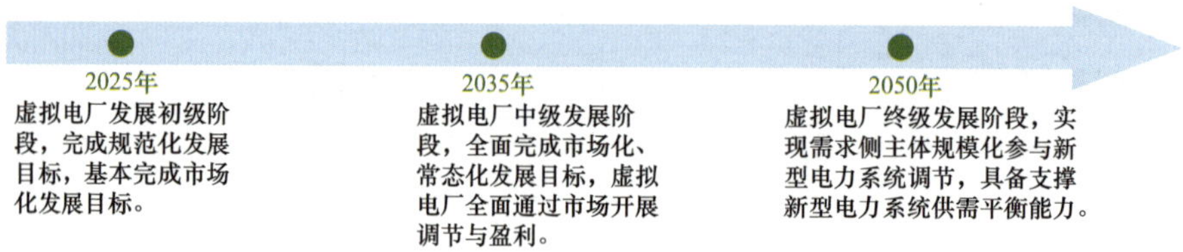

2025年
虚拟电厂发展初级阶段，完成规范化发展目标，基本完成市场化发展目标。

2035年
虚拟电厂中级发展阶段，全面完成市场化、常态化发展目标，虚拟电厂全面通过市场开展调节与盈利。

2050年
虚拟电厂终级发展阶段，实现需求侧主体规模化参与新型电力系统调节，具备支撑新型电力系统供需平衡能力。

图 10-20　虚拟电厂发展路径图

到 2025 年，完成初级阶段发展目标。在此阶段中，应基本实现社会各界对虚拟电厂的概念的统一，形成虚拟电厂运营商参与电能量交易、辅助服务交易等的经营准入和交易结算流程。初级阶段结束前，应实现虚拟电厂规范化发展目标，初步实现虚拟电厂市场化发展目标。

到 2035 年，完成中级阶段发展目标。在此阶段中，现货市场、辅助服务市场、备用容量市场等电力市场发展全面成熟，交易机制全面完善。参与市场交易成为虚拟电厂运营商开展调节行为以及盈利的主要途径，虚拟电厂运营商可灵活参与各类型电能量市场、辅助服务市场，并具备常态化持续盈利能力。中级阶段结束前，应实现虚拟电厂市场化、常态化发展目标。

到 2050 年，完成最终阶段发展目标。在此阶段中，新型需求侧主体广泛参与虚拟电厂建设运营，需求侧成为新型电力系统的主要供需平衡调节能力来源。终极阶段下，实现虚拟电厂规模化发展，市场化、规范化、规模化、常态化运行的虚拟电厂全面支撑新型电力系统运行。

第十一章 电力市场与碳市场建设

2015 年，中共中央、国务院发布《关于进一步深化电力体制改革的若干意见》（中发〔2015〕9 号，简称"中发 9 号文"）以来，我国电力市场建设持续向纵深推进，取得显著成效。作为全国统一大市场的重要组成部分，全国统一电力市场体系建设是充分发挥市场的资源优化配置作用，实现电力资源在更大范围内共享互济和优化配置，提升电力系统稳定性和灵活调节能力的必然选择。同时，随着"双碳"目标的落地实施，加快建设碳市场，以碳价格为纽带逐步将碳约束带来的减排成本显性化，从而为推动电—碳市场高质量融合发展提供可行路径。

第一节 全国统一电力市场建设

一、全国统一电力市场建设现状

2021 年 11 月，习近平总书记主持召开中央全面深化改革委员会第 22 次会议，提出要遵循电力市场运行规律和市场经济规律，优化电力市场总体设计，实现电力资源在全国更大范围内共享互济和优化配置，加快形成统一开放、竞争有序、安全高效、治理完善的电力市场体系。2022 年 1 月，国家发展改革委、国家能源局发布

《关于加快建设全国统一电力市场体系的指导意见》（发改体改〔2022〕118 号），明确提出建设多层次统一电力市场体系。经过不懈探索与努力，我国多层次统一电力市场体系已初具雏形，交易品种涵盖电能量、辅助服务、容量和绿色环境属性，交易范围覆盖省间、省内，交易时序从年度、月度、多日延伸至日前、日内、实时，参与市场交易的经营主体更趋多元，虚拟电厂、负荷聚合商等新型主体不断涌现，电力交易机构实现相对独立规范运作，市场决定电力价格的机制初步形成，市场在资源优化配置中的决定性作用逐步显现，取得六方面显著成效。

（一）多层次统一电力市场体系基本建立

"统一市场、两级运作"的市场框架初步形成并运转良好，电力生产组织由传统计划模式向市场化方式转变。国家电网公司经营区的省间、省级市场实现平稳有序运作。省间市场采用中长期实物交割、现货市场余缺互济的市场形态，2023 年省间市场化交易电量1.09 万亿 kWh，占全部市场化交易电量的 23.4%，有效落实国家"西电东送"能源战略、充分发挥了市场的资源优化配置作用。省内市场探索了"中长期差价合约+现货市场全电量集中优化"和"中长期实物交割+现货市场部分电量集中优化"两种市场模式，国家电网公司经营区的省内中长期市场实现 D-2 日或 D-3 日连续运营，山西在此基础上进一步探索了中长期分时段能量块交易，充分体现了电力的分时段价值；24 个省（自治区、直辖市）电力现货市场已开展不同阶段的试运行，其中，山西、广东、山东已转入正式运行，甘肃、蒙西已启动连续结算试运行。电力辅助服务市场基本实现区域和省级全覆盖，国家电网公司经营区域辅助服务市场以调峰为主，南方电网公司经营区域辅助服务市场以调频、备用为主，现货市场长周期运行的省（自治区、直辖市）辅助服务市场以调频为主，其他省（自治区、直辖市）以调峰为主。

（二）适应市场化要求的电价体系全面建立

按照中发9号文"管住中间、放开两边"的总体改革部署，在"放开两头"环节，全面放开燃煤发电上网电价、全面取消工商业电力用户的目录销售电价，实现了公益性以外的发售价格全部由市场形成，建立了"能涨能跌"的市场化电价机制，进一步畅通了上下游成本疏导途径。在"管住中间"环节，针对输配电网的自然垄断属性，国家发展改革委通过三轮次输配电价监审，改变了电网企业"购销价差"模式，将原包含在电网企业购销价差中疏导的各类上下游成本以及新增电价交叉补贴等统一纳入新设立的"系统运行费"中，"输配电网环节"和上游的"发电环节"及下游的"售电环节"界面更加清晰，电网企业的平台作用进一步凸显，为电力市场公平、高效开展各类交易奠定坚实基础。

（三）多元化经营主体加快培育与成熟

2021年11月，《关于组织开展电网企业代理购电工作有关事项的通知》（发改办价格〔2021〕809号）取消了工商业目录电价，并对电网企业代理购电工作提出了制度性要求。按照国家发展改革委的工作部署，国家电网公司持续推动多元化经营主体依法依规参与市场交易。截至2023年12月，在国家电网公司经营区内各级电力交易中心注册的经营主体总数已达56.8万家，其中，发电企业3.2万家、售电公司0.3万家、电力用户53.3万家，基本实现电力用户"应入尽入"。同时，加快打造电商化的e-交易零售服务平台，服务中小用户便捷高效参与市场，促进零售市场充分竞争。

（四）市场配置资源的决定性作用逐步显现

新一轮电力体制改革以来，我国发用电计划有序放开，逐步建立了市场化的电量电价形成机制，资源优化配置逐步由以计划模式转向市场模式，市场化交易规模持续扩大。2023 年国家电网公司经营区域市场交易电量 4.66 万亿 kWh，占全社会用电量的 64.7%，是 2015 年的 7 倍，除居民农业等公益性电量外，其他电量全部进入市场，实现"应放尽放"。充分发挥以特高压和超高压为骨干网架、各级电网协调发展的坚强智能电网作用，通过省间中长期交易、省间现货市场和应急调度的协同作用，高效推动了西部地区富余电能外送，有效缓解华北、华东等省份的缺电情况，通过市场机制促进能源资源大范围优化配置。

（五）市场机制有效助力能源清洁低碳转型

健全适应新能源特性的市场机制，探索开展中长期分时段连续交易，提高新能源参与意愿和便捷程度，稳妥有序以"报量报价""报量不报价"等多种方式推动新能源参与现货市场，通过省间现货市场和绿电交易等市场化手段促进新能源大范围、高比例消纳。2023 年，国家电网公司经营区消纳新能源电量 1.19 万亿 kWh，其中市场化交易电量 0.44 万亿 kWh，占新能源发电量的 37%；省间新能源交易电量 1727 亿 kWh，同比增长 19.2%。同时，积极创新绿色电力交易品种，充分体现新能源环境价值，助力新能源发展与消纳。持续打造首届碳中和亚运会、"零碳乡村"建设等绿色电力消费样板，带动全社会消费绿色电力。自开市以来，绿电交易累计达成 610.7 亿 kWh，绿证交易累计成交 2364 万张。

（六）市场环境进一步公开透明

按照中发9号文推动电力交易机构相对独立规范运作的政策要求，国家电网公司经营区内的北京电力交易中心和21家省级交易中心先后组建由经营主体、第三方机构代表为主构成的市场管理委员会，积极开展市场规则编制、重大事项协商等工作，委员会的协商议事作用充分发挥。推动组建涵盖35家电力交易机构的全国电力交易机构联盟，促进了经营主体、研究机构、交易机构间的协同合作和信息共享。利用电力交易平台数据库资源，构建电力市场信用评价体系，配合政府主管部门做好守信激励和失信惩戒工作。建立健全市场交易风险识别和防控机制，常态化开展市场交易风险评估应对，强化风控工作的监督评价。国家电网公司经营区域各电力交易中心实现了年度、季度、月度信息发布和交易事前、事中、事后信息的常态化披露。

二、全国统一电力市场建设面临的新形势、新要求

（一）加快全国统一电力市场建设的政策要求

《关于进一步深化电力体制改革的若干意见》（中发〔2015〕9号）和《关于加快建设全国统一电力市场体系的指导意见》（发改体改〔2022〕118号）印发以来，国家发展改革委、国家能源局围绕加快建设全国统一电力市场体系密集出台了多个相关政策通知，从规范中长期市场、推广现货试点、完善辅助服务市场等多个维度提出了政策要求，并为省间、省内市场融合打破省间壁垒奠定了政策基础，部分重要政策通知和核心要求梳理如下。

（1）适应新型电力系统深化电力体制改革。2023年7月11日，

中央全面深化改革委员会审议通过《关于深化电力体制改革加快构建新型电力系统的指导意见》，提出要深化电力体制改革，加快构建清洁低碳、安全充裕、经济高效、供需协同、灵活智能的新型电力系统，更好推动能源生产和消费革命，保障国家能源安全。重点要健全适应新型电力系统的体制机制，推动加强电力技术创新，市场机制创新，商业模式创新。要推动有效市场同有为政府更好结合，不断完善政策体系，做好电力基本公共服务供给。

（2）为电力现货市场实现全覆盖进行了系统性规范。2023 年 9 月 7 日，国家发展改革委、国家能源局发布了《电力现货市场基本规则（试行）》（发改能源规〔2023〕1217 号），提出电力现货市场以"统一市场、协同运行"起步，未来逐步推动省间、省（自治区、直辖市）/区域市场融合的分阶段建设路径，并对现货市场限价机制、经营主体参与机制、关联市场衔接机制等提出了原则性要求，有效保障电力现货市场建设工作平稳有序推进。

（3）对稳妥有序推动电力现货市场建设提出了明确要求。2023 年 10 月 12 日，国家发展改革委、国家能源局发布了《关于进一步加快电力现货市场建设工作的通知》（发改办体改〔2023〕813 号），要求具备条件的省份经第三方校验评估，并报国家发展改革委、国家能源局备案后转入正式运行，其他省份加快开展电力现货市场结算试运行工作，同时鼓励各地分步骤有序推动新能源参与市场，不断扩大用户侧经营主体和新型经营主体参与市场的范围和交易品种，完善电力市场价格体系并适应各地特点探索建立容量补偿机制。

（二）全国统一电力市场建设面临的新形势

当前我国电力资源配置正处于"计划向市场转型期"（计划与市

场"双轨制"并存,并逐步向市场化过渡),电力系统处于"新型电力系统过渡期"(新能源将逐步在电力系统中占据主导地位,电力系统面临高比例新能源接入下的强不确定性和脆弱性问题),经济社会正处于"新发展格局构建期"(电价水平保持相对稳定,维持工业产品的低成本国际竞争优势,有力支撑经济高质量发展),"三期叠加"为新形势下的全国统一电力市场建设带来前所未有的重大挑战,具体包括以下几方面:

(1)电力生产结构发生变化,要求通过大电网和微电网共同促进新能源消纳。"双碳"目标下电力生产结构将发生重大变化,预计新能源将在 2035 年前后成为电源装机主体(占比超过 50%),2050 年前后成为电量供应主体(占比超过 50%)。中国 80% 的风能和 90% 的太阳能资源分布在西部、北部地区,东中部相对匮乏,新能源资源与负荷中心逆向分布。当前我国新能源发电以大规模集中开发为主,跨省区输电能力有待进一步提升,省间交易机制有待进一步优化,在外部体制机制仍存在部分制约的前提下,新能源大规模跨省跨区消纳仍存在一定困难。随着分布式电源技术的升级进步,近期中东部地区分布式新能源就地开发与就近消纳将会显著提速,主要是由于中东部地区土地资源稀缺且负荷基数大,海上风电、分布式光伏的就近开发和利用有助于缓解中东部地区的电力供需紧张形势,使得近期中东部地区分布式新能源发展速度明显高于西部北部地区;随着中东部地区风电和太阳能资源基本开发完毕,远期开发重心将重回西部北部。这些特点决定了要促进新能源高速发展和高效利用,必须采用能源富集地区集中式开发与负荷集中地区分布式建设同步快速推进的格局,需要通过合理的市场机制设计,依托大电网互济能力实现能源基地新能源大范围优化配置，同时依托微电网灵活调节能力实现分布式新能源就地消纳，整体提升电网的新能源承载能力。

（2）电力系统运行更加复杂，要求建立更加可靠的电力供应保障机制。随着风电、光伏装机高速增长，电力系统运行特性显著变化、电力电量平衡更加复杂，给电网运行和安全保障带来较大挑战。一方面，新能源、直流等大量替代常规机组，电动汽车、分布式能源、储能等交互式用能设备广泛应用，电力系统呈现高比例可再生能源、高比例电力电子设备的"双高"特征，系统转动惯量持续下降，调频、调压等灵活调节能力不足。另一方面，风电和太阳能发电具有随机性，发电出力"靠天吃饭"，现有预测手段难以准确预测其出力水平。近年来，我国用电需求呈现冬、夏"双峰"特征，峰谷差不断扩大，北方地区冬季高峰负荷往往接近或超过夏季高峰，电力保障供应的难度逐年加大。因此，"双碳"目标下的电力市场建设必须统筹考虑实现电力可靠供应和促进新能源发展需求，科学设计市场运行机制和应急保障措施，通过市场化手段促进电力供需平衡、引导发电合理投资、保障系统长期容量充裕度，充分发挥大范围电力市场余缺互济和优势互补作用，确保电力系统安全稳定运行和可靠供应。

（3）各类电源功能定位变化，要求建立全形态的市场体系和成本疏导机制。随着"减碳"任务的深入推进、新能源迅猛发展，各类电源在电力系统中的功能定位将出现调整。煤电利用小时数不断下降，逐步从电力电量供应主体转为电力供应主体，为系统提供调峰电力和容量支撑以及转动惯量、应急备用等作用。天然气发电将成为重要的灵活调节电源。抽水蓄能电站将承担调峰、调频、调压、系统备用和黑启动等多种功能。各类电源功能定位的变化造成电力商品价值的细化和差异化，需要通过多样的交易品种，反映不同的价值属性。在电能交易品种之外，通过容量成本回收机制，反映电能商品的容量价值，保障充足的发电投资；通过辅助服务市场反映电能商品的安全稳定价值，补偿灵活调节资源的收入。要加强电能量市场、容量市场和辅助服务市场的统筹协调，实现电能商品电能量价值、容量价值、安全稳定价值三者协调。同时，在市场建设过程中，应做好相关价格形成与传导机制的设计，按照"谁受益、谁承担"的原则，将有关成本在经营主体中公平、合理分摊。

（4）系统灵活调节需求增大，要求通过市场充分激发发用两侧灵活调节潜力。随着新能源装机比例不断提高，出力波动幅值不断增加，对系统调频、调峰资源的需求将大大增加。预计 2025 年新能源日内波动最高达 3 亿 kW，接近华东电网最大负荷。新能源高速发展对系统灵活调节资源提出更高要求，需要通过合理构建电力市场机制，引导发用双侧灵活互动，充分挖掘全网消纳空间。在发电侧，发挥市场机制的引导作用，鼓励火电机组开展灵活性改造，发挥抽水蓄能电站和调峰气电作用，推广应用大规模储能装置，优化调峰、调频等辅助服务的机制设计，同时创新转动惯量、爬坡、备用等辅助服务机制设计以保障高比例新能源电力系统的安全稳定运行。在用户侧，要发挥电力市场价格对电力用户的引导作用，改变用户用能习惯，扩大需求侧响应规模，通过激励措施挖掘用户侧需求响应能力，以更好发挥电网的资源配置平台作用，引导储能、电动汽车、柔性负荷等主体广泛参与和友好互动，实现能源互联网价值创造与共享，引导发用两侧灵活互动。

（5）新能源成为经营主体，要求更加精细的市场机制设计。随着新能源发电成本降低和出力预测等关键技术的进步，新能源市场属性不断增强，要推动新能源逐步成为合格经营主体，合理确定并逐步降低新能源保障利用小时数，不断提高市场消纳比例。为了适应新能源间歇性、难预测的特点，电力市场需要向更精细的时间维度和更精确的空间颗粒度发展。要加快建立适应新能源发电特性的交易组织方式，推进电力交易向更短周期延伸、向更细时段转变，加大交易频次，缩短交易周期，鼓励新能源参与市场、优化辅助服务市场机制设计，满足经营主体灵活调整的需求。针对日前、日内市场，考虑新能源在时间上存在的随机性和不确定性，应建立以保障新能源消纳为主要目标的交易调整机制，在日前和实时运行中为新能源发电留足消纳空间，同时允许新能源根据功率预测精度在日前、日内市场中灵活调整报价策略。

（三）全国统一电力市场建设面临的新挑战

1. 新能源发展与消纳面临突出矛盾

（1）高比例新能源亟须参与市场。当前，新能源仍以电网企业全额保障性收购为主，随着新能源装机及电量快速增长，优先发用电不匹配、系统运行难度加大、系统消纳成本疏导困难等问题日益凸显，保障收购难以为继，亟待明确市场条件下新能源发展路径，促进新能源更高比例、更大规模进入市场。

（2）新能源参与市场面临收益下降风险。受限于新能源自身波动性和预测精度限制，新能源全面参与电力市场，会面临合同履约偏差大、收益下降等风险，从山西、山东等长周期运行的现货市场来看，新能源参与现货市场后的平均经济收益呈现小幅下降趋势，在一定程度上影响了新能源入市积极性。

（3）促进新能源消纳的政策措施需要进一步完善。为促进新能源消纳利用，我国已出台可再生能源消纳责任权重政策，但尚未将可再生能源消纳责任分解至用户侧，强制消费绿色电力的政策机制尚不完善，用户侧缺乏主动购买、消费可再生能源的政策约束。同时，绿电交易尚不能在用户碳排放核算中体现，也影响用户主动消费绿电的意愿。

（4）适应分布式电源发展的市场机制仍需探索。山东、河南等地出现分布式电源发展过快等情况，"自发自用、余电上网、就近消纳、电网调节"的运营模式尚未形成，分布式电源上网电量由电网企业按照燃煤基准价全额保障性收购，不参与市场交易、不承担各类费用分摊和系统调节成本，其经济收益高于集中式新能源，导致部分集中式新能源"化整为零"以分布式名义投资建设，在一定程度上挤压了电力市场的竞价空间，推高了系统调节成本，影响了集中式新能源的经济收益。参与分布式电源就近交易的电力用户也获得了由输配电价电压等级价差形成的"过网费"带来的价格红利，将本应自身承担的交叉补贴、系统运行费用等转嫁给了其他未参与分布式电源就近交易的电力用户，客观上造成了电力用户之间的用能不公平现象。

2. 有利于保障电力供应安全的跨省区交易机制仍有待完善

（1）跨省区交易机制与履约方式亟须优化。近年来火电等常规电源等装机增长速率低于负荷增速和用电量增速，特别是在夏季和冬季尖峰时段，电力安全保供压力大，跨省区交易机制的有效性面临挑战。一方面，在负荷尖峰时段部分送端省份电力供需也趋于紧张，导致出现送端省惜售、受端省份外来电签约情况不及预期的现象，影响跨省区政府间协议和中长期合约的履约。另一方面，随着受端省份新能源装机的快速增长，在新能源大发时段叠加外来电刚性执行，受端省份新能源消纳困难进一步提升，出现大量火电机组日内频繁启停调峰等情况，需要加快建立省间交易灵活调整机制。

（2）发用电两侧经营主体参与省间市场的交易机制仍不健全。省间中长期和现货交易，主要通过受端电网企业统一代理的方式参与省间交易，省间市场缺乏明晰的经济责任主体，无法真实反映发用电两侧经营主体的交易意愿，在一定程度上制约了省间市场的履约。

3．适应新能源特性的关键机制亟须进一步建立健全

（1）火电等常规电源投资意愿不足、固定成本难以有效回收。随着新能源装机容量和装机比例的持续快速提升，新能源低边际成本将使得电能量市场价格持续走低，叠加利用小时数持续下降等因素，使得火电企业的电能量市场收益持续下降，甚至难以回收固定成本，影响持续投资及提供容量保障、调节服务的积极性，不利于电力安全保供，亟须建立健全容量补偿机制或容量市场。

（2）辅助服务成本传导分摊方式亟须优化。受新能源波动性与不确定性影响，高比例新能源电力系统的运行特性更加复杂，电力系统对灵活性调节资源的需求和系统调节成本都呈现上升态势，当前发电侧"零和"博弈的费用分摊方式不利于激发灵活性调节资源的调节能力，制约了火电企业开展灵活性改造积极性，长期来看会进一步加剧系统灵活调节能力不足风险，需要加快建立向用户侧的

成本传导与分摊机制。

4. 激励多元经营主体参与系统调节的机制亟须探索

（1）适应储能特性的市场机制尚不健全。新型储能电站收益主要以现货市场价差为主，部分地区可能还有容量补偿和容量租赁收益，但整体来看新型储能投资成本回收还有较大不确定性。新能源配建储能的调度运行机制尚未理顺，配建储能与新能源场站联合优化运行和参与市场的机制亟待探索，配建储能的调节作用尚未充分发挥，大部分配建储能存在闲置、利用小时数低等问题。

（2）虚拟电厂等新型经营主体的商业模式有待建立。部分试点地区已积极探索引入虚拟电厂参与政府主导下的需求响应，但虚拟电厂参与电能量交易、辅助服务市场、需求响应的角色定位、责任义务等仍不够明确，尚未形成支持虚拟电厂发展的相关机制，亟须进一步研究明确并推动实践探索。

（3）自备电厂对系统的保供支撑作用尚未有效发挥。火电开展灵活性改造意愿不足，储能建设运营成本较高，系统灵活性调节资源稀缺，山东近 3700 万 kW 燃煤自备电厂（部分为高性能机组）因未纳入规划、欠缴政府基金等历史遗留问题，尚未发挥对系统的保供支撑作用，也未纳入电力监管范畴，造成了灵活性调节资源的浪费

三、全国统一电力市场建设路径设计

（一）总体思路

坚持以习近平新时代中国特色社会主义思想为指导，立足新发展理念、服务新发展格局，贯彻落实"四个革命、一个合作"能源

安全新战略和"双碳"目标，服务新型电力系统构建，按照统一市场框架、统一核心规则、统一运营平台、统一服务规范，建设具有中国特色的竞争充分、开放有序、功能健全、机制完善的全国统一电力市场，充分发挥电力市场在促消纳、保平衡、提效率等方面的重要作用，满足我国经济社会高质量发展和能源电力清洁低碳转型需要。

加快全国统一电力市场建设主要从六方面着手：

（1）以促进能源资源大范围、高效配置为目标构建全国统一电力市场。根据我国统一开放的社会主义市场体系整体发展要求构建全国统一电力市场，满足我国电力资源大范围优化配置、促进可再生能源充分消纳的内在要求。

（2）近期宜以省间、省内市场"统一市场、两级运作"起步。考虑到我国省为主体的财税、价格、经济运行等管理体制以及资源大范围配置需求，近期全国统一电力市场采用"统一市场、两级运作"模式。其中，省间市场主要满足资源大范围优化配置需求，省内市场主要保障省内资源优化配置、电力电量供需平衡和安全供电秩序。

（3）以电能量市场起步，逐步健全完善辅助服务、容量、输电权等交易。随着电力市场逐步成熟，不断丰富交易品种。近期主要开展电能量交易，逐步健全辅助服务交易、容量成本回收等机制，促进电力系统灵活性和容量充裕性提升，更好的接纳高比例可再生能源。

（4）不断完善可再生能源参与市场机制。逐步放开新能源优先发电计划，提高市场消纳比例。构建可再生能源市场交易机制，通过中长期交易完成可再生能源的大规模外送与消纳，通过现货市场保障可再生能源的优先消纳。建立并完善可再生能源消纳的社会责任分担机制，推动消纳成本向全社会疏导。

（5）培育需求侧多元市场主体，健全需求侧资源参与市场具体机制。完善需求侧资源参与市场机制，扩大需求侧参与市场规模，充分发挥市场价格信号的引导作用，形成源网荷储共同促进高比例可再生能源消纳的市场格局。

（6）随着市场基础条件的变化，逐步推进省间、省内市场融合。随着市场进一步发展、市场环境更加成熟、市场基础不断演变，省间壁垒逐步打开，省间、省内市场逐步融合并向全国统一电力市场过渡。

（二）近期全国统一电力市场建设边界条件与主要特点

1. 边界条件

近期电力市场建设需考虑省为主体的财税、价格管理体制和电力供应格局，以及资源大范围配置需求。电源结构仍以化石能源为主，新能源装机快速增长，新兴市场主体涌现，二氧化碳排放量进一步增大。

电源结构：以化石能源发电为主，新能源快速发展；2023 年我国电源装机容量 29.2 亿 kW，发电量 9.2 万亿 kWh；其中，新能源装机容量 10.5 亿 kW，占总装机容量的 36%；煤电装机容量 13.9 亿 kW，占总装机容量的 47.6%。

电网结构：全国电网形成全面互联格局，跨省区输电能力约 3 亿 kW，年利用小时数 4000h，为能源资源大范围配置提供了有力支撑；市场化交易的输配电价按政府核定，交叉补贴未单独核定。

需求侧：2023 年全社会用电量 9.2 万亿 kWh，电能占终端能源消费比重持续提升；需求侧资源以参与需求响应为主，部分省份探索引入需求侧资源参与辅助服务市场，适应需求侧广泛参与的市场机制有待建立。

平衡形态： 电力供需主要以省内平衡为主，部分省份外送、外购需求强烈，资源大范围优化配置需求突出。灵活调节资源以燃煤、燃气发电和抽水蓄能为主。

碳排放： 2023 年，我国二氧化碳排放总量约 110 亿 t，2023 年碳排放强度较 2005 年下降 47%；其中，能源燃烧的碳排放约 97 亿 t，占全部二氧化碳排放的 88%；电力行业二氧化碳排放约 38.5 亿 t，占能源行业和总排放量 40% 和 35% 左右。

2．市场形态

按照"统一市场、两级运作"进行组织，省间、省内电力现货市场"两级申报、两级出清"，省间市场交易结果作为省内市场的边界（见图 11-1）。省间市场促进资源大范围优化配置，省内市场优化配置省内资源、保障省内电力电量平衡。省间交易组织出清后，形成的交易结果作为省内市场的边界条件，省内市场再行组织交易，满足省内用户用电需求。省间中长期交易缩短交易周期、增加交易频次，推动省间现货市场建设；省内中长期交易带曲线，从按需开市拓展至定期开市，在试点省份取得阶段性成就的基础上，逐步扩大现货试点范围。

新能源交易机制： 新能源消纳由全额保障性收购逐步向市场化转变，保障利用小时数之外电量逐步进入市场，引导新能源项目一定比例的预计当期电量通过市场化交易竞争上网，初步探索适应新能源消纳的市场机制；试点开展绿色电力交易，理顺绿证管理机制。

市场架构： 近期全国统一电力市场按照"统一市场、两级运作"进行组织，省间、省内"两级申报、两级出清"。省间交易组织出清后，

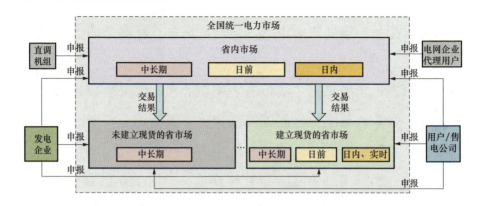

图 11-1 "两级申报、两级出清"模式示意图

形成的交易结果作为省内市场的边界条件。省内市场再行组织交易，满足省内用户用电需求。

省间市场：逐步完善省间中长期交易机制，开展分时段电力曲线交易并逐步细化，缩短交易周期、增加交易频次，推动年度、月度交易逐步延伸至月内、周、多日交易；初步探索考虑省间主要输电线路及断面 ATC 的省间集中优化出清；推动省间现货市场建设。

省内市场：逐步健全省内中长期交易机制，进一步落实中长期交易"六签"要求、推动中长期交易带曲线，推动交易周期从多年、年度、月度、周过渡到多日，月内交易从按需开市拓展至定期开市；在现货试点省份取得阶段性成就的基础上，逐步扩大现货试点范围。建立电网企业保底供电机制。进一步培育售电主体，探索售电市场运行机制。

交易品种：以中长期交易为主、现货交易为补充；按需探索建立容量补偿机制；辅助服务以省内为主开展、省间辅助服务市场为补充，加快建设调频、备用辅助服务市场，促进电力系统灵活性和容量充裕性提升，更好地接纳高比例可再生能源。

经营主体：主要包括发电企业、电力用户、售电公司、电网企业等，采用发用双方共同参与的双边交易方式；逐步引入需求侧资源、虚拟电厂、储能等新兴主体参与市场交易；省间交易中购电省初期以电网公司为主，采用点对网、网对网交易模式。

（三）中期全国统一电力市场建设边界条件与主要特点

1．边界条件

中期，新能源装机高速增长，大范围优化配置需求进一步凸显，电网资源大范围优化配置能力持续提升，省间壁垒逐步打开，新兴市场主体涌现，碳排放强度逐步下降。

电源侧：我国能源加快清洁低碳转型，新能源装机占比持续提升，2025 年电源装机总规模约 30 亿 kW，发电量约 10 万亿 kWh；新能源装机规模约 12 亿 kW，装机占比 40%左右，电量占比 19%左右；煤电装机规模约 12.5 亿 kW，装机占比 42%左右，电量占比 54%左右；应急调峰、备用电源约 3 亿 kW，装机占比 10%左右；可再生能源发电利用率 95%以上。

电网侧：电网资源大范围优化配置能力持续提升，到 2025 年跨省跨区输电能力约 4 亿 kW，年利用小时数大于 4500h；有效提升配网资源互动调节水平；分布式新能源发电、多元化储能、新型负荷大规模友好接入，到 2025 年基本建成能源互联网；逐步探索适应跨省跨区大范围市场运作的输配电价机制，完善电价交叉补贴处理机制。

需求侧：2025 年全社会用电量约 9.8 万亿 kWh，电能占终端能源消费的比重 30%左右；新兴主体逐渐涌现，可调节负荷占最大负荷比例约为 5%，逐步形成需求侧资源参与市场机制。

平衡形态：电力供需平衡由分区分省平衡向全网统筹平衡转变，

受新能源波动性影响，时段性、局部性电力供需紧张风险上升，安全保供难度加大。灵活调节资源快速增长，2025 年抽水蓄能电站规模约 6200 万 kW，非抽水蓄能储能规模约 3000 万 kW。

碳排放：二氧化碳排放量缓慢增长，碳排放强度逐步下降，2025 年碳排放强度较 2005 年下降近 50%；电力行业碳排放约 42 亿 t。

2．市场形态

按照"统一市场、两级运作"进行组织，省间、省内（区域）电力现货市场"两级申报、两级出清"衔接机制逐步健全，具备条件的省份（区域）实现"统一申报、两级出清"（见图 11-2）。探索形成区域一体市场，整体作为交易单元替代省内市场参与全国统一电力市场。省间中长期交易全面开展标准化的分时段电力曲线交易，省间现货市场交易机制更加健全；省内中长期交易实现连续运营，省内现货市场范围进一步扩大。

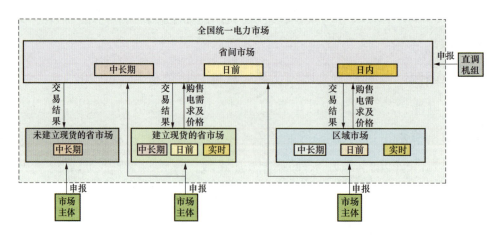

图 11-2 "统一申报、两级出清"模式示意图

新能源交易机制：逐步降低新能源保障利用小时数，提高市场消纳比例；完善新能源与常规能源之间的替代机制；构建新能源与需求

侧市场化交易机制；探索分布式发电市场化交易试点；扩大绿色电力市场范围和规模，开展统一的可再生能源电力超额消纳量与绿证交易。

市场架构：中期全国统一电力市场按照"统一市场、两级运作"进行组织，探索具备条件的地区形成区域一体化市场，整体作为交易单元替代省内市场参与全国统一电力市场；省间、省内（区域）"两级申报、两级出清"衔接机制逐步健全，具备条件的省份（区域）实现"统一申报、两级出清"，即在省间、省内市场采用统一市场主体，先在省间平台形成省间交易结果，再在省内平台进行出清；直调机组作为特殊交易单元参与全国统一电力市场。

省间市场：进一步完善省间中长期交易机制，全面开展标准化的分时段电力曲线交易，支持各类方式、全周期的中长期交易；扩大考虑省间主要输电线路及断面 ATC 的省间集中优化出清范围；省间现货市场交易机制更加健全，推动省间现货与区域调峰辅助服务市场逐步融合；跨省区交易逐步实现规范统一运作，形成完整的省间市场。

省内市场：省内中长期交易机制进一步完善，全面落实"六签"要求、开展带曲线中长期交易、实现连续运营；现货市场实施范围进一步扩大，推动用户侧采用"报量报价"方式参与现货市场；进一步推动批发和零售市场协同运行，完善电网企业保底供电机制，探索保底供电额外损益的补偿疏导机制。

交易品种：进一步丰富交易品种，探索建立容量市场；创新细化辅助服务交易品种设计，探索更大范围内的辅助服务资源共享和互济；探索建立适应统一电力市场的需求响应交易，以市场化手段引导各类市场主体协同参与；探索电力市场和碳市场衔接机制。

经营主体：扩大需求侧资源、虚拟电厂、储能等新兴主体参与市场交易的范围，具备条件的省份（区域）用户通过"统一申报"参与省间市场。

（四）远期全国统一电力市场建设边界条件与主要特点

1. 边界条件

远期，我国电源结构更加清洁化、实现以新能源为主体，跨区跨省电网进一步发展，新兴市场主体快速发展，灵活性调节资源规模显著增加，市场机制、价格体系、技术条件和市场环境等进一步完善。

电源侧：2060 年我国电源总装机容量 60 亿～70 亿 kW，总发电量约 16 万亿 kWh；其中，新能源装机规模超 40 亿 kW，装机占比约为 2/3，电量占比 50%～60%；煤电装机容量 3 亿～4 亿 kW，装机占比 6% 左右，电量占比 5%左右。

电网侧：全面建成以新能源为主体的新型电力系统；2060 年跨省跨区输电能力约 6 亿 kW；建成高度智能化配电网；建立全国统一电力市场模式下，适用于能源互联网市场交易科学合理的输配电价体系。

需求侧：2060 年全社会用电量约 16 万亿 kWh；电化学储能、虚拟电厂、电动汽车 V2G、电制氢等新兴主体规模大幅增加，需求响应负荷占比为 10%～13%，全面参与电力市场，实现源网荷储有效互动。

平衡形态：依托特高压互联电网实现全网统筹平衡；调节资源为保障供需平衡发挥重要作用，发用两侧基本实现平衡解耦（发电大于用电部分全部用于存储，发电小于用电部分由储能提供）。2060 年抽水蓄能电站规模约 2 亿 kW；电化学、氢能等非抽水蓄能储能跨越式发展，2060 年规模达到 5 亿 kW 左右。

碳排放：2060 年我国碳排放强度较 2005 年下降达到 95%以上；电力排放达峰后进入 2～3 年短暂平台期，之后减排速度整体呈先慢后快的下降趋势，2060 年电力系统实现零碳。

2．市场形态

远期，市场逐步成为新能源消纳主要手段，新能源市场化消纳比例显著提升，市场主体自主参与、价格引导资源流动的市场格局基本形成；绿色电力交易电量占比进一步提升，有效助力碳达峰目标落实；省间、省内市场融合，实现"统一申报、统一出清"（见图 11-3）；电能量、辅助服务、容量市场衔接机制进一步完善；电网安全运行与市场有效运营协同方式成熟完善，电网的综合接纳能力、灵活调节能力和低碳支撑能力不断提升。

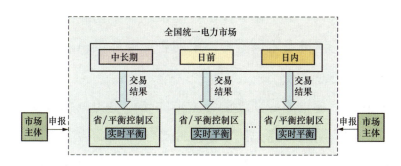

图 11-3　"统一申报、统一出清"模式示意图

新能源交易机制：逐步取消新能源政策性保障利用小时数，促进新能源充分消纳和资源大范围优化配置的电力市场机制进一步完善；新能源根据自身特点参与电能量、辅助服务等市场；绿色电力市场与绿证市场实现全覆盖，深化绿证市场与统一电力市场的衔接机制，市场主体完成消纳责任的方式更加灵活，市场成为引导新能源建设和消纳的主要手段；构建适应风光水火储一体化的送端系统灵活资源优化配置技术，开展以新能源为主体电力系统典型发展场景、电网承载能力等关键技术研究和高灵活性的市场技术支持系统建设。

市场架构：全国统一电力市场逐步由"两级运作"向"一级运作"过渡，省间交易壁垒逐步打开，省间和省内交易逐步融合，实现从市场机制到软硬件接口统一标准、协同运行，形成"统一申报、两级出清"。

省间市场：省间中长期交易机制成熟完善、按日连续开市，全面实现计及 ATC 的省间多通道集中优化出清；省间现货常态化运行。

省内市场：省内中长期交易机制成熟完善、按日连续开市；现货交易范围逐渐扩展到全国，交易机制逐步完善；创新零售市场交易机制，培育良好的零售市场生态圈，完善电力批发和零售市场协同运行机制，依托信息化、数字化手段，推动市场模型向配网延伸，探索开展局部零售市场向批发市场融合，电网企业保底供电额外损益的补偿疏导机制逐步完善。

交易品种：建设适应新能源为主体的新型电力系统需要、提升电力系统长期和短期调节能力的市场机制；丰富辅助服务交易品种，逐步引入爬坡类产品、系统惯性服务、无功支撑服务等辅助服务交易品种，逐步实现现货市场与调峰辅助服务市场的融合；推动建立容量市场机制，按照多年、年度、月度等开展容量交易；探索建立适应统一电力市场的输电权交易，推动跨区跨省输电容量合理分配；探索建立适应新能源发电不确定性的金融交易品种和避险工具；需求侧资源广泛参与市场交易，适应统一电力市场的需求响应交易机制基本完善；逐步建立统一电力市场和碳排放权交易市场衔接机制。

经营主体：新兴主体参与市场机制逐步健全，逐步实现分布式能源、储能、电动汽车、可控负荷及其相互组成的虚拟电厂单元等新兴主体的主动参与，不断扩大参与规模；市场主体通过统一报价实现同时参与省间、省内市场。

（五）促进全国统一电力市场建设的关键配套机制设计

1．可再生能源参与市场机制

"双碳"目标下，可再生能源快速发展将逐步成为我国电力系统的主要电源，通过市场化机制促进可再生能源消纳、提高可再生能源利用率迫在眉睫，为完善可再生能源参与市场机制可重点从统筹可再生能源保障政策与市场机制、建立可再生能源市场化消纳机制以及建立新能源消纳的社会责任分担机制三方面着手。

（1）统筹可再生能源保障政策与市场机制。面向未来高比例可再生能源并网下的电力系统运行需求，当前已出台实施的可再生能源保障政策亟须加强与市场机制的统筹协调，重点可从三方面寻求突破：

1）合理确定可再生能源保障利用小时数，合理分配计划电量。小时数以内的部分电量为政府定价的优先发电计划，作为政策性保障消纳；小时数以外部分参与电力市场，以市场方式形成价格。考虑送端、受端省电源与负荷条件，合理分配可再生能源的计划电量和市场电量。

2）逐步降低可再生能源保障利用小时数，提高市场消纳比例。将市场作为可再生能源消纳的主要手段，考虑优先发购电放开与匹配，合理确定逐年的保障利用小时数。

3）区分增量和存量，明确补贴机制，实施"价补分离"。合理评估测算可再生能源度电成本及电网消纳成本，确定可再生能源合理利用小时数，作为可再生能源电价附加补助资金的核定依据，保障可再生能源参与电力市场的积极性。

（2）建立可再生能源市场化消纳机制。当前可再生能源已部分参与电力中长期交易和电力现货市场，随着未来可再生能源逐步成为主要市场主体，其参与市场的交易机制可从四方面进一步完善：

1）建立适应新能源发电特性的交易组织方式。引导新能源发电企业与电力用户、售电公司签订中长期交易合同时约定电力曲线或曲线分解原则，促进新能源提升出力预测水平，当预测功率与中长期交易曲线出现偏差时，通过转让、置换、回购等月内短期交易对合同曲线及预测偏差进行调整。

2）鼓励新能源报量报价参与现货市场。日前市场中，新能源企业借助功率预测系统，与其他常规能源一样申报电力—价格曲线，借助变动成本低的优势，实现优先调度。日内/实时市场中，新能源消纳受限地区可探索新能源二次报价参与日内/实时交易。

3）建立新能源偏差结算机制。新能源参与日前和日内现货市场时，由新能源发电企业自行进行短期和超短期预测预测，并按时向电力调度机构提交功率预测曲线，因新能源发电企业自身预测能力不足等原因导致的偏差，由其分担系统调节成本。

4）推动可再生能源发电商与大用户签订 PPA 协议。可再生能源发电商通过签订 PPA 协议保证项目产生稳定的现金流，获得项目融资和保证投资方的投资回报。大用户通过签订 PPA 稳定电量电价，同时提升企业公众形象。

（3）建立可再生能源消纳的社会责任分担机制。未来可再生能源大规模并网下，可再生能源的低边际成本与电力系统的高消纳成本将导致可再生能源并网消纳存在较大困难，亟须从两方面建立健全可再生能源消纳的社会责任分担机制：

1）完善新能源与常规能源之间的替代机制。开展可再生能源与常规能源的预挂牌发电权交易，未出清的可再生能源可以与常规能源开展发电权替代交易。在省间外送通道无剩余空间、新能源与国家计划送出的常规能源发生冲突等情况下，由新能源优先替代常规能源进行省间外送，并通过与常规能源的发电权交易等方式给予常规能源一定补偿。

2）引导用户侧承担新能源消纳责任。经营性电力用户需按照消纳责任权重要求，落实可再生能源消纳义务，以购买或自发自用可再生能源电力作为主要履行责任方式，以购买其他市场主体超额完成的消纳量（绿证）作为补充履行方式。通过强化消纳责任权重考核，有效引导用户侧承担可再生能源消纳责任。

2. 提高系统灵活性的辅助服务市场机制

在"双碳"目标下，为提高系统运行灵活性，保障系统运行安全性，需要从三方面着手完善辅助服务市场机制设计。

（1）建立多元化的辅助服务市场品种。针对新能源波动性和不确定性特点，优化设计调峰、调频等辅助服务品种的开展方式，在现货试点地区鼓励调峰辅助服务与现货市场融合。同时，结合高比例可再生能源电力系统的运行需要，创新开展快速爬坡、备用、转动惯量等辅助服务交易新品种，明确其交易方式和交易流程。

（2）统筹协调辅助服务市场机制的衔接。现货试点地区做好辅助服务市场与电力现货市场在时序、流程、出清机制、价格机制等方面的衔接。做好省内与跨省跨区辅助服务市场的衔接，调频辅助服务市场应以调度控制区为范围开展，通过建立跨省跨区备用共享机制，备用辅助服务市场可以在更大范围开展。做好辅助服务市场考核与发电机组并网运行管理考核的衔接，避免重复考核、加重企业负担。

（3）建立用户侧参与的辅助服务费用分摊机制。按照"谁受益，谁承担"原则,用户侧主体应承担电力辅助服务费用。零售用户电力辅助服务费用由其代理售电公司承担,优先购电用户承担的辅助服务费用可由优先发电(含省外来电)按照优先发电量(电费)占比进行分摊。

3. 提高系统容量充裕性的市场机制

国内外保障发电容量充裕性的方法主要有稀缺定价、容量补偿机制、战略备用容量机制、容量市场等,各类方法具有明显的适用条件。稀缺定价机制主要基于电能市场,通过允许系统短时出现极高的价格尖峰实现容量补偿,适用于社会对高电价风险承受力强的地区;容量补偿机制是在政府部门指导下,通过对单位容量补偿标准和各发电机组可补偿容量的核算来实现容量补偿,主要适用于电力市场发展初期,经济社会和金融市场仍欠发达的地区;战略备用容量机制使得部分机组不能参与电力市场,往往作为缓解电力供应风险的一种过渡机制,使用具有一定局限性;容量市场以市场竞争的方式形成容量价格,对市场基础条件要求较高,主要适用于电能量市场发展已经相对完善的国家或地区。

从国内形势看,我国保障发电容量充裕度的机制需要解决两大问题:短期内,如何保证优质火电企业合理收入,长期看,如何有效指引机组未来投资。

(1)初期,采用容量补偿机制起步。政府或特定机构根据预测评估,制定统一的容量价格,按照机组可用装机容量进行容量付费,总费用由用户分摊。容量补偿机制简单易行,但容量补偿标准和各发电机组可补偿容量计算均由监管部门决定,难以有效反映容量价值,长期来看弊大于利。

（2）待市场基础完善后，建立容量市场。以机组可用装机容量作为标的，卖方为容量资源提供商，买方为系统运营商。卖方提供容量资源报价和数量，按价格从低到高形成供给曲线，系统运营商根据可靠性指标参考机组建设成本及电能量市场收益，按照一定规则形成需求曲线。由供给曲线和需求曲线在一系列约束条件下最小化容量购买成本得到容量市场出清结果，包括容量市场出清价格以及各容量资源提供商中标的容量。容量购买费用由所有市场用户分摊。

4. 引导灵活性调节资源参与市场的机制

随着虚拟电厂、负荷聚集商、储能、抽水蓄能等新兴市场主体的发展，其在提升系统灵活性，挖掘用户侧调节能力中发挥了重要作用。需要设计激励相容的市场机制，引导灵活性调节资源参与市场，促进源网荷储协调发展。

（1）探索新型经营主体的资源优化聚合作用。发挥虚拟电厂的资源优化聚合作用，允许虚拟电厂参与电能量市场和辅助服务市场。当前虚拟电厂作为灵活性调节资源的优化聚合体，已参与华北调峰辅助服务市场和上海备用调峰市场。未来可逐步放宽市场准入限制，允许具备技术条件的虚拟电厂参与调频等辅助服务，并逐步允许虚拟电厂聚合灵活性调价资源参与电力现货市场的电能量交易。

（2）完善需求响应市场机制。发挥负荷聚集商的负荷侧灵活调节能力，完善需求响应市场机制设计。当前，我国需求响应机制还处于起步阶段，参与需求响应的市场主体主要为大工业电力用户，响应机制也以提前约定响应时间和负荷削减量的固定响应方式为主，市场化的需求响应机制尚未建立。未来可逐步放宽需求响应的准入标准，建立健全市场化竞价的需求响应机制，发挥负荷聚集商的负荷侧灵活资源聚合能力，推动符合聚集商参与需求响应，并在具备条件时鼓励负荷聚集商以"负瓦发电机组"形式参与电力现货市场。

（3）发挥储能的快速灵活调节能力。发挥储能的快速调节能力，提升电力系统运行灵活性。储能设备作为电力系统重要的灵活性调节资源，主要用于平抑新能源波动性、满足系统调峰需求，但储能设备的发展受制于建设运营成本限制，缺乏市场化的补偿机制。未来，随着新能源的高比例接入，系统灵活调节能力面临极大挑战，应发挥储能的快速调节能力，放宽市场准入标准，允许储能参与现货市场和辅助服务市场，通过现货市场的价格信号引导储能"低充高放"，并完善辅助服务市场机制设计，结合储能特性开展备用、快速爬坡等辅助服务交易品种。

（4）探索建立抽水蓄能成本回收机制。建立抽水蓄能的成本补偿和容量成本回收机制，引导抽水蓄能参与市场交易。当前，抽水蓄能主要基于两部制电价，通过电度电价的峰谷价差获得部分经济收益，并通过容量电价获得容量成本补偿。未来，随着电力现货市场和辅助服务市场机制的建立，应逐步引导抽水蓄能响应现货市场的价格变化，通过"低蓄高放"提高抽水蓄能的经济收益。同时，建立健全容量市场机制，通过容量市场保障抽水蓄能固定成本回收，保障电力系统容量充裕度。

5. 探索建立零售市场和分布式交易机制

建立健全零售市场机制是提高电力用户市场交易意愿，挖掘用户侧交易灵活性，实现供需互动和网源荷储协调的重要方式。同时，随着分布式新能源在用户侧的快速发展，建立和完善适应分布式新能源特性的分布式交易机制是保障分布式新能源消纳和提升系统灵活性的重要手段。

（1）建立健全零售市场机制，通过零售套餐激励电力用户参与新能源消纳。当前电力市场建设主要围绕电力批发市场开展，零售市场建设相对滞后。随着用户侧市场交易意愿的逐步提升和新能源快速发展给市场化消纳带来的巨大挑战，应加强零售市场建设，鼓励售电公司根据用户消纳绿色电力意愿，推出更多类型绿色电力套餐，满足不同用户的绿色电力消费需求。

（2）完善分布式新能源市场交易机制，保障分布式新能源高效消纳。随着分布式电源的快速发展，应鼓励分布式新能源通过多类型能源互动提升灵活性和稳定性，探索双边协商交易、挂牌交易和集中竞价等市场化交易方式促进分布式新能源消纳，可探索小型分布式新能源由电网企业代售电的模式。

6. 探索建立绿色电力交易机制

绿色电力交易以绿色电力产品为主要交易标的，通过市场机制满足电力用户购买绿色电力的需求，促进新能源消纳，逐步提升用电侧绿电消费比例。

（1）统筹设计绿色电力参与市场的相关机制。绿色电力发电企业自愿参与绿色电力交易，通过市场化方式形成上网电价，交易电量不再纳入优先发电计划。建立年度优先安排、月度滚动调整的绿色电力全时序交易机制。绿电交易优先组织、优先安排、优先执行、优先结算。年度根据市场供需组织以电量交易为主的中长期交易，月度根据电源、负荷变化组织增量交易及合同调整交易，月内结合供需时段性紧张等调整需求开展更频繁的电量、合同调整交易。

（2）完善绿色消费认证机制。对所有新能源发电量核发绿证，积极探索对水电发电量核发绿证，证书的生成、转移、交易、监测核算、注销、信息发布等环节与实际交易组织衔接。绿证数量按照绿色电力发电企业实际上网电量核发，随交易合同一并转移至用电侧。未能满足绿电需求及可再生能源电力消纳责任权重的售电企业、电力用户可向拥有富余绿证的市场主体购买绿证。

第二节　碳市场建设

一、国外典型碳市场建设及机制设计经验

（一）国外主要碳排放交易体系技术要素对比

欧盟、新西兰、韩国的碳排放交易体系以及加州、魁北克碳排放总量控制与交易计划是目前较为成熟的碳排放权交易机制。通过从减排目标、总量设定、覆盖范围、配额分配、价格调控和抵消机制等主要因素，可以归纳碳排放权交易机制的特征和差异，如表 11-1 所示。

表 11-1　　　　国际主要碳排放交易体系技术要素概况

要素	欧盟碳排放交易体系	美国加州总量控制与交易计划	加拿大魁北克总量控制与交易体系	新西兰碳排放交易体系	韩国碳排放交易体系
减排目标	2030 年排放量相对 2005 年水平下降 21%	2020 年排放量相对 1990 年水平下降 15%	2020 年排放量相对 1990 年水平下降 25%	2012 年排放水平回到 1990 年水平	2020 年排放量相对 1990 年水平下降 30%
总量设定	绝对排放总量基于历史排放估算	绝对排放总量基于历史排放估算	绝对排放总量基于历史排放估算	无基于历史排放估算	绝对排放总量基于历史排放估算
覆盖范围	工业、电力、航空等/40%以上	工业、电力/35%（2015 年到 85%）	工业、电力、化石燃料供应商（2015 开始）/30%（2015 年到 85%）	工业、电力、林业、渔业/40%	60%/工业、电力

续表

配额分配	基于基准线法的免费发放/拍卖	基于基准线法的免费发放/拍卖	基准线法结合祖父法的免费发放/拍卖	基于祖父法的免费方法	基于基准线法与祖父法的免费发放/拍卖
价格调控	无	配额价格调控储备	配额价格调控储备		早期储备拍卖
抵消机制	允许使用碳信用抵消应缴配额	允许使用碳信用抵消应缴配额	允许使用碳信用抵消应缴配额、允许使用提前行动的碳信用	允许无限使用碳信用抵消应缴配额	允许使用碳信用抵消应缴配额、允许使用提前行动的碳信用

（二）国外电力行业参与碳市场的经验启示

从国外典型碳市场对电力行业的要求来看，电力行业作为碳排放大户，是各个碳市场中的重点行业，火力发电部门均被纳入强制减排，但大部分地区的电网部门则没有被纳入。美国 RGGI 碳市场中，2005年后所有装机容量超过 25MW 的发电设施被列为排放单位，并为其 CO_2 排放量设定了上限。美国加州碳交易机制纳入了电力生产商和电力进口商，没有将配电企业纳入在内，但会免费分配配额给配电企业。配电企业不承担任何履约责任，获得的免费配额需在市场上拍卖并将拍卖所得全部用于补贴电力消费者。

从电力行业碳排放配额分配方法来看，当前碳市场都在缩小祖父法的使用范围，不断地向基准线法过渡，条件成熟的情况下考虑结合拍卖法。从国际碳市场的实践经验来看，免费分配配额对于企业来说更易接受，一定程度上保障经济社会的稳定、减少对经济发展的不良影响、削弱企业家的抵触情绪。但免费分配配额会存在不公平性，且无法对新增设施、新进企业分配额外配额。基准值法对数据统计要求较高，同时基准线法会导致历史活动水平大的企业、设备分到更多的配额。拍卖法的排放上限存在不确定性，在供求机制下，低价的碳配额会导致碳市场的低迷。

从电力企业在碳市场中的表现来看，各大电力企业积极应对气候变化，将其纳入企业战略目标和管理体系中，并将碳市场作为完成碳减排目标的重要工具。意大利国家电力公司将应对气候变化整合到公司短期和长期业务策略中，把气候变化的风险和机遇融入了公司的风险管理流程中，组建了碳战略委员会，负责温室气体排放量，并定期汇报。法国电力公司为应对碳交易，进行了相关业务风险评估，开启碳排放交易业务并管理 2 亿 9 千万欧元的 EDF 碳基金，在全球签约了数百个 CDM 减排项目，将碳排放纳入了公司的运营和决策过程中。

二、我国碳市场建设现状及发展趋势

（一）全国碳市场建设现状

1. 我国积极应对气候变化，探索利用市场机制促进碳减排

2011 年 10 月，北京、天津、上海、重庆、湖北、广东及深圳等 7 省市开展碳交易试点工作。2017 年 12 月，随着《全国碳排放权交易市场建设方案（发电行业）》发布，全国碳市场正式启动。2020 年 12 月，生态环境部公布《全国碳排放权交易管理办法（试行）》。2021 年 7 月，全国碳市场正式启动上线，只纳入发电行业，首批共 2162 家火电企业和自备电厂，发放配额约 45 亿 t。2021 年 12 月，首个履约周期完成。目前正处于第二个履约周期，履约截止期为 2023 年 12 月 31 日，履约 2021—2022 年碳配额。2021—2023 年全国碳市场每年成交数据如表 11-2 所示。我国碳市场基于国情设计，与欧盟等其他碳市场主要不同在于，目前总量目标基于强度目标设定，而不是绝对总量目标；碳排放除了直接排放，还涵盖了使用电力、热力等所产生的间接排放。

全国碳市场第二个履约周期●为 2022 年 1 月 1 日至 2023 年 12 月 31 日，纳入发电企业 2257 家。累计成交量 2.63 亿 t，累计成交额 172.58 亿元，平均价格 65.62 元/t。其中，大宗协议交易量 2.22 亿 t，占比 84.4%，挂牌协议交易量 0.41 亿 t，占比 15.6%。

表 11-2　　　　2021—2023 年全国碳市场每年成交数据

年份	成交量（亿 t）	成交额（亿元）	平均价（元/t）	最高价（元/t）	最低价（元/t）	累计成交额（亿元）	累计成交量（亿 t）	挂牌交易量（亿 t）	挂牌交易额（亿元）	大宗商品交易量（亿 t）	大宗商品交易额（亿元）
2021	1.79	76.61	42.80	62.29	38.5	76.61	1.79	0.31	14.51	1.48	62.1
2022	0.51	28.14	55.18	61.6	50.54	104.75	2.3	0.06	3.58	0.45	24 56
2023	2.12	144.44	68.13	82.79	50.5	249.19	4.42	0.35	25.69	1.77	118.75

2."7+1"的省级碳市场试点架构初步形成并持续运行

北京、天津、上海、重庆、深圳、广东、湖北七个省市按照国家发展改革委的政策要求于 2013 年启动了碳排放权交易试点，福建于 2016 年启动试点，至此"7+1"的碳市场试点格局初步构建并延续至今。我国地方碳交易试点基本情况见表 11-3。各个省级试点碳市场连续运行多年，独立运作、互不连接，碳市场已连续运行 5 年以上，覆盖钢铁、电力、水泥等 20 多个行业，近 3000 家高排放和重点耗能类企业，占各试点地区排放总量的 40%～60%。碳市场价格普遍经历了前期碳价走低、后期价格回调的过程，随着各试点碳市场交易机制的动态修改完善，配额分配方法趋于细化，配额分配整体适度从紧，碳价变化逐步趋稳，呈现出自然的波动状态，表明我国碳交易市场均衡机制已经

---

❶　控排企业在规定的时间内，按照实际排放量清缴相应数量的配额，即完成履约。用于履约的配额在当年注销，剩余的配额可交易也可结转下一履约周期使用。

形成，市场成熟度不断提高。

3. 未来地方试点碳市场将逐步纳入全国碳市场

纳入全国碳排放权交易市场的重点排放单位，不再参与地方碳排放权交易试点市场。生态环境部等主管部门将根据全国碳市场发展、地方试点实际情况进一步研究具体过渡的时间表、路线图。不再支持地方新增试点，现有试点可在现有基础上进一步深化，同时做好向全国碳市场过渡的相关准备工作。

表 11-3　　　　　我国地方碳交易试点基本情况汇总

试点	启动时间	配额总量	纳入行业	纳入标准	配额分配	履约处罚
北京	2013 年 11 月 18 日	0.6 亿 t CO_2/年	电力、热力、水泥、石化、其他工业和服务业、交通	5000t 二氧化碳排放量以上	历史法和基准线法，初始配额免费分配	未按规定报送碳排放报告或核查报告可处 5 万元以下罚款。未足额清缴部分按市场均价 3～5 倍罚款
天津	2013 年 12 月 26 日	1.6 亿 t CO_2/年	电力、热力、钢铁、化工、石化、油气开采、建材、造纸、航空	1 万 t 二氧化碳排放量以上	历史法和基准线法，初始配额免费分配	对交易主体、机构、第三方核查机构等违规限期改正。违约企业限期改正，3 年不享受优惠政策
上海	2013 年 11 月 26 日	1.58 亿 t CO_2/年	工业行业：电力、钢铁、石化、化工、有色、建材、纺织、造纸、橡胶和化纤；非工业行业：航空、机场、港口、商业、宾馆、商务办公建筑和铁路站点	工业：二氧化碳排放量达到 2 万 t 及以上；非工业：二氧化碳排放量达到 1 万 t 及以上；水运：二氧化碳排放量达到 10 万 t 及以上	历史法和基准线法，初始配额免费分配	违约企业罚款 5 万～10 万元，记入信用记录，向工商、税务、金融等部门通报

续表

试点	启动时间	配额总量	纳入行业	纳入标准	配额分配	履约处罚
重庆	2014年6月19日	1.3亿t CO$_2$/年	发电、化工、热电联产、水泥、自备电厂、电解铝、平板玻璃、钢铁、冷热电三联产、民航、造纸、铝冶炼、其他有色金属冶炼及压延加工	2.6万t二氧化碳排放量以上	政府总量控制与企业竞争博弈相结合，初始配额免费分配	未报告核查2万~5万元罚款，虚假核查3万~5万元罚款违约配额按清缴届满前一个月配额平均价格3倍处罚
广东	2014年12月19日	4.65亿t CO$_2$/年	电力、水泥、钢铁、石化、陶瓷、纺织、有色、化工、造纸、民航	2万t二氧化碳排放量以上	历史法和基准线法，初始配额免费分配+有偿分配	未监测和报告罚1万~3万元；扰乱交易秩序罚15万元；对违约企业以市场均价1万~3倍但不超过15万元罚款，在下一年双倍扣除违约配额
湖北	2014年4月2日	2.7亿t CO$_2$/年	电力、钢铁、水泥、化工、石化、造纸、热力及热电联产、玻璃及其他建材、纺织业、汽车制造、设备制造、食品饮料、陶瓷制造、医药、有色金属和其他金属制品	1万t二氧化碳排放量以上	历史法、基准线法，初始配额免费分配	不报告罚款1万~3万元，不核查罚款1万~3万元；对违约企业在下一年度配额中扣除未足额清缴部分2倍配额，罚款5万元
深圳	2013年6月18日	0.3亿t CO$_2$/年	工业（电力、水务、制造业等）和建筑	0.3万t二氧化碳排放量以上	竞争博弈（工业）与总量控制（建筑）结合，初始配额免费分配	交易主体、机构、核查机构违规处5万~10万元罚款；对违约企业在下一年度配额中扣除未足额清缴部分，按市场均价3倍罚款

（二）全国碳市场建设面临的形势分析

"双碳"目标要求加快全国碳市场建设步伐，强化碳排放总量控制，推动能源电力加速低碳转型，倒逼产业结构优化升级，促进绿色低碳技术创新，有效落实国家碳减排目标。2020 年中央经济工作会议提出，要加快调整优化产业结构、能源结构，推动煤炭消费尽早达峰，大力发展新能源，加快建设全国用能权、碳排放权交易市场，完善能源消费双控制度。《国民经济和社会发展第十四个五年规划和 2035 年远景目标纲要》提出，制定 2030 年前碳排放达峰行动方案；实施以碳强度控制为主、碳排放总量控制为辅的制度，支持有条件的地方和重点行业、重点企业率先达到碳排放峰值；加大甲烷、氢氟碳化物等温室气体控制力度。锚定 2060 年前实现碳中和，采取更加有力的政策和措施；推进排污权、用能权、用水权、碳排放权市场化交易。中央财经委员会第九次会议强调，"十四五"是碳达峰的关键期、窗口期，要构建清洁低碳安全高效的能源体系；要实施重点行业领域减污降碳行动；要推动绿色低碳技术实现重大突破；要完善绿色低碳政策和市场体系；要倡导绿色低碳生活；要提升生态碳汇能力；要加强应对气候变化国际合作。近期中央政治局会议指出，统筹有序做好碳达峰碳中和工作，尽快出台 2030 年前碳达峰行动方案，坚持全国一盘棋，纠正运动式"减碳"，先立后破，坚决遏制"两高"项目盲目发展。

总体来看，"双碳"目标下全国碳市场建设主要面临以下要求：

（1）有效落实国家碳减排目标。加快全国碳市场建设步伐，完善碳定价机制，推动由基于强度的总量目标转向绝对总量目标控制，有效分解落实减碳任务。助力实现"十四五"单位 GDP 二氧化碳排放降低 18%，2030 年前碳达峰，2060 年前碳中和。

（2）要推动产业发展方式绿色转型。贯彻落实党中央推动绿色低碳发展，构建现代经济体系，大力发展战略性新兴产业的决策部署。通过碳市场建设，倒逼产业结构低碳发展，严控"两高"（高耗能、高排放）项目，引导资金从高碳行业向低碳行业倾斜。

（3）推动能源电力加速低碳转型。我国煤炭消费占一次能源消费的比重为 57.6%，高于全球平均水平的 27%。 能源消费碳排放强度比世界平均水平高出 30%。遏制煤电、加快发展可再生能源、大力发展智能电网和储能、加快 CCS 和 CCUS 的商用，是电力行业脱碳的主要路径。

（4）加强与国际市场接轨和链接。推动 CORSIA 等国际碳排放交易机制发展，探索与欧盟碳交易体系等国际市场链接，适应国际碳定价竞争。我国已正式签订并接受了《〈蒙特利尔议定书〉基加利修正案》，在控制二氧化碳的基础上，加大甲烷、氢氟碳化物等非二氧化碳温室气体控制力度。

（三）全国碳市场建设发展趋势研判

结合国外碳市场建设经验和我国碳市场探索实践及相关政策要求，全国碳市场建设未来将呈现五方面发展趋势。

（1）覆盖范围从单一行业逐步到八大重点行业，最终覆盖 70%以上排放。全国碳市场扩大重点行业覆盖范围，有助于扩大市场范围，提高资源配置效率；有助于利用行业间减排成本差异，降低总体成本；纳入重点排放行业，利用市场机制激励重点行业企业率先达峰。预计"十四五"八大行业将全部纳入全国碳市场，综合考虑减排潜力、数据基础、产业政策及欧盟碳关税影响等，建材（水泥）、钢铁、有色（电解铝）将较先纳入。当前各行业在研究碳达峰路径及实施方案，据测算分析，钢铁、建材和有色行业预计在 2025 年前实现碳达峰，石化、化工和电力行业达峰时间要稍晚些，预计分别在 2029、2028 年左右达峰。

（2）总量控制逐步由相对量转为绝对量，2030 年左右有望设定绝对总量上限。2030 年前以基于强度的相对总量目标为主。考虑 2030 年前实现达峰。且尽量以较低峰值达峰，建议全国碳市场在"十五五"时期形成较成熟的总量设定方式，争取在 2030 年左右全面实施年度配额总量管理，确定年度下降速率，释放更强有力的长期减排信号。预计八大行业全部纳入后，全国碳市场配额总量将达到 70 亿～80 亿 t，考虑纳入间接碳排放，未来总量还将略有上升。

（3）配额分配在免费基础上逐步引入有偿拍卖，初期拍卖比例在 3%～5%。"十四五"时期，全国碳市场以免费分配为主；"十五五"时期，可选择特定行业（如钢铁、电力等），尝试一定比例的拍卖模式（如 3%～5%）；市场发展完善后，拍卖比例进一步提高到 10%～20%，在市场成熟阶段达到 50%以上。

（4）碳价水平逐步提升，呈陡峭式上升趋势。从理论来看，碳价应该反映碳的社会成本，代表额外 1 单位二氧化碳或二氧化碳当量所带来的经济成本。根据清华大学研究成果，预计 2025 年碳减排成本达到 9 美元/t 左右，2030 年达到 13 美元/t 左右，2050 年碳减排成本达到 110 美元/t 以上。此外，根据中国碳论坛、ICF 国际咨询公司和北京中创碳投科技有限公司联合发布的《2020 年中国碳价调查报告》，基于 500 多位利益相关方对中国未来碳价的预期，调查结果显示，绝大多数受访者预期全国碳市场价格将稳步上升，平均预期价格 2020 年为 49 元/t，到 2030 年将升至 93 元/t，到 21 世纪中叶将升至 167 元/t。综合来看，全国碳市场近期价格在 50 元/t 左右，预计 2025 年碳价达到 70 元/t，2030 年碳价可能提升到 90～120 元/t 水平。深度脱碳和中和阶段，随着减排难度加大，边际减排成本上升，碳价可能随之升高。

（5）在配额现货交易基础上逐步发展碳金融，远期交易规模将达到万亿级。市场初期交易标的以配额为主、CCER 为补充，逐步推出碳期货、碳期权等碳金融产品。交易主体方面引入机构投资者和个人，进一步增强市场流动性。"十四五"时期，全国碳市场初期配额总量为 45 亿 t，钢铁、有色和建材纳入后，配额总量可能达到 55 亿 t，参考国内碳交易试点的换手率（3%～5%），预计配额现货年度交易规模在 1.35 亿～2.75 亿 t 区间，按照 50 元/t 的碳价进行计算，预计交易规模为 67.5 亿～137.5 亿元，如果引入碳期货交易，按照期现货比为 2 进行估算，预计碳期货规模在 275 亿元。未来交易规模将逐步扩大，随着碳期货市场发展、碳价升高，远期现货交易将达到千亿级，期货市场交易规模将达到万亿级。随着深度脱碳和碳中和，直接碳排放量将大幅减少，碳市场配额总量将逐步萎缩。

三、我国碳市场建设路径设计

（一）边界条件

全国碳市场长期建设路线图要与国家"双碳"目标路径相一致，统筹考虑经济社会发展、能源结构优化、产业结构调整等多方面要求，还要兼顾所覆盖行业减排路径和发展需求。

从国家减排目标看，2030 年前实现碳达峰，2060 年前实现碳中和。根据国网能源研究院相关研究，电力行业预计在 2028 年前后达峰，2050 年实现深度脱碳，2060 年近零或负碳排放。

从经济社会发展看，预计到 2035 年基本实现社会主义现代化，本世纪中叶全面建成社会主义现代化强国，经济发展长期向好，2035 年国民生产总值较 2020 年翻一番。"十四五"期间，单位 GDP 碳排放强度下降 18%，2030 年实现较 2005 年下降 65%以上。

从能源结构看，2030 年非化石能源消费占一次能源消费比重达到 25%以上，新能源装机规模 12 亿 kW 以上。一次能源消费总量预计 2030 年前后达峰，峰值控制在 60 亿 t 标准煤以内。

从产业结构调整要求看，生态环境部加强"两高"（高耗能、高排放）项目管控，主要为煤电、石化、化工、钢铁、有色金属冶炼、建材等行业。

从电力行业发展看，2030、2060 年预计电力需求约 11.8 亿、15.7 亿 kWh；非化石能源发电量占比将分别提升至 49%和 88%；煤电发电量预计 2025 年前后达峰，2030—2060 年年均下降 4.3%。

（二）建设路径

根据国外碳市场的经验，碳交易机制建设是一个"边做边学"不断完善的过程。和欧盟、美国等发达国家相比，中国是一个发展中国家，高能耗产业比重高，协调经济增长和控制碳排放难度大，市场机制在电力等有些行业还不完善。这就决定着全国碳市场建设不可能一蹴而就，而是一个分阶段的和不断发展完善的长期工程。

总体来看，全国碳市场建设路径可划分为 4 个阶段。初期运行阶段，市场起步到平稳运行，逐步扩大覆盖行业范围，丰富交易品种，完善交易和监管机制；发展完善阶段，配额总量逐步收紧，交易体系较为完善，引入拍卖机制，助力尽早且以较低峰值实现达峰；市场成熟阶段，服务深度脱碳，配额总量加速收紧，碳市场规模逐渐收缩；市场转型阶段，服务碳中和，聚焦提升能效和促进负碳，继续发挥作用。具体来看，各阶段的关键机制如下。

1. 初期运行阶段

基于碳排放强度设定全国碳市场的配额总量，初期配额总量为 45 亿 t。在发电行业率先交易的基础上不断增加覆盖范围，到 2025 年，全国碳市场应该扩大到预先设定的 8 个高耗能工业行业，届时碳市场管理的碳排放占全国碳排放总量的 60%左右。配额分配以基于行业碳排放基准的免费配额分配方法为主，逐步提高行业碳基准的严格程度，在条件成熟的行业适时引入拍卖配额分配方法。交易品种主要为碳排放配额现货交易和 CCER，逐步探索碳期货市场。

2. 发展完善阶段

逐步形成较成熟的总量设定方式，争取在 2030 年左右全面实施年度配额总量管理。本阶段全国碳市场将发展成为一个混合型的碳市场，既有基于强度的属性，也具有基于总量的属性。再根据"稳中有降低"的原则，设定全国碳市场的配额总量。考虑到 2025 年后，我国的电力市场机制建设基本完成，对发电行业不断提高配额拍卖的比例。制造业行业配额分配以基于行业碳排放基准的免费配额分配方法为主，但要进一步提高行业碳基准的严格程度，对于不会造成明显碳泄漏的行业，适时引入拍卖配额分配方法。交易体系较为完善，交易品种日益丰富，控排企业、投资机构、个人等多元主体参与市场。

3. 市场成熟阶段

服务深度脱碳，配额总量加速收紧，设定长期减排目标，确定年度配额总量及逐步下降速率。碳市场规模逐渐收缩。扩大温室气体管控，纳入交通、建筑等行业。逐步以有偿拍卖为主，分阶段提升有偿拍卖覆盖范围和比例，逐步实现在 50%以上。碳期货市场加速发展，交易规模扩大。逐步与国际市场对接，争取全球碳价权。

4. 市场转型阶段

服务碳中和，总量目标逐步收缩，进一步降低纳入企业门槛，将间接排放纳入碳市场，碳市场交易以有偿拍卖为主。全球碳市场逐步实现统一碳定价。市场规模逐步萎缩，聚焦提升能效和促进负碳，继续发挥作用。

（三）关键机制与技术

1. 配额分配方式

二氧化碳排放配额，是纳入碳排放权交易体系的排放源在特定时期内可以合法造成二氧化碳排放的总量限额，是政府应对气候变化主管部门发放给相关企业（单位）的二氧化碳初始排放权。

二氧化碳排放基准，是根据国家低碳发展目标和完成国家自主碳减排贡献要求，考虑到行业碳减排潜力和成本等因素，确定的行业单位实物产出（活动水平）导致的二氧化碳减排限额。各行业的基准值由国家应对气候变化主管部门确定并发布。

结合国际经验和我国探索实践，主要有两种配额分配方式，可根据其经济发展、覆盖行业以及减排目标等不同的情况选择合适的配额分配方案。

（1）行业基准法。行业基准法是根据法人企业的实物产出量（活动水平）、所属行业基准两个要素计算法人企业配额的方法。行业基准法的核心计算公式为：

$$企业配额=行业基准 \times 实物产出量 \tag{11-1}$$

（2）企业历史强度下降法。企业历史强度下降法是根据法人企业的实物产出量（活动水平）、历史强度值、减排系数三个要素计算法人单位配额的方法。历史强度下降法的核心计算公式为：

$$企业配额=历史强度值×减排系数×实物产出量 \qquad (11-2)$$

2. 碳价形成机制

当前的碳价形成机制主要包括 3 种方式：①以市场定价为主的价格形成机制；②以政府定价为主的价格形成机制，如按照定价权限制定价格；③混合定价机制，即结合市场、政府、中介机构等多方面力量的价格形成机制。

（1）建立完善碳价形成机制。从试点经验来看，存在碳交易不活跃、集中在履约期交易、线下交易比例高、市场价格信息不透明等问题，影响有效碳价的形成。建议全国碳市场：①加强全社会和不同行业减碳成本研究，为指导形成碳价提供决策支撑；②完善碳交易机制，提高线上交易比例，加强市场信息公开；③逐步放宽市场准入条件，鼓励符合条件的中介机构和个人进入碳市场，提高市场的流动性。

（2）建立碳价调控机制。碳价主要受配额总量、经济发展、分配方法等影响，波动性较大，需要建立碳价监测和调控机制。例如，EU-ETS运行过程中出现碳价格波动超过石油、天然气、电力等能源市场价格波动的情况。为了防止配额价格过高，造成企业生产成本过高，或者价格过度波动，导致市场过度投机，需要在必要时对市场上的排放指标价格进行干预。这一点在市场建设初期尤其必要。例如，RGGI建立成本管控机制（CCR），当配额价格高出特定水平时 CCR 配额可用于出售，避免供需关系严重失衡。此外，通过扩大 CCER 使用比例通过低价格的 CCER 抵消配额，有助于平抑价格增长。

（3）稳步推进碳期货市场建设。逐步建立碳现货交易、远期交易、期货交易、期权交易等碳交易体系，形成长期碳价信号引导投资，扩大市场参与者策略选择空间，满足其锁定投资风险等多样化需要。

3. 完善 CCER 机制

（1）建立完善 CCER 抵消机制。按照全国碳市场规则，允许控排企业使用核证自愿减排量（CCER）来完成碳交易履约目标，但比例不能超过 5%。初期碳市场配额总量约 40 亿 t，则 CCER 使用量在 2 亿 t，需求量远低于供应量。

（2）明确 CCER 项目适用类型，向非水可再生能源、新型储能、氢能、智能电网技术等新兴低碳技术倾斜。《全国碳排放权交易管理办法（试行）》明确 CCER 主要来源于我国境内可再生能源、林业碳汇、甲烷利用等项目。国内 8 个试点对抵消项目类型、地域等都有限定，大部分把水电排除。未来风电、光伏发电实现平价上网，将不再满足 CCER 额外性要求（即没有 CCER 支持项目活动难以实现），可能无法用于配额抵消。

（3）探索 CCER 参与国际碳市场。在 CCER 对全国碳市场支撑服务基本到位的前提下，鼓励相关行业企业利用 CCER 规模试水国际民航的 CORSIA 市场，为后续我国扩大参与国际碳市场积累经验。

四、我国碳市场建设对电力行业的影响

全国碳市场率先从发电企业起步，碳交易的开展将对电力行业产生深刻影响。短期来看，对企业碳减排提出严格要求，促使转变发展理念和管理方式，主动适应和参与碳市场，提升碳资产管理水平，加速低碳转型发展。中长期来看，利用市场机制激励电力企业节能减排，加强低碳技术研发和投资，推动可再生能源等清洁能源发展进程，助

力实现碳达峰与碳中和目标。

（1）增加火电企业生产经营成本，促使火电企业加大力度推进碳减排。全国碳市场初期，考虑市场平稳起步和控排企业尽快融入市场，配额分配不会过紧，短期看对火电行业整体影响较小，但个别企业成本会明显增加，可能加速低效、落后小机组淘汰和关停。中长期来看，碳中和目标下配额总量加快收紧，免费配额比例逐渐降低，有偿拍卖比例上升甚至完全采用拍卖方式，火电整体成本将会有较大幅度增加。

（2）改变火电企业在电力市场中的决策边界，进而电力市场价格。随着碳价水平提升且与电价能够顺利传导，碳交易将影响到电力交易、发电决策等方面。火电企业将因为成本抬升或碳排放配额受限等原因，调整其参与电力市场的交易策略，市场出清结果将发生变化，进而影响电力市场价格。

（3）进一步体现绿电价值、激发绿电需求，从而推动可再生能源进入电力市场步伐。碳排放成本的增大将进一步凸显绿色电能价值，用户对购买绿电的需求显著增长，可再生能源在市场中将获得更多发电量和收益，从而加速可再生能源放开参与市场交易的进程。

（4）为企业发展提供新的业务领域。随着全国碳市场的发展，更多的相关行业被纳入碳交易体系，其对节能减排将会提出更多新的要求。能源电力企业可以拓展碳资产管理、碳金融、碳咨询、碳核查、综合能源服务等新兴业务，形成企业新的利润增长点。

（5）要求企业加大低碳技术资金投入，促进科技创新。全国碳市场所设立的减排目标，要求能源电力企业加大低碳技术资金投入，加快洁净燃煤技术、碳捕捉与封存技术、可再生能源技术等的研发与应用，以科技创新促进能源电力行业的绿色低碳发展。

（6）企业管理方式需要适应性调整。全国碳市场对能源电力企业的生产经营会产生较大影响，企业管理方式需要适应性调整。在经营方面，碳市场将会改变生产、管理成本，影响生产技术与用能结构；在管理方面，要求企业建立碳排放管理团队和协调机制，将企业绩效考核纳入碳排放管理目标，增设碳排放履约、交易等新的岗位。

第十二章 电力低碳转型路径与碳减排基础能力建设

第一节 电力低碳转型路径情景设计

一、研究方法、主要边界条件

（一）研究思路

电力是能源转型的中心环节，也是减排的关键领域，但"双碳"目标下行业间碳减排路径的统筹优化和顶层设计仍不清晰，电力系统应承担的具体减排责任和贡献潜力尚不明确。本章以电力行业未来承担的碳减排实物量为主约束，研究"双碳"目标下电力减排发展路径。具体的，如图 12-1 研究采用定量和定性相结合的方式开展，其主要包含以下步骤和流程：

（1）评估电力系统碳预算，以"双碳"目标实现为约束，从经济社会发展全局出发，统筹考虑国际经验、不同行业发展和减排难度，研究 2020—2060 年我国电力排放总预算。

（2）设定基础边界条件和参数，预测经济增长、能源电力需求、政策目标、资源潜力、技术经济性发展等关键边界条件。

（3）对不同发展情景分析优化，提出电力减排路径，以外部成本内部化和约束性指标方式处理"双碳"目标，设定深度低碳、负碳和零碳等不同情景并优化得到关键水平年能源电力场景，提出电力减排路径和关键影响因素。

（4）对比分析不同转型路径并提出技术政策需求，研究减碳目标倒逼下转型所需的技术、成本、产业和政策条件，提出政策建议。

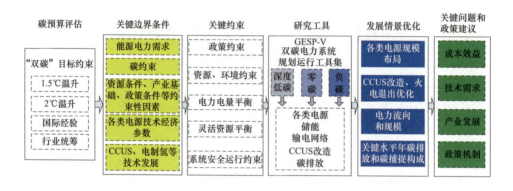

图 12-1　"双碳"目标下电力低碳转型研究思路

（二）研究方法

依托"双碳"目标下电力系统规划运行分析模型软件包开展研究，如图 12-2 所示，以涵盖全国及 31 个省的含新能源的多区域电力规划模型 GESP 为核心，可考虑电力电量平衡、碳排放约束、碳捕集改造、电制氢等减碳和新能源利用关键技术影响，综合了电力、电源规划、生产模拟、政策分析等系统工具，研判不同情景下能源电力发展路径、电源发展规模布局、电力流向规模、传统电源 CCUS 改造捕集规模和电力碳减排路径。

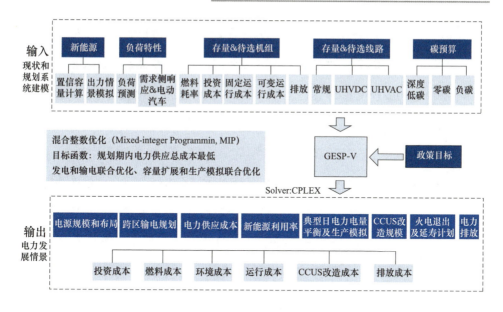

图 12-2　电力发展碳减排路径优化模型运行机理

二、未来电力系统碳预算评估

（一）全球碳预算

"碳预算"（carbon budget）是指在特定时期，将全球地表温度控制在一个给定的范围所对应的累积二氧化碳排放量上限。"碳预算"的概念为政策制定者提供了一个简洁而有力的科学依据，为更精确地刻画减排路径提供了可能，并已经成为气候科学和政策的中心概念，一直被积极地定位于当前的政策辩论。在过去的 10 年中，大量文献表明，全球最大温升与累积二氧化碳排放量几乎呈线性比例。为衡量这种近似线性关系，H. Damon Matthews 等学者提出了 CCR 指数，即：

$$\Delta T = \text{CCR} \times E_{\text{T}} \qquad （12\text{-}1）$$

式中：ΔT 为一段时间内全球温升；E_{T} 为这段时间里累积二氧化碳排

放量。进一步计算发现，CCR 值落在 1.0～2.1℃/Ttc 的区间内。进而，累积碳排放的瞬时气候响应（transient climate response to cumulative carbon emission，TCRE）被提出，含义为每增加 $1000GtCO_2$ 的累积碳排放量所导致的温升。

需要注意的是，TCRE 并非恒定，它受到各类地球物理过程的影响，如冻土变化、碳循环变化、碳辐射饱和效应等。对碳预算的量化一直是大量科学文献的主题，也是政府间气候变化专门委员会（IPCC）报告中的一个突出主题。全球"碳预算"是作为一个范围提出的，反映了如何解释温度控制目标、气候如何响应温室气体浓度（气候敏感性）以及非二氧化碳温室气体排放作用的不确定性。与给定碳预算一致的温室气体排放总量也取决于对于"负排放"技术的假设，这将允许温室气体排放在从大气中清除之前暂时超标，后期采取负排放技术以保持总预算内的净排放量。

IPCC 测算了"剩余碳预算"（remaining carbon budget），即从 2018 年至二氧化碳净零排放前，控制全球温升在某一范围内所对应的二氧化碳排放量上限。通常所指的 IPCC 提出的碳预算，即置信度为 0.67 时的剩余碳预算估算值。IPCC 1.5℃特别报告指出，与工业化以前相比，全球温升已经达到了 0.87℃（上下浮动 0.12℃）。若将全球温升控制在 2℃，意味着未来还约 1.03℃的温升空间，对应的剩余碳预算为 $1170～1500GtCO_2$，全球需在 2070 年左右实现碳中和；若将全球温升控制在 1.5℃，对应的剩余碳预算为 $420～580GtCO_2$，全球需在 2050 年左右达到碳中和。据国际能源署（IEA）统计数据，2018 年全球碳排放为 33.513Gt，若维持 2018 年全球碳排放不变，则 2030 年前后就将达到 1.5℃碳预算，2050 年前后将达到 2℃碳预算。

（二）各国碳排放权分配

为实现全球温控目标，各国研究机构陆续提出多种碳排放限额分配方案，将未来全球碳预算分配到各个国家。其分配原则也不尽相同，有的提倡效率，有的主张公平，有的基于现实，有的考虑历史责任。不同的分配原则与方法代表了不同的利益取向。总体而言，国内外提出的各种排放限额分配方案，基本可分为两类：一类是部分发达国家提倡的，以当前排放现状和长期全球减排目标下的人均排放趋同为基础，是基于现实共同分担的原则，忽视公平性；另一类是部分发展中国家倡导的，以人均累积排放量为基础，考虑历史责任，并强调公平原则。中国研究机构提出的碳排放权分配方案基本都是基于人均累积排放的原则，清华大学研究结果表明：2℃情景下，中国 2016—2050 年范围的碳预算区间是 168～420Gt。中国煤控项目的研究结果表明：2℃情景下，2011—2050 年中国的碳预算范围是 2900 亿～3300 亿 t；1.5℃情景下，2011—2050 年中国的碳预算是 2300 亿～2900 亿 t。

需要注意的是，《巴黎协定》明确提出"本协定的实施将体现公平、共同但有区别的责任和各自能力原则，考虑到不同国情"，确立了"自下而上"的模式，鼓励所有国家结合本国国情和能力，自主决定行动内容，自愿做最大程度的努力。协定规定了各缔约方应定期提交国家自主贡献（NDC），并由各国通过相关国内政策措施约束力加以落实，以实现《巴黎协定》目标。因此，各国碳排放权分配的研究主要局限在理论研究上，并不对各国形成实际的强制性约束。IPCC 第 5 次评估报告（AR5）根据责任、能力和平等这 3 个公平原则，将分配方案归纳为 7 个类别。目前各国提出的国家自主贡献（NDC）并不足以实现 2℃和 1.5℃目标。因此，各国需要按照《巴黎协定》下全球盘点的进程，逐步提高减排力度，在不同的公平分配方案下，对各国更新 NDC 目标、提高减排力度的要求也不尽相同。

新冠疫情后，经济绿色复苏逐渐成为全球共识。世界范围内力推实现 1.5℃温升控制目标，到 21 世纪中叶实现碳中和的呼声越来越强烈。在此背景下，越来越多的国家开始将碳中和上升到国家战略层面，提出到 2050 年实现碳中和的目标承诺。对于中国而言，2020年 9 月 22 日，国家主席习近平提出中国将提高国家自主贡献力度，采取更加有力的政策和措施，二氧化碳排放力争于 2030 年前达到峰值，努力争取 2060 年前实现碳中和。总的来说，由于各国碳排放权分配争议较大，国家层面的转型路径研究主要考虑自主的碳中和时间节点目标，而极少采用碳预算约束。

（三）我国电力系统碳预算

在"双碳"目标倒逼约束下，未来我国能源电力系统碳排放预算的评估，需要综合考虑全社会各行业碳减排难度、潜力及技术经济性差异，依托能源—经济—环境的综合模型，优化碳中和目标下的全社会碳减排轨迹及各行业脱碳转型路径。当前具有代表性且被广泛用于低碳转型的能源综合模型包括：MARKEL-MACRO 模型，由国际能源署（IEA）和能源技术系统分析项目 ETSAP 共同开发，研究方法包括最优化、市场均衡和宏观经济；TIMES 模型，通过最优化计算选择能源生产、转换和使用技术的组合方案；C-REM 模型，由清华大学和 MIT 联合开发的基于可计算一般均衡理论的模型；

LEAP 模型，也由 IEA 和 ETSAP 共同开发，可实现长期能源系统规划，由于操作简单，已应用于超过 150 个国家的能源转型研究；MESSAGE 模型，奥地利的国际应用系统分析中心 IIASA 开发的能源供应系统及其环境效益模型。

如图 12-3 所示为中国碳中和情景方案分析。

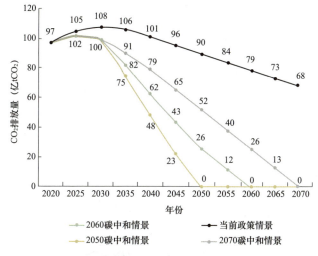

能源碳排放分部门2060年碳中和方案

单位：亿tCO₂	2050年	2055年	2060年
净排放	26.4	12.1	0
工业	17.9	12.6	7.7
电力	−2.3	−9.2	−9.7
交通	4.3	3.8	1.8
建筑	5.0	3.5	1.4
DACCS	—	—	−2.6
其他	1.5	1.4	1.4

图 12-3　中国碳中和情景方案分析

一些国际机构和能源企业会定期发布其对世界及中国能源发展趋势的判断和展望，包括：国际能源署（IEA）、美国能源信息署（EIA）、BP 公司、世界能源委员会（WEC）、欧佩克（OPEC）、壳牌公司（Shell）、埃克深美孚公司（ExxonMobil）、挪威船级社

（DNV-GL）、挪威国家石油公司（Equipor）、中国石油经济技术研究院（ETRI）等。图 12-4 展示了在全球 1.5℃或 2℃温控目标下中国碳排放轨迹的对比。结果表明：在实现气候目标的研究情景中，中国碳排放均将于 2025 年达到峰值，然而，具体分行业的碳排放轨迹数据（累加即为碳预算）却难以获取。

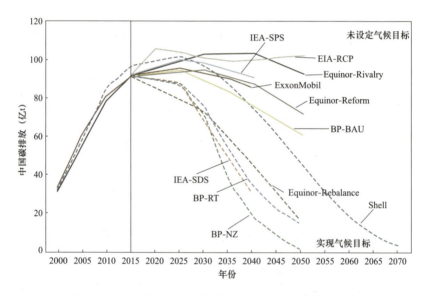

图 12-4　各机构对中国碳排放趋势的预测对比

清华大学气候变化与可持续发展研究院在《中国长期低碳发展战略与转型路径研究》的电力课题研究中引用了中国煤控项目的研究结果。该项目成果采用的模型为中国能源环境综合政策评价模型（IPAC），研究了中国实现全球 1.5℃目标下的能源排放情景。其中，减去 2011—2018 年的碳排放，具体碳预算数据为：2℃情景下，2011—2050 年全球碳预算为 14000 亿 t，中国碳预算为 3700 亿 t，电力部门 2018—2050 年碳预算为 947 亿 t。1.5℃情景下，2011—2050 年全球碳预算为 9000 亿 t，中国碳预算为 2300 亿 t，电力部门

2018—2050 年碳预算为 764 亿 t。

总的来看，携手应对气候变化已经成为各国共识，但国际上对于碳排放权的分配尚未形成统一意见。考虑到不同国家工业化进程、产业结构、人口等国情差异，在全球气候谈判及减排路径设计中中国应坚持按照"共同但有区别的责任"原则设计减排方案。

此外，由于当前缺乏缜密、透明的电力系统碳预算研究结果，因此，本研究初步暂按照我国碳排放总量占全球 30% 和电力行业排放占比 40% 估算，预计 2020—2060 年我国电力系统碳排放预算为 780 亿～1500 亿 t。

三、电力需求预测分析

（一）影响电力需求增长的关键因素分析

1．经济发展

经济增速逐渐放缓，2060 年经济总量较 2020 年翻两番。如图 12-5 所示，2020 年我国 GDP 达到 102 万亿元，约为 2020 年美国的

图 12-5　我国 2020—2060 年 GDP 情况（2020 年价格）

70%；预计 2020—2030 年 GDP 年均增长 5.4%，2030 年我国经济实力、科技实力、综合国力将大幅提升，GDP 总量达到 172 万亿元，基本达到同期美国经济水平。2030—2060 年 GDP 年均增长 3.2%，随着 2035 年我国基本实现社会主义现代化，经济总量和城乡居民人均收入将再迈上新的大台阶，2060 年我国将建成社会主义现代化强国。

2．产业结构

产业结构明显优化，第三产业占比大幅提升。如表 12-1 所示，第一产业占比由 2020 年的 7.7%下降至 2030、2060 年的 6%、4%；第二产业转型升级持续推进，高耗能行业增长放缓，高技术和装备制造业保持较快发展，第二产业占比由 2020 年的 37.8%下降至 2030、2060 年的 34.1%、24.8%；现代服务业不断壮大，第三产业对经济的支撑作用更加明显，生产性服务业向专业化和价值链高端延伸，生活性服务业向高品质和多样化升级，第三产业占比由 2020 年的 54.5%上升至 2030、2060 年的 59.9%、71.2%。

表 12-1　　　　　　　　我国三次产业结构

年份	一产占比（%）	二产占比（%）	三产占比（%）
2020	7.7	37.8	54.5
2025	6.5	35.9	57.6
2030	6.0	34.1	59.9
2035	5.4	32.6	62.0
2050	4.2	27.3	68.5
2060	4.0	24.8	71.2

3．重点行业发展

高耗能行业发展在"十四五"处于峰值平台期，之后产量逐步下降。2020—2030 年，预计粗钢产量年均下降 0.4%、电解铝产量年均增长 0.7%、水泥产量年均下降 2.5%、烧碱产量年均增长 0.2%、纯碱产量年均下降 0.8%、电石产量年均下降 0.1%，2030 年主要产品产量分别是粗钢 10.2 亿 t、电解铝 3976 万 t、水泥 19.4 亿 t、烧碱 3717 万 t、纯碱 2357 万 t、电石 2607 万 t。2030—2060 年，预计粗钢产量年均下降 2.0%、电解铝产量年均下降 0.2%、水泥产量年均下降 0.9%、烧碱产量年均下降 1.0%、纯碱产量年均下降 1.2%、电石产量年均下降 1.1%，2060 年主要产品产量分别是粗钢 5.6 亿 t、电解铝 3800 万 t、水泥 14.8 亿 t、烧碱 2750 万 t、纯碱 1620 万 t、电石 1850 万 t。

4．用电效率提升

各行业不断改进终端用电利用技术水平。2015—2020 年，在剔除电能替代等因素的情况下，第一产业、第二产业单位增加值电耗分别下降了 58%、18%，第三产业由于 5G 基站、数据中心、充换电设施等新型用电需求，单位增加值电耗上升了 17%；预计 2020—2030 年第一产业、第二产业单位增加值电耗分别下降 30%、32%，第三产业上升 40%；2030—2060 年第一产业、第二产业、第三产业单位增加值电耗分别下降 86%、87%、52%。

5．电能替代

电能替代广度和深度进一步拓展。在"双碳"目标约束下，农业领域将推动农业机械电气化，工业领域将采用高温蒸汽热泵技术、高效电转蒸汽等技术替代燃煤锅炉，建筑领域将发展高效电制冷/热满足供冷供热需求，交通领域新能源汽车、电动船舶将大规模普及应用。预计 2020—2030 年替代电量约 1.2 万亿 kWh，2030—2060 年替代电量约 2.8 万亿 kWh。

6．电制氢用电需求

电制氢规模将持续扩大。电制氢是清洁能源多元化利用的方式之一，未来随着可再生能源发电成本的下降、电制氢技术的效率和经济性逐渐提升。预计 2030 年后电制氢将逐步进入规模化推广阶段，2060 年 80% 的氢能来自电制氢，规模为 3900 万 t（约为 1.9 亿 t 标准煤），耗电约 1.7 万亿 kWh，占全社会用电需求的 11% 左右。

（二）电力需求预测结果

电力需求增长空间还很大，远期制氢电量占比持续提升，在碳减排的要求下，其他行业的化石能源消费将削减，势必转移至电能消费，推动电力需求持续增长。如图 12-6 所示，预计 2030 年全社会用电量 13.3 万亿 kWh，2045—2050 年趋于饱和（年均增速低于 1%），2060 年达 21.8 万亿 kWh。

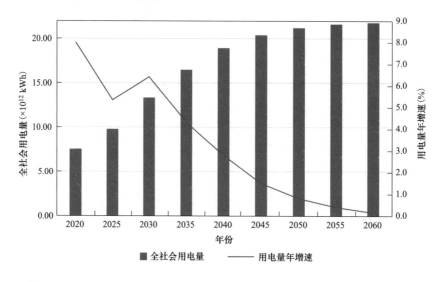

图 12-6　我国 2020—2060 年全社会用电量

四、情景设计

以 2060 年为目标年,考虑电力系统不同的减排责任及减排关键举措的不同实施力度,设计电力系统深度低碳、零碳和负碳三大发展情景,并在零碳情景基础上考虑排放峰值和减排路径差异,构建子情景,剖析实现碳中和不同路径下面临的重要问题,推演不同发展路径的可行性和面临的挑战。

如表 12-2 所示,3 个发展情景的共同点在于:都坚持需求侧节能增效、控制能源消费总量;还有供给侧大力发展非化石能源,实现新能源跨越式发展,构建多元化清洁能源供应体系。此外,各发展情景也有各自的特点。

表 12-2 电力转型发展三大情景及子情景对照表

情况	情景名称	情景共同点	不同情景差异		子情景
情景一	深度低碳	需求侧节能增效、控制能源消费总量;供给侧大力发展非化石能源,实现新能源跨越式发展,构建多元化清洁能源供应体系	终端能效水平稳步提升,非化石能源比重日益提高,电力系统源网荷储协调发展,2060 年仍保留一定量火电机组和电力系统排放配额,碳排放量为 14 亿 t 左右		—
情景二	零碳		进一步加快供给侧非化石能源发展速度,扩大绿氢规模、加快煤电 CCUS 改造,并将产生的二氧化碳与绿氢结合制取甲烷、甲醇等,实现电力系统零碳发展和碳循环经济	排放峰值高/低	减排路径下凸曲线/下斜直线/下凹曲线
情景三	负碳		在零碳发展的基础上大力推动生物质掺烧和生物质碳捕集技术(CBECCS)等负碳技术进步,2050 年实现中和,2060 年碳排放量达到-4 亿 t 左右		—

（一）情景一：深度低碳情景

在深度低碳情景下，终端能效水平稳步提升，非化石能源比重日益提高，电力系统源网荷储协调发展，2060 年仍保留一定量火电机组和电力系统排放预算，碳排放量上限为 14 亿 t 左右。

（二）情景二：零碳情景

该情景的特点在于进一步加快了供给侧非化石能源发展速度，扩大绿氢规模、加快煤电 CCUS 改造，并将产生的二氧化碳与绿氢结合制取甲烷、甲醇等，实现电力系统零碳发展和碳循环经济。

此外，在零碳情景下，从排放峰值联合减排路径两个维度可以进一步制定子情景。其中，排放峰值可以划分高、低峰值两个子情景，以国家所提的 2030 年新能源规模达到 12 亿 kW 为约束，搭建高排放峰值子情景；另外考虑新能源发展力度进一步增大规模超 12 亿 kW 构建零碳情景下的低排放峰值子场景；而减排路径可以划分下凸曲线、下斜直线和下凹曲线 3 个子情景。

（三）情景三：负碳情景

该情景需要在零碳发展的基础上大力推动生物质掺烧和生物质碳捕集技术（CBECCS）等负碳技术进步，2050 年实现中和，2060 年碳排放量达到-4 亿 t 左右。

五、主要边界条件

根据上述情景，研究制定了如下几个重要边界条件：

经济发展：2035 年国内生产总值（GDP）较 2020 年翻一番，"十四五"、2026—2035、2036—2050、2051—2060 年期间，GDP 年均增速分别约为 6.0%、4.4%、3.3%、2.7%。

能源结构：2030 年非化石能源消费占一次能源消费比重达到 25%以上。

碳减排目标：2030 年碳排放达峰，2060 年碳中和；2030 年单位 GDP 二氧化碳排放比 2005 年下降 65%以上。

非化石能源开发潜力及目标：常规水电、核电技术可开发量约为 6 亿 kW 和 4 亿～5 亿 kW；2030 年新能源装机规模 12 亿 kW 以上。

第二节　电力低碳转型路径

一、电力系统整体转型路径

电力转型路径整体呈现电源结构不断优化，新能源装机和发电量占比稳步提升，逐步向新型电力系统演变。

电源装机方面，如图 12-7 所示，零碳情景下，2030 年电力系统总装机容量达 56.6 亿 kW，非化石能源装机占比从 2020 年的 45% 提高至 68%；2060 年总装机容量达到 123 亿 kW，非化石能源装机占比提升至 91%，从容量上成为电力系统主体电源。另外，2060 年新能源装机容量达到 90 亿 kW，装机占比 74%，新能源出力随机性和不确定性，将给负荷高峰时段下电力平衡和极端天气下电力供应安全保障带来巨大挑战，有必要保留充足的常规惯量电源作为备用，并加强应急电源建设，保障新型电力系统安全运行。深度低碳和负碳情景下，2060 年非化石能源装机占比分别为 86%、94%。

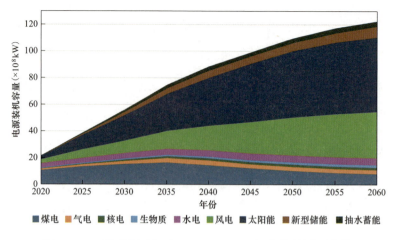

图 12-7　零碳情景下 2020—2060 年电源装机结构

发电量结构方面，如图 12-8 所示，零碳情景下，2030 年电力系统总发电量 13.3 万亿 kWh，非化石能源发电量占比从 2020 年的 34%提升至 49%；2060 年电力系统总发电量达 21.8 万亿 kWh，非化石能源发电量占比提升至 91%，从电量转变为电力系统主体电源；2060 年煤电电量占比降至 6%。深度低碳和负碳情景下，2060 年非化石能源发电量占比分别为 88%、93%。

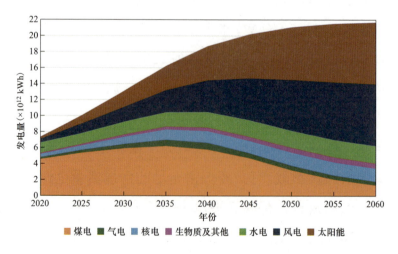

图 12-8　零碳情景下 2020—2060 年发电量结构

二、电力系统碳减排路径

如图 12-9 所示，电力系统碳减排路径可考虑按 3 个阶段演进。

碳达峰阶段：2030 年以后电力系统进入峰值平台期，预计峰值约 53 亿 t。2030 年以前，80%以上电源装机增量为非化石能源发电，70%以上新增电能需求由非化石能源发电满足，煤电仍将是重要的保供电源，装机和发电量仍有一定增长，"十四五"和"十五五"期间电力碳排放仍将年均增加 1.4 亿 t 和 1 亿 t。碳达峰阶段，电力行业要承担其他行业电气化带来的排放转移，新增电力需求难以完全由非化石能源发电满足，电力排放达峰可能滞后于其他行业，但整体看有助于全社会提前达峰。

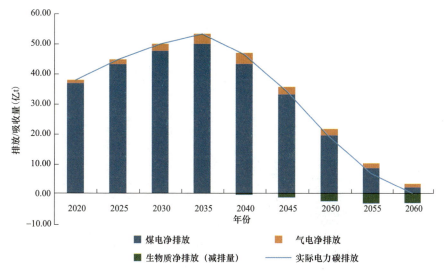

图 12-9　零碳情景下 2020—2060 年电力碳排放和吸收图

深度低碳阶段：电力碳排放经历 3~5 年平台期以后，整体呈先慢后快的下降趋势。2030 年以后，水、核等传统非化石能源受站址资源约束，增速放缓，新能源发展进一步提速，以新能源为代表的非化石能源发电可满足全部新增电力需求,同时逐步替代存量化石能源发电。预计 2030—2040、2040—2050 年期间电力碳排放年均降低 3500 万、2.7 亿 t,随着新能源、储能技术经济性进一步提高和新一代 CCUS 技术商业化应用规模扩大,电力系统实现深度低碳。

碳中和阶段:2060 年电力系统实现净零排放。零碳情景下,2050—2060 年期间,如图 12-10 所示,电力碳排放年均降低 1.9 亿 t,2060 年净零排放,其中,煤电、气电碳排放 10.6 亿、2.0 亿 t(不计 CCUS),火电 CCUS 碳捕集量约 12.6 亿 t。2060 年非化石能源发电装机、发电量占比约为 91%、91%,风光发电量占比约 71%,煤电向基础保障性和系统调节性电源并重转型,2060 年装机容量约为 8 亿 kW,发电量占比低至 6%,并通过 CCUS 技术改造成为"近零脱碳机组"。考虑到极端天气下新能源出力骤减等情形,为了保障电力系统安全和供应充裕性,需要保留 24 亿 kW 左右煤、气、水、核、生物质等常规惯量电源。

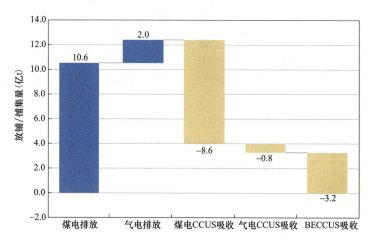

图 12-10 零碳情景下 2060 年电力碳排放和捕集构成

电力碳预算高低直接影响转型力度和成本，应顶层设计、全局优化；有必要控制电力碳排放峰值水平，并采用"先慢后快"的节奏安排达峰到中和的减排路径，具体来看：

（1）电力碳预算对我国能源转型力度、转型成本影响巨大，需立足全局合理制定碳预算分配方案。

（2）电力系统实现达峰相对难度不大，但控制峰值水平更有利于降低中和目标的实现难度。若电力排放峰值提高 5 亿 t，2030—2060 年年均减排需求量提高 1700 万 t 左右，电力供应成本提高 4%～7%。

（3）碳预算保持不变情况下，"下凸曲线"减排路径技术经济评价相对更好，若电力碳减排保持匀速"下斜直线"或先快后慢"下凹曲线"，2020—2060 年电力成本需提高 4%～8%。

三、关键不确定性因素敏感性分析

（一）能源"双控"目标

实现能源"双控"目标任重道远，是影响能源结构转型成败的决定性因素。受产业结构调整、重点行业节能力度、电能替代、市场机制等多方面影响，完全释放经济发展潜力下完成"双控"任务面临巨大挑战，实现能源双控目标存在巨大压力和不确定性。

必须高度重视控制能源消费总量，否则能源结构调整目标将难以实现。中国未来一段时期能源需求总量增长潜力依然巨大，一方面国内能源资源禀赋条件决定了煤炭是最现实的可获得能源，另一方面，受技术经济性和开发速度制约，一定时期内非化石能源可利用的规模仍有限制。

（二）内陆核电开发不确定性

核电能量密度高、可同时提供电力和电量，但内陆核电是否开发是需要综合考虑安全、环境、社会稳定的政治决策问题。我国沿海厂址资源可支撑装机 1.8 亿～2.1 亿 kW，预计 2035 年前开发完毕；若内陆 2 亿 kW 的核电厂址资源不能开发，为确保电力电量平衡，可选替代方案是加大煤电、气电和新能源开发力度，预计火电、新能源装机需提高 1.5 亿、5 亿 kW，远期 CCUS 碳捕集需求也将提高，推高整体电力供应成本。

（三）新型储能发展不确定性

新型储能仍存在技术、成本、安全性等问题，若应用规模不及预期，需要考虑增加抽水蓄能规模、加大气电装机等解决方案。抽水蓄能现有站址资源若要进一步发展，一方面常规库容/梯级水电改造抽水蓄能电站，另一方面是加大抽水蓄能站址资源勘测力度。

常规水电改造抽水蓄能电站，已建成的库容/梯级水电站进行改造、增设抽水蓄能机组，使之成为具备一定容量的抽水蓄能功能的新型抽水蓄能电站，具有投资小、建设期短、节省站址资源等优点，初步筛查国家电网公司经营区内具备改造条件的潜在站址资源在 1 亿 kW 以上，但分布不均，华中和西南合计占比达 60%；加大抽水蓄能站址资源勘测力度，在东中部水资源丰富地区加快组织勘测一批新站址。

推进抽水蓄能投资主体多元化，充分调动、发挥各出资方积极性、优势。深化抽水蓄能混合所有制改革工作，完善合作共建机制，探索抽水蓄能与新能源发电、核电打捆竞价开发模式。

（四）CCUS技术突破不确定性

CCUS技术成熟度及实现时间将深刻影响煤炭退出和煤电转型方式。目前电力系统应用CCUS还存在高投入、高能耗和高附加成本等技术经济性问题和运输、封存等基础设施问题，其技术成熟度及实现时间将对碳达峰碳中和情景和路径带来深刻影响。

当前，CCUS技术发展路线如下：

近期：燃烧后捕集、富氧燃烧和燃烧前捕集技术实现突破性进展。捕集效率提升，能耗显著降低，将部署一批全流程示范项目进行验证。

中期：应用范围进一步拓宽，步入项目示范与验证阶段。燃烧后捕集技术进入成熟应用阶段，富氧燃烧技术和燃烧前捕集技术的成本明显下降，2030年捕集成本降至40~45美元/t。

远期：进入大范围商业化推广阶段，广泛应用于煤化工、电力等领域，2060年捕集成本降至10~15美元/t。

未来，若CCUS不能按照预期实现技术突破和规模化商业应用，未来系统将基本难以保留煤电、气电等可提供惯量的传统电源，新能源渗透率和系统电力电子化程度将进一步提高，电力系统安全风险和电力平衡将面临重大考验。

煤电加装CCUS是中国特色电力系统低碳转型的重要技术路线之一，应将CCUS技术作为重大脱碳技术集中攻关突破，提高经济性，实现规模化应用。

（五）氢能

氢能发展不确定性将影响终端能源脱碳进程和新能源多元化利用。氢能是实现化石能源深度替代和能源消费侧深度脱碳的重要载体，也是最具潜力的新能源多元化利用重点技术之一，若氢能发展不及预期，则钢铁、化工、航天等领域的深度脱碳，以及高比例新能源的长周期消纳等将难以实现突破。然而，氢能发展面临低碳制氢成本高昂，技术亟待进一步突破，输氢、储氢、加氢基础设施发展缓慢，缺乏顶层设计和市场机制等难题，发展前景存在较大不确定性。

氢能发展技术路线预测：

从制氢环节看，中远期质子交换膜等电解水技术逐步实现商业化，将成为未来制氢主要方式。

从氢储运环节看，近期仍将以气态方式为主（比如 70MPa），辅以低温液氢，输运以车运为主；中远期氢储运将由高压气态、液态氢罐为主逐步转变为低成本管道运输。

从用氢环节来看，近期发挥高续航、高储能的优势，在长距离运输、高重量承载的物流车/公交车等商用车领域实现推广；中远期氢燃料电池汽车将从商用车领域延伸到乘用车领域，与电动汽车长期共存、互为补充。

第三节　电力低碳转型路径实施要点

一、宏观层面

宏观上，重点从国家层面分析在实现"双碳"目标过程中应关注重大问题，如电力碳预算分配机制及预算总额与电力低碳转型路径之间的关系；碳达峰至碳中和电力系统减排路径；低碳转型下全行业发展投入与转型成本等重大问题。

（一）正确认知电力系统碳预算总额与转型路径的关系

（1）正确认识电力和全社会碳达峰的关系。电力与全社会碳达峰关系是目前社会关注热点，目前各方观点存在较大差异：

一种观点：电力应先于其他行业达峰。理由：电力行业排放占比高，且集中化管理和标准化程度高，减碳途径清晰，故电力行业应作为标杆先达峰。

另一种观点：电力行业晚于全社会达峰。提升电气化水平被视为各行业碳减排的主要举措，未来电能替代带来的行业间碳排放将转移至电力行业，故电力碳排放晚达峰能支撑全社会碳排放提前达峰。

电力和全社会碳达峰的关系本质上是行业间如何科学分配碳预算。要求电力率先达峰实际上割裂了能源电力行业跟其他行业的相互影响关系，从全社会角度看，大量非发电领域的煤炭消费将转移到电力行业用于发电，从而使得煤电发电量及相应的碳排放量在能源行业达到碳排放峰值后还将保持一定时期的增长，出现峰值时间差。该时间差的长短取决于清洁能源替代的发展力度，整体来看行业间排放转移后全社会碳排放仍在下降，可以电力晚达峰推动全社会提前达峰。

（2）电力碳预算直接影响转型力度和成本，行业间应科学合理分配。电力碳预算对我国电力转型力度、转型成本影响极大，亟须国家层面顶层设计：考虑减排成本最低合理制定碳预算分配方案。未来我国能源电力系统碳排放预算的评估，需要综合考虑我国发展实际、全社会各行业碳减排难度、潜力及技术经济性差异，特别是电能替代带来的碳排放转移，依托能源—经济—环境的综合模型，明确各行业及市场主体的配额指标分配方法、减排责任及覆盖范围等。

（二）合理规划碳达峰至碳中和的电力系统减排路径

（1）电力系统实现达峰相对难度不大，但控制峰值水平更有利于降低中和目标的实现难度。仅从电力系统完成碳达峰角度看，难度并不大，但峰值水平和达峰时间对碳中和目标将产生较大影响，若不控制峰值水平，实现中和目标将面临更大挑战。零碳情景下，若电力排放峰值提高 5 亿 t，煤电装机峰值预计增加 5000 万 kW，碳预算保持不变情况下，电力减排曲线将更加"陡峭"，2030—2060 年年均减排需求量提高 1700 万 t 左右，将对煤电退出、新能源发展和 CCUS 等减碳技术提出更高发展要求，电力供应成本提高 4%～7%。

（2）电力系统碳排放达峰以后，经历碳排放峰值平台期的减排路径技术经济性更优。相对于电力碳排放达峰后立即稳步下降的减排路径，延长碳排放峰值平台期路径下，新能源发展前期放缓、后期加快，煤电经 CCUS 改造留存规模降低，碳达峰至中和阶段电力供应成本小幅下降。零碳情景下，2030—2040 年，碳排放经历峰值平台期，新能源年均新增装机较稳步下降路径降低 2000 万 kW；2040—2060 年，碳排放快速下降，煤电迎来退役高峰，新能源装机大幅跃升；较稳步下降路径，2060 年煤电经 CCUS 改造留存规模降低 1.6 亿、8000 万 kW，新能源装机增加约 5 亿 kW。考虑远期新能源、储能和 CCUS 技术成熟度提升及规模效应，峰值平台期减排路径下电力供应成本能够降低 1%～2%，然而，未来碳中和实践路径将更加依赖于相关技术发展进程，技术发展不确定性将增加碳中目标实现风险，煤电集中大规模退役也将带来产业结构调整、人员就业安置等社会问题。

（3）"下凸曲线"减排路径技术经济评价相对更好。碳预算保持不变情况下，若电力减排路径保持匀速"下斜直线"或先快后慢"下凹曲线"，将对新能源和脱碳技术发展提出更高要求。2030—2045年新能源年均新增装机需求将增加 1000 万～2000 万 kW，火电 CCUS 改造总规模提高 5000 万～1 亿 kW，大规模改造时间提前 5～10 年，预计 2020—2060 年电力供应成本将提高 4%～8%。

（三）电力供应成本分析

（1）电力供应成本近中期波动上升，中远期先进入平台期，然后逐步下降。如图 12-11 和图 12-12 所示，2020—2040 年，电力供应成本将波动上升，电力供应成本投入 63.6 万亿元（不考虑折现）。零碳情景下，为满足新增用电需求和"双碳"目标，各类电源尤其是新能源高速发展，电力投资将保持较高水平。新能源电量渗透率超过 15%后，系统成本（不含场站成本）进入快速增长临界点，测算表明，2025、2030 年系统成本是 2020 年的 2.3 倍和 3 倍，上述因素推动供电成本波动上升，预计 2020—2025、2025—2030、2030—2040 年电力供应成本投入 14.5 万亿、16.1 万亿、33.0 万亿元（不考虑折现）。2045 年前后电力供应成本投入开始进入平台期。电力需求进入低速增长阶段，电力基础设施新增投资较少；电力需求由上网边际成本很低的新能源提供，系统运行成本进入平台期。

（2）电力转型成本与电力行业减排力度呈现明显正相关关系。不同减碳路径对低碳技术选择和非化石能源发展提出的需求有一定差异，3 种情景下电力转型成本如下。

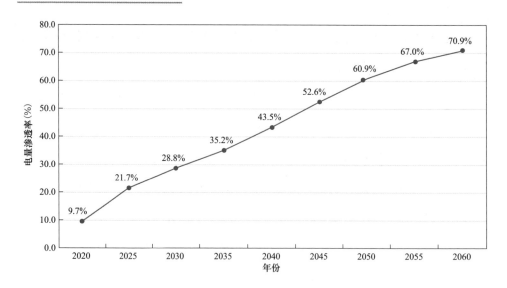

图 12-11　新能源电量渗透率变化趋势

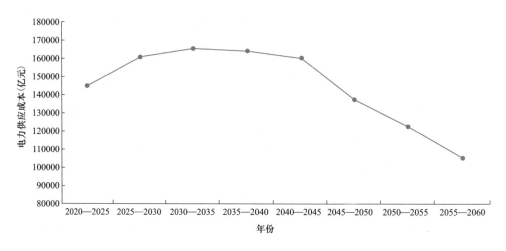

图 12-12　电力供应成本走势示意图

零碳情景下，如图 12-13 和图 12-14 所示，2020—2060 年全规划周期电力供应成本贴现到 2020 年约 60 万亿元（4%贴现率）。

负碳情景下，随着新能源并网比例迅速提高，对灵活资源、输配电网和碳捕捉利用设备的投入也将大幅增加，电力供应成本较零碳情景提高 17% 左右。

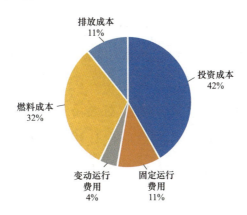

图 12-13　零碳情景下 2020—2060 年全规划周期成本构成

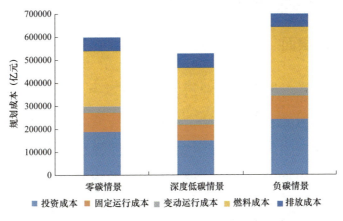

图 12-14　不同情景下电力供应成本及构成

深度低碳情景下，电力供应成本最低，较零碳情景降低 12% 左右。

（3）加速转型带来的电力系统成本上升需要全社会支持和承担。"双碳"目标下，随新能源电量渗透率快速提升，电力加速转型带来电力系统成本上升。零碳情景下 2030、2060 年新能源发电量占比将达到 26.4%、66.7%，传统化石能源主导发展模式下的环境污染、气候变化、能源安全等外部成本和约束条件纳入电力系统内部"消化"，导致电力系统成本在该阶段明显上升。

另一方面，电力加速转型实际可降低传统能源模式下社会发展的资源、环境、气候代价，新能源相关产业加速发展也有助于拉动经济，稳定供应链与产业链安全，对经济社会发展整体有利。

（4）从国际经验看，各国政府已认识到低碳转型将带来供能成本上升并积极探索疏导模式。以德国为例，电力低碳转型带来的系统成本上升已被政府和全社会认可，并通过可再生能源附加费进行疏导，电价中可再生能源附加费从 1998 年的 0.08 欧分/kWh 增加到 2019 年的 6.4 欧分/kWh，年均增幅超 22%。

二、中观层面

中观上，重点从电力行业层面分析在实现"双碳"目标过程中应关注的重点问题，如传统电力系统的转变、煤电发展定位及达峰时间、新能源发展模式、多元化清洁能源供应体系、分布式电源与微电网、电网平台作用及智慧电力系统建设、终端低碳电气化等问题。

（一）煤电定位及达峰时间

近中期以煤为主的能源结构不会发生实质性改变，煤电发展将大致经历"控容控量"和"减容减量"两个阶段。

我国现有煤电装机容量 11 亿 kW，其中 9 亿 kW 以上机组运行指标处于国际领先水平，平均服役年限只有 12 年左右，这是我国电力保障的重要支撑，必须用好用足这一巨大的存量资源。近中期以煤为主的能源结构不会发生实质性改变，煤电的基础支撑和兜底保障作用不可替代，需要努力促进煤电清洁高效发展，发挥保电力、保电量、保调节的"三保"兜底保障作用。

"控容控量"阶段，"十四五"时期煤电发展不能"急刹车"，要根据电力供需形势变化，在保障经济社会发展和确保电力供应安全前提下，规划建设一批保障供电的煤电项目。在用足用好存量煤电、实施灵活性改造的基础上，优先在负荷中心地区就地就近安排一定规模的支撑性煤电项目，结合沙漠、戈壁、荒漠地区的大型风光电基地布局一批送端配套煤电项目，推动煤电联营和煤电与可再生能源联营。

"减容减量"阶段，如图 12-15 所示，2030 年后，煤电装机容量和发电量稳步下降，部分退役机组转为应急备用，预计 2060 年煤电装机容量降至 8 亿 kW，根据功能定位不同，大致可分三类。

CCUS 电力电量型机组：完成 CCUS 改造，为系统保留转动惯量同时可捕捉二氧化碳，可承担一定电量供应功能，2060 年装机规模为 4 亿 kW 左右。

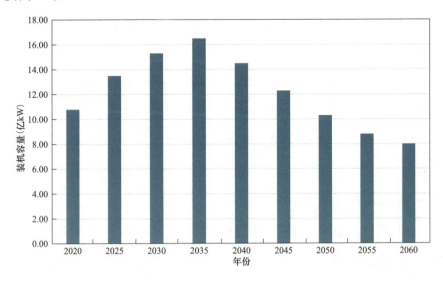

图 12-15　零碳情景下 2020—2060 年煤电装机容量

灵活调节机组：未 CCUS 改造，基本不承担电量，仅做调峰运行，2060 年装机规模为 1.5 亿 kW 左右。

应急备用机组：基本退出运行，仅在个别极端天气或应急等条件下调用，2060 年装机规模为 2.5 亿 kW 左右。

（二）新能源转变成为主体电源

新能源将逐步演变为主体电源，在实现"双碳"目标过程中发挥决定性作用。

（1）我国新能源可支撑大规模高强度可持续开发利用。我国新能源发电资源潜力丰富，成本下降快，是实现"双碳"目标的主要依托。非化石能源中，水电、核电、生物质受资源潜力、站址资源和燃料来源约束，发展规模受限，而新能源资源丰富，且成本处于快速下降通道中，在对化石能源替代过程中将发挥决定性作用，可持续高比例大强度开发利用。

从产业角度看，我国新能源产业链完整，支撑低碳转型同时也具有带动投资和就业，提供经济发展新动能的功能。当前，我国光伏组件产能和风机整机产能已达到 1.5 亿 kW 和 6000 万 kW，而且产业链长，能够带动储能、综合能源等新技术新模式新业态蓬勃发展。

（2）坚持新能源集中式与分布式开发并举，分阶段优化布局。坚持集中与分散开发并举，近期布局向中东部倾斜，远期开发重心将重回西部北部。

风电方面，近期需稳步推进西部北部风电基地集约化开发，因地制宜发展东中部分散式风电和海上风电，优先就地平衡；随着东中部分散式风电资源基本开发完毕，风电开发重心重回西部北部地

区，而海上风电则逐步向远海拓展，预计 2060 年风电装机容量为
34 亿 kW，其中，海上风电 5 亿 kW 左右。

太阳能方面，近期仍以光伏发电为主导；东中部优先发展分布
式光伏，成为推动能源转型和满足本地电力需求的重要电源；西部
北部地区主要建设大型太阳能发电基地。中远期，包括光热发电在
内的太阳能发电基地建设将在西北地区以及其他有条件的区域不断
扩大规模，预计 2060 年太阳能装机容量 55 亿 kW，其中，光热 2.5
亿 kW 左右。

（3）秉持合理利用率理念，努力拓展新能源多元化利用方式。
2030 年前，新能源消纳主要依靠电力系统，应秉持合理利用率理念，
因地制宜确定利用率管控指标。如图 12-16 所示，初步研究表明"十
四五"西部北部控制在 90%～92%，东中部控制在 94%～96%较为
合理。

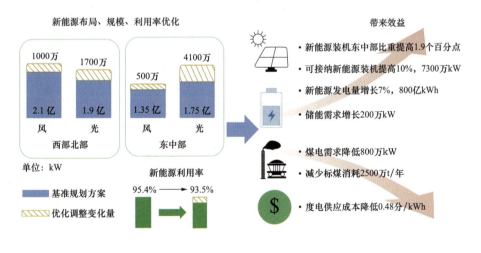

图 12-16 新能源合理利用率

中远期来看，单纯依靠电力系统难以充分利用新能源，跨系

发展循环碳经济是新能源多元化利用的可行方式。如图 12-17 所示，充分发展绿电制氢、气、热等 P2X 和跨能源系统利用方式，并与火电 CCUS 捕获的二氧化碳结合制取甲醇、甲烷等应用于工业原料领域，扩大碳循环经济。

（三）多元化清洁能源供应体系

实现碳中和单纯依赖新能源增长并不科学，应构建多元化清洁能源供应体系。未来各类型电源发展定位是应关注的重大问题。单纯依赖新能源增长并不科学，需要在统筹平衡、各有侧重的前提下，明确各类型电源发展定位，实现能源绿色低碳转型与灵活性调节资源补短板并重、水核风光储等各类电源协同发展，构建多元化清洁能源供应体系。

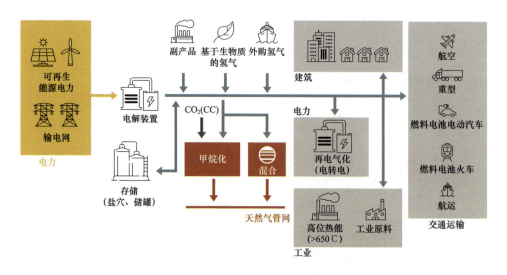

图 12-17　以可再生能源制氢＋CCUS 的能源发展模式

（1）积极推进水电开发。2030 年以前，加快推进西南地区优质水电站址资源开发，零碳低排放和负碳情景下，2030 年水电总装机容量 4.2 亿 kW, 年发电量 1.6 万亿 kWh, 不考虑西藏区域水电, 开发率达到 80% 以上。

2030 年以后, 重点推进西藏水电开发, 零碳低排放和负碳情景下, 2040 年基本开发完毕, 2060 年装机容量提升至 5.4 亿 kW。深度低碳情景下, 西藏开发难度较高地区水电发展需求降低 1000 万 ~ 2000 万 kW。

（2）安全高效发展核电。零碳低排放和负碳情景下, 2020—2030 年年均开工 6~8 台机组, 2030 年核电总装机容量 1.2 亿 kW, 年发电量 0.87 亿 kWh 左右, 占比约 6.5%。2030 年以后, 随着沿海核电站址资源开发完毕, 综合考虑安全、环境、社会稳定前提下, 适时研判内陆核电开发。

考虑核电作为优质的非化石能源, 能量密度高、出力可控性强, 可扩大内陆核电开发规模, 但需关注安全及公众接受度等问题。从技术层面看, 四代核电气冷堆技术固有安全性大幅提升, 小型堆技术持续发展, 具备内陆规模化开发应用条件。

（3）适当发展气电。总体上有利于碳减排、增加系统的灵活性和实现电力多元化供应, 需扩大发电用气比重并谋划好气源供应问题。

气电度电排放约为煤电的一半, 灵活调节性能优异, 从电源多元化角度考虑, 适当发展是保障电力安全稳定供应的现实选择。零碳情景下, 预计 2030、2060 年, 气电装机容量分别约为 2 亿、3 亿 kW。

未来仍需重视天然气对外依存度、发电成本和技术类型问题, 根据中石油规划院预测, 2060 年国产天然气规模可达到 2300 亿 m^3, 并考虑天然气掺氢、氢气和二氧化碳制取天然气等碳循环模式作为补充气源，基本可满足用气需求。

气电发展定位以调峰为主，2035 年前后开始通过配备 CCUS 装置捕集碳排放，抵消用于电力调峰的天然气发电厂的排放量。

（4）合理统筹抽水蓄能和新型储能发展。抽水蓄能建设进度应与减碳进程相协调，考虑到其技术相对成熟、单位投资成本低、寿命长，相较其他储能更有利于大规模、集中式能量储存，与新型储能相比应优先发展。

近中期，抽水蓄能在站址资源满足要求的条件下应优先开发。如图 12-18 所示，截至 2023 年底，全国抽水蓄能装机规模超 5000 万 kW，综合考虑规划和在建项目，预计 2030 年各情景下将快速增加至 1.6 亿 kW 左右。为保证电力平衡并提供系统惯量，中远期进一步挖掘优质站址资源，考虑开展新一批选址、利用现有梯级水电水库等方式持续开发抽水蓄能，预计 2060 年达到 4 亿 kW。

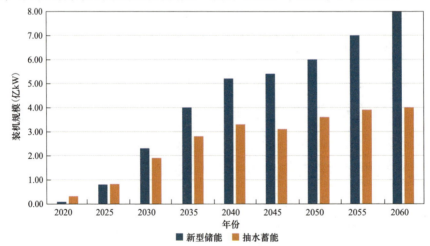

图 12-18　零碳情景下 2020—2060 年全国储能装机规模变化趋势

为满足电力平衡和新能源消纳需求，中远期新型储能将迎来跨越式发展。2030、2060 年装机容量将达到 2.3 亿、8 亿 kW 以上。

现阶段，新型储能技术经济性竞争力亟待提升，需要加快推动大容量、长寿命、高安全、低成本的新型储能发展，未来还将结合制氢等 P2X 和储热技术应用，满足高比例新能源的长周期消纳和利用需求。

（四）新能源产业原材料供应安全

新能源产业原材料进口比重高，对国际市场依赖大。2019 年，光伏产业上游多晶硅进口硅料占比接近 30%，新能源、储能产业涉及的铜、钴、镍、锂等矿产资源对外依存度分别达 70%、90%、80%、70% 以上。

"双碳"目标下能源安全中心将逐步从油气领域向电力领域转移，需积极妥善应对可能出现的新能源产业链供应链安全网问题：①源头保障，密切追踪、积极布局海外战略性矿产资源勘探开发，如南美洲智利和阿根廷的铜、锂、钴矿，非洲刚果（金）的铜、钴矿等；②深化技术创新，尤其是材料科学创新，寻找替代方案；③发展循环经济，突破锂、钴等关键原材料回收技术，谋划好关键原材料回收利用顶层设计。

（五）分布式发电、微电网与大电网融合发展

分布式发电与微电网是未来满足东中部电力供应的重要手段，将深刻影响电力系统形态。从经济性和资源利用角度看，应优先考虑分布式发电就地平衡方式满足中东部新增电力需求。随着新能源和储能技术经济性不断提升，本地开发分布式及微电网满足新增电力需求将是有效手段。

中东部若完全依靠分布式发电难以满足全部新增电量和电力平衡需求。预计国家电网公司经营区中东部地区分布式新能源的技术

可开发潜力为 9 亿 kW，可提供约 1 万亿～1.2 万亿 kWh 电量，难以完全满足中东部地区 2020—2060 年 2.5 万亿 kWh 的新增电量需求，仍需要通过加快海上风电开发、跨区受入雅江流域水电等确保电力电量平衡。

（六）需求侧资源响应潜力挖掘

需求侧资源是指安装在用电侧、属于用户所有、具备与电网互动能力的发电、用电和储能等设备装置，预计 2030、2060 年可利用规模达到最大负荷的 6%、15%以上，应从规划设计、市场培育、机制完善、基础设施建设等方面发力，建立健全需求侧资源应用体系。

需求侧响应资源中，可利用潜力较大的为空调和工业生产负荷，考虑设备特性、使用习惯、用户意愿，采用理论分析与工程经验相结合方法，预计 2030 年空调负荷约有 15%可参与削峰，工业生产负荷分别有 25%和 10%负荷可参与削峰和填谷。

（七）电力平衡问题与挑战

电力平衡问题是将面对的重大难题和挑战，需要充分发挥多元化清洁能源、需求侧资源和传统火电的电力平衡保障作用。

如图 12-19 所示，2030 年前煤电仍是保障电力平衡的主力电源，新能源具有有效出力不稳定和偏小的特点，预计 2025、2030 年新能源在电力平衡中的贡献度占比预计仅为 4%、6%，而煤电为 63%、52%。

如图 12-20 所示，远期来看，保障电力平衡需要依靠多元化清洁能源。预计 2060 年全国电力平衡容量需求达到 31 亿～35 亿 kW，风光装机规模约 90 亿 kW，但参与电力平衡有效容量仅 5 亿～8 亿 kW，满足约 23% 的电力平衡容量需求，水电、核电、气电、生物质等清洁能源电力平衡容量贡献度约 27%，抽水蓄能和新型储能贡献度 23%，需求侧相应电力平衡贡献度为 6%，煤电电力平衡贡献度约为 21%。

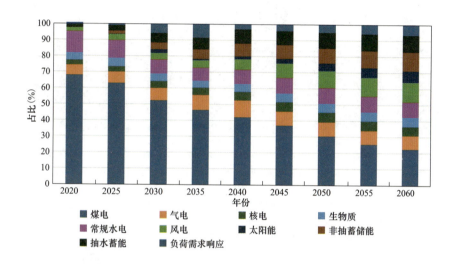

图 12-19　2020—2060 年我国各类电源电力平衡贡献图

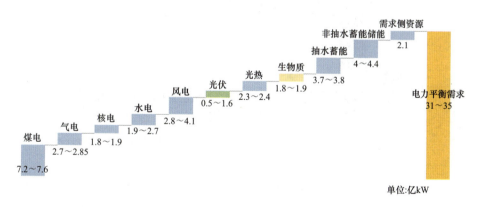

图 12-20　2060 年各类型电源参与电力平衡有效容量估算

如图 12-21 和图 12-22 所示，典型周运行模拟结果与参与电力平衡容量估算结果基本吻合，2030 年煤电仍是最重要的保障电力平衡电源，2060 年各类型电源和需求侧资源承担电力平衡供应容量较为平均，形成多元化清洁能源供应体系。

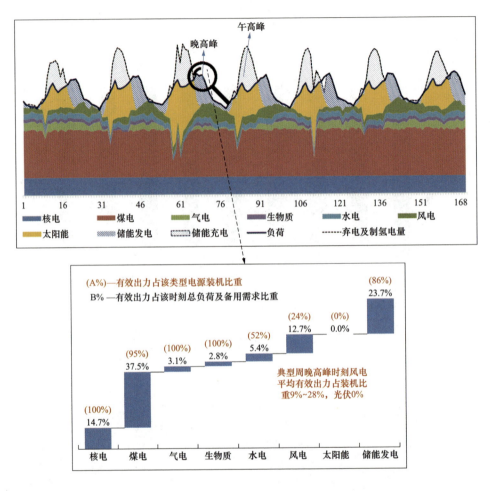

图 12-21　2030 年电力平衡典型周运行模拟曲线

（八）电网基础平台功能

强化电网清洁能源大范围资源配置能力。如图 12-23 所示，清洁能源大规模跨区输送和全局性资源优化配置，是未来相当长时期内"双碳"目标下能源转型对电网发展提出的客观功能要求。

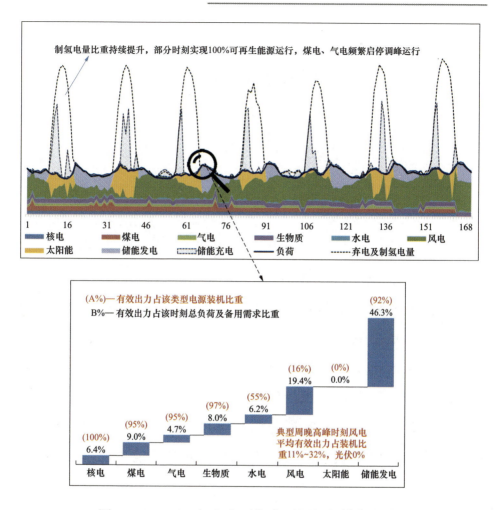

图 12-22　2060 年电力平衡典型周运行模拟曲线

着重围绕提高跨区输送清洁能源电量比重，通过打破省间壁垒实现送受端协调调峰、优化跨区输电通道运行方式，提高电网大范围清洁资源优化配置和互济能力。

将先进信息通信技术、控制技术与先进能源技术深度融合应用，支撑多元主体灵活便捷接入，向具有泛在互联、多能互补、高效互动、智能开放等特征的能源互联网形态转变。

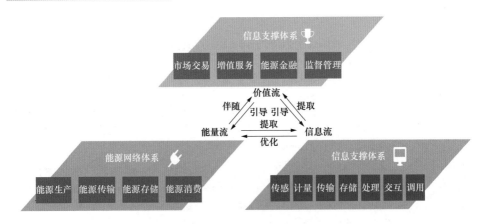

图 12-23　电网三大体系示意图

（九）智慧电力系统建设

加快电力系统数字化、互动化、智慧化升级。抓住能源技术革命与数字革命融合历史机遇，加快能源产业数字化和能源数字产业化，发展新型能源基础设施，助力高效实现"双碳"目标。在电力生产、输送、消费各环节深度融合数字技术，通过先进的信息、通信、控制技术实现源侧和用户侧双向匹配调节，动态维持系统平衡，保障电力系统在提升消纳新能源能力的基础上安全稳定运行。

纵向源网荷储多元互动，支撑清洁能源的规模化利用。源网荷储各主体通过广泛互联、智能互动，实现协调运行，满足清洁能源更广泛的接入和规模化高效利用。

横向电热气冷多能互补，提升终端能源利用效率。通过电热气冷等领域能源基础设施的互联互通，跨能源品种一体化集成，实现能源资源的统筹利用。

（十）终端低碳电气化

提升终端电气化水平是促进电力系统碳减排的重要举措。提升终端用能电气化水平能有效促进电力行业碳减排。随着电气化水平的提升，电能替代了终端对煤油气等化石能源的直接使用，减少了终端用能部门的直接碳排放，使部分碳排放从终端用能环节转移至电力，支撑实现了终端用能碳排放的大幅降低。

终端能源结构不断朝着清洁化、低碳化趋势演变。随着我国能源供给侧结构性改革、环境污染治理的力度加大和低碳发展要求，终端用电快速提升，伴随电气化水平不断提升，2025 年达到 30%，2030 年约为 35%，2050 年达到或将超过 60%，2060 年有望超过 70%。氢能远期应用加速，在工业和交通领域替代逐步加强，2060 年占终端能源消费的比重有望达到 15%左右。

三、微观层面

微观上，重点从各类企业主体角度分析在实现"双碳"目标过程中应关注的具体问题，如企业主体碳减排责任；全产业链全环节碳减排管理；碳资产管理体系及应对策略及第三方碳核查机构应发挥的积极作用等。

（一）明晰企业主体碳减排责任

明晰各企业主体碳减排责任，宏观调控和市场手段相结合激发企业减排积极性。如图 12-24 所示，能源电力领域产业链上下游不同企业的减碳难度、潜力、投入产出效益不同，应避免"一刀切"，在明确碳排放配额指标分配方法和覆盖范围基础上，根据不同类型企业特点，设计以减排成本价格发现为主的减排政策和市场机制，充分激发企业主体碳减排积极性。

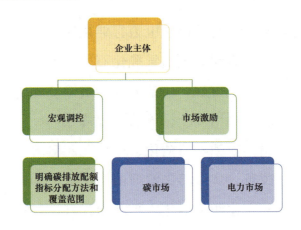

图 12-24　企业主体落实碳减排责任示意图

（二）推动企业主进行全产业链全环节碳减排管理

各企业不仅需致力于减少自身碳排放，还需将减排要求覆盖至整个供应链，实现全产业链全环节碳减排。如图 12-25 所示，具体可从以下三方面采取相应措施：

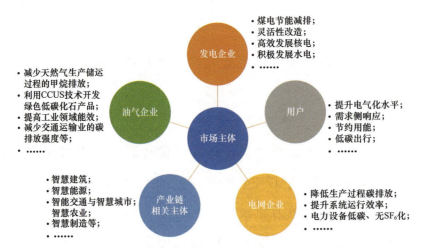

图 12-25　不同市场主体碳减排主要举措

（1）开展碳核算，了解自身碳排放量、构成等情况。了解企业所生产的产品和服务的碳足迹、上下游价值链碳排放以及企业通过自身的产品服务所带来的碳减排潜力。

（2）制定碳减排行动方案，以企业核心业务为主，结合新技术创新推动低碳发展。各类发电企业、电网企业及用能用户均可通过新技术提升减碳能力。

（3）结合自身在上下游产业链中的位置和碳减排功能作用，协助上下游企业以及社会公众推动碳减排。

（三）企业层面需加快构建碳资产管理体系及应对策略

围绕企业整体战略目标制定相应的碳资产管理策略，同时做好跟踪研究，及时掌握全国碳市场的政策趋势，进行迭代优化调整。如图 12-26 所示，重点排放企业需将碳资产管理作为公司战略加以高度重视，统一领导、统一策略、统一数据、统一交易、统一履约，建立健全企业碳管理体系，积极参与全国碳市场建设。

图 12-26　企业碳资产综合管理内容及流程

（四）积极发展第三方碳核查机构作用

第三方碳核查机构在国家相关规定程序和要求下，应充分发挥制定标准、评估认定、核证发证、数据积累等重要作用。如图 12-27

所示，满足《碳排放权交易第三方核查机构及人员参考条件》的相关单位及人员需根据《第三方核查机构管理办法》规定的核查机构的资质要求、认定程序、核查程序等严格要求自己，确保碳排放交易的公平、合理。

图 12-27　第三方核查机构主要职能

第四节　碳排放双控基础能力建设

习近平总书记在中央全面深化改革委员会第二次会议上强调，要立足我国生态文明建设已进入以降碳为重点战略方向的关键时期，推动能耗双控逐步转向碳排放双控。实施碳排放双控需要以准确的计量、健全的标准和可信的认证为基础，碳排放双控基础能力建设主要包括碳排放连续监测体系、碳排放标准体系、产品碳足迹核算认证体系等的建设和完善。

一、碳排放双控基础能力发展概况

（一）碳排放监测

1. 碳排放核算方法

碳排放核算概念起源于《联合国气候变化框架公约》及其《京都议定书》，要求所有缔约方定期编制并提交所有温室气体人为源排放量和吸收量国家清单，也就是常说的国家温室气体排放清单。

在核算依据方面，1995 年，IPCC 发布了《IPCC 国家温室气体清单指南》（1995 年）。次年缔约方大会（COP）决议，鼓励各国编制国家清单尽量采用 IPCC 国家清单指南。此后指南历经多次整合修订，形成了当前通用的《2006 IPCC 国家温室气体清单指南》，为各国编制国家清单提供了可靠的技术规范。

在核算保障方面，2007 年第十三次缔约方大会提出，所有发达国家、发展中国家、发达国家支持发展中国家的减缓承诺和行动要符合可测量、可报告和可核查的“三可”原则，自此 MRV 成为碳排放核算的保障体系。其中，可测量要求有标准化的指南及核算方法学，包括计算法和实测法两类，后续我再作详细分享。可报告指报告规则及数据的公开，一般是要求达到规定门槛的企业或设施进行排放报告。比如美国是要求年排放量超过 2.5 万 t 的电厂纳入温室气体强制报告体系。可核查是在排放主体提交排放报告后，强制要求第三方核查机构对企业执行现场核查。

碳核算方法包括计算法和实测法，其中计算法分为排放因子法和质量平衡法；实测法分为在线监测法和非现场测量法。碳排放因子法是适用范围最广、应用最为普遍，其碳排放量=活动数据

（AD）×排放因子（EF）。活动数据是指生产或消费活动的活动量，比如化石燃料消耗量、净购入的电量等，排放因子是表征单位生产或消费活动量的温室气体排放系数，可以实测，也可以直接用缺省值。质量平衡法是由输入碳含量减去非二氧化碳的碳输出碳含量得到碳排放量，对于电厂而言，输入端是燃料投入，输出端包括飞灰和炉渣，44/12 是由碳到二氧化碳的转换系数。实测法中常用的是在线监测法，即在线烟气排放连续监测系统（CEMS）中搭载碳排放监测模块，连续监测浓度和流速直接测量其排放量。非现场测量法是采集样品送到有关监测部门，利用专门的检测设备和技术进行定量分析。

在数据质量方面，CEMS 系统只受烟气流量和二氧化碳浓度两个参数影响，误差主要来自取样点和设备自身带来的误差。排放因子法涉及的参数多，比如电力行业涉及参数包括低位发热量、元素碳含量、氧化率等，这些参数都需要实测，受取样频率和取样方法影响大，尤其是多煤种掺烧的情况下实测数据代表性不理想，也难以给出具有普适性的缺省值；质量平衡法在原理上看准确率较高，但灰量和渣量在实际生产过程中难以准确获得。在成本方面，实测法明显高于计算法，比如在国内火电厂大部分都已经安装了用于监测 S、N 和颗粒物的 CEMS 系统，直接加装一个碳排放监测模块，设备成本是 10 万～20 万元。如考虑软件和服务成本，则费用增至50 万元以上。在数据时效性方面，CEMS 可实时传输和自动审核，时效性强于计算法。

2. 碳监测发展概况

在碳排放连续监测政策体系方面，中、美、欧等在火电碳排放监测领域的政策法规和技术标准不同。其中，美国 70%以上的火电厂碳排放核算采用连续监测法，欧盟碳市场框架下计算法和连续监测法等效，中国碳市场目前采用计算法。在连续监测法数据质量方面，大量研究表明，火电碳排放计算法与连续监测法数据质量存在差异，不同方法结果差异从 7%～21.6%不等，但对于哪种计算方法核算数据更准确没有给出一致的结论。在碳足迹核算检测方面，已有研究利用生命周期分析方法对各类发电设施、储能设备的碳足迹进行了核算。

对于电力行业，推广利用 CEMS 监测碳排放具有重要意义：

（1）契合政策导向。我国"十四五"规划明确提出减污降碳协同治理的目标。2018 年，应对气候变化工作调整至生态环境部，碳排放控制与大气污染物排放控制的协同治理工作更加受到重视。另外，从"十二五"时期开始，我国开始建设国家环境监测网络，电力、煤炭等重点排放行业的超过 14000 家国家重点监控企业被要求安装 CEMS 并开展污染物在线监测。可考虑在既有 CEMS 系统上直接加装碳排放检测模块。这些均为 CEMS 技术应用于碳排放监测的政策制定和实施提供了有利条件。

（2）确保数据质量。从工作原理角度看，计算法是基于实验测试的间接估算，实测法是直接测量，其受人为因素影响小于计算法，理论上监测数据质量更高，尤其是能更好适应多种燃料掺烧和加装 CCUS 的火电厂碳排放监测。在实测法数据质量更高的前提下，有利于反映不同的电厂的真实排放水平，基于此划定的配额分配基线会更加公平。国内一些研究也对这两种量化方法下的温室气体排放进行了一些比较，对于哪种方法得出的温室气体排放量更高，没有给出一致的结论。

（3）提升经济效益。未来配额收紧将导致碳价逐年上涨和电力企业盈余配额减少，推升发电企业履约成本。如果未来实测法和计算法结果具有等效性，且实测法数据低于计算法，电力企业率先大规模应用实测法可降低碳排放成本。此外是核查费用，现有的"政府出资委托核查"模式由财政出资，存在政策性垄断以及质量和效率较低等问题，是不可持续的，核查费用的市场化将是必然趋势。实测法采用电子审核＋人工核查相结合的模式，可提升核查效率、降低核查成本。

（4）摸清碳排放家底。鉴于 CEMS 系统数据时效性强，同时与计算法互为验证确保统计结果准确性，有利于发电企业实时掌握设施碳排放情况，识别重要排放源并加以控制，为制定减排计划和碳交易决策提供更加科学的支持。CEMS 系统可推广的前提是统筹协调不同类型资源开展的系统研发、试点示范、标准建设等，而大型发电企业在污染物、碳排放监测和软件系统优化方面具有技术基础，还有气电、煤电等不同类型和装机规模的电厂，鉴于目前国内的试点研究类型太少、数据积累还不够，发电企业可基于自身全产业链优势扩大试点类型、增厚数据积累。

（二）碳资产管理

2022 年 4 月，证监会发布金融行业标准《碳金融产品》，将碳资产定义为"由碳排放权交易机制产生的新型资产"，主要包括碳配额和碳信用。影响碳资产价值三要素是数据、技术和交易。

国内外主要能源电力企业均高度重视碳资产管理，通过一系列措施持续提升企业碳资产经营管理水平：

（1）注重碳资产管理制度建设。出台碳资产管理相关制度文件，明确各部门分工和责任，规范碳排放统计、碳排放影响评估、碳资产交易、信息披露等各环节工作流程。

（2）积极参与碳市场交易，挖掘碳资产价值。参考欧盟经验，碳市场表现出越来越强的金融属性，利用远期、掉期、期货、期权等碳金融工具开展套利交易。

（3）自主开发或购买碳信用。通过自主开发或购买森林碳汇、水电、风电、太阳能发电、生物质能等项目获得多种形式的碳信用。

（4）注重节能减碳技术研发，推动碳资产开源节流。发展节能减排低碳技术，降低企业碳排放强度、增加碳资产来源。

（5）开展碳盘查，编制温室气体清单。目前国内三大油气公司完成了历史年份的温室气体清单编制，并将碳盘查作为常态化工作开展。

（6）引入内部碳排放定价辅助投资决策。欧洲主要油气企业在商业计划、项目评估或筛选、投资决策以及资产环境风险评估中考虑碳排放成本。

未来，电力企业还需要进一步加强碳资产经营管理：

（1）完善组织架构和管理制度。加强组织领导和统筹协调，形成上下联动的碳资产经营管理体系，形成涵盖碳战略、碳计量、碳交易、碳金融等全价值链的碳资产经营管理体系。

（2）将碳资产管理全方位融入企业经营管理体系。将碳资产置于与实物资产、金融资产、数据资产同等重要位置，融入战略规划、计划预算、投资决策、生产经营、绩效考核等各个环节，全链条强化碳资产经营管理。

（3）建立完善的碳、电市场运营体制机制。加大 CCER 项目开发力度，多渠道增加企业碳信用储备，优化碳、电交易组合和竞价策略，畅通碳排放成本疏导渠道。

（三）碳足迹评价

1．碳足迹评价概念内涵

根据《联合国气候变化框架公约》的定义，碳足迹是指"衡量人类活动中释放的，或是在产品/服务的整个生命周期中累计排放的二氧化碳和其他温室气体的总量"。碳足迹核算分为区域层面、组织企业层面和产品层面的全生命周期碳排放核算。

根据世界资源研究所（WRI）和世界可持续发展工商理事会（WBCSD）联合发布的《温室气体核算体系：企业碳核算与报告标准》，企业碳排放包括范围一、范围二、范围三等三个环节。范围一是企业实体内所产生的直接排放，包括化石燃料燃烧、车辆能源消耗、温室气体无组织逸散等；范围二是企业外购电力、热力所产生的间接排放；范围三是范围二以外的间接排放，包括原材料的生产和运输、员工差旅等。

2．企业碳足迹评价的必要性

（1）适应国家提出的碳足迹管理要求。我国真正不断完善碳排放标准体系。《"十二五"控制温室气体排放工作方案》提出，研究碳足迹计算方法，建立低碳产品标准、标识和认证制度。《国家标准化体系建设发展规划（2016—2020 年）》提出，制定碳排放核算与报告审核、产品碳足迹等相关标准。《关于完整准确全面贯彻新发展理念做好碳达峰碳中和工作的意见》提出，加快完善地区、行业、企业、产品等碳排放核查核算报告标准。《2030 年前碳达峰行动方案》提出，探索建立重点产品全生命周期碳足迹标准。《国家标准化发展纲要》提出，加快完善产品碳排放核查核算标准。

（2）支撑企业精准减排。企业在厘清自身运营和供应链碳排放量的基础上，聚焦高碳排放生产环节，评估节能减排潜力，制定合理的减排措施。

（3）推动开展碳排放信息披露。我国到 2025 年将形成强制性环境信息披露制度，香港联交所要求上市企业 2025 年起披露 ESG 信息。美国证券交易委员会强制要求上市公司披露范围一和范围二碳排放信息，英国要求 2025 年所有大型企业和金融机构实行强制气候信息披露，新加坡交易所要求上市公司 2022 财年起披露气候信息。

（4）提升企业国际竞争力。欧美等发达国家寻求建立"绿色贸易壁垒"，削弱进口高耗能商品价格竞争力，保护本土产业。欧盟碳边境调节机制要求，自 2023 年起，提交钢铁、铝、水泥、化肥等进口产品直接和间接碳排放量。欧盟拟出台电池和废电池法规提出，自 2024 年起，只有建立碳足迹声明的电动汽车电池才能投放市场。美国提出清洁竞争法案，要求 2024 年起，对碳排放量超过基准值的能源密集型进口产品征收碳税。

3．碳足迹评价方法

生命周期法（LCA）是碳足迹评价主要方法，通过测算服务或产品在生产、加工、销售、运输、使用、废弃物回收等全生命周期过程的原料投入、能源输入、中间产品输出、废弃物输出等，逐项计算出其碳足迹。计算各环节的碳排放量，一般使用排放因子法或实测法。关于碳足迹核算标准，目前主要来自国际标准化组织、英国标准协会、世界资源研究所等发布的标准。企业碳排放计算最早源于《温室气体议定书》及 ISO14064，产品碳足迹计算则参照 ISO14067 和 PAS2050 来实施。

二、我国碳排放"双控"基础能力建设存在的问题

当前，我国碳排放"双控"还处于起步阶段，计量、标准、认证基础能力还比较薄弱，亟须加强重点行业碳排放监测、产品碳足迹核算、碳排放标准体系等建设。同时，欧美国家陆续出台碳关税、碳足迹准入门槛等政策，构建绿色贸易壁垒，我国亟须建立健全产品碳足迹检测认证体系，推进碳足迹核算与认证国际衔接互认。

（1）碳排放连续监测体系有待建立。目前，我国重点行业碳排放计量都采用间接核算方法，普遍存在人为影响因素较多，难以实时溯源等问题。如火电企业碳排放根据燃料消耗量、碳含量和氧化率等核算，在煤的采样和检测环节易受人为干扰，影响碳排放核算数据准确性。为此，我国自 2021 年起启动碳排放连续监测试点工作，已在火电、钢铁、水泥等六大重点行业共 111 家企业部署试点，其中，火电行业开展了 114 台机组试点，初步建立起碳监测技术方法体系，但目前监测试点覆盖范围有限，监测技术缺乏足够的实证研究，烟气流量测量准确度仍需提升，监测数据质量评价体系尚不完善。

（2）碳排放标准体系建设有待加快。我国积极推动碳排放标准体系建设，但目前制定发布的标准较少，体系仍不健全。如在火电碳监测领域，目前仅有 1 项行业标准，2 项团体标准，尚无国家标准。在产品碳足迹核算领域，国家标准、行业标准、地方标准及团体标准等合计 19 项，主要针对塑料、家用电器等产品，覆盖行业领

域和产品类型较少。同时，我国主导或参与起草的碳排放国际标准较少，不符合我国在碳减排领域的国际地位，难以支撑我国引领全球气候治理。此外，碳足迹基础数据库尚未建立，产品碳足迹核算主要采用欧洲数据库，与我国实际碳排放情况存在较大偏差。如2022 年我国电网平均排放因子为 570.3gCO$_2$/kWh，而目前常用的瑞士 Ecoinvent 数据库记录的我国电网碳排放因子为 1155gCO$_2$/kWh，高出 1 倍。

（3）产品碳足迹核算认证体系亟待健全。近年来，欧盟利用低碳发展先行优势，出台碳边境调节机制和新电池法案等贸易规则，提出进口产品碳足迹检测认证要求。但我国产品碳足迹核算认证体系不够成熟，难以支撑出口企业对冲绿色贸易壁垒的影响。如产品碳足迹中电力间接排放占比较高，核算需要详细的电网排放因子数据，但我国已有 10 年未发布区域电网排放因子，定期更新的全国电网碳排放因子无法体现区域差异。国内碳足迹核算认证机构国际认可度低，欧盟认可的 32 家认证机构均为欧美企业，导致我国输欧动力电池、光伏和新能源汽车等产品碳足迹认证费用高、周期长，且强制性地披露产品生产全过程碳排放信息还可能泄漏技术秘密。

三、加强碳排放"双控"基础能力建设有关建议

为了进一步加强碳排放"双控"基础能力建设，夯实碳达峰碳中和工作基础，提出如下建议：

（1）加快建设碳排放连续监测体系。组织产学研联合攻关，加快研发高准确度烟气流量测量技术，扩大碳监测试点行业覆盖范围，增加参试企业，健全监测数据质量控制评价体系。构建全国碳排放

在线监测管理平台，应用数字化技术实现重点行业碳排放数据实时监测、自动校验、智能预警。逐步将碳排放连续监测纳入全国碳市场碳排放核算体系，与核算法形成数据交叉验证，提高全国碳市场碳排放数据质量和报送效率。

（2）全面加强碳排放标准体系建设。由政府部门引导，行业协会组织，龙头企业牵头，汇聚产业链上下游力量，抓紧研制火电碳监测和产品碳足迹核算标准。行业协会牵头搭建碳足迹数据中心，共享上下游数据资源，逐步建立重点产品碳足迹背景数据库。加快推进碳排放国际标准工作，鼓励龙头企业发挥技术和产业优势，依托国际标准组织，积极主导制定碳排放国际标准，推进国内标准成果向国际标准转化。

（3）加快建立健全产品碳足迹核算认证体系。定期发布国家、区域和省级电网排放因子，并形成动态更新机制。规范碳足迹核算认证机构市场准入管理，支持将碳足迹纳入绿色政府采购、企业绿色供应链建设和产品市场准入体系，鼓励采信国内第三方机构核算认证结果，培育我国碳核算认证服务龙头企业。与主要贸易伙伴建立碳足迹核算认证机构资质互认机制，提高国内认证机构国际认可度。

第五节　电力低碳转型保障措施

从电力系统发展、清洁能源开发、电气化水平提升、关键技术创新、体制机制保障等方面，提出电力行业实现"双碳"目标的关键保障措施。

（1）加强顶层设计，统筹确定各省、各行业碳减排预算，特别是需进一步明确电力行业碳预算。统筹制定和实施各省份碳排放达峰时间和主要指标。推动制定和实施主要行业碳达峰规划和行动方案。

（2）坚持节能优先，加快经济结构和产业结构调整步伐。既要优化产业结构，又要大力推广能效技术，更要着力改善用能结构，减煤控油，大力发展综合能源服务，在工业领域广泛推广重点节能低碳技术、深化建筑节能改造、构建节能高效的综合交通运输体系，推动2060年能源消费强度比当前水平下降80%以上。

（3）以技术突破的超前思维和跨越式思维统筹关键技术研发、示范和产业化整体布局。路径设计充分考虑技术突破前瞻性，加强科技战略引领，修订制定新型电力系统科技发展规划。持续加强碳中和关键技术研发和示范工程支持力度，完善配套政策体系，为产业化提供激励政策。在国家层面立项一批构建新型电力系统相关重大技术项目，如新型清洁能源发电技术、新型电力系统规划、运行及安全稳定控制技术、新型先进输电技术、新型储能和电氢碳协同利用技术等。

（4）加快完善电力市场政策体系。尽快研究制定全国统一电力市场顶层设计方案和实施路线图，为下一步电力市场建设提供指引。从发电侧、用电侧双向发力研究出台相关政策，进一步放开发用电计划，扩大市场范围，通过市场机制充分激发发用两侧消纳新能源的潜能，形成"源荷互动"的良好消纳格局。

（5）加快完善新能源消纳政策体系。从能源供应系统全局出发，研究明确"十四五"新能源合理利用率及发展规模。研究制定有利于新能源参与市场的政策机制和价格机制，推动新能源消纳逐步由市场承接。在可再生能源消纳责任权重下，对现有超额消纳量与自愿认购绿色证书进行优化整合，依托绿电交易建立统一的绿色消费认证体系。做好消纳责任权重、碳配额、碳税等相关政策的统筹衔接，促进碳市场、绿电市场和绿证市场的目标协同、机制协同，形成同向合力。

（6）完善绿色金融政策框架，助力低碳发展。积极出台绿色金融发展支持政策，通过出台政策和制度使企业或项目的环境成本内部化，更好地发挥市场机制在绿色金融中的作用，激发相关产业参与绿色信贷的活力与积极性。对于新兴或仍处于规划中的绿色金融手段，应当尽快制定市场规范与发展战略，结合碳中和的进程动态化调整绿色金融政策。

（7）提前布局重大技术研发，力争颠覆性技术实现重大突破，加快商业化应用。推动低碳清洁能源生产—分配—流通—消费全环节技术进步，CCUS、氢能、核聚变、小型堆等关键技术成熟度将对碳达峰、碳中和情景和路径带来深刻影响，应提前布局，尽早实现商业化，保障碳中和目标顺利实现。

（8）统筹协调好煤电短期政策和长期政策，保障低碳转型中煤电功能定位的顺利转变。短期内我国煤电难以快速大规模退出能源系统，仍将发挥电力供应保障的重要作用，中长期煤电占比将大幅下降。应针对不同时期制定相适应、彼此衔接的政策，保障煤电短期和长期发展的协调性，匹配煤电占比及功能定位的转变。

（9）充分利用多元化清洁能源、需求侧资源保障电力供需平衡。高比例新能源系统电力平衡保障难度持续加大，规划层面，应合理考虑新能源容量置信度，以科学合理方式参与电力平衡。充分发挥多元化清洁能源、需求侧资源和传统火电作用，全方位保障电力平衡。

（10）充分发挥电网的能源转换枢纽和基础平台作用，推动能源电力低碳化发展。加快完善以特高压为骨干网架的坚强智能电网，着力打造可靠性高、互动友好、经济高效的一流现代化配电网。

参 考 文 献

［1］习近平．在第七十五届联合国大会一般性辩论上的讲话［J］．中华人民共和国国务院公报，2020（28）：5-7．

［2］习近平．习近平在气候雄心峰会上的讲话［R/OL］．新华网．https：//www.mee.gov.cn/ywdt/szyw/202012/t20201213_812696.shtml.

［3］张运洲，鲁刚，王芃，等．能源安全新战略下能源清洁化率和终端电气化率提升路径分析［J］．中国电力，2020，53（2）：1-8．

［4］舒印彪，张丽英，张运洲，等．我国电力碳达峰碳中和路径研究［J］．中国工程科学，2021，23（6）：1-14．

［5］中国长期低碳发展战略与转型路径研究［R］．北京：清华大学气候变化与可持续发展研究院，2020．

［6］我国实现全球 1.5℃目标下的能源排放情景研究［R］．北京：国家发展改革委能源研究所，2018．

［7］IEA. Power system transition in China［EB/OL］.（2021）［2021］. https：//webstore.iea.org/china-power-system-transformation.

［8］元博，张运洲，鲁刚，等．电力系统中储能发展前景及应用关键问题研究［J］．中国电力，2019，52（3）：1-8．

［9］The role of CCUS in low-carbon power systems. IEA. 2020.

［10］崔学勤，王克，傅莎，邹骥．2℃和 1.5℃目标下全球碳预算及排放路径［J］．中国环境科学，2017，37（11）：4353-4362．

［11］IPCCC. Climate Change 2021：The Physical Science Basis［EB/OL］.（2021）

[2021]. https：//www.ipcc.ch/report/sixth-assessment- report-working-group-i/.

[12] 陈国平，董昱，梁志峰. 能源转型中的中国特色新能源高质量发展分析与思考 [J]. 中国电机工程学报，2020，40（17）：5493-5506.

[13] Ouyang X，Lin B. Levelized cost of electricity（LCOE）of renewable energies and required subsidies in China [J]. Energy policy，2014，70：64-73.

[14] 许继刚，汪毅. 塔式太阳能光热发电站设计 [M]. 北京：中国电力出版社，2019.

[15] 杜忠明. 中国电力发展报告 2023 [M]. 北京：人民日报出版社，2023.

[16] Wang J，Chen L，Tan Z，et al. Inherent spatiotemporal uncertainty of renewable power in China [J]. Nature Communications，2023，14（1）：5379.

[17] 唐洪武. 水风光多能互补导论 [M]. 北京：北京中国科学技术出版社，2023.

[18] 杨永江，王春元. 中国水战略 [M]. 北京：中国水利水电出版社，2011.

[19] 中国从哪里来？[Z/CD]. 星球研究所，2018.9.5.

[20] 2018 年 9 月 7 日，国际顶级学术期刊《科学》上刊登，由美国马里兰大学、伊利诺伊大学、北京师范大学、意大利国际理论物理中心、中科院大气所科学家组成的一个国际团队发表的论文. 气候模型显示撒哈拉中的风电和光伏农场增加了降雨和植被生长.

[21] 王兆印，李志威，徐梦珍. 青藏高原河流演变与生态 [M]. 北京：科学出版社，2014.

[22] 陈国春. 雅砻江二滩水电站水库对局地气候影响分析 [J]. 四川水力发

电，2007，26（S2）：78-80，144.

[23] 卢鑫，赵红莉，杨树文，等. 雅砻江流域二滩水库周边植被变化 [J]. 水土保持通报，2016，36（3）：148-151，158，369.

[24] 孙鸿烈，郑度，姚檀栋，等. 青藏高原国家生态安全屏障保护与建设 [J]. 地理学报，2012，67（1）：3-12.

[25] 中国水力发电工程学会. 应对气候变化的清洁能源发展现状综述 [Z]. 2018.

[26] 中国水力发电工程学会. 水电发展热点综述 [Z]. 2019.

[27] 水电水利规划设计总院. 中国可再生能源发展报告 2022 [M]. 北京：中国水利水电出版社，2023.

[28] ManishRam，Hans-Josef Fell，et al. Global energy system based on 100% renewable energy – power，heat，transport and desalination sectors [M]. Lappeenranta，Finland：Lappeenranta University of Technology，Berlin，Germany：Energy Watch Group，March 2019.

[29] 辛保安. 新型电力系统与新型能源体系 [M]. 北京：中国电力出版社，2023.

[30] 巴巴拉.弗里兹 [美]. 煤的故事——黑石头的爱与恨 [M]. 北京：中信出版集团，2017.

[31] 何元庆，庞洪喜，等. 龙盘水库局地气候效应对冰川与雪线的影响研究报告 [R]. 中国科学院寒区旱区环境与工程研究所，玉龙雪山冰川与环境观测研究站，2009.

[32] 王兆印，李志威，徐梦珍. 青藏高原河流演变与生态 [M]. 北京：科学出版社，2014.

[33] 王兆印，张晨笛. 西南山区河流河床结构及消能减灾机制 [J]. 水利学

报，2019，50（1）：124-134，154.

[34] 崔鹏，苏凤环，邹强，等.青藏高原山地灾害和气象灾害风险评估与减灾对策［J］.科学通报，2015，60（32）：3067-3077.

[35] 崔鹏，贾洋，苏凤环，等.青藏高原自然灾害发育现状与未来关注的科学问题［J］.中国科学院院刊，2017，32（9）：985-992.

[36] 张晨笛.阶梯—深潭系统的稳定性研究［D］.北京：清华大学，2017.

[37] 张洪涛，祝昌汉，张强.长江三峡水库气候效应数值模拟［J］.长江流域资源与环境，2004（2）：133-137.

[38] 周英，袁久坤.三峡库区"腹心"地带蓄水前后气温变化特征［J］.气象科技，2016，44（5）：783-787.

[39] 叶奇蓁.我国核电及核能产业发展前景［J］.南方能源建设，2015，2（4）：18-21.

[40] 中国电力企业联合会.2022 年电力工业统计资料汇编［R］.2022.

[41] 荣健，刘展.先进核能技术发展与展望［J］.原子能科学技术，2020，54（9）：1638-1643.

[42] 张蕴."双碳"目标下我国核电发展趋势分析［J］.核科学与工程，2021，41（6）：1347-1351.

[43] 荆春宁，高力，马佳鹏，等.碳达峰碳中和背景下能源发展趋势与核能定位研判［J］.核科学与工程，2022，42（1）：1-9.

[44] 舒印彪，康重庆.新型电力系统导论［M］.北京：中国科学技术出版社，2022.

[45] 刘吉臻，王鹏，高峰.清洁能源与智慧能源导论［M］.北京：中国科学技术出版社，2022.

[46] 舒印彪，别朝红.再电气化导论［M］.北京：中国科学技术出版社，

2023.

[47] 刘振江，王宏智，陈绍玲．绿色能源制氢工艺的研究与展望［J］．氯碱工业，2022，58（4）：1-6．

[48] 中国电力企业联合会．2020 年电力工业统计资料汇编［R］．2020．

[49]《中共中央关于制定国民经济和社会发展第十四个五年规划和二〇三五年远景目标的建议》辅读导本［M］．北京：人民日报出版社，2020．

[50] 建设更高水平开放型经济新体制［M］．北京：中国计划出版社，中国市场出版社，2020．

[51] 建设现代能源体系［M］．北京：中国计划出版社，中国市场出版社，2020．

[52] 舒印彪，谢典，赵良，等．碳中和目标下我国再电气化研究［J］．中国工程科学，2022，24（3）：195-204．

[53] 谢典，高亚静，刘天阳，等．"双碳"目标下我国再电气化路径及综合影响研究［J］．综合智慧能源，2022，44（3）：1-8．

[54] 王志轩．新中国电气化发展七十年［J］．中国能源，2019，41（9）：10-18．

[55] 王庆一．按国际准则计算的中国终端用能和能源效率［J］．中国能源，2006，（12）：5-9．

[56] 张颖，王灿，王克，等．基于 LEAP 的中国电力行业 CO_2 排放情景分析［J］．清华大学学报（自然科学版），2007，47（3）：365-368．

[57] 黄建．基于 LEAP 的中国电力需求情景及其不确定性分析［J］．资源科学，2012，34（11）：2124-2132．

[58] 张锁江，张香平，葛蔚，等．工业过程绿色低碳技术．中国科学院院刊，2022，37（4）：511-521．

[59] 郭玉华，周继程．中国钢化联产发展现状与前景展望［J］．中国冶金，

2020，30（7）：5-10.

［60］郑明月. 钢铁产业发展趋势及碳中和路径研究［J］. 冶金经济与管理，2022，（1）：4-6.

［61］邢娜，秦勉，曲余玲，等. 我国废钢产业发展现状及发展趋势分析［J］. 冶金经济与管理，2022，（2）：33-35.

［62］金雄林. 我国电炉炼钢发展现状及未来趋势［J］. 冶金管理，2022，（2）：39-41.

［63］杨帆，徐曼，刘丹阳. 碳达峰碳中和背景下水泥行业碳减排措施路径研究——以内蒙古为例［J］. 环境与发展. 2022，34（4）：53-60.

［64］Wang M，Khan M A，Mohsin I，et al. Can sustainable ammonia synthesis pathways compete with fossil-fuel based Haber－Bosch processes?. Energy & Environmental Science，2021，14（5）：2535-2548.

［65］IHS Markit. China Polyolefins Monthly［R］. 2022.

［66］袁明江，王志刚，谢可垫. 石化企业碳达峰碳中和实施路径探讨［J］. 国际石油经济，2022，30（4）：98-103.

［67］郑勇，王倩，郑永军，等. 离子液体体系电解铝技术的研究与应用进展. 过程工程学报，2015，15（4）：713-720.

［68］Padamata S K，Yasinskiy A，Polyakov P. A review of secondary aluminum production and its byproducts. The Journal of the Minerals，Metals & Materials Society，2021，73（9）：2603-2614.

［69］Guo S Y，Yan D，Hu S，Zhang Y. Modelling building energy consumption in China under different future scenarios［J］. Energy，2021，214：119063.

［70］江亿. "光储直柔"——助力实现零碳电力的新型建筑配电系统［J］. 暖通空调，2021，51（10）：1-12.

［71］王培培．城区集散式热泵能源总线系统性能研究［D］．上海：同济大学，2015．

［72］Wang H L，Ou X M，Zhang X L. Mode，technology，energy consumption and resulting CO_2 emissions in China's transport sector up to 2050［J］. Energy Policy，2017，109：719-733.

［73］Pan X，Wang H，Wang L，et al. Decarbonization of China's transportation sector：in light of national mitigation toward the Paris Agreement goals［J］. Energy，2018，（155）：853-864.

［74］袁志逸，李振宇，康利平，等．中国交通部门低碳排放措施和路径研究综述［J］．气候变化研究进展，2021，17（1）：27-35．

［75］罗承先．世界可再生能源电力制氢现状［J］．中外能源，2017，22（8）：25-32．

［76］黄格省，阎捷，师晓玉，等．新能源制氢技术发展现状及前景分析［J］．石化技术与应用，2019，37（5）：289-296．

［77］全球能源互联网发展合作组织．中国2060年前碳中和研究报告［R］．北京：全球能源互联网发展合作组织，2020．

［78］项目综合报告编写组．《中国长期低碳发展战略与转型路径研究》综合报告［J］．中国人口资源与环境，2020，30（11）：1-25．

［79］中金公司研究部．碳中和经济学：新约束下的宏观与行业趋势［M］．北京：中信出版社，2021．

［80］张鸿宇，黄晓丹，张达，等．加速能源转型的经济社会效益评估［J］．中国科学院院刊，2021，36（9）：1039-1048．

［81］中国电力企业联合会电力发展研究院．中国电气化发展报告 2022［M］．北京：中国建材工业出版社，2022．

［82］舒印彪，赵勇，赵良，等."双碳"目标下我国能源电力低碳转型路径
［J］.中国电机工程学报.2023，43（5）：1663-1671.

［83］刘天阳，谢典，刘美，等.再电气化是实现碳中和的关键路径［J］.中
国电力企业管理，2022，（4）：63-64.

［84］周国鹏，赵春阳，康俊杰，等.面向源网荷储一体化的能源服务典型
发展模式［J］.广东电力，2022，35（7）：23-31.

［85］抽水蓄能产业发展报告 2023 年度[R].北京：水电水利规划设计总院，
2024.